# 揭祕甲骨文

❶ 武丁時代

許進雄 著
李珮瑜 編寫整理

從斷運勢到問戰爭，
文字學家解讀王的疑惑

# 目錄

推薦序

# 開闊你的文化視野——讀許進雄教授《揭祕甲骨文》後記

黃啟方（臺灣大學中文系退休教授）

甲骨文的被發現，是由晚清大臣王懿榮（一八四五乙巳—一九〇〇）的慧眼獨具。他精通金石學，高價買進骨董商兜售的甲骨版收藏。王懿榮在八國聯軍侵華時自殺殉國後，名小說家劉鶚（一八五七丁巳—一九〇九）購得這批甲骨版，更加以墨拓並編纂成《鐵雲藏龜》行世。後來專研甲骨學的名士，有「甲骨四堂」的稱號，他們是：羅振玉（一八六六丙寅—一九四〇）「雪堂」、王國維（一八七七丁丑—一九二七）「觀堂」、郭沫若（一八九二壬辰—一九七八）「鼎堂」和董作賓（一八九五乙未—一九六三）「彥堂」。

董彥堂先生曾多次考察安陽殷墟甲骨發掘工作，一九五五年發表了《甲骨學五十年》（一九五五），一九六一年擔任中央研究院甲骨文研究室主任，同時在臺灣大學中文系開授古文字學課程。一九六二年秋，我才旁聽了董先生開授的課程，而進雄兄已經在甲骨文鑽鑿問題上有創新的見解，表現突出，極得師長們讚賞。其後持續鑽研甲骨學，如今的成就，應已無愧是繼四堂之後的甲骨學大師。近幾年連續出版甲骨學相關著作十幾種，都普獲好評，而這部《揭祕甲骨文》，更提出兩百九十四版的甲骨拓片，用白話文解釋甲骨上的占卜文字，爲大衆解開甲骨文字的精妙刻畫，影響將更深遠！這部書也應是繼董先生《甲骨學五十年》出版六十八年後的一大鉅著，可以代表進雄兄鑽研甲骨學六十年的成就！

甲骨文字的斷代應是甲骨學的關鍵。董先生曾有〈甲骨文斷代研究例〉一書，擬訂了十個判斷甲骨年代的標準。根據十個標準，再將兩百七十三年間的甲骨文字，分爲五期。進雄兄以爲有劃時代的貢獻，依此標準，再加上自己研究的鑽鑿形態發現，增加爲十一種，發微解疑，幫助大衆在閱讀時更能前後貫通。

甲骨文是商王透過占卜求問以解決疑難的文字，然則，帝王們會問哪些問題呢？除了國家大事「祀（祭祀）」與「戎（戰爭）」之外，也有很多出人意外的問題。以第一期「武丁時代」的八十一版觀察，如〈10〉「問彩虹是否影響收成」、〈38〉「問喉嚨不適是否爲母庚降災」、〈141〉「問夢到舌頭」、〈143〉「問夢白牛」、〈150〉「問牙痛」等等，在閱讀時都能讓人會心一笑！而甲骨文斷代的新見解，就是進雄兄早期研究的一大突破。進雄兄在甲骨學上的成就，早已經甲骨學界確定，安陽殷墟博物館很早就曾特別介紹推薦，認定他與董先生是臺灣甲骨學界的代表。

進雄兄秉性眞淳，一心沉潛於甲骨學，既無視於名位，更能傾囊栽培後學，因而廣受推重。其甲骨學論著，獲得臺灣商務印書館和字畝文化的主動積極爭取印行，良有以也！

進雄兄與我相知六十三年了。特再鄭重推薦：

爲更開闊文化視野，請讀讀這部書吧！

黃啟方　謹記

二〇二三年十月二十三日

# 鑽研甲骨學六十年感言

我以前曾聽說過，陳寅恪先生晚年眼睛失明，但仍堅持用口述的方式進行寫作，內心感到十分佩服。沒想到，自己現在也步上後塵，要用口述的方法完成最後一本著作。近年因爲糖尿病病變，我的右眼視力微弱，日常閱讀打字習慣仰賴左眼，由於視力的關係，閱讀寫作變得極爲吃力。原先早已抱定不再寫書的念頭，但在臺灣商務印書館董事長王春申先生的盛情邀約下，促成了這套《揭祕甲骨文》的問世。

和臺灣商務印書館的合作歷時已久，從早年的《古文諧聲字根》、《中國古代社會》，到《文字小講》，再到《博物館裡的文字學家》、《漢字與文物的故事》四冊、《文字學家的甲骨學研究室：了解甲骨文不能不學的13堂必修課》等等，由於讀者們抬愛、出版社支持，所付梓出版的書籍具有專業口碑，市場銷路穩定。在王春申董事長的邀請下，我自認所能完成的著作大致皆已出版，只有二十多年前應聘回臺大任教多年的甲骨學教材，因想納入新的研究成果，一直沒有把教材寫定。我以身體健康欠佳，難於打字，婉拒王董的好意，於是王董建議，可用錄音筆將內容口述，再交由編輯打字完成。可是甲骨學是一門冷門的學科，甲骨刻辭艱深，考量到該學科的專業度、嚴肅性，要編輯人員打字完成口述根本就不是一件容易的事情，而我的內心卻萌生了由我口述，再交由學生撰寫成文字內容的腹案。

我自一九九六年回臺大中文系執教甲骨學，二〇〇六年轉往世新大學中文系任教，原先上課的講義編寫有兩百多版的甲骨拓片材料，以及刻辭釋文，並要求學生自行完成描摹卜辭的課後作業，上課時針對卜辭內容牽涉甲骨學術的方方面面進行講解，也提出多年來我個人的研究心得與成果，但因爲甲骨學的某些問題仍無法突破，並得到適當的解讀，再加上甲骨學的專業性，讀者有限，所以講述的內容始終沒有化爲具體而詳細的文字。在王董事長的大力支持與催促下，《揭祕甲骨文》選錄了兩百九十四版的甲骨，蘊含我一生對甲骨學所注入的心血，有些想法隨著時間的推移、沉澱，也有了系統性和嶄新的詮釋。

要我自己閉門講課，在我看來，是極不自然的事。正好，近年受王雲五基金會、新潮流基金會之邀，曾對一些社會人士講授過相關古文字的課程。可以免費向這些學員講課，就不必自言自語了。二〇二〇年十月在世新中文系前系主任蘇怡如教授的幫助下，每個星期日下午兩點到五點，我於世新大學進行公開講課，對象包括對甲骨學有興趣的學生，以及曾於王雲五基金會與新潮流基金會聽過我的課程、對甲骨學想更進一步了解的校外社會人士，並以這次的講課內容作爲我對甲骨刻辭最終詮釋的版本，由學生李珮瑜寫定文字內容，再交由我審核稿件，最後定讞。這次講課因爲新冠疫情，一直到二〇二二年二月底才結束，正式稿件的撰寫持續到八月。期間稿件的撰寫，經過三次審核，也代表我對於自己專業領域的執著。

我的學生李珮瑜就讀淡江大學中文系碩士班時曾到臺大參與我所教授的文字學、甲骨學和中國古文字學專題等課程，並請求我擔任她的碩士論文指導教授。後來她繼續攻讀博士班，還是請求我指導她的博士論文。之後因爲個人必須回到加拿大處理事情，原先以爲再也不回臺灣，於是我拜託臺大徐富昌教授擔任她的博士論文指導教授。處理完私事有緣再次回到臺灣，我和學生李珮瑜還是經常有聯繫，她也參加我在二〇二〇年十月於世新大學最後一次的講課，於是請她負責文字內容的撰寫，並統一全書的體例。兩百九十四版的甲骨附有拓本，因爲有些拓本在拓印時不清晰，所以還要有摹本，原來上課學生各自完成，基於統一性，我請跟隨我多年的學生陳冠勳負責第一到第四期的甲骨摹寫，李珮瑜負責第五期的部分。

本書的撰寫，把兩百九十四版的甲骨拓片分成第一、二、三、四、五期，以及花園莊東地甲骨、周原甲骨。先敍述所選甲骨材料的出處，並提出斷代的標準和理由，並用白話文進行語譯，再講述、談論卜辭的內容及相關議題。甲骨斷代非常重要，如果缺乏正確的斷代，更遑論要對文獻有進一步的討論與研究。甲骨的斷代分成兩派，一是承繼董作賓的說法，運用十種甲骨斷代的方法，把甲骨分成五期。但有很多學者提出異議，最主要的是所謂𠂤組卜辭（又名王族卜辭，或多子族卜辭）的時代應歸於第一期。我從事甲骨鑽鑿斷代的研究，發現這些有爭議的卜辭時代應該都是第四期的。所以我的斷代是沿襲董作賓的觀點，再加上我個人基於鑽鑿條件所得的結論。

甲骨卜辭大致爲占卜而刻寫，所以行文辭例與一般文字紀錄不同，商王要占卜的原因，一是因爲某件事發生，於是透過甲骨請求鬼神給予預示，以幫助解決問題；二是想要執行某件事，但不確定能否順利得到好的結果，於是請求鬼神予以判斷。有些學者有時對於卜辭的用意理解偏差，導致對於卜辭的解讀有所錯誤。舉例像是「㞢雨」一詞，若是出現在祭祀或田獵刻辭，是詢問會下雨、影響祭祀儀式或田獵行動的舉行嗎？對於占卜的人而言，其實所表達的是不希望下雨的意願，但「㞢雨」若是出現在農事卜辭，說道透過某種儀式或祭祀向黃河、霍山等的自然界神靈求雨，是詢問會下雨、以助長農作物生長嗎？實際上對於占卜的人而言，是表達希望在適當時機降雨的心聲。詞語雖然一樣，但意願並不相同。我在具體分析時會綜合考量、仔細分辨，以期能正確而恰當地把握甲骨刻辭的意義。除了卜辭個別特殊文字會有詳盡的解釋，還有相關內容、議題的探討。

這套書《揭祕甲骨文》是我教授甲骨刻辭三十年來的總結，雖然當中還有一些詞義我還不了解、尚且無法解讀，但我們都不避諱地說出疑慮，而不妄加揣測。書裡所選錄的甲骨拓片數量龐大、種類豐富，在目前學術界所見的專著中，是少見的。對於想要了解殷商甲骨文、商代歷史文化，以及對於甲骨學有興趣的讀者，希望這是一部讓你們能有所收穫的著作，透過這部書的一隅得以窺看甲骨學的奧祕。感謝在完成這部著作過程中，有形無形幫助我們、給予我們建議的所有師友同學，因為王董事長、世新大學中文系的支持，臺灣商務印書館負責編輯幕後的推動，參與課程同學們的提問和意見，還有學生李珮瑜、陳冠勳在自身教學工作之外，為這部書所投入的時間和心力，書才得以順利完成。誠心希望這部濃縮我六十年研究甲骨生涯的著作，能為甲骨學界帶來微薄的貢獻。

許進雄

二〇二三年八月七日於臺北寓所

# 如何閱讀甲骨文？

## 甲骨文源流

一般大眾聽到「甲骨文」這個詞，常見的直覺反應是，那是很久遠之前的東西，非常深奧難懂，和我們的生活沒有什麼關係，其實這是錯誤的觀念。甲骨文和我們的文化關係密切，現在使用的文字就是從甲骨文一路慢慢演變而來的。

西元一八九九年（淸光緒二十五年己亥）有位骨董商向王懿榮兜售文物，王懿榮平時喜歡收藏文物，也精通金石學，他發現這次骨董商帶來的骨板上有文字，意識到這可能是古代的文字，非常有價值，就以高價收購。從此有許多村民就將挖掘甲骨作爲主要收益來源。甲骨原先是不輕易讓人看的寶物，王懿榮殉國後，劉鶚購得這批甲骨，加以墨拓，並在一九〇三年編纂成書，命名爲《鐵雲藏龜》出版，爾後就成爲眾所周知的商代文字了。

而甲骨文究竟是如何誕生的？晚商時期（約西元前十四至前十一世紀），當商王對於國家大事或自己的家務事有所疑慮、難以決策時，就會以占卜的形式，請求鬼神給予正確行事的指示，並把占卜的內容及相關記事契刻在所使用的龜甲或牛肩胛骨上，作爲事後驗證的記錄文字，這些契刻在甲骨上的文字，就是我們一般所知道的甲骨文。使用甲骨來占卜，不但材料珍貴、製作費工，而且是只有少數人（巫師）才能夠操作的，一般人沒有能力或是需要在甲骨上刻寫卜問內容的文字，所以甲骨幾乎是王室——亦即是都城——才會見到的東西。

在目前大量出土的古文字中，甲骨上的商代文字一般認爲是發展比較成熟的文字系統，是漢字發展的關鍵形態，且字形仍看得出當初文字創造時的原貌，所以是探討中國文字創意最好的材料。再加上，甲骨文的內容多爲商王治理國家政務的記事，也是探討商代歷史最直接可信的史料。

## 書寫位置

甲骨文是使用刀在骨頭上契刻出來的文字，有些人便以爲那是商代人作記錄的常態，甚至認爲在竹簡上也是使用刀子來契刻，這是不正確的觀念。我們有實質證據可以肯定，至少在晚商時，一般人已經是使用毛筆在竹簡上書寫文字了，且書寫方向是由上而下的縱列書寫，因爲竹簡面積狹窄以及竹簡背面的彎曲會妨害手勢的運轉和穩定，直式書寫遠較橫式書寫要方便得多。另外，社會上多數人是右撇子，如此也有利於左手拿著直豎的竹片，寫完後以左手由右而左一一排列，所以由上而下、由右而左的排列，就成爲中國特有的書寫習慣。但是既然在竹簡上書寫文字是普遍的，爲何迄今沒有商代竹簡的出土呢？因爲竹簡會腐爛，除非是保存在特殊的環境下，否則在地下能維持完好的時間不長。

商代的甲骨背面挖有許多特定形態的窪洞，其實就是所謂的「鑽與鑿」。窄長形的鑿是從事占卜所必要的，每一個長鑿可以從事一次占卜，占卜的內容稱爲「刻辭」，多契刻於長鑿位置所對應的表面上。第一期武丁王的時代，多從上面的長鑿開始占卜，所以刻辭的段落也往往由上向下；但是第二期祖甲王的時代，就演變爲從最下面的長鑿開始占卜，所以刻辭的段落也就成爲由下往上讀的順序，這種獨特的習慣一直維持到西周初期的《周易》。

《周易》是一本講述占卜的書，通過演算蓍草或竹筷而得到一個數目，六次演算的數目合爲一個卦象，每一個卦象有六個爻，次序是由下往上數，如陽爻爲九，陰爻爲六。以九與六的數目代表陽與陰，可能與龜腹甲外觀作六個區塊，而裡甲的裂甲塊有九塊有關，所以不少學者認爲《周易》的占卜習慣是承繼商代的占卜。

## 斷代標準

甲骨文於一八九九年被王懿榮視爲一種古代的重要文物後，因中國文字有傳承性以及因循性，有些字很快就被辨識出來，其中發現記載了一些商代帝王名，於是可判定是商朝的文物，同時也了解甲骨爲王室的占卜資料，但到底是屬於哪些王的文物，就沒有辦法確定了，更不用說想判斷哪一片是屬於哪一位王的時期。不過發現甲骨的地點是河南的安陽，由此可以推論甲骨是商朝後期建都在安陽時的產物，

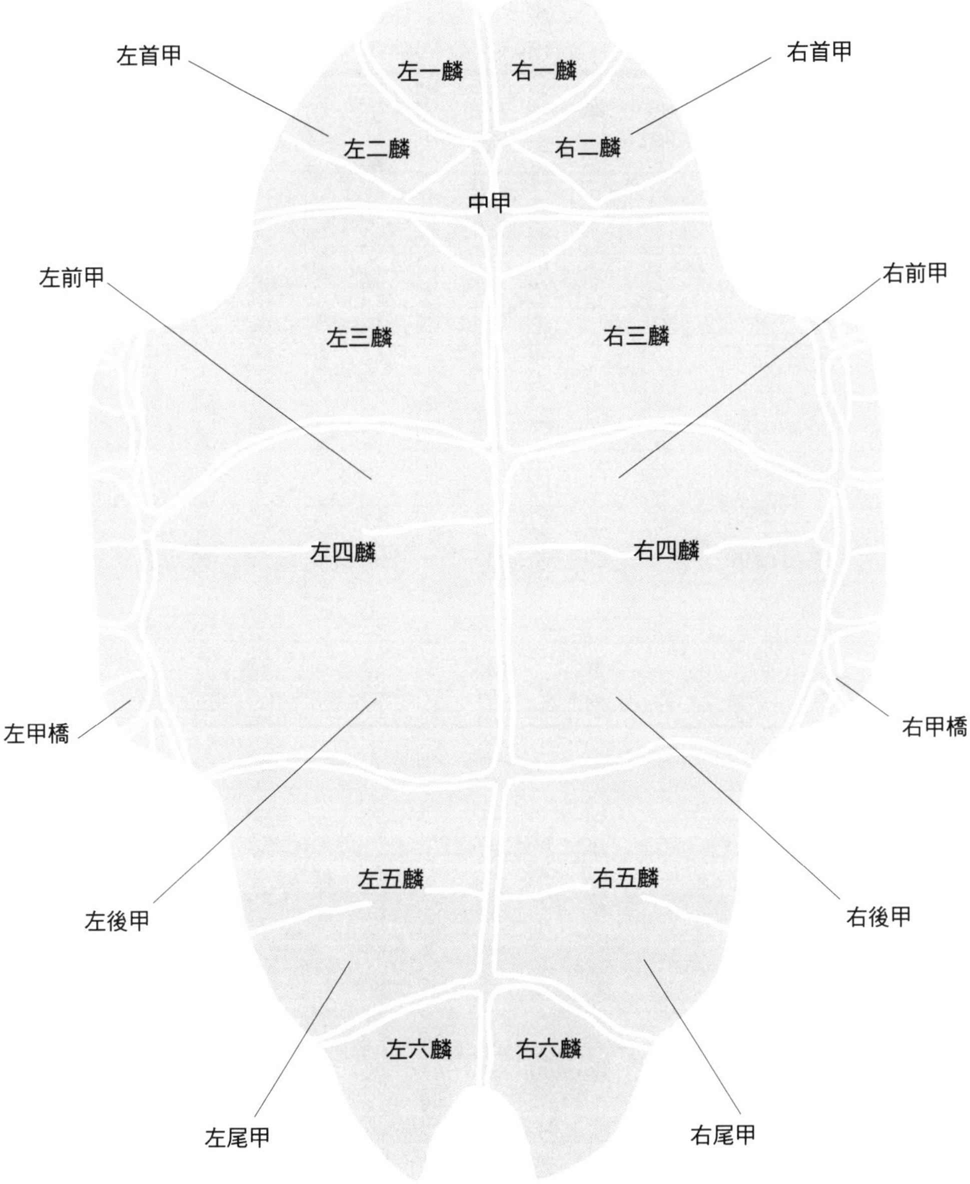


圖為最大型的龜腹甲，由九塊甲板組合，以不等長的鋸齒紋分隔，分中甲、右首甲、左首甲、右前甲、左前甲、右後甲、左後甲、右尾甲、左尾甲，共九塊。

不是前期的文物。

中央研究院在一九二八至一九三七年間，於河南安陽進行了十五次大規模的科學發掘，使得甲骨卜辭的分期斷代得到了重要的契機。甲骨的卜辭在第一段的敘辭（或稱爲前辭），常作「干支卜〇貞」的形式。卜的意義是占卜，貞的意義是提問，這些都沒有疑義。但是在卜與貞之間的這個字，有的猜測是官名、地名或占卜的事類等等，不過都沒有可靠的證據支持。直至一九二九年的第三次發掘，挖掘到所謂的「大龜四版」，版上都是卜旬的刻辭，卜問下一旬有無災難，因此依據董作賓（一八九五—一九六三）的研究，可以證實這些不同的字是貞人的名字，即代替王對骨頭提問的大臣名。而大龜版上卜問的貞人共有六位，因此得出一個結論，凡見於同一版上的貞人，大多屬於同一時代。

董作賓研究更多材料後，在一九三三年正式發表了〈甲骨文斷代研究例〉，其爲劃時代的研究，就甲骨文本身，擬定了十個判斷年代的標準：一、世系，二、稱謂，三、貞人，四、坑位，五、方國，六、人物，七、事類，八、文法，九、字形，十、書體。並將商代從盤庚遷都安陽，直至帝辛亡國的兩百七十三年間，分作以下不同的五個時期：

**第一期** 武丁以及其前（盤庚、小辛、小乙）

**第二期** 祖庚、祖甲

**第三期** 康丁

**第四期** 武乙、文丁

五個時期分新派與舊派。第一期、第二期祖庚與第四期歸屬舊派，第二期祖甲、第三期與第五期歸屬新派。新派對於舊派的行事有所改革，卜問的事類與祭祀名目大爲減少。

本書延續董作賓斷代的標準，並新增鑽鑿一項，詳細內容解釋如下：

一、**世系**：藉由與《史記．殷本紀》的比對，可以得知自上甲以來各個王的承繼關係，但這個標準不太有用，只能知道提到某王的，其年代必在某王之後而已，唯有在提到後期的王的名字時，才有可能把所屬的年代範圍縮小。甲骨的周祭卜辭不但糾正了《史記．殷本紀》的錯誤，更指出直系王的正式配偶數目與名號。

二、**稱謂**：指商人對於已過世且經過撿骨儀式後的親人，給予甲乙丙丁等的干日名號，裡面並沒有伯、叔等分別，所以父甲、母乙這類的稱謂，可以在不同時期出現，而對於衆多父、母輩的親人，商王又都會予以祭祀，也形成各時期均可能有相同的稱謂，而難以判斷正確歸屬的狀況。幸而，王對於自己的親生父母親，其祭祀量要比其他伯叔父輩更多，通過量的比較，以及貞人集團的差異，就可以有效地判定是屬於哪位王的卜辭。

三、**貞人**：代表商王向甲骨的神靈請示疑難問題的人。各期各有貞人的集團，是斷代的重要標準。

四、坑位：這個詞爲誤用名稱，因所謂坑位或坑層，一般指考古學上有嚴格定義的地層位置與灰坑。董作賓所指的坑位則是中央研究院所發掘的甲骨出土的地區，如小屯村及其北地曾被劃分爲五個區域。每個區域出土不同時期的甲骨，但是各區域的甲骨時期有所重複。所以這項標準沒有大用處，或只能作爲旁證而已。

五、方國：各期有不同與殷商有所往來的國家。敵對國家的名稱常稱爲方，領導人常稱伯；友善國家的領導人常稱侯。

六、人物：各期出現的人物各有不同，也是有效的斷代標準。

七、事類：指所占卜的事情類別。每一期所卜問的重點多少有些不同，像第一期武丁，各種事類的卜問都有，經常還包括王私人的家務事、病疾與生育等等。祭祀的種類和用牲的品目、數量也非常的多。第五期幾乎只做有關祭祀與田獵的占卜，而祭祀有一定的儀式與格式，所以卜問的事類有時也可以作爲決定性的斷代標準。

八、文法：主要是指文句的格式，也是書寫的習慣。譬如有些時期常在每一個卜上都標明卜問的日期，有些則只在同一件事的第一卜標上日期，其他的卜問四期就省略了。筆者曾經利用這些現象來探討第四期的早晚變化。還有占卜的術語和習慣於各個時期也都不同，具有斷代的絕對價值。

九、字形：某個字的寫法會因自然的演變或不同派別的選擇而有不同，因此各期的寫法可能會不同，故能作爲斷代的依據。

十、書體：文字書寫的風格，各期都有不同的風格，包括字的大小、書風。在沒有其他更有效的斷代標準時，這是很好的依據。

十一、**鑽鑿**：龜甲與牛肩胛骨上的鑽鑿習慣不同，龜甲因材質的關係（在表面之下有類似蜂巢的結構），熱的傳導不易受人爲控制，絕大多數有長鑿和圓鑽（其實圓鑽大都也是鑿出來的；牛骨（組織是實體的），比較容易控制熱的傳導，所以第一期（絕大多數都是只有長鑿），偶有長鑿旁帶有圓鑽的。第一期的長鑿挖刻很謹慎、乾淨，長度在一點八公分上下，頭尾部常有尖針中突出，爲此期特色（如圖）。第一期從最上的長鑿燒灼問卜，第二期開始自最下的長鑿燒灼起，先燒灼再刻前辭與貞辭。第一期往往有占辭，還經常刻上事後的驗辭，驗證占辭應驗與否。

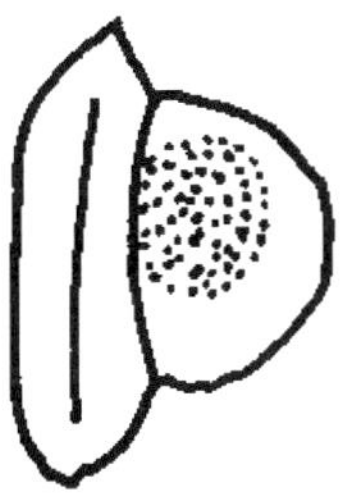

## 卜辭的內容

因占卜目的而契刻的甲骨文，最爲完整的卜辭形式可分爲四段，分別是前辭、貞辭、占辭與驗辭四個形式。

前辭也稱爲敍辭，是刻辭的第一個部分，記述占卜的日期與替王說出發問之辭的人（貞人），第一、二期常見干支卜某貞的形式，偶見干支卜貞的形式；第三期常作干支卜；第四期多樣，主要作干支貞，也有干支卜、干支卜貞、干支卜某貞等形式；第五期主要作干支卜貞，少數作干支卜某貞等形式。對於每件事的卜問必有前辭形式，但同一件事的其他卜問，可能出現簡省的情況，各期的習慣也不同。

貞辭部分是問卜的具體內容；占辭則是甲骨被燒灼之後，王檢視兆紋所顯示的現象，對照事前與骨頭的約定，而做出順利或不順利的判斷；最後是驗辭，即事後檢驗結果，記錄預示是否準確、具體又發生了什麼事情。

在進入本書前，最後介紹甲骨的**刻辭順序**。刻辭的部位基本對應背面鑽鑿的位置而與兆紋走向相反，（如左圖）即兆紋右向，相應的刻辭就左向。商代在竹簡上的書寫方向，推論是自上而下，然後自右而左。甲骨則因講究對稱，龜腹甲以中線左右對稱，行列的走向，文字在邊緣的，多半自外而內；在裡面的，則多半自內而外。牛肩胛骨也分左右，在邊緣位置則由內而外；在裡面位置的，右胛骨由左往右，左胛骨就由右往左。

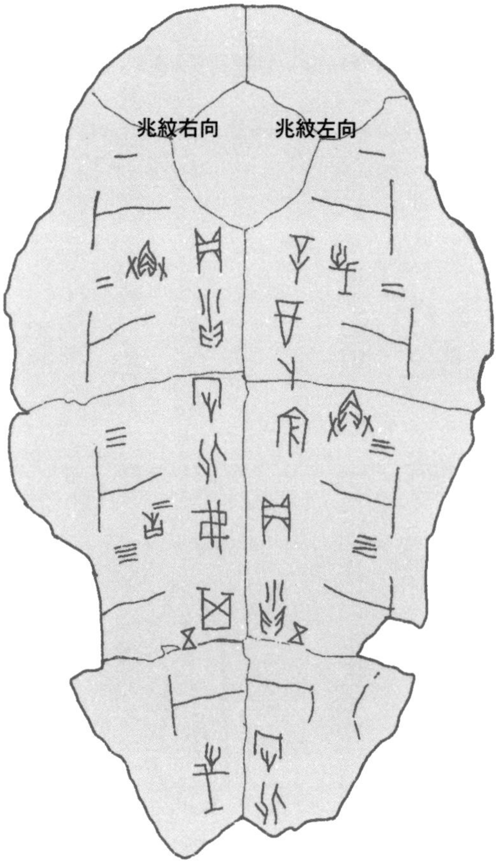

## 拓片出處說明

《合》：《甲骨文合集》的簡稱，如「《合》32」為《甲骨文合集》編號第 32。

《合補》：《甲骨文合集補編》的簡稱。

《英》：《英國所藏甲骨集》的簡稱。

《懷》：《懷特氏等收藏甲骨文集》的簡稱。

《東文研》：東京大學東洋文化研究所藏甲骨文字的簡稱。

《安明》：《明義士收藏甲骨文集》的簡稱。

## 符號解釋

□：缺一字。

▨：缺字數不詳。

⊕：一字不識。

[ ]：補字。

{ }：漏刻字。

*：塗朱，指在甲骨刻辭筆劃中塗以朱色。

( )：今字。

## 圖片說明

本書拓本大半以原尺寸呈現，若受限於書籍規格則以原寸等比例縮小，並標注原尺寸。摹本為讓讀者能清楚辨認甲骨字，會視字體大小、清晰度等情況判斷，或以原寸等比例放大呈現。

# 第一期
# 武丁時代

第一期字形的大小頗懸殊，正規的字形為筆劃婉約，轉折自然。長鑿挖刻很謹慎、乾淨，會從最上面的長鑿燒灼問卜。往往有占辭，還經常刻上事後與占辭有關、驗證占辭應驗與否的驗辭。

# 101 問二事——王親征下危與巴國、軍事行動

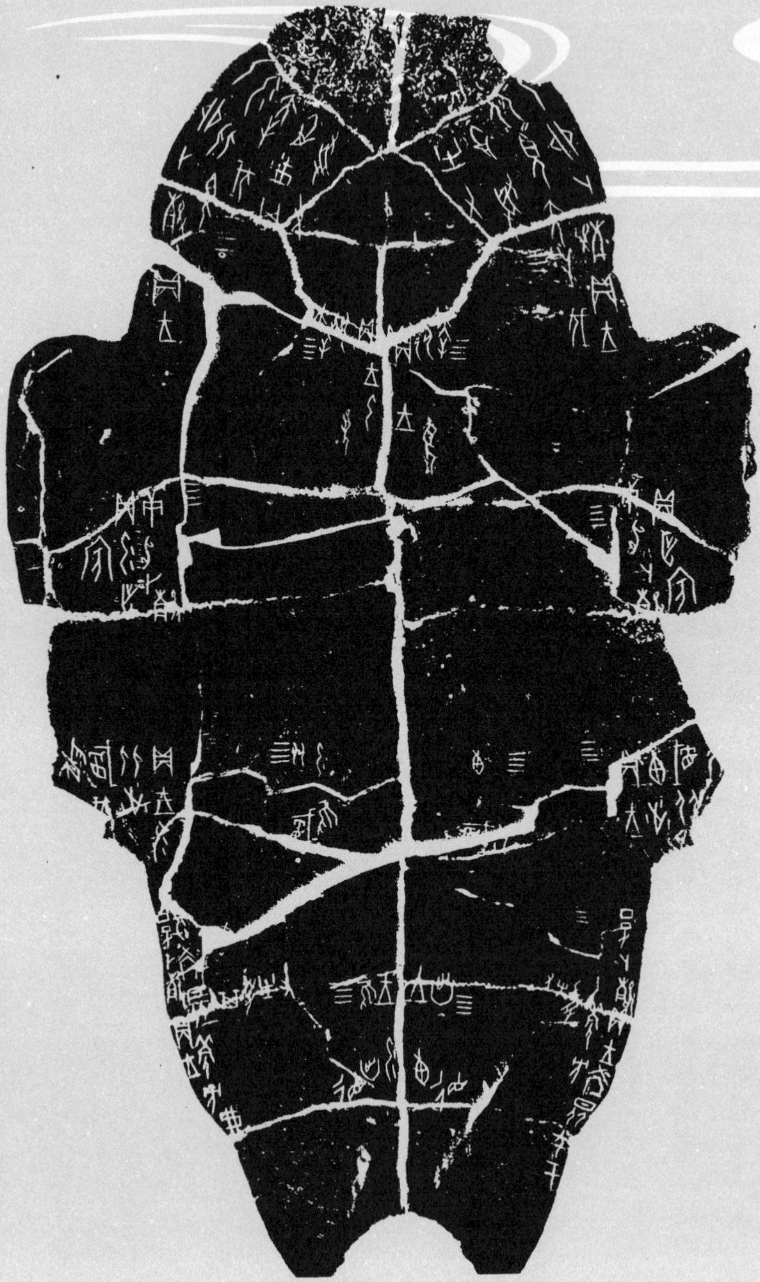

拓本原寸長 28 公分、寬 17 公分，圖為原寸 60%。

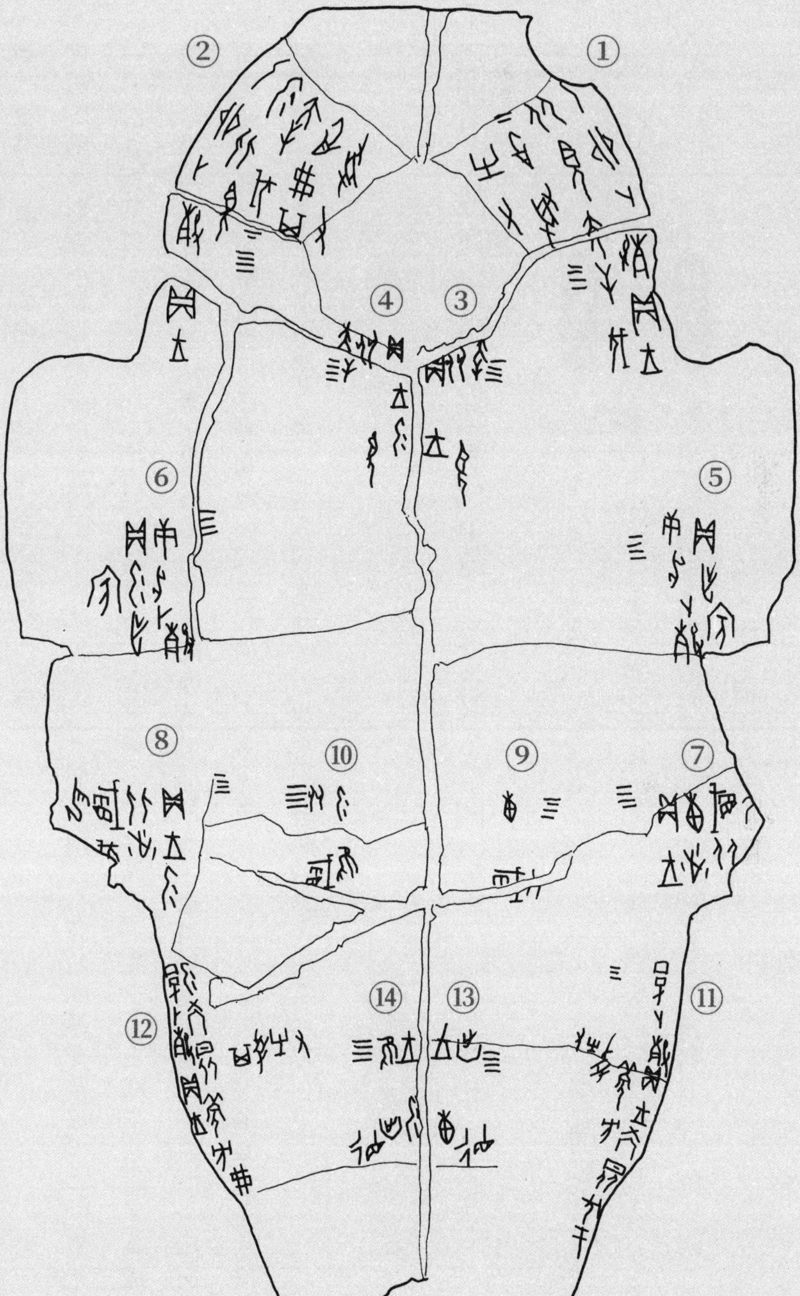
①
②
③
④
⑤
⑥
⑦
⑧
⑨
⑩
⑪
⑫
⑬
⑭

● 出處：《合》32正面刻辭，龜腹甲。

● 斷代標準：貞人、書體、人物、方國、字形、熟語。

● 說明：第一期占卜順序大半由上而下，但此版三次卜問日期，乙卯的順序是第五十二（甲子為第一、乙丑為第二，餘類推）、丁巳第五十四、庚申第五十七位。不完全自上而下。這版為成套刻辭，名稱為甲骨文學家張秉權所定名，此有兩種情況：第一、在同版上，由一事多卜、正反對貞而連續契刻的卜辭組成，序數相連、詞義相同或省略。第二、在異版上，文字不必完全相同，序數連接，又名「成套甲骨」或「異版同文」，只出現在舊派的第一與第四期。

**①乙卯卜，㱿貞：「王从望乘伐下危，受㞢又？」四**（序數）

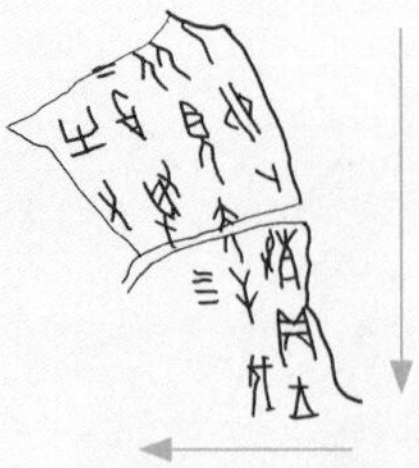

**白話譯文**

在乙卯日占卜，由貞人㱿代表王提問：「王可以跟從望乘去討伐下危國，（因爲）王會得到（上天的）福祐，是嗎？」第四次占卜。

**閱讀方式**

對應篇首摹本上刻辭的序列號，這是在右首甲跨越右前甲的刻辭，由外往內。分解圖請依箭頭方向。

**前辭部分：乙卯卜，㱿貞**。前辭有不同的標點方式，有作「干支卜，某貞：」，有作「干支卜，某，貞：」。今選擇前項。以下類似的刻辭不重複解釋。

**貞辭部分：王从望乘伐下危，受ㄓ又？**

貞辭是卜問的具體內容。最完整的作三段式，第一段說明因爲疑慮某事件而要卜問，但經常省略。第二段、第三段是對應的，「可以這麼做，因爲會得到怎樣的結果」或「不要這麼做，因爲會有不良的結果」。但也有只刻寫第二段的，如「可以這麼做嗎？」以下解說細節。

「望乘」爲第一期有名的將軍，曾多次占問是否應派望乘帶領軍隊去出征。

「下危」爲敵國名，「」字不識，暫以相近的「危」字替代。地域不清楚。

「ㄓ」是第一期常見的祭祀名目，也是一種處理牲體的方式。前者稱祭名，後者稱用牲法；有時祭名可以兼爲用牲法。「ㄓ」是舊派的字形，也有「有無」的「有」的意思；新派作「又」，「又」字除「有」的意思外，也可以作爲方向「右」的意思。

**貞辭作疑問句或陳述句？**占卜是因爲商王心中有所疑慮，所以向神靈問卜來幫助決定如何去做某事，所以傳統做法在句末標上問句符號。但是有人主張貞字在古籍中不具有問疑的意義，提倡「貞」具有向鬼神施壓，使之同意王的意向，是施政的手段，所以要標句點。本來中國學者都不採用這種主張，後來有一派人接受這個說法，也變成學術派別的表現。

**「受ㄓ又」可作爲斷代判別？**每一期有各自常用的詞彙用語，這也是斷代的好依據。如在第一期常見的「受㞢又」、「弗其受又」、「王占曰」，能作爲判別的例子。

**序數部分：四**。此爲第四次的意思。對於一事常作多次的貞問，大概要計算吉祥與不祥的數量，以便作爲採用或不採用貞卜結果的依據。第一期有時在同一版甲骨上標明一到十的序列，有時分別在不同的左右肩胛骨上標明一至六的序列號，這些數目稱爲序數。新派大致不標明大於一的序數，也可作爲斷代的依據。之後的序數情況則不重複說明。

**②乙卯卜，㱿貞：「王勿从望乘伐下危，弗其受又？」四**（序數）

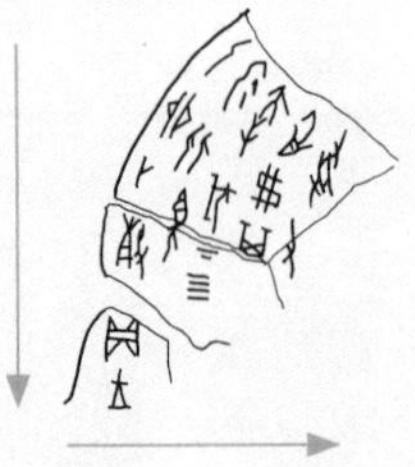

**白話譯文** 在乙卯日占卜，由貞人㱿代表王提問：「王不要跟從望乘去討伐下危國，（因爲）王不會得到（上天的）福祐，是嗎？」第四次占卜。

**閱讀方式** 刻辭在左首甲及左前甲，由外往內。

這一條占卜刻在左首甲，與在右首甲的刻辭成對，一爲正面的問話，一爲負面的問話。這是第一期喜歡採用的形式，稱爲**對貞形式**。其他期比較少用這種方式。

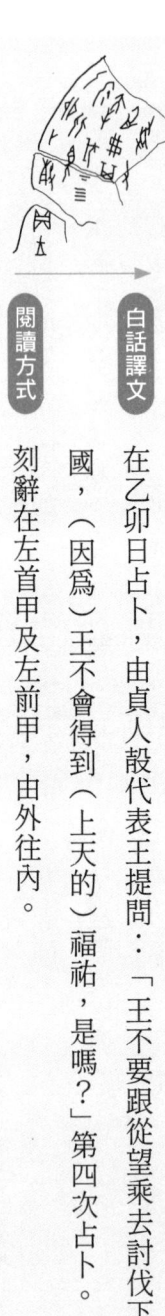

**前辭部分**與上句同。**貞辭部分**則增加「勿」字，此爲否定副辭，有禁止的意味。

**③貞：「王从望乘？」四**（序數）

白話譯文

（乙卯日占卜，貞人㱿）提問：「王跟從望乘（攻伐下危，上帝會給予福祐），是嗎？」第四次占卜。

閱讀方式

刻辭在右前甲，由內往外。

**前辭部分：貞**。省略干支卜某，也是一種前辭形式。第一與第二卜在乙卯卜問望乘事，可以判斷此卜也是在乙卯日舉行。第一期有時把這四字刻在背面，其他期沒有見到這種做法。

**貞辭部分：王从望乘**。省略攻伐的對象下危，以及受㞢又的問話。

**「从」的字形創意爲何？**這組占問和前組都是問王从望乘去征伐下危的事，前組的从字作人跟隨人，此卜寫作匕从匕。可見从字的創意在兩個同樣的物體相从，不在人从人。

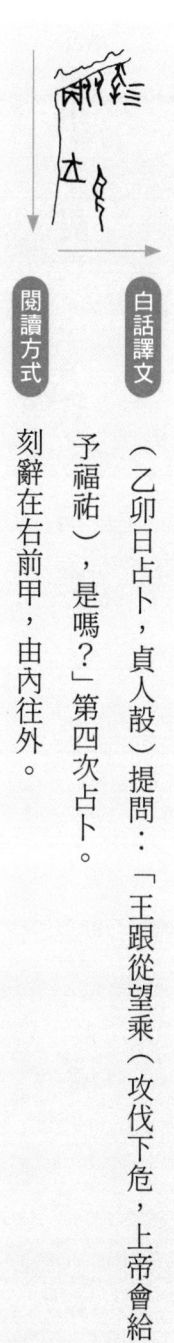

## ④貞：「王勿从望乘？」四（序數）

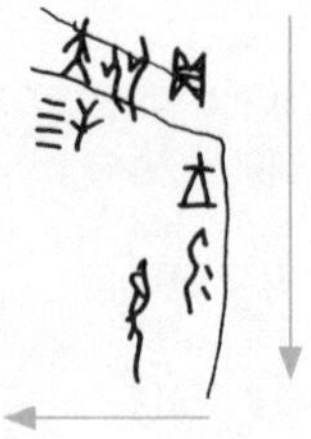

**白話譯文**

（乙卯日占卜，貞人㱿）提問：「王不要跟從望乘（去攻伐下危，上帝不會給予福祐的），是嗎？」第四次占卜。

**閱讀方式**

刻辭在左前甲，由內往外。

這句爲前一辭之**對貞**。

## ⑤庚申卜，㱿貞：「乍賓？」四（序數）

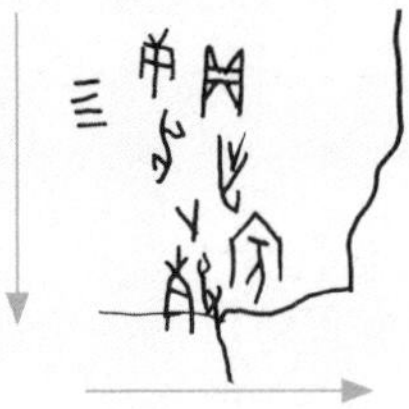

**白話譯文**

庚申日占卜，貞人㱿提問：「建造賓館（，會順利的），是嗎？」第四次占卜。

**閱讀方式**

刻辭在右前甲，由內往外。

**貞辭部分：乍賓**。「乍」即「作」字，作可能是木工刨木的工具形，意義是建造大型的建築物；「賓」可能是賓客。「作賓」可能是建造收納外賓的館舍。作賓的卜問夾雜在一群方國征戰的卜問中，或許是與戰爭有所關聯。

**⑥庚申卜，㱿貞：「勿乍賓？」四**（序數）

**白話譯文** 庚申日占卜，貞人㱿提問：「不要建造賓館（，不會順利的），是嗎？」第四次占卜。

**閱讀方式** 刻辭在左前甲，由內往外。

與上一刻辭是正面與反面的**對貞**。

## ⑦貞：「王叀沚馘从伐〔巴〕？」四（序數）

**白話譯文** 貞人提問：「王應該跟從沚馘去攻伐〔巴國〕（，會得到上天的護佑），是嗎？」第四次占卜。

**閱讀方式** 刻辭在右後甲，由內往外。

**前辭部分：貞**。每一事件必須有卜問日期，此版省略日期與貞人名，可能與某卜同日舉行，不知省略的是乙卯日抑或庚申日。

**貞辭部分：王叀沚馘从伐〔巴〕？**

「叀」助詞，意思同惠（唯），不用於負面的陳述。第一期的字形作紡磚繞線的形象，後來則是在紡線下加陶輪的形象，第三期與第四期的字形有差異。此處因使用叀字而把受格移到動詞「从」字之前，可能是強調受格「沚馘」。

「沚馘」是第一期有名的將領，本版又省略作「馘」。「巴」是被攻伐的方國名。字形作下跪的人雙手前伸，手指有動作，不知等於現今何字，暫以「巴」字替代。此字因龜甲斷裂刻辭缺損，按**對貞**刻辭⑧補正。

## ⑧貞：「王勿从沚馘伐巴？」四（序數）

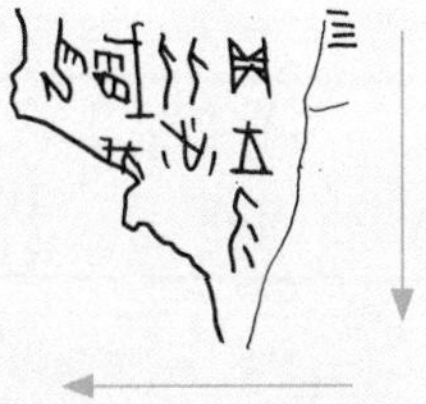

**白話譯文**

（貞人）提問：「王不應該跟從沚馘去攻伐巴國（，不會得到上天的護佑），是嗎？」第四次占卜。

**閱讀方式**

刻辭在左後甲，由內往外。

是上一條卜問的負面**對貞**。

⑨「叀馘从？」四（序數）

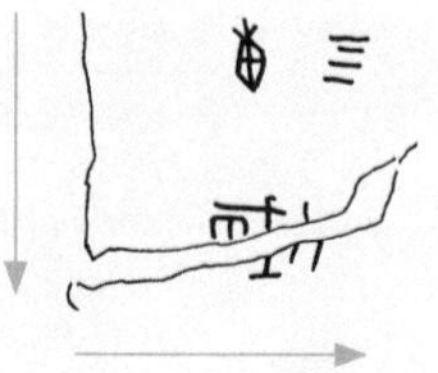

**白話譯文** （貞人提問：）「（王）應該跟從沚馘（去攻伐巴國），是嗎？」第四次占卜。

**閱讀方式** 刻辭在右後甲，由內往外。

承前一辭的卜問，省略**前辭部分**。這類形式的刻辭，應是之前做過同一事類的卜問。「馘」爲人名，「沚馘」的省略。

⑩「勿隹从馘？」四（序數）

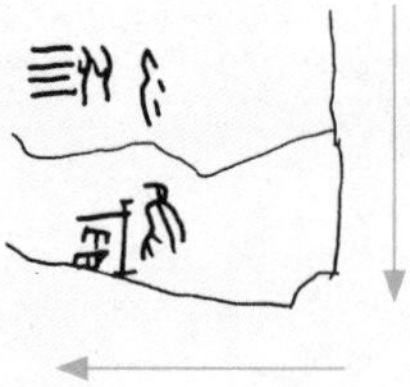

**白話譯文** （貞人提問：）「（王）不應該跟從沚馘（去攻伐巴國），是嗎？」第四次占卜。

**閱讀方式** 刻辭在左後甲，由內往外。

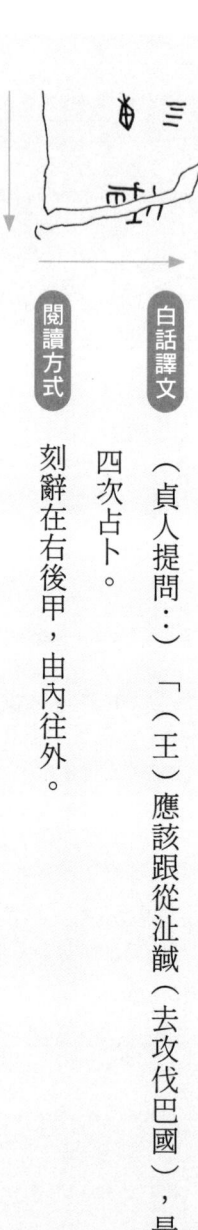

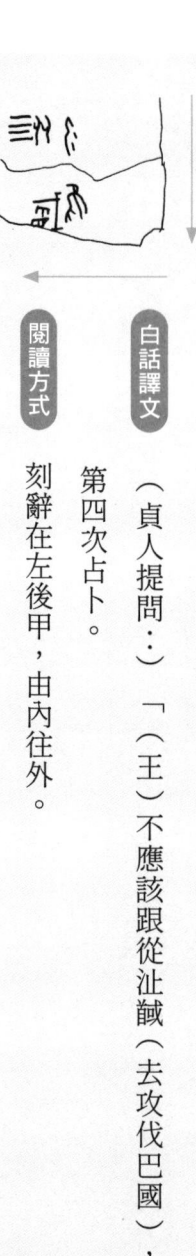

與上一刻辭是正面與反面的**對貞**。

⑪丁巳卜，殻貞：「王學眾伐于免方，受㞢又？」四（序數）

**白話譯文**

丁巳日卜問，貞人殻提問：「王需要教育徵召來的平民大眾學習攻伐免方的軍事技能，因爲會得到上天的護佑，是嗎？」第四次占卜。

**閱讀方式**

刻辭從右後甲延伸至右尾甲，由外往內。

**貞辭部分：王學眾伐于免方，受㞢又？**「學」在此表達教學的意思。甲骨時代可以用同一個字表達涉及相關正反兩方面的意思，如買賣同用「買」，授與受同用「受」表達。

「眾」表示平民大眾。平民平時務農，有戰事時被徵召來當兵。因爲平民不是職業軍人，必須接受訓練才能適應戰場狀況，所以商王問需不需要教導平民征伐免方的軍事技能。

「免方」是敵國名稱。其他期不見。

⑫丁巳卜，㱿貞：「王勿學眾﹛伐于﹜免方，弗其受屮又？」四（序數）

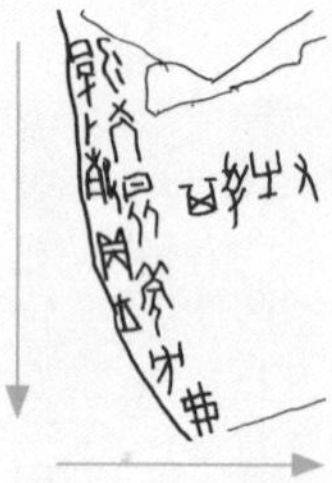

白話譯文

丁巳日卜問，貞人㱿提問：「王不要教導徵召來的平民大眾學習攻伐免方的軍事技能，因爲不會得到上天的護佑，是嗎？」第四次占卜。

閱讀方式

刻辭從左後甲延伸至左尾甲，由外往內。

**貞辭部分：王勿學眾﹛伐于﹜免方，弗其受屮又？**這部分有漏刻，與上一卜對貞進行比較，可得知漏刻的關鍵字是「伐于」二字，此處不是省文，因爲若缺少補語的動詞，詞意就會不全。另外，有時漏刻或寫錯的字會削掉重刻或在旁邊補上。

⑬「王叀出徝？」四（序數）

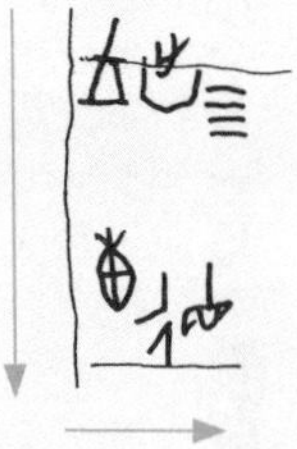

白話譯文

（貞人提問：）「王需要出征（，因爲會得到上天的護佑），是嗎？」第四次占卜。

閱讀方式

刻辭在右尾甲，由內往外。

這句省略**前辭部分**。第一次占卜必須要有日期、具體目的，但這已是第四次卜問，故整段前辭部分有所省略。這也就衍生出一個疑問，此版卜問的征伐對象有下危、巴、免方三國，不知這個王出徝的卜問是針對哪一國？

**貞辭部分：王叀出徝？**「徝」字作彳與直的組合，創意是擁有將道路修建得筆直的才能，這是後天學習來的才能。這個字是「德」字的前身，學者有時以「循」字替代。「德」本來是辦事的才能，是學習的結果，後來擴充至道德行爲的修養。但在卜辭是作爲有關軍事的動詞，不知與征或伐的分別何在？

**⑭「王勿隹出徝？」四**（序數）

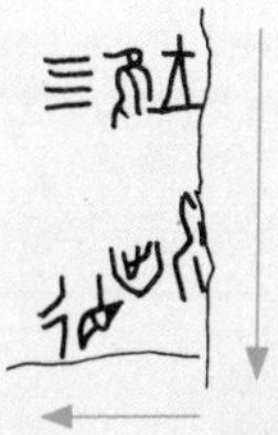

**白話譯文**（貞人提問：）「王不要出征（，因爲不會得到上天的護佑），是嗎？」第四次占卜。

**閱讀方式** 刻辭在左尾甲，由內往外。

與上一條是正負的**對貞**。

# 102 問疾病是否為父乙降災

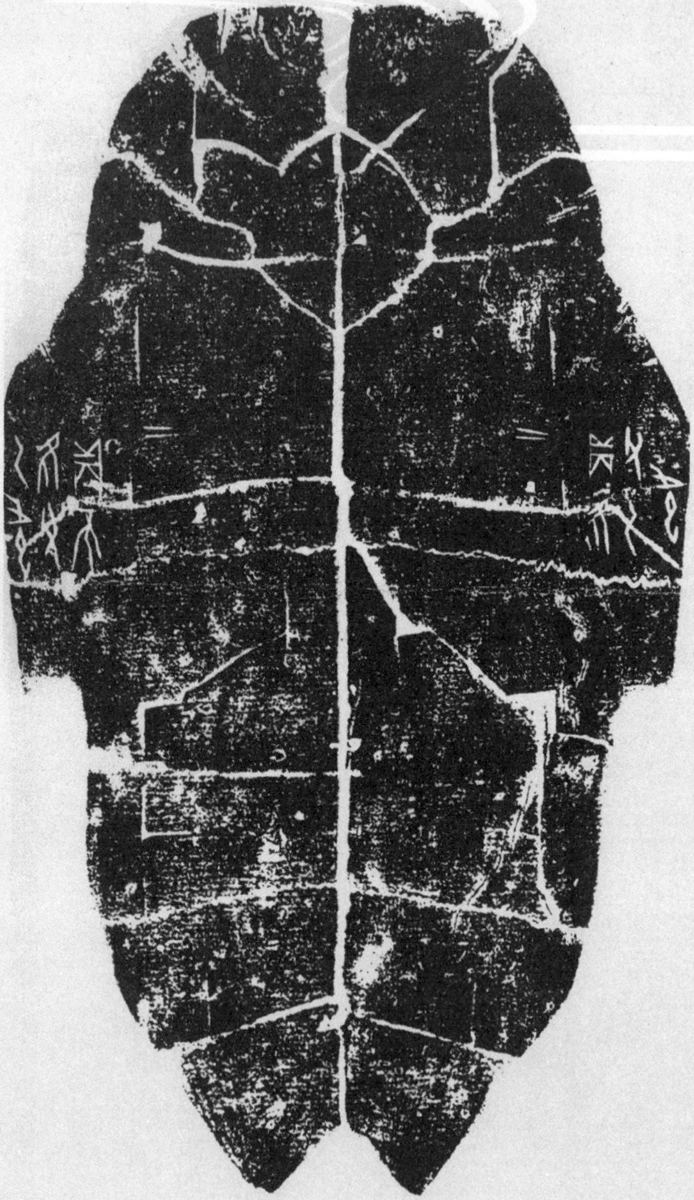

正面

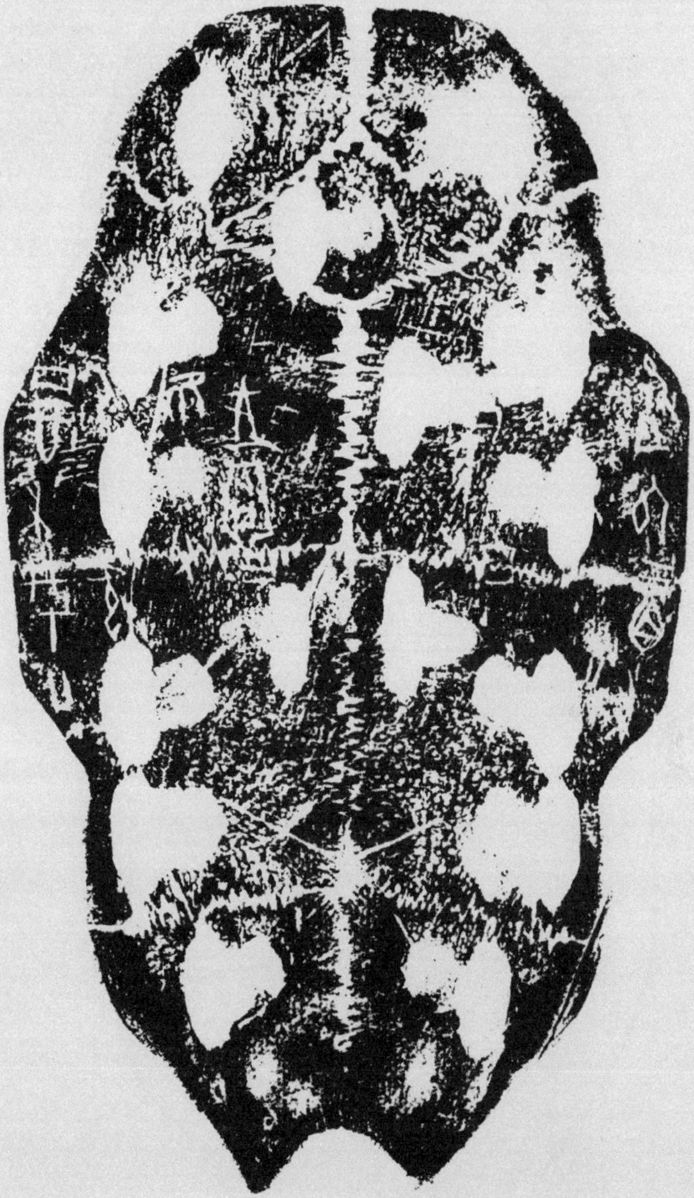

背面

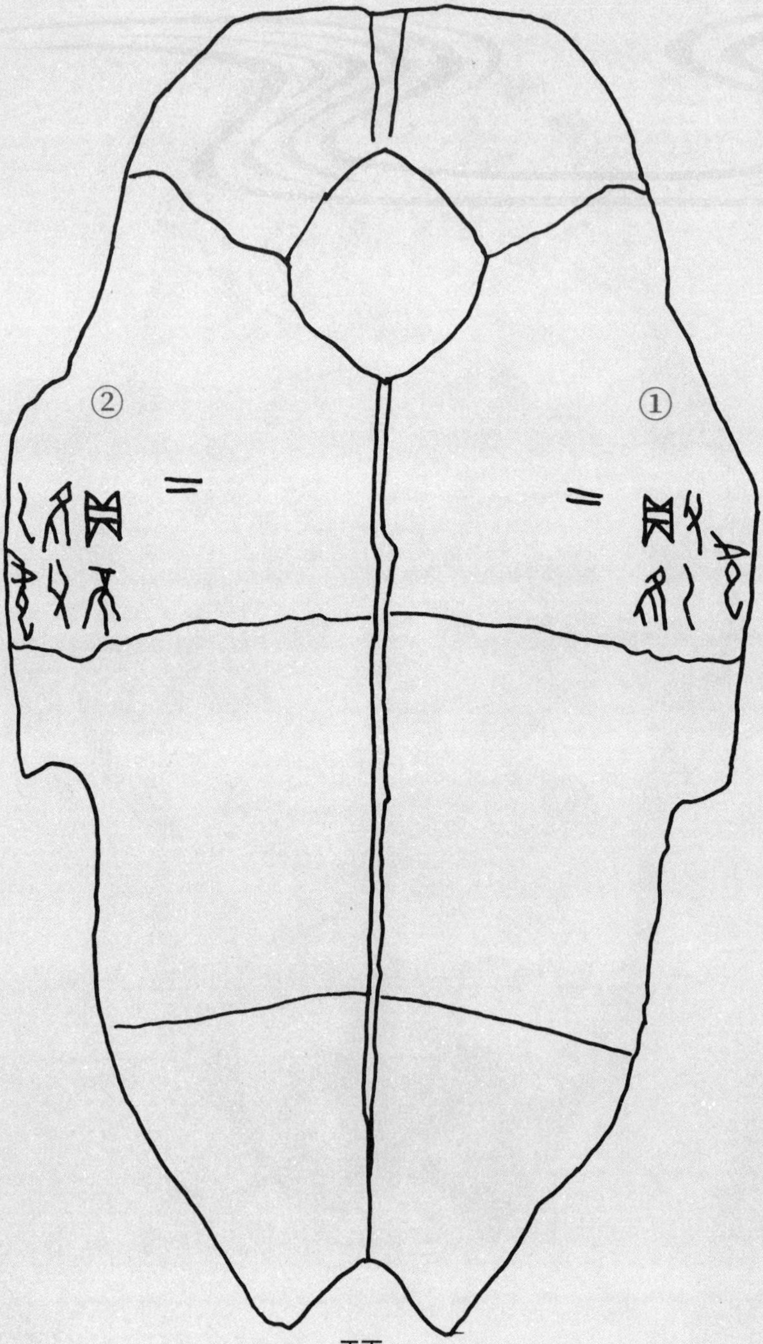

正面

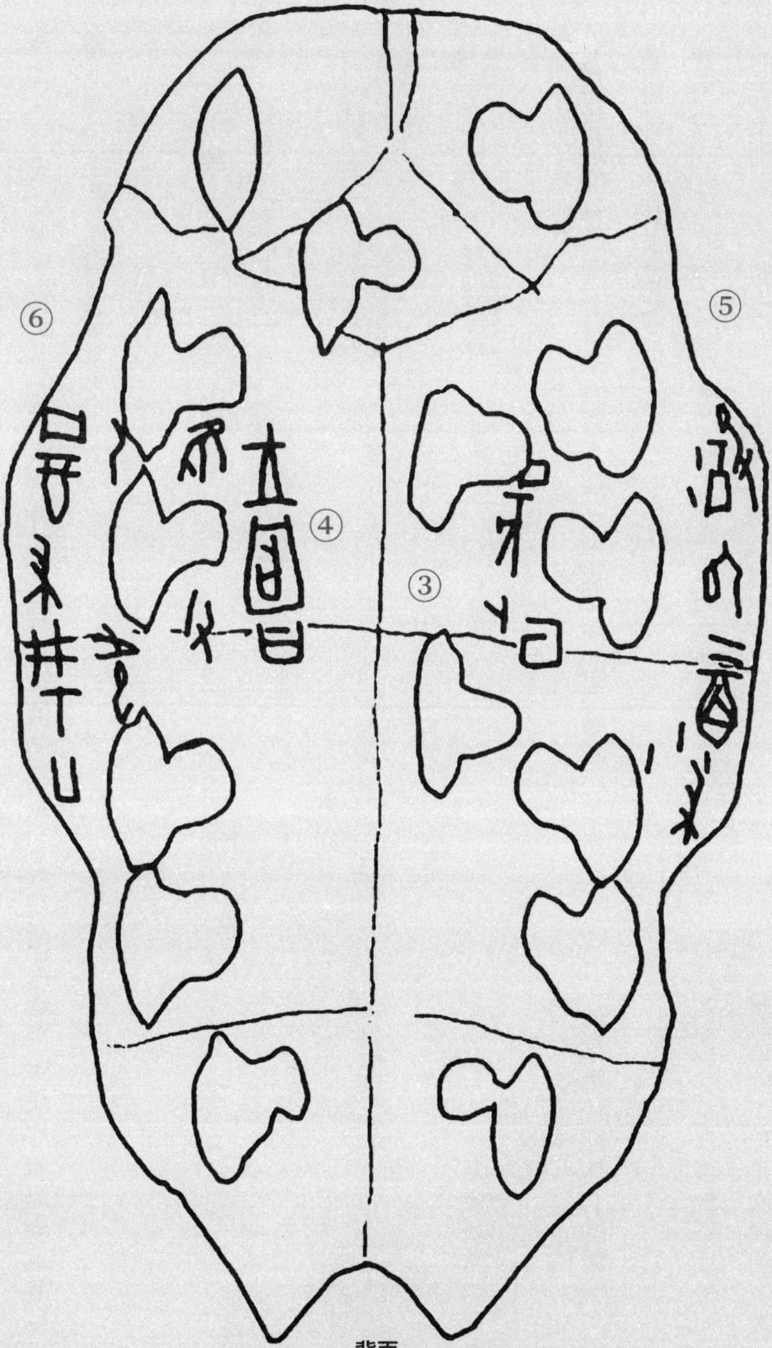


背面

• **出處**：《合補》287 正面與背面刻辭，龜腹甲。

• **斷代標準**：貞人、稱謂、書體、進骨記錄。

• **說明**：這是一版中型的龜甲，或有可能是鄰近地區的物種。大型的海龜則是遠地的海南地域物種，通過交易或進貢得來。

## ①貞：「隹父乙它？」二（序數）

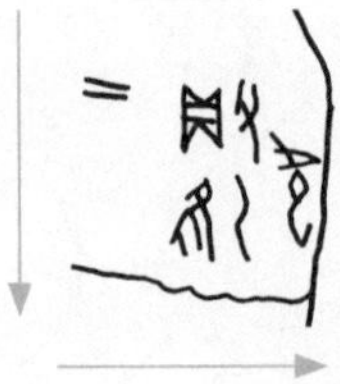

**白話譯文**　（丁亥卜占卜，貞人亘）提問：「災難是父乙的神靈造成的，是嗎？」第二次卜問。

**閱讀方式**　刻辭在右前甲，由內往外。

這句**前辭部分**的問卜日期與貞人姓名刻在背面的對應處（請見此版③），這是第一期特有的習慣。

**貞辭部分：隹父乙它？**

「父乙」指謚號爲乙的父輩，武丁稱小乙的稱謂。商代的人將所有父輩都稱爲父、母輩都稱爲母，後面的天干則爲死後的謚號。這些個別的謚號，或以爲是依據誕生日或死亡日擬定的，但是商代的王的名號大都集中在甲、乙、庚的天干，不像是自然的現象。所以張光直（一九三一—二〇〇一）以爲商代的王室把十天干分成兩組，相互通婚，同時王位在兩組中輪流，所以上下兩代是舅甥的關係，不是一般認為的父子關係。但是從第五期的周祭（初稱五種祭祀）祀譜看，比較可能是父子關係。

「它」在甲骨文的字形作一個腳趾被一條蛇咬了，意思是傷害，此字形後來不傳，暫以「它」字替代，「它」或隸定為「壱」或「蚩」。「它」字之後多半會省略「我」字，代表發生災殃的應該是商王本人。

**為什麼商王的名號比較集中在幾個干日呢？**經筆者的研究，古代中國有屍體化成白骨時子孫要撿骨再次埋葬的習俗，這時才是真正的死亡，並給予干日的名號。這個日子是可選定的，所以商王的名號才會有多半在某幾個干日的情形。而且商王要守喪三年，期間有攝政的安排，相關論述後文再介紹。貞人集團在卜骨上呈現對已故商王的稱謂，就可確定貞人集團的服務時間，成為重要的斷代標準。

**為什麼商代的人生病或有災殃時，會問是哪位祖先降下懲罰的？**此緣由大概是認為自然界的鬼神會影響年收、氣候、戰爭等災難，而個人的疾病和災殃則是自己逝去親人的神靈降下的懲罰。要問明疾病或災殃是哪位祖先的神靈所降下的，向之供奉祭品才會有消除病災的效果，所以這個卜問是要問明某人的疾病是不是小乙（父乙）所降下的。商代對於原因不明的內科疾病，雖然採用神道的手法治療，但從遺址房子裡發現可治病的仁實，可以得知當時人也兼用草藥治療。

②貞：「不隹父乙它？」二（序數）

**白話譯文** （貞人）提問：「災難不是父乙的神靈造成的，是嗎？」第二次卜問。

**閱讀方式** 刻辭在左前甲，由內往外。

此爲上一卜反面的**對貞**。

③（背面）丁亥卜，亘。

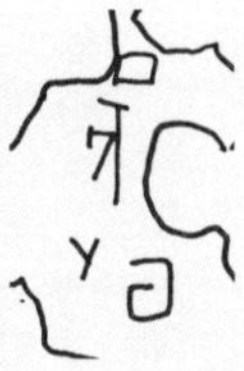

**白話譯文** 在丁亥日占卜，由貞人亘代表王提問。

**閱讀方式** 刻辭在左前甲背面，由內往外。

這句是**前辭部分**，此爲第一期特有的習慣，有時把占卜的日期與提問的貞人名等前辭先刻在背面，然後把貞辭刻在正面；或有時先在正面刻前辭與貞辭，然後在背面刻占辭與驗辭。對於問卜的第一問，總得要標明問卜日期，如果事件重要，還會再次把占辭與驗辭刻到正面的前辭與貞辭之後。

「亘」與「宣」爲同一字，指建築物上的幾何形雕刻圖紋，有宣示、展示的意義，此爲第一期貞人名。

④（背面）王占曰：「隹父乙它。」

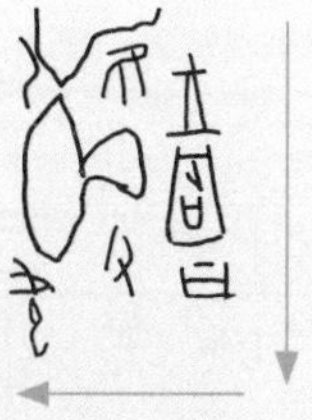

**白話譯文** 王檢驗兆紋顯示的意義後說：「是父乙降下的災殃。」

**閱讀方式** 刻辭在右前甲的背面，由內往外。

此爲**占辭部分**，問卜時要先與神靈約定在甲骨上顯兆的意思，燒灼後幾乎都由王來核定裂紋走向所表示的意思。

⑤（背面）攻氏三百。小埽。

白話譯文 攻提供三百個龜殼。由職官小埽收納。

閱讀方式 刻辭在右甲橋的背面。由上而下。

這句是所謂的**記事刻辭**，有關占卜事務的記載，**少量記事刻辭**的一種。

「攻」爲提供龜甲的人名或國名。王廷需要的甲骨量多，不足則需要地方的諸侯或官員提供。

「氏」的字形作一人提物的樣子，意義是提供。到了第四期，字形簡化成「以」字。

「三百」是提供的物品的數量，此處指龜甲，大半是還未處理的龜殼。

「小埽」是收納貢物的職官名稱。「埽」字作一手拿著掃帚的樣子，大半是管理內務的職官名稱。

**甲骨如何整治？**甲骨粗料要經過鋸、刨、磨、鑽、鑿等工序才能成爲占卜的材料，文獻對於這些有記載，但沒有提到如何能讓甲骨燒裂成紋的作法。根據現代的實驗，龜甲和獸骨裡都含有骨膠原。骨膠原是一種導熱的物質，如果不除去骨膠原，燒灼的熱量會快速擴散，使燒在甲骨表面上的熱量不能集中於一點，不足以產生不同的拉力而裂開成紋。實驗發現，如果將修整好的甲骨長時間泡在水中，至少半日，骨膠原就會溶解到水中，然後把水倒掉，晾乾甲骨，甲骨外表看不出異樣。一般人是燒灼沒有經過泡製的甲骨，所以始終無法燒裂甲骨，但實驗證明卜人以泡製過的甲骨燒灼，大致一分鐘就可以燒出裂紋來，因爲一般人不知道這個訣竅，才以爲卜人有魔力，可以讓甲骨燒出裂紋來。

⑥（背面）丁酉帚井示廿。

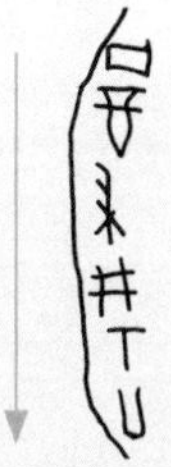

**白話譯文** 丁酉日帚井完成二十個龜版的整治。

**閱讀方式** 刻辭在左甲橋的背面。由上而下。

也是**少量記事刻辭**的一種。「帚井」是負責整治龜版的人。

**卜辭中的「婦」到底是誰？**「帚」字是掃地的掃把形，因爲戶外的打掃工作由已婚婦女來負責，所以用掃把表示已婚婦女。大多數人以爲講到「婦」就是指商王的妻妾，所以多問「婦」生育的事。但第一期的「婦」數量超過百個，從事各種職務，「婦好」是其中最著名的，曾帶領部隊多次征討敵國。在王廷有「多子」、「多生」、「多帚」的並列選擇。筆者以爲，商王不可能讓寵愛的妻妾長期在國外征戰，而且也有少數問「子」生產的卜辭，另外還有呼喚帚好徵召人馬的占卜，「呼喚」是把外地的諸侯招來辦事的用詞。所以筆者以爲「婦」是對於嫁出去的商王親眷的稱呼，在政治的組織裡有很大的勢力，可以爲朝廷辦事。嫁出去的女兒必須生了男孩才能繼承該國的權位，所以商王重視這些女兒的生男育女。至於自家的子弟，生男生女都不妨礙以後的繼承問題，所以少問到子弟的生育結果。所謂的婦好墓，因是貴族，屍骨灑了硃砂，以致屍骨腐蝕不存，不能鑑定是男是女，所以爭議猶在。

「示」字的形象是祭祀時使用的祈禱平臺，或承接擺放祭品的平臺，刻辭有大示、小示（或下示），意指大宗、小宗，直系與旁系的祖先神靈。但此處的「示」，大概是指對甲骨材料的修整。甲骨要經過多日繁瑣的手續才能讓粗料成爲可以拿來燒灼的完成品。上一句說提供數量是三百個，帚井只修整了其中二十個。

摹寫練習

## 103 問召見宛侯

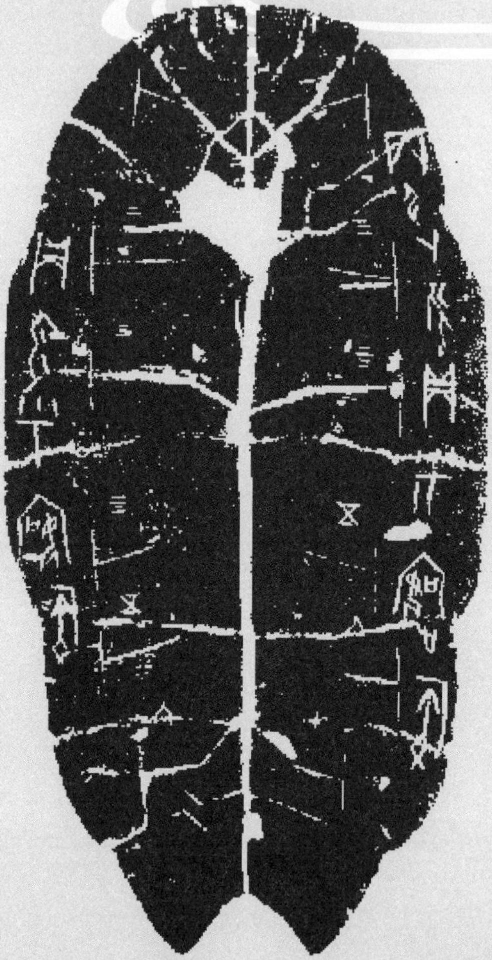

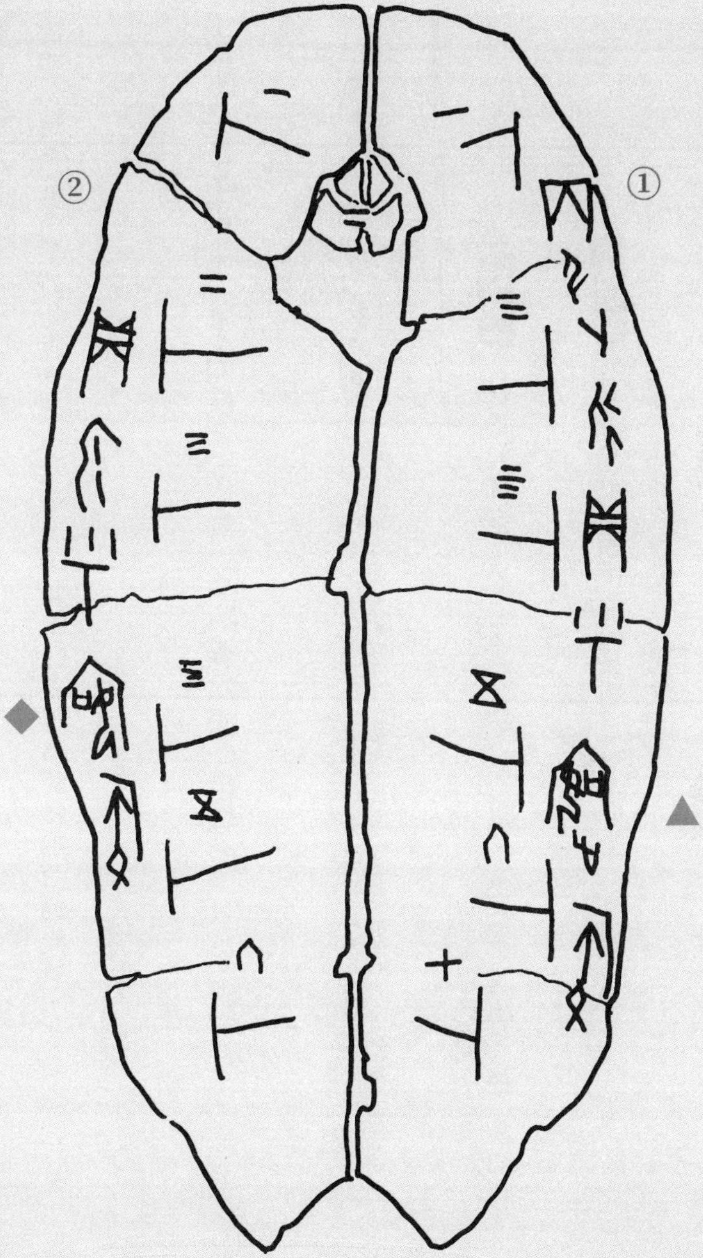
②
①

• 出處：《合》3333，龜腹甲。
• 斷代標準：貞人、書體、序數。
• 說明：這是最小型的龜腹甲，數量很少。此版的書體屬於大字的婉曲類。

## ①丙申卜，永貞：「乎⿱宀如侯？」一二三四五六七（序數）

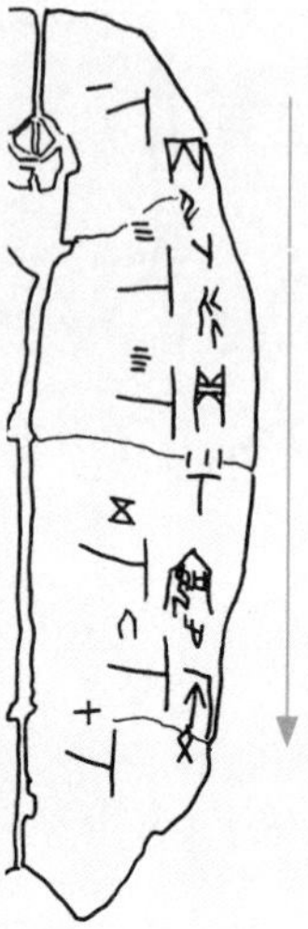

**白話譯文**

丙申日問卜，貞人永提問：「召喚⿱宀如侯前來辦事，是適當的嗎？」第一、二、三、四、五、六、七次占卜。

**閱讀方式**

刻辭跨越右首甲至右後甲。由上而下。

**前辭部分**的貞人「永」，是第一期常見的貞人。

**貞辭部分：乎⿱宀如侯？**

「侯」是對友善方國的稱呼，既是國名，也是諸侯主的稱謂，名字可加在侯之前或之後，或許與商王不具有姻親關係。「妿」是諸侯名字的暫時隸定，此字的構形有兩種：一種（請見摹本▲處）有行走符號的止，一種（請見摹本◆處）則沒有，確實的創意不清楚，可能是一個从女的形聲字姓氏。

「乎」即「呼」字，把在外頭的人員招呼前來辦事。一般還會提到所辦的事務，此處是省略了，一定是已經在占問的時候與神靈有所約定。

**序數部分：**一二三**四五六七**。此爲這版的右邊序數，序數爲一至七，由上而下順列，序數二與六的卜問有明顯用刀刻使兆紋加粗的現象，這也是第一期才有的舉動，有可能是爲標示吉祥一類的意思，也可能演變成後來使用的「兆側刻辭」，是對於呈兆吉祥等級的標示。

## ②貞：「勿乎⿱宀如侯?」一二三四五六(序數)

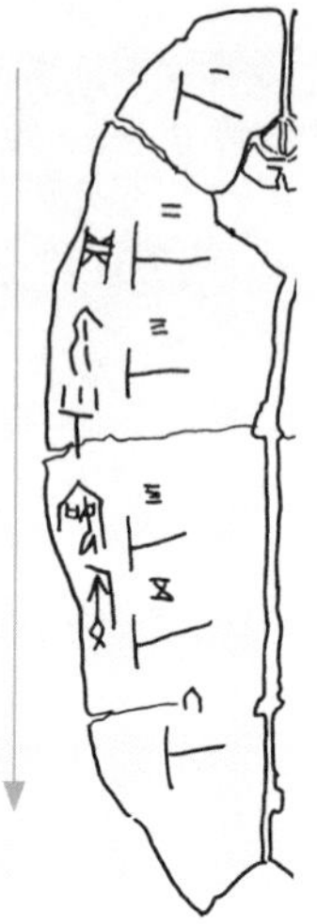

**白話譯文**

(丙申日問卜，貞人永)提問：「不召喚⿱宀如侯前來辦事，是適當的嗎?」第一、二、三、四、五、六次占卜。

**閱讀方式**

刻辭跨越左首甲至左後甲。由上而下。

和上一卜是否定的**對貞**。

**序數部分**是這版的左邊，序數爲一至六。

摹寫練習

## 104 問下一旬運勢——結果子阱死亡

• 異版同文1

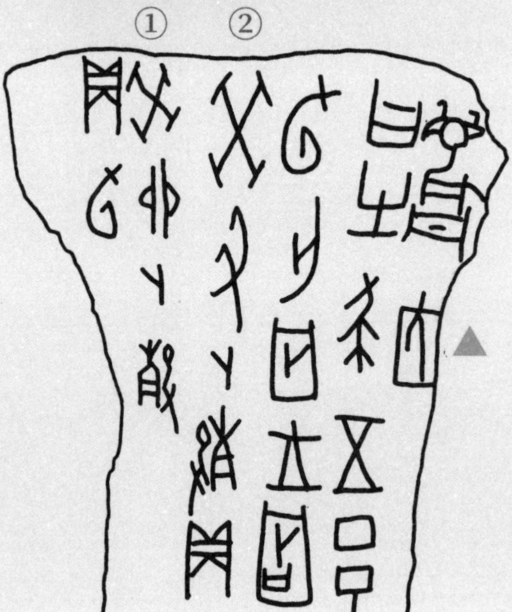

‧出處：《合》17076正面刻辭，牛右肩胛骨。

‧斷代標準：貞人、書體、熟語、字形、人物。

‧說明：以下兩版的刻辭與契刻位置都一樣，只是序數不同，就是所謂的異版同文，刻辭可以相互補足，得到完整的刻辭。第一期的異版同文，在腹甲上的大致最多六版，各自分左右，即十二次占卜；在骨上的則左右各五版，是十次卜問。與下一版比對，此版漏刻了「日」字。

①癸卯卜，㱿貞：「旬[亡禍]？」⧄

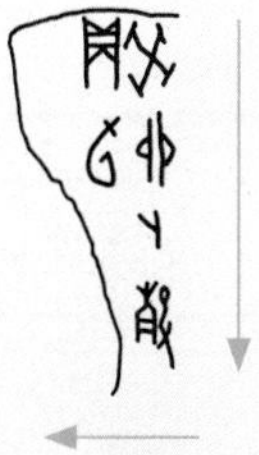

閱讀方式　骨的正面，左行。

「⧄」是指不確定有無缺字或缺幾字。

## ②癸丑卜，㱿貞：「旬亡禍？」王占曰：「㞢祟。」五〔日〕丁巳〔子〕阱死。一（序數）

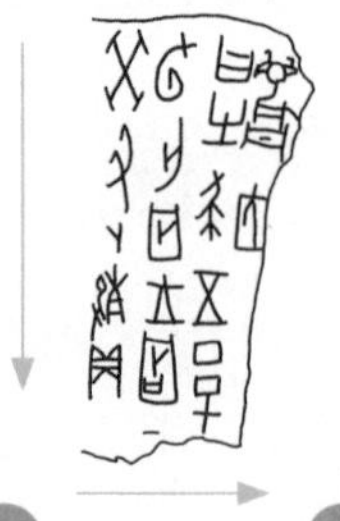

**白話譯文**

在癸丑日卜問，貞人㱿提問：「下旬不會有災禍，是嗎？」王檢驗兆紋的預示而後說：「預示會有災祟。」結果應驗，在第五天的丁巳日，子阱（正常地）死亡了。第一次占卜。

**閱讀方式**

骨的正面，右行。

第一期在近骨臼的地方會有並排的兩個長鑿，所以經常有並排的兩條刻辭，因此難以斷定是左邊還是右邊的先卜。此版暫定有缺角的左邊先卜。

**卜旬辭部分：旬〔亡禍〕**。從第一期到第五期都會在一旬的最後癸日，卜問下一旬的吉凶。

**占辭部分：王占曰：「㞢祟。」**第一期有占辭形式，爲燒兆後，王檢驗紋路的走向而說出甲骨所顯示的預示。這卜的預示是有災難。從下一版的背面刻辭來看，這一卜旬辭的預示是刻在背面的。因爲預示有災難，也應驗了，而且是個大事件，所以把原本刻在背面的占辭形式，再次刻到正面的貞辭後面。接著記載應驗的事實。

**驗辭部分：五〔日〕丁巳〔子〕阱死**。驗辭形式是在占辭後記載檢驗占辭的結果。這個占卜的預示是有災難，結果從癸丑日算起的第五日丁巳，子阱（正常地）死亡了。日期的計算是包括癸丑這天開始算起至丁巳，共五日。

「子」是與商王有血緣關係的男性貴族。多子與多帚（婦）是商王國的兩大支柱。多子大多是自家的子弟，多帚是女眷嫁去的外姓諸侯。「阱」字表現一隻鹿在僞裝的坑陷上，表達以坑陷捕捉野獸的田獵方式。後世此字形已不使用，代以从阜井聲的阱字。

「死」指死亡。死亡的意義在商代有兩個字形，一個是一人埋葬在棺槨裡的死字（請見摹本▲處），這是正常、合於禮儀的死亡，可能字形近似因或囚字，所以後世沒有採用。另一個「」）是表達不正常的死亡，表現一個人在一塊枯朽的骨頭殘塊旁邊，可能是表現撿拾殘骨的動作。古代認爲人死後朽化成白骨才是真正的死亡，一般屍體化成白骨的時間約三年，因此有收拾骨頭埋葬的習俗。後來可能就演變成守喪三年的習俗，在守喪期間王也有攝政的代理人，也可能撿骨之後才給予先父先母天干的尊號。這個不正常的死字或加朱的聲符「」，或以爲那是與死字分別的「殊」字，表達橫死的狀況。

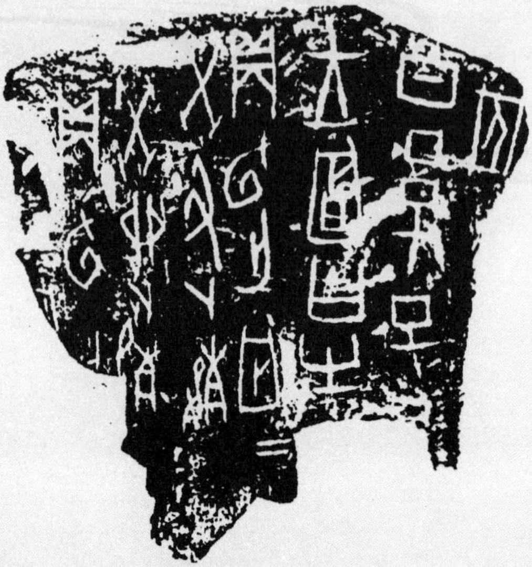

正面

背面

正面

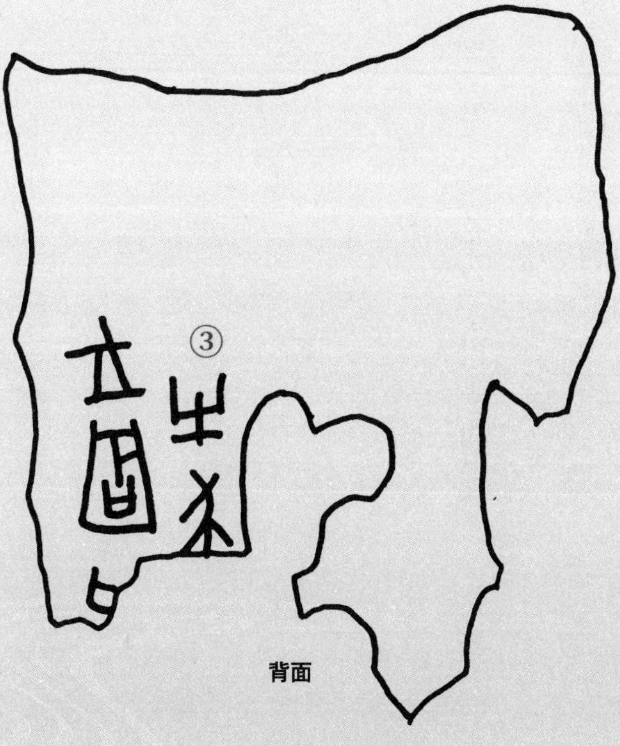


背面

• 出處：《合》17077正面與背面刻辭，牛右肩胛骨。

• 斷代標準：貞人、書體、熟語、字形、人物。

• 說明：此版與前一版為異版同文，內容與前一版互補得很完整，解釋請見前一版。

①癸卯卜，㱿貞：「旬亡[禍]？」☐

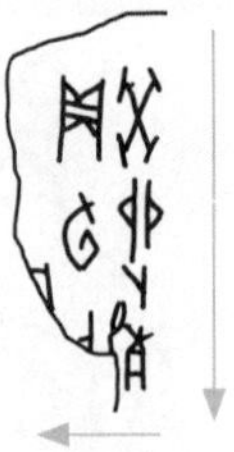

閱讀方式

骨的正面，左行。

②癸丑卜，㱿貞：「旬亡禍？」王占曰：「㞢[祟]。」[五]日丁巳子[阱]死。二（序數）

白話譯文

在癸丑日卜問，貞人㱿提問：「下旬不會有災禍，是嗎？」王檢驗兆紋的預示而後說：「預示會有災祟。」結果應驗，在第五天的丁巳日，子阱（正常地）死亡了。第二次占卜。

閱讀方式

骨的正面，右行。

③（背面）王占[曰]：「㞢祟。」

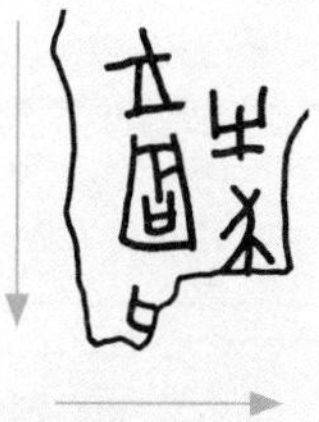

白話譯文

王檢驗兆紋的預示[說]：「預示會有災祟。」

閱讀方式

骨的背面，右行。

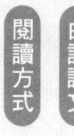

# 106 問雨於敦

正面

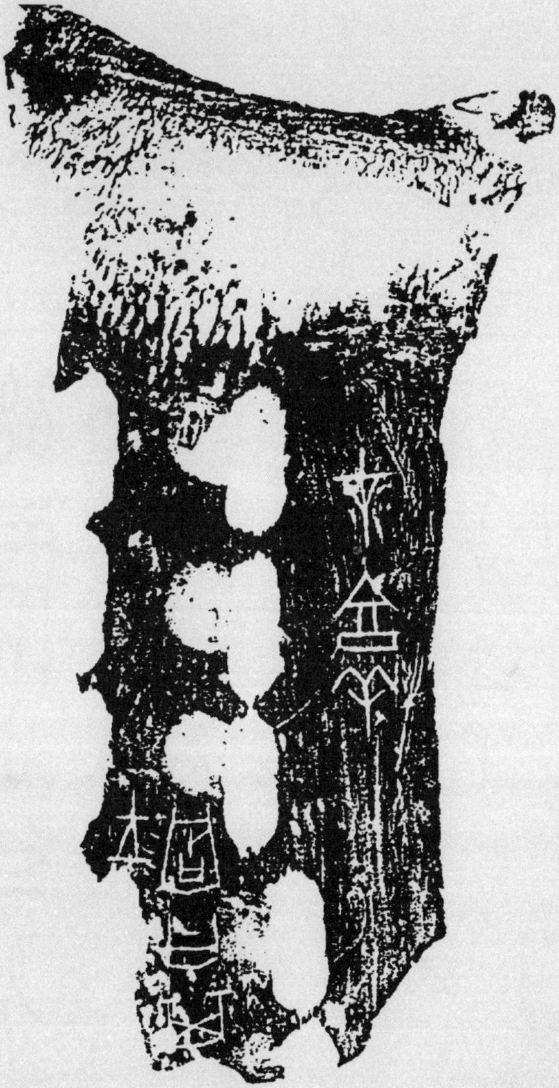

背面

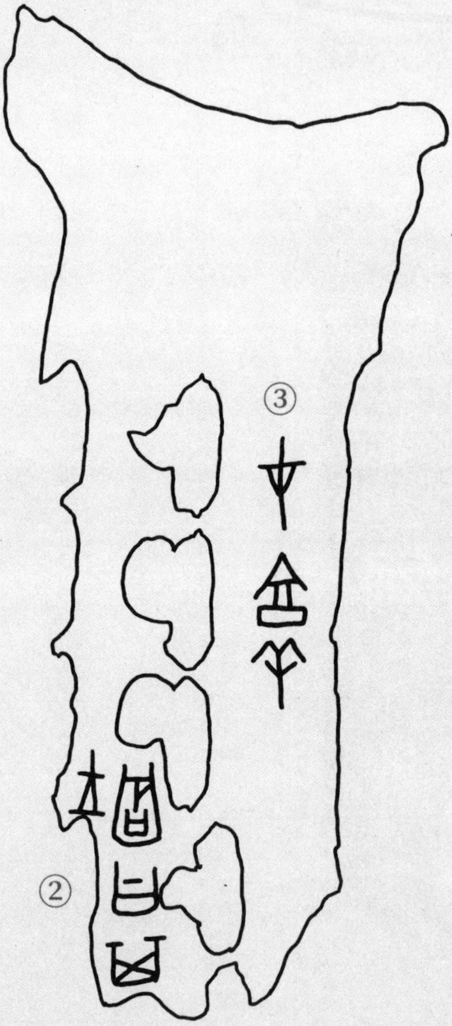


背面

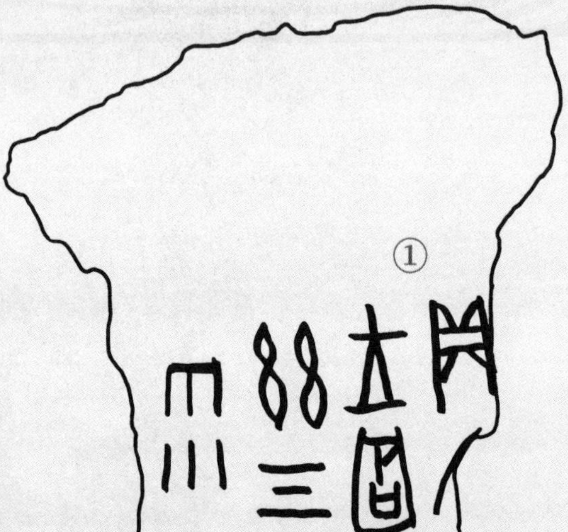


正面

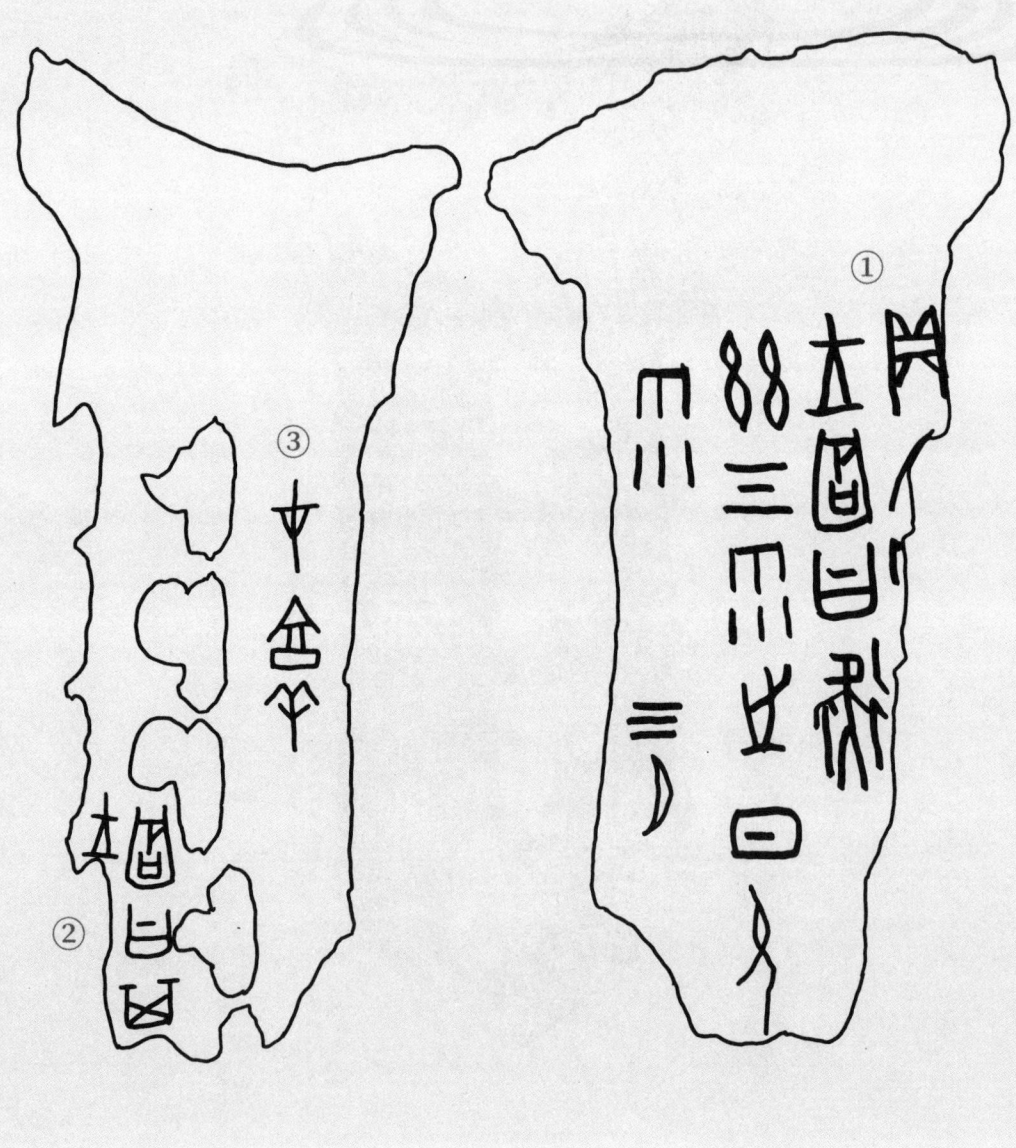

• 出處：《合》12532正面與背面刻辭，牛左肩胛骨。

• 斷代標準：書體、字形、熟語。

• 說明：這一版的書體屬大字婉約一類的，正背面都有刻辭。王的字形、王占曰的熟語、月份前不加「在」字，都是第一期常見的特點。

## ①☐貞：「今日☐？」王占曰：「疑。」茲乞雨，之日允雨。三月。

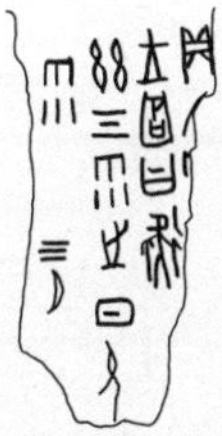

**白話譯文**

（貞人）提問：「今日會［下雨］的，是嗎？」王檢驗兆紋而後說：「預示說是不確定。」仍然舉行了祈求下雨的儀式。果然當天確實下了雨。占卜日期在三月。

**閱讀方式**

骨的正面，左行。

這是左肩胛骨，行列由右往左，貞字之前應該有干支卜某的缺文，此爲典型的第一期前辭形式。貞字之後的殘句可能是**貞辭**「今日雨」。

**占辭部分：王占曰：**「**疑**」。用「疑」字表示難以判斷兆紋顯示的意思。

**驗辭部分：茲乞雨，之日允雨**。雖然不好決斷將雨或不雨，爲了保險起見，還是舉行了乞雨的儀式，當天確實下了雨。「允」是占卜的預示得以確實應驗的術語。我們現在知道，甲骨並沒有預知未來的能力，占卜一定會有不少的結果是不準的。但是甲骨幾乎沒有預示不準的時候，推斷當時記載時有所迴避，不直接承認錯誤。占辭既然說「疑」，就不是很確定的判斷，但驗辭仍然用非常肯定的「允」字。

**占卜日期：三月**。舊派的寫法在月份之前不加「才（在）」字，新派的加「在」字。此版的月份指占卜日的月份，不是事後徵驗日子的月份。

② （背面）王占曰：「其☐。」

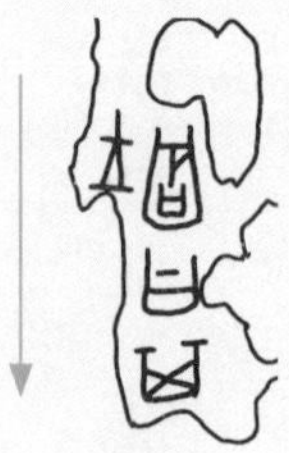

閱讀方式　骨的背面，左下角，由上而下。

這是對於正面殘缺之**貞辭**的**占辭部分**，用「其」字也是預示不確定的用語。

③ （背面）才敦。

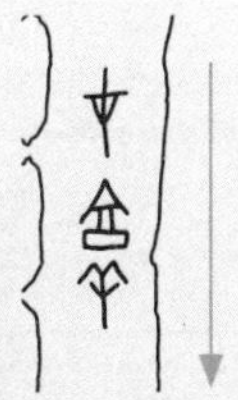

**白話譯文** 是在敦地占卜的。

**閱讀方式** 骨的背面，由上而下。

從對應位置看，應是補足正面卜雨的刻辭。「才」即「在」，指示占卜的地點所在。「敦」是地名，地域不清楚。商王經常長時間離開國都，所以也經常在外地從事占卜的活動，當時應該有一定的機制能及時把王的重要政策傳回國都。

# 107 問王親征舌方

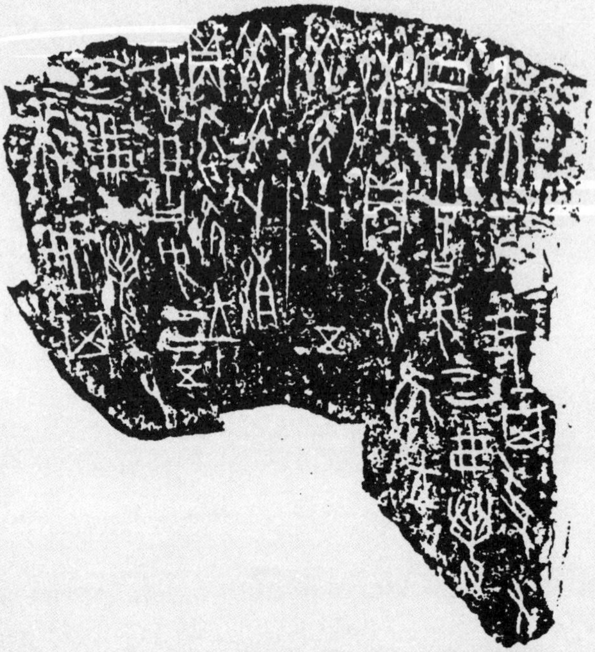

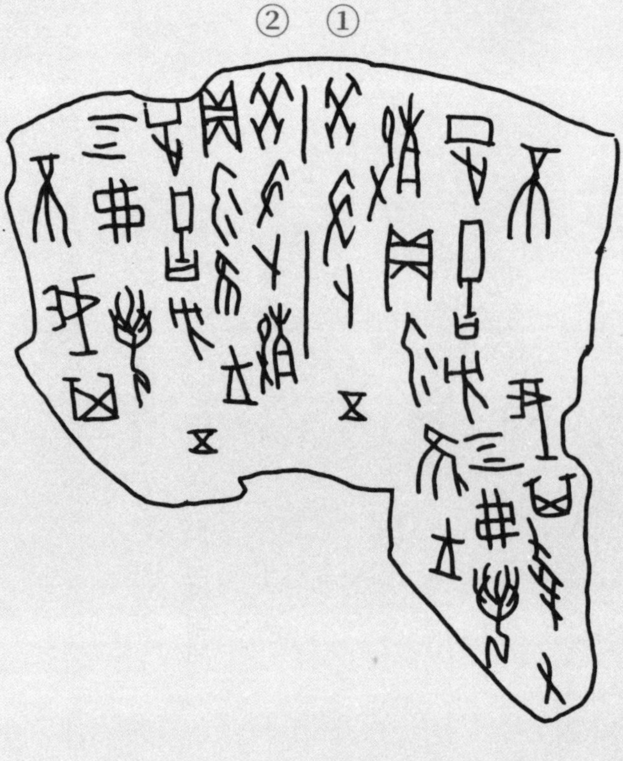

• 出處：《合》6316，牛右肩胛骨。

• 斷代標準：貞人、書體、方國、序數。

①癸丑卜，㱿貞：「勿隹王正𢀛方，下上弗若，不我其受又？」五（序數）

白話譯文

癸丑日占卜，貞人㱿提問：「不要由王去征伐𢀛方，因爲上天的神靈與下地的百姓都不會讓我順利，（上帝）不會讓我受到福祐的（天時地利都不能配合，人事也不順利，天帝不會庇佑的），是嗎？」第五次占卜。

閱讀方式

從中線開始，由左而右。

**貞辭部分：勿隹王正𢀛方，下上弗若，不我其受又？**

這句爲反面的提問。兩段式貞問在第一期常見，因爲有後面的結果，會影響前面打算做的事。以這條卜辭來說，因爲情況會是上天與人間不順利（得不到天時、地利與人和），不會授給我福佑，所以不要王去征伐𢀛方。「下上弗若」是第一期常出現的用語，上指天上的神靈，以上帝的帝作代表（天時，即合於自然的條件）；下指在地面上生活的人們（人間的政治、經濟、社會條件）。重點應該在天上的神靈，但卻用下上表達（因爲人事不順，天時地利也不配合，所以上天不會庇佑的）。「不我其受祐」的主格省略了，推測應是天帝。

「𢀛方」是敵對的方國名，字不傳，暫隸定如此，或隸定爲苦方。與商朝常有爭端。

**序數部分：五**。第一期龜甲上的序數，經常在同一版上有幾組一至十的序數。而牛骨上的序數是「《合》6717」有到序數六，好像是次數最高的。這一右胛骨有兩次同樣第五次的負面提問，就等於共有十次卜問。看來對於同一事件的卜問，在成對的左與右胛骨上可以達到二十次以上的燒灼問卜，難以想像商王一天要花多少時間、多少骨料用於占卜。這條則可以想見商王對於是否要親征𢀛方是多麼地猶疑難決。

---

## ② 癸丑卜，㱿貞：「勿隹王正𢀛方，下上弗若，不我其[受又]？」五（序數）

**白話譯文**

癸丑日占卜，貞人㱿提問：「不要由王去征伐𢀛方，因爲上天的神靈與下地的百姓都不會讓我順利，（上帝）不會讓我受到福祐的，是嗎？」第五次占卜。

**閱讀方式**

從中線開始，由右而左。

這一條與上一條的刻辭和序數都一樣，推測在左肩胛骨上可能有兩條同樣的正面提問，像「癸丑卜，㱿貞：王其正𢀛方，下上若，我受㞢又？」一類的刻辭。

# 108 問派𠂤視察㞢𠂤

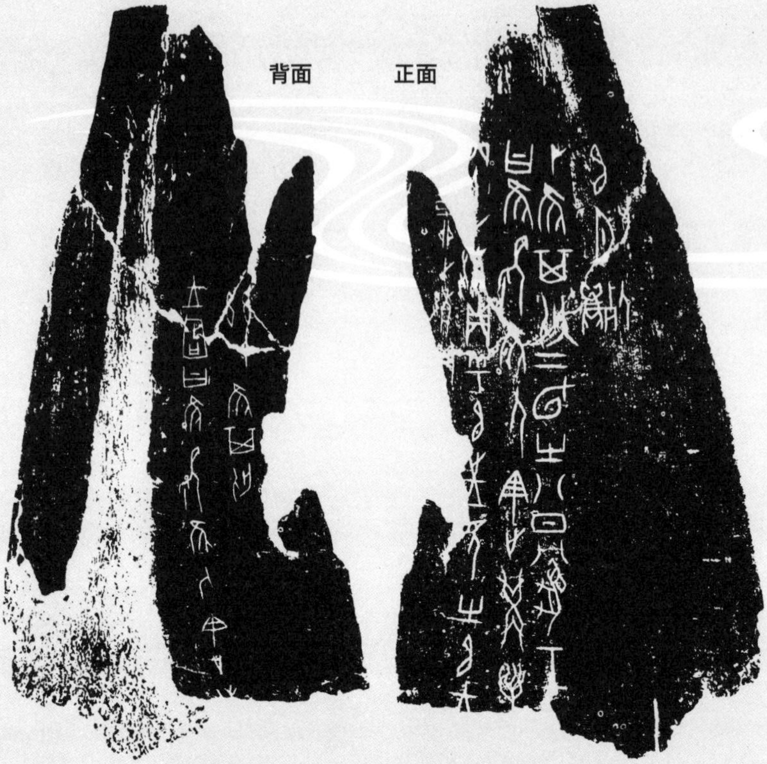


拓本原寸長 25 公分、寬 12.5 公分，圖為原寸 40%。

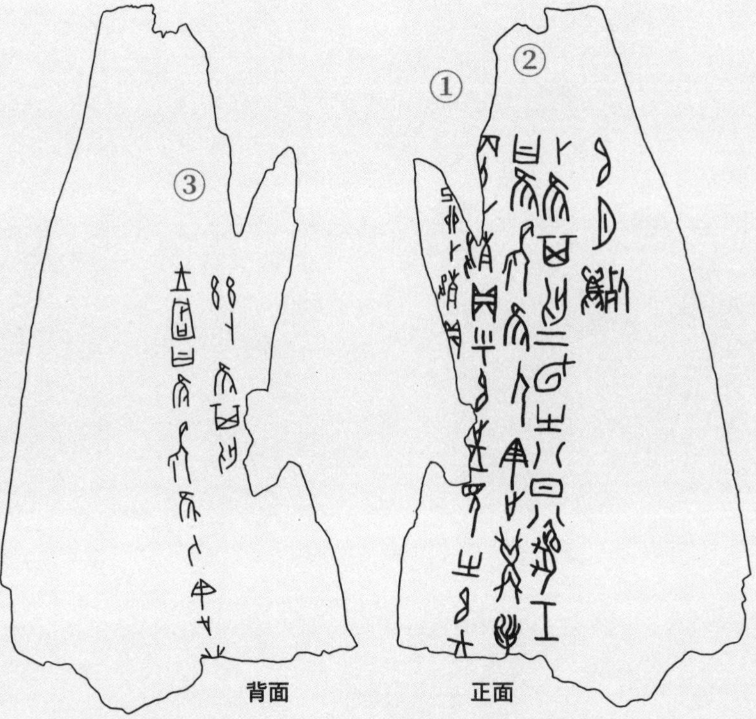


背面　　正面

- 出處：《合》17055正面與背面刻辭，骨。
- 斷代標準：貞人、書體、熟語、字形、塗朱。
- 說明：這版的字是雙線挖刻的，字裡頭還塗上紅色的硃砂，這是第一期所獨有，且是重要的事件。

## ①己卯卜，㱿貞☐

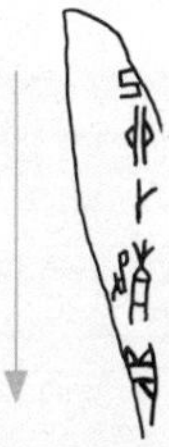

閱讀方式

骨正面，最左，由上而下。

②丙午卜，㱿貞：「乎𠂤往見㞢𠂤？」王[占]曰：「隹老隹人，途遘若。」[茲]卜隹其勹，二旬㞢八日[illegible]壬[申]，𠂤夕殊（死）。

**白話譯文**

丙午日占卜，貞人㱿提問：「召喚𠂤前往㞢𠂤視察軍務，是正確的決定嗎？」王檢驗兆紋而給予判斷說：「人越老越成熟，旅途會遭遇順利的。」但是這次占卜預示將是有災害的。經歷了二十又八日而到壬申日，在這一天的前半夜時間，𠂤竟不幸橫死了。

**閱讀方式**

右肩胛骨正面，行文自上而下，然後右行，即由內往外。一般刻辭大都在長鑿相應的位置。但牛肩胛骨的下段中央比較薄，不好挖刻長鑿，不過有廣大的平面，是契刻長文的理想位置，所以往往把在其他地點的長段占卜文字刻到②的位置來。

**貞辭部分：乎𠂤往見㞢𠂤？**「𠂤」是人名，從占辭來看，應是位老將軍，從王廷外被召喚來。「見」是賦予𠂤的任務，有監察、視察的意味；「㞢𠂤」是被視察的對象，𠂤在第一期也是軍隊的編制，大致等於師，人數超過千人的大編制，可能軍心不穩，所以要𠂤前往查探。

**占辭部分：隹老隹人，途遘若。**卜辭很少使用四字成語或俗語，「隹」讀如唯、維的語詞常見，但是沒有見過唯（維）○唯（維）○的句子。唯老唯人的「唯」是無意義的發語詞，意思是老人啊。筆者以爲這是強調受命者的才能，旅途不會有事，所以解釋「老」是年紀老，因爲年長所以有經驗，是讚美思想、處事成熟。「若」的創意是梳理頭髮使順暢，引申爲順利無礙。所以這句話大致表達因爲𠂤老成，所以能應付意外的情況，旅途會順利。

**驗辭部分：［茲］卜隹其𠣙，二旬㞢八日壬［申］，𠂤夕殊（死）。**

本來預示是旅途順利，但卻發生意外，所以說此卜意謂有災難。「𠣙」字的意義很清楚，大約等於「害」字，但創意不清楚，字形从刀从亡，因爲「亡」的創意不知，連帶和刀子的關聯也不能猜測。「二旬㞢八日壬［申］」指日期。商代對於天數的計算，都是從當日算起，但是從丙午日算起二十八日應該是癸酉，而這版卻說是壬日，差了一天。關鍵可能是不能識讀的字，該字與哺乳動物有關，於此應該是假借意義。

「死」字在甲骨有兩類，一類是正常的死亡，作一人在棺材裡頭「」。一類作一人在一塊枯骨旁邊「」，表達不正常的死亡，現在的死字就是這個字形演化來的。有時還加上蛛的聲符，所以有人以爲字是具有橫死意思的殊字。現在隸定爲「殊」，以別於正常的死亡。商代將夜晚的時間分爲兩

大段落，前半段爲夕，後半段爲夙。商王對於自死亡的情況該有所了解，所以還點出死亡的時間是前半夜。

這版是甲骨中唯一**占斷錯誤**的例子。一般占斷不應驗時，會迴避直接說出錯誤，只指出相關的事實。但這一版，因爲事關重大，不能迴避，所以才明白說是誤讀兆紋。甲骨學界曾經爲貞辭是問句還是陳述句爭論很多年，因爲文獻「貞」字大都沒有使用爲貞問的意義，因此以爲貞字的重點在於正、定，認爲占卜是商王用來執行其意願的行爲，不會有錯誤的占斷。我們認爲占卜本來就是心中有疑問不能下決定，所以才同時分別就正反面，或多項的選擇來提問。如果真是王的堅決意願，就不會提出相反的訴求了，更不會有像這版刻辭，出現王占斷錯誤的例子。本來這是理所當然的事，竟成派別的標示。

③（背面）王占曰：「隹老隹人，途遘[若]。」茲卜隹其匄。

閱讀方式 骨背面，行文自上而下，然後右行。

於燒灼完後，在正面刻上占辭，在背面也刻上占辭，這是第一期才有的習慣。結果到了事情發生後，先是刻了「茲卜隹其匃」一句，但覺得事態嚴重，又重新把占辭寫在原來貞辭之後，並繼續把驗辭完整記錄。同時塗上硃砂，容易被判斷爲重要事件。

# 109 問蝕神是否影響收成

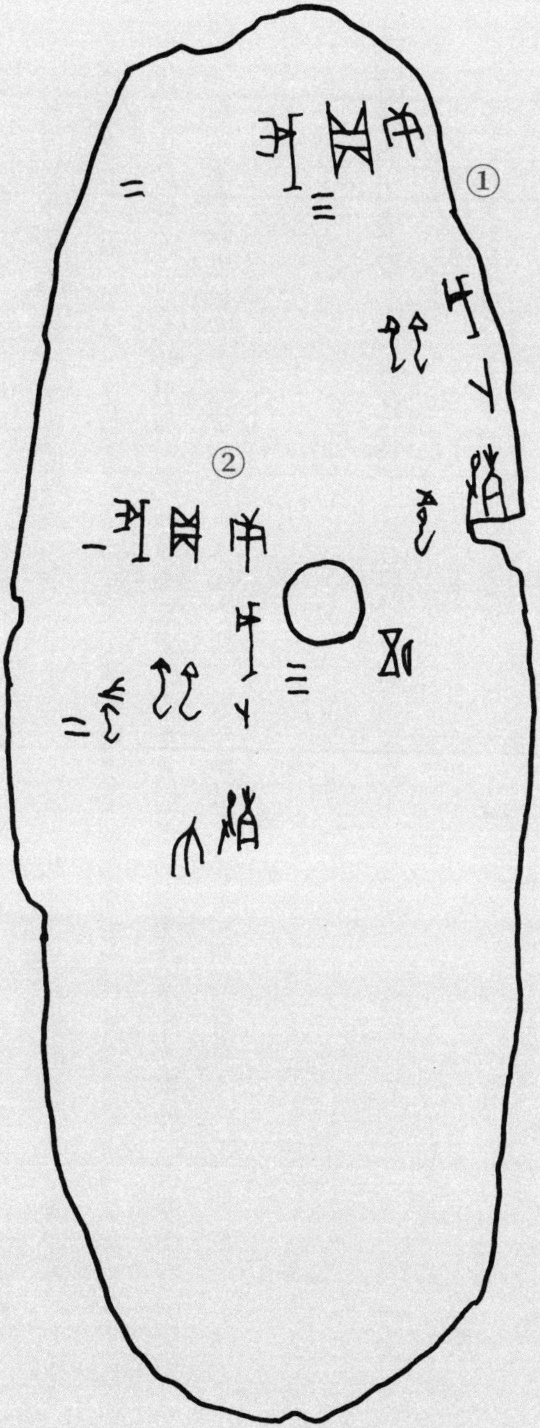
①
②

• 出處：《合》14707，龜背甲。

• 斷代標準：貞人、書體。

• 說明：龜背甲上有多片隆起的甲片，裡面起伏不平，修整起來非常不容易，只有第五期使用較多，第一期只有少量。這版是幾片修整成一定窄長圓周的背甲之一，在中間處還鑽了一個圓孔，大致因某種需要，有意把同樣形狀的甲片串起來，非常少見。這種龜版或稱之為龜冊，第一卜的序數有二、三，第二卜序數有一、二、三，能知道占卜的次序由內往外，貞辭由內往外，大半是左背甲的部分。序數被磨掉，推知原來無意作為龜冊的形制，是後來才改製的。書體屬於小字的一類，筆勢無力，幸虧有常見的貞人㱿卜問，因而知道也是第一期的書體。

① 庚戌卜，㱿貞：「蚰它我？」五月。二三（序數）

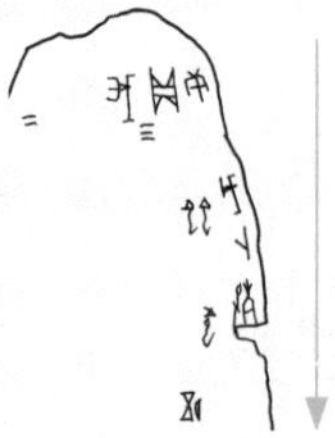

**白話譯文** 庚戌日占卜，貞人㱿提問：「蚰神靈會對我國家的年收成造成災害的，是嗎？」占卜日期在五月。第二、三次占卜。

**閱讀方式** 左行。

**貞辭部分：蚰它我？**「蚰」大致是自然神靈的名號。除自然天象與山川神靈的名號外，遠祖或大臣的神靈很難有所分別。此卜「我」之後大半省略「年」，卜問蚰會不會對我（商國）的年收有不好的影響，所以判斷蚰是自然界的神靈。

## ②庚戌卜，㱿貞：「蚰不我它？」一二三（序數）

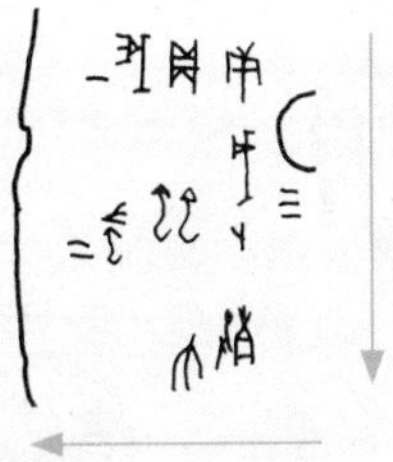

**白話譯文** 庚戌日占卜，貞人㱿提問：「蚰神靈不會對我國家的年收成造成災害的，是嗎？」第一、二、三次占卜。

**閱讀方式** 左行。

與上一卜爲**對貞**，否定問句把受格移到動詞前。

# 110 問彩虹是否影響收成

正面

骨臼

拓本原寸長 24.7 公分、寬 10.2 公分，圖為原寸 75%。

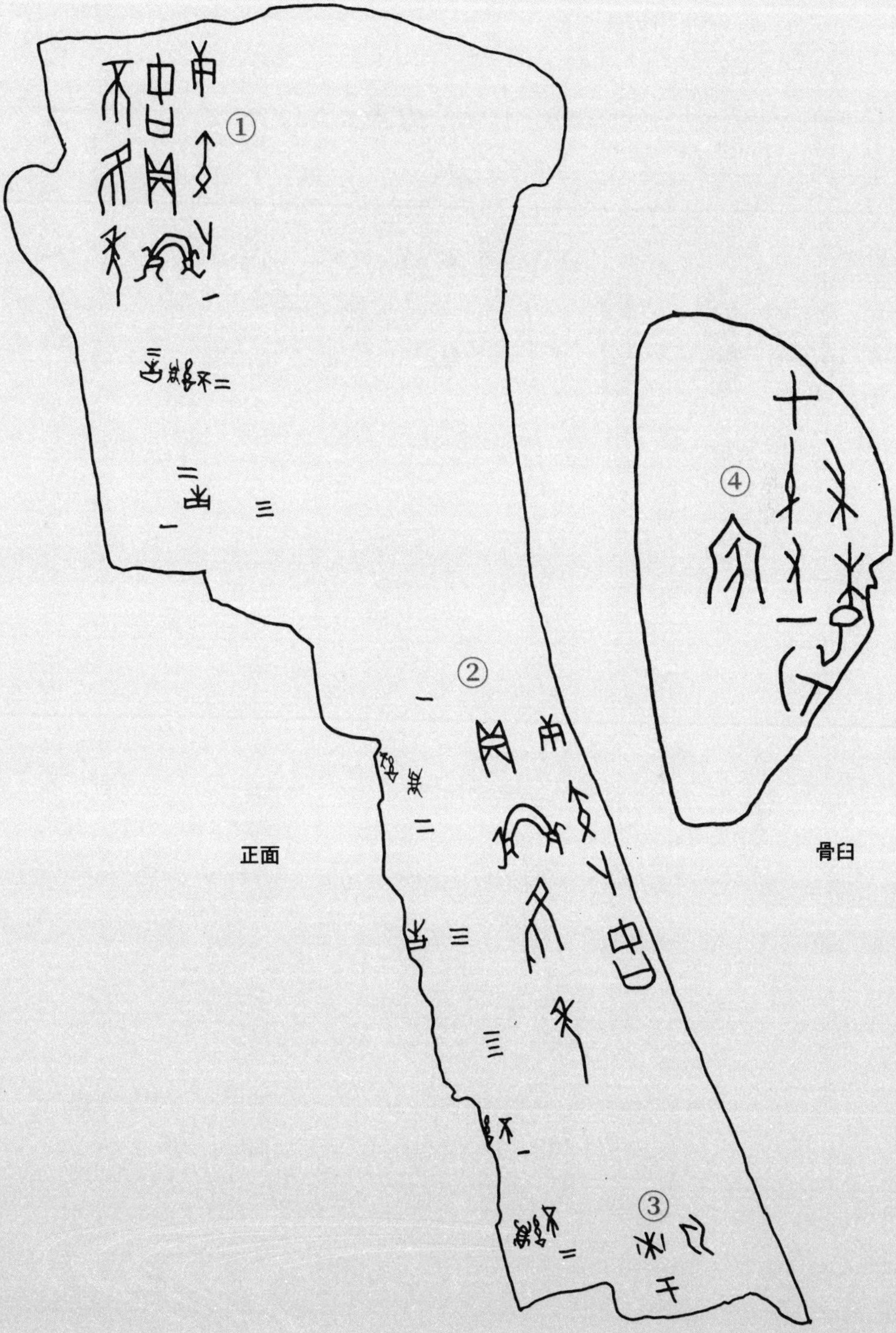


正面

骨臼

• 出處：《合》13443 正面刻辭與骨臼刻辭，牛右肩胛骨。

• 斷代標準：貞人、書體、兆辭、臼辭。

①庚寅卜，古貞：「虹不隹年？」一二（序數）。不悟蛛上吉。三（序數）。上吉。

白話譯文

庚寅日占卜，貞人古提問：「出現的彩虹不會對今年的收成造成災禍，是嗎？」第一、二次占卜。不悟蛛上吉。第三次占卜。上吉。

閱讀方式

左行。

**前辭部分：庚寅卜，古貞。**「古」是第一期常見貞人的名字，創意不詳，暫隸定如此。

**貞辭部分：虹不隹年？**

「虹」的形狀在古人的想像中是兩頭龍，而虹是雨後水氣受陽光折射所成的景象，所以古人也聯想到雨量。雨量是農業用水的重要來源，所以害怕對農業收成造成不利的影響。周代開始把腰珮的璜作成兩頭彩虹的形象；另外也可能因爲彩虹多彩，東周時候被聯想爲放縱男女情欲的象徵。

「年」字形作一個成人扛着禾束，爲穀類作物收穫的景象，所以有年收的意義。古代一年一次收穫，所以到了後期，也使用爲一年的時間長度。比照卜辭有「茲雨不隹年禍」的例子，「年」之後大半省「禍」字。不希望對年收有災禍，所以先卜。從下一卜**對貞**有序數四來看，這一卜事應該問了四次。

**兆辭部分：不悟蛛上吉**。

「不悟蛛」辭作「不午蛛」，或讀爲「不玄冥」，是第一期特有的占卜術語。或以爲「不午蛛」讀如「不牾踟」，即不必猶豫，放心去做。「不玄冥」意義大致是不黑暗，意即光明，可以做。今取「不牾踟」的解釋。

「上吉」、「小吉」，有人據字形讀爲「上告」、「小告」。從第三期的兆側刻辭作弘吉、大吉、吉的用法看，還是讀「上吉」、「小吉」比較適合占卜的情境。由於第三期的兆辭分三級，第一期可能一樣分三級，「不悟蛛上吉」或簡稱「不悟蛛與上吉」爲最高級，小吉爲次級，沒有標示的是一般的。

**兆辭是什麼？**又稱兆側刻辭。刻在兆紋所向的旁邊，說明燒兆後顯示兆象的吉祥程度。第一期有不牾鼄上吉、不牾鼄、上吉、小吉。很可能不牾鼄上吉、不牾鼄、上吉是一級，爲最高程度；小吉是一級，次高程度；不標吉祥是一級，最低程度。用於決定是否執行占卜的強度，字會一般比貞辭小許多。

②庚寅卜，㱿貞：「虹隹年？」一二（序數）。[不]悟蛛。三（序數）。□吉。四（序數）

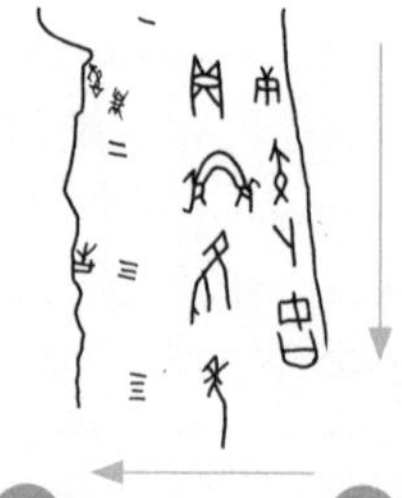

白話譯文

庚寅日占卜，貞人㱿提問：「出現的彩虹會對今年的收成造成災禍，是嗎？」第一、二次占卜。［不］悟蛛。第三次占卜。□吉。第四次占卜。

閱讀方式

左行。

此爲上一卜的**對貞**。

③「燎于河？」一（序數）。不悟[蛛]。二（序數）。不悟蛛。

白話譯文

（提問：）「向黃河的神靈舉行燒燎的儀式，是合適的（能解除年收的災難）嗎？」第一次占卜。不悟［蛛］。第二次占卜。不悟蛛。

閱讀方式

右行。

## 貞辭部分：燎于河？

「燎」是第一期常見的祭名，字形表現架木焚燒的樣子，應該就是以這種方式祭祀神靈。字形變化大概是從第二期新派的祖甲開始，增加了在木架下加火的形象，第三期延續，第四期屬舊派，取消火的符號，增多火點，作「」。有鮮明的區別，可作斷代依據。「燎」本是在戶外對自然神靈的祭祀，可能後來建築擴大，可以在室內舉行，因而加上宮的符號，導致字形發生很大的變化，成爲後來小篆的字形。除焚燒木料外，還會供應牲品與物品。燎祭後來可能成爲皇帝才能實行的山川封禪。

「河」是黃河神靈的專稱。商代的河流各有專稱，周代才演變爲河流的通稱。在商代黃河與霍山神靈「岳」，被認爲是影響農業最重要的二位神靈，是對之祈年與祈雨最常見的神祇。這一卜沒有**前辭形式**，表示之前有同一事類的占卜。可能卜問的結果，虹不會對農業造成災難，所以再問要對黃河施行燎祭，盼望能免除災難。

## ④（骨臼）帚杞示七屯又一(。賓。

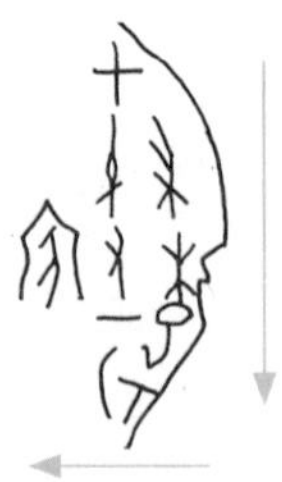

**白話譯文** 帚杞將七對加一共十五版的肩胛骨修治完成。賓簽收。

**閱讀方式** 左行。

「骨臼」指的是在骨臼上有關卜骨材料的紀錄。

「屯」的字形作一對左右肩胛骨捆綁起來的「側面」形象，意義是兩骨成爲一對的卜骨。「(」則是單版的側視形象。「七屯又一(」是七對加一，共是十五版。另一種記載是，一對作左右肩胛骨捆綁起來的「俯視」形象（），單獨一版就作「骨」。

「賓」是第一期常見的貞人，在這裡是簽收已修治完成的甲骨的官員。從有進貢骨料的人，有修治甲骨的人（此骨爲帚杞），還有貞人接受修治過的甲骨，綜合觀察，大致可以理解過程爲，諸侯進貢甲骨粗料，由官員加以修治，再交給貞人。因爲貞人只是代表王向骨頭提問問題，不是從事巫職的人，不知道骨頭能燒裂的祕密，還要再交給卜人對甲骨進行去掉骨膠原的步驟，才能用以燒灼問卜。

**臼辭是什麼？**刻在骨臼上的刻辭，主要是進貢牛肩胛骨以及修整卜骨的記事文字，是第一期所獨有的習慣。

摹寫練習

# 111 問降雨與豐收

拓本原寸長 24.2 公分、寬 16.6 公分，圖為原寸 65%。

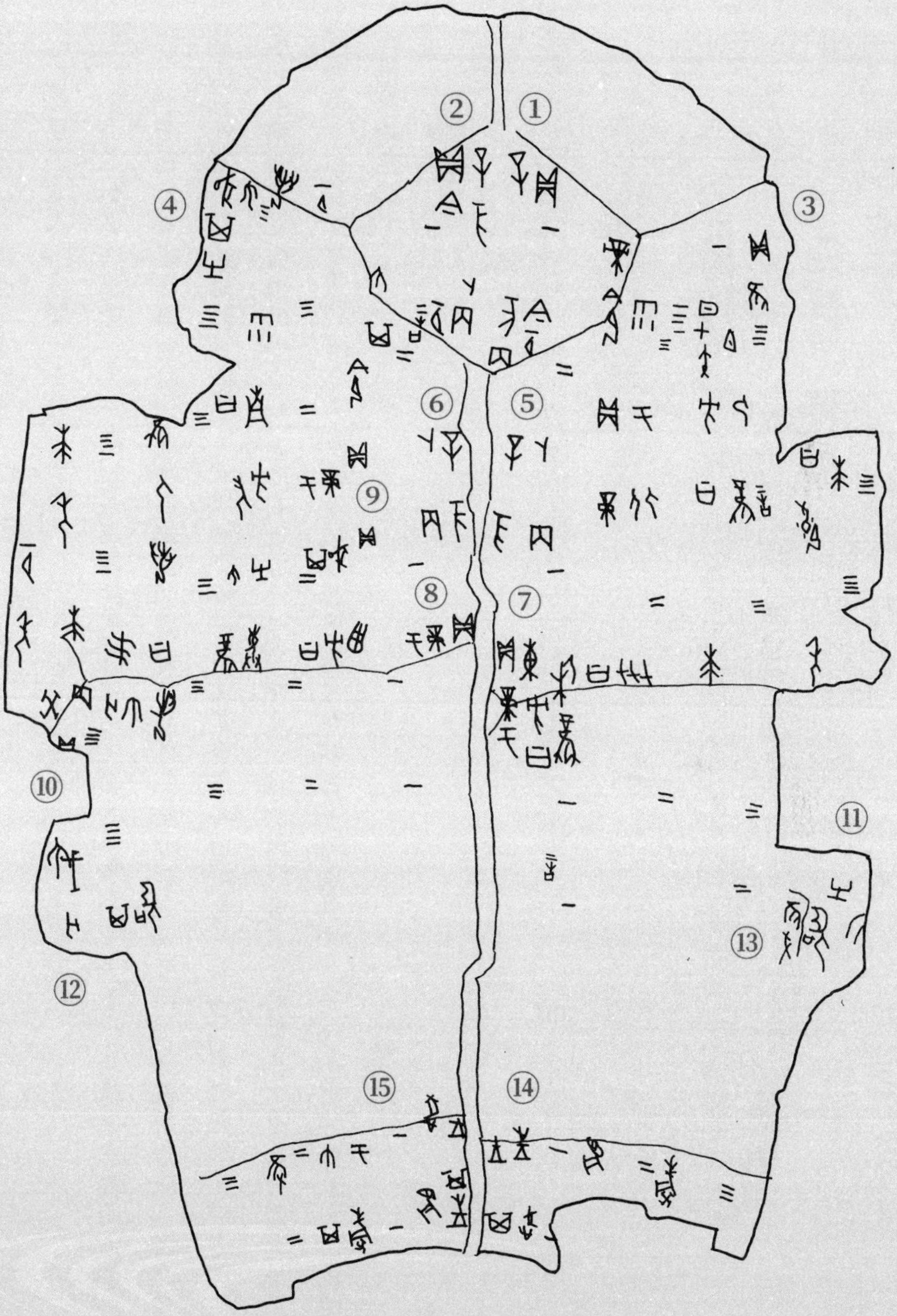
①
②
③
④
⑤
⑥
⑦
⑧
⑨
⑩
⑪
⑫
⑬
⑭
⑮

• 出處：《合》14295，龜腹甲。

• 斷代標準：貞人、書體、熟語、字形。

• 說明：小屯出土的甲骨從第一期到第五期的刻辭行列走向，基本都是上下行然後向左或向右整行的。但是這一版有幾條刻辭，卻是不規律的橫排。有可能是形式還沒有固定以前的作風，因此估計此版在第一期是比較早期的。此版《合》14295是發掘品，絕對是真品，完整記錄了四方神與風的名稱。常見引用的《合》14294也有四風的記載，這一版沒有占卜的形式，也沒有鑽鑿燒灼的痕跡，筆劃生硬，沒有第一期大字的婉約筆調，而且也有刻錯風的名字與字形的現象，所以該版應該是仿刻。

①辛亥{卜}，內貞：「今一月帝令雨？」四日甲寅夕{雨}。一二三四（序數）

**白話譯文**

辛亥日占卜，貞人內提問：「這個一月上帝會下令降雨的，是嗎？」到了第四天的甲寅夜晚（下了雨）。第一、二、三、四次占卜。

**閱讀方式**

由內往外。

**前辭部分：辛亥〔卜〕，內貞**。「內」是第一期常見貞人，與「丙」字的分別在於交會的斜劃上有一直劃。「內」的創意可能是門內景象，門簾分左右拉開的樣子。作爲干支的丙字，創意還不清楚。貞人內之前漏刻「卜」字，不是正確的前辭形式。

**貞辭部分：今一月帝令雨？**「帝」字的創意可能是綑紮的崇拜神像形。有一字作帝形物被一枝箭所射，帝不會是花蒂的形象，應是大形的物體，所以綑紮的物體代表神靈的解釋比較好。在卜辭的帝或稱爲上帝，是神靈世界最高位階者。商王不能直接與上帝接觸，也不能祭祀。可能一如人間，百姓要通過官員才能表達意見。上帝的管轄下有風雨雷以及各地山川的神，商王可以祭祀這些神靈。帝能影響國家的前途，能給予護祐或降下災難；降雨是其中一項。

**驗辭部分：四日甲寅夕〔雨〕**。第一期的常態是先有占辭「王占曰」，然後有驗辭，此卜省略占辭，可能是早期未建立制度以前的作風。「四日甲寅」是針對占卜日的驗辭，卜雨之後常是允雨，估計作爲時間副詞「夕」後的缺文是「雨」或「允雨」。

②辛亥卜，內貞：「今一月[帝]不其令雨？」一二（序數）。上吉。三四（序數）

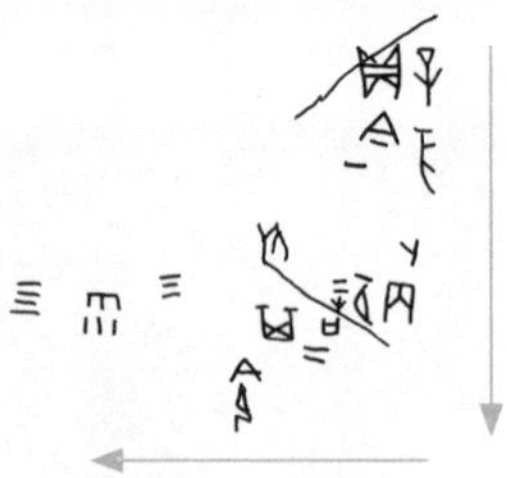

白話譯文　辛亥日占卜，貞人內提問：「這個一月上帝不會下令降雨的，是嗎？」第一次占卜。第二次占卜。上吉。第三、四次占卜。

閱讀方式　由內往外。

與上一條刻辭是**對貞形式**，缺刻「帝」字，可依上一條補足。因爲問的是不下雨，結果下了雨，所以就不在這一卜記載下了雨。

③貞：「隹[若]？」[三]（序數）

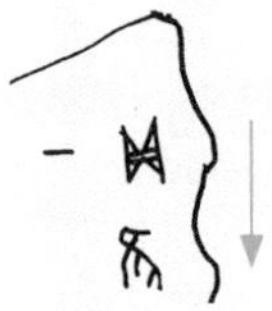

白話譯文　提問：「會順利的，是嗎？」〔第三次占卜。〕

閱讀方式　由上而下。

**序數**三因甲骨裂縫，所以字形不全。

④「□其㞢不若？」一月。三（序數）

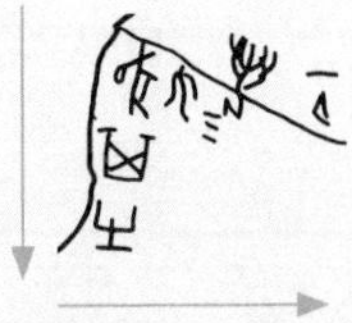

白話譯文

（提問：）「□神靈將會（對我國家）有不順利的，是嗎？」占卜日期在一月。第三次占卜。

閱讀方式

由外往內。

第三和第四兩卜是正與反問的**對貞**形式，但都沒有日期，有可能是承繼第一、二卜的卜問。「□」字不識，因前兩卜是問帝令雨的事，所以「□」大半是神靈的名字。第四卜詢問「不若」，所以可補足第三卜缺字是正面的「若」，是問天神「□」會不會降下順利，即有無災難。

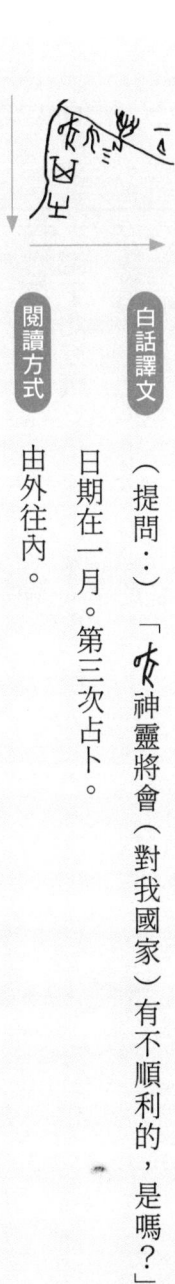

⑤辛亥卜，內貞：「帝于北方曰□，風曰□，求〔年〕？」一二三（序數）。上吉。

四（序數）

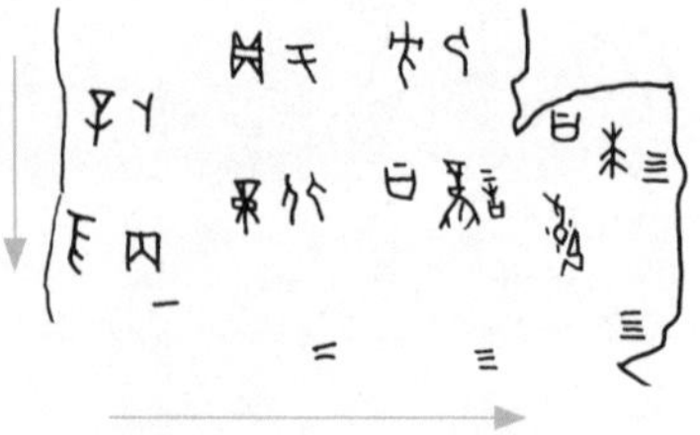

白話譯文

辛亥日占卜，貞人內提問：「向北方的神（□）及管轄的風「□」舉行禘的祭祀，用以祈求豐盛的年收是合適的，是嗎？」第一、二次占卜。第三次占卜。上吉。第四次占卜。

閱讀方式

由內往外。

**貞辭部分：帝于北方曰□，風曰□，求〔年〕？**

「帝」是一種祭名，不是指上帝的神靈。以下四條卜辭記載四方的禘祭與風的名字，這是唯一對四方神與風的名稱有完整的記錄，其中有些字還不認識。在後世的典籍中，只有《山海經》裡的四方風比較接近，《堯典》的四方名稱也有一點關聯，也許對於識字有些幫助。

北方的神和風名都不識，《山海經．大荒東經》有「北方曰鳧，來之風曰狻，是處東極隅以止日月」，《堯典》記載「日短，星昴，以正仲冬。厥民燠，鳥獸氄毛」，當中的「鳧」、「燠」和卜辭關鍵的兩字字形都差很遠，可能是字有訛變而標示假借的音。甲骨的字形「□」，象作一人匍伏在地的形象。人字「」是一人站立的形象，以之爲人的通稱。「夷」或「尸」字「」是一人蹲踞的形象，是東夷人的坐姿，也是中國人二次葬的屍骨排列形象，所以有夷人的意義，也有屍體的意義。「卩」字「」是中國人跪坐的形象，也算是人的意義，作爲在室內日常生活的構件。「女」字「」以女人的坐姿代表有關女性造字的構件。而這個北方神的「」，看起來象一個人上身彎曲匍伏的形狀，所以有人隸定爲「伏」字。但是「伏」的字形、聲讀和「燠」與「鳬」表聲符的字形和聲讀差很多，所以大概不是伏字，不過可以考慮與甲骨文習字的關係。甲骨文的「習」字「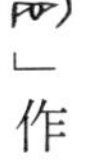」作一隻眼睛與一把挖眼睛的刑具，表達受刑後獨眼的視力較差，借以表達視力不正的意義。可能這個刑具被分析成爲聲符。和「」的字形有點近似，可能就錯成宛字，然後又繁化爲「鳬」字。至於和《堯典》「燠」字的可能變異就暫且存疑。

風的名稱「」，表現作一個跪坐的人被一隻面對的手拿著敲擊器當頭打擊而出血的樣子。甲骨文另一字「」情景相同，但被撲打的是一條蛇，隸定爲「施」字，有殺害的意義。兩字是否爲同字待決。但和《山海經》的从犬炎聲的字就很難找到關聯，只能當個無法辨識的字。

「求〔年〕」是從其他三個有關風的刻辭中推斷出「求」後的缺字是「年」。「求」是一種對神靈有所請求的祭祀，從金文的裘字「」其聲符求的形象看，甲骨文的「」就是「求」字，看起來是某種器具的形象，或是裘衣的材料。再者甲骨文的「奏」字「」，作雙手捧着一件道具的樣子。從意義是演奏某首樂曲看，可能是類似今日指揮大型樂團的指揮棒。「求祭」意在祈求上天降下雨水、豐年、順遂等，和今日「求」的意義一致，應該就是求字。

## ⑥辛亥卜，內貞：「帝于南方曰𡵂，風夷，求年？」一月。一二三四（序數）

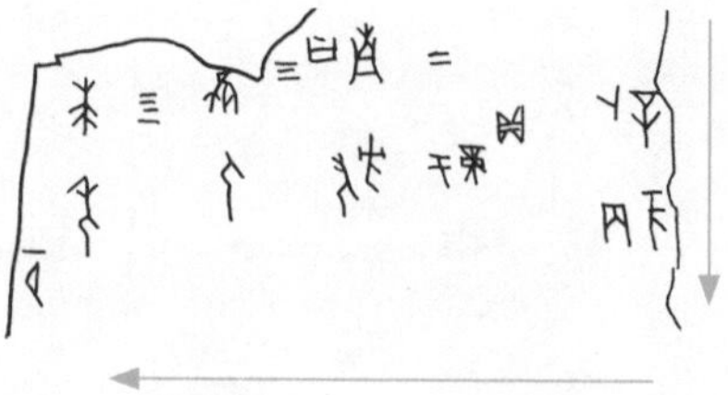

**白話譯文**

辛亥日占卜，貞人內提問：「向南方的神「𡵂」以及管轄的風「夷」舉行禘的祭祀，用以祈求豐盛的年收是合適的，是嗎？」占卜日期在一月。第一、二、三、四次占卜。

**閱讀方式**

由內往外。

**貞辭部分：帝于南方曰𡵂，風夷，求年？**

南方的神名在《山海經．大荒南經》說：「有神名曰因因乎，南方曰因乎，夸風曰乎民，處南極以出入風。」以及《堯典》：「日永，星火，以正仲夏。厥民因，鳥獸希革。」二書都顯示南方的神名是「因」，很一致。但是卜辭作「𡵂」，與「因」的字形非常不一樣。

「𡵂」看似甲骨文「微」字「」的左半，「微」字作一隻手拿著一根棍子從後面攻擊一位長頭髮的老人形狀；金文的字形和結構也相同「」。被打擊的人，頭髮是鬆散的，這比較可能是老人的形象，一般人的頭髮稠密，都使用笄把頭髮束緊，使之不鬆散，老人的頭髮或者已掉得稀稀

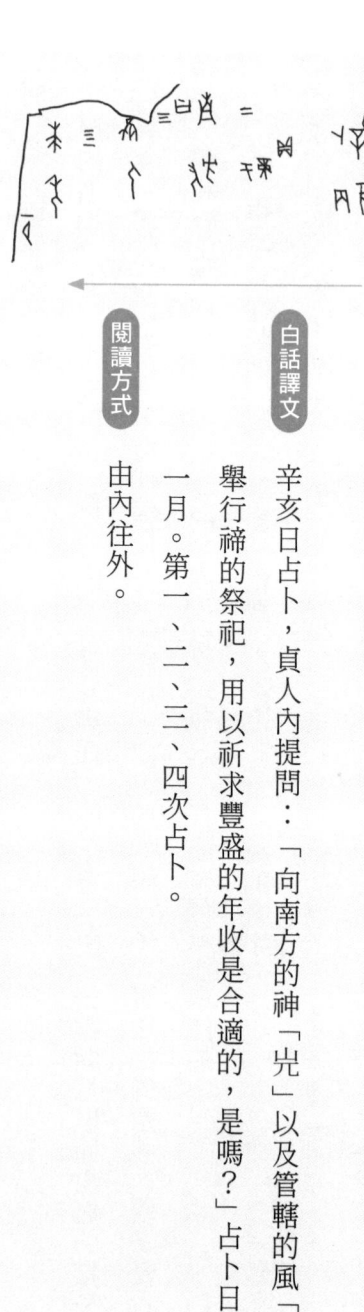

疏疏，所以不加束緊，任其豎立起來。《說文》：「敚（𢼸），眇也。从人从攴，豈省聲。」說明「微」字有兩個基本的意義，一是眇，即眼睛瞎了；一是私下或隱密行動。微字有眼瞎的意義，卻沒有畫出眼睛的形象。從文字創造的手法來推測，因爲不容易使用實體描繪的方式表達眼瞎的意義，所以需要借用某種習俗加以表達。很可能是因爲老人的視力不良，在古代生產效率不高，必須殺死老人以減輕家庭的經濟負擔，所以藉以表示眼瞎的意義。至於僞裝、祕密等意義，可能是因爲實行殺害時不讓老人知道，所以字形作從背後攻擊，或不在公眾之前施行；也因爲受到棒打的常是體弱有病的老人，所以也有生病、微弱等意思。《說文》所列舉「殺」字的古文「𢿋」，與甲骨文「微」字的字形幾乎一模一樣，應該是個被誤釋的字，至少「微」字也包含有殺的動作。那麼，「𡵂」應該是被打殺的老人形象。《說文》雖然沒有解說微字的創意，但把頭髮的部分說是「豈」的省聲，豈是愷、凱的字源，《詩經．邶風．凱風》有「凱風自南」的句子。看起來「𡵂」有可能是後來的凱風。

## ⑦貞：「帝于東方曰析，風曰劦，求年？」一二三（序數）

**白話譯文** 提問：「向東方的神「析」以及管轄的風「劦」舉行禘的祭祀，用以祈求豐盛的年收是合適的，是嗎？」第一、二、三次占卜。

**閱讀方式** 由內往外。

**貞辭部分：帝于東方曰析，風曰劦，求年？**

「析」作一把斧斤縱向切割樹幹以製作木板，有分析成分的意義。《山海經．大荒東經》：「東方曰折，來風曰俊，處東極以出入風。」另外《堯典》也記載：「日中，星鳥，以殷仲春。厥民析，鳥獸孳尾。」看來「析」字常見，所以被正確傳承下來。

「劦」作三把挖土的簡單工具共同操作，後來下加坑洞的形象，說明共同挖土的目的是爲了建造儲水坑。這是常見的字，不知何以《山海經》成爲俊風。

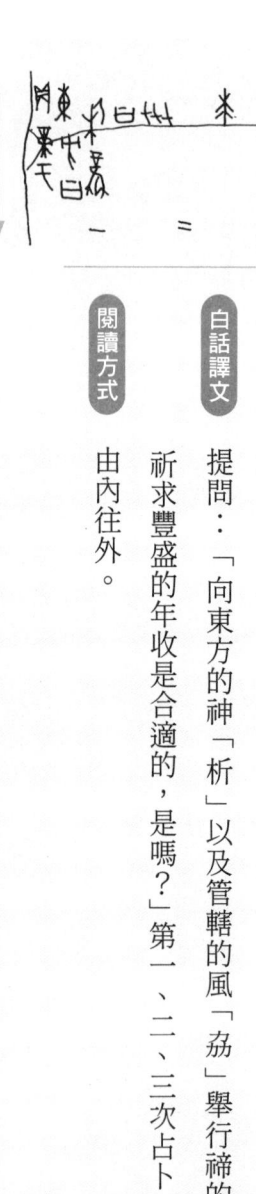

## ⑧貞：「帝于西方曰彝，風曰[illegible]，求年？」一二三四（序數）

**白話譯文** 提問：「向西方的神「彝」以及管轄的風「韋」舉行禘的祭祀，用以祈求豐盛的年收是合適的，是嗎？」第一、二、三、四次占卜。

**閱讀方式** 由內往外。

**貞辭部分：帝于西方曰彝，風曰[illegible]，求年？**

「彝」作雙手捧着一隻已煮熟的雞，翅膀反綁，作爲供神牲品的樣子，可能敬神的雞都是這樣擺設的，所以有「經常」或「祭器」的意義。《山海經．大荒西經》：「有人名曰石夷，來風曰韋，處西北隅以司日月長短。」以及《堯典》：「宵中，星虛，以殷仲秋。厥民夷，鳥獸毛毨。」西方的神名都說爲「夷」，恐怕是與卜辭的南風相混亂了。

「[illegible]」字不可識，但是此字後來加上「韋」的聲符，知道《山海經》西風名爲「韋」是正確的。

「[illegible]」象一根直棍上有三道斜劃，可能是神道的用具，或許是使用會腐敗的東西做的，不能在地下保存。在比才（Bizet）的歌劇《採珠人》（*Les pêcheurs de perles*）中，巫女在作誓言時，以三條布條在木棍上打了三道結，斜斜的如這個字所表現的，也許此字就是類似此形象的用具。

**⑨貞：「□其㞢不若？」一二三四（序數）**

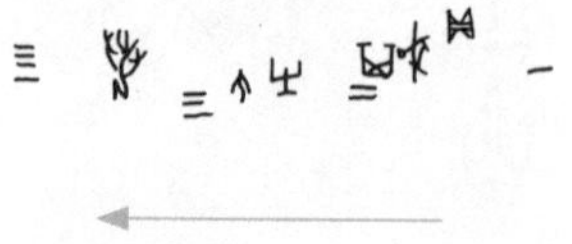

**白話譯文** 提問：「□神靈將會（對我國家）有不順利的，是嗎？」第一、二、三、四次占卜。

**閱讀方式** 由外往內。

此卜省略了日期與貞人名的**前辭形式**，下一卜是反面的**對貞**，有卜日與貞人。與前幾卜不在同一日，表明可能是針對不同事類的占卜。前幾卜問自然界的災害，此處占卜大致著重國政是否順利，內外有無不安，有無敵人入侵、罪犯逃亡等問題。

**貞辭部分：□其㞢不若？**「□」字不識，此處應是自然神靈的名諱。

## ⑩癸囗囗，內貞：「亡不若？」一二三四（序數）

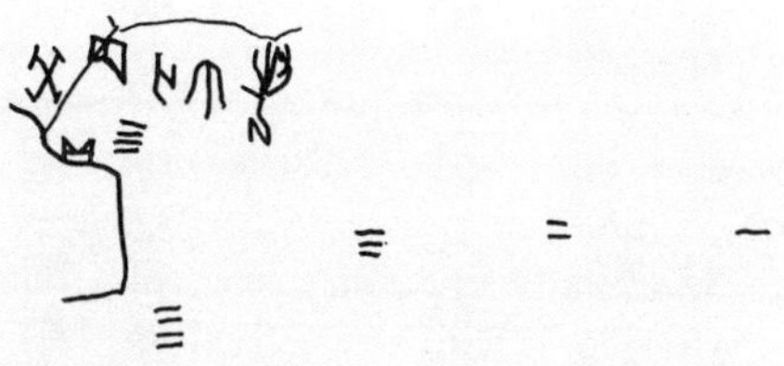

**白話譯文**

在癸囗日（占卜），貞人內提問：「（[illegible]神靈）將不會（對我國家）有不順利的，是嗎？」第一、二、三、四次占卜。

**閱讀方式**

由外往內。

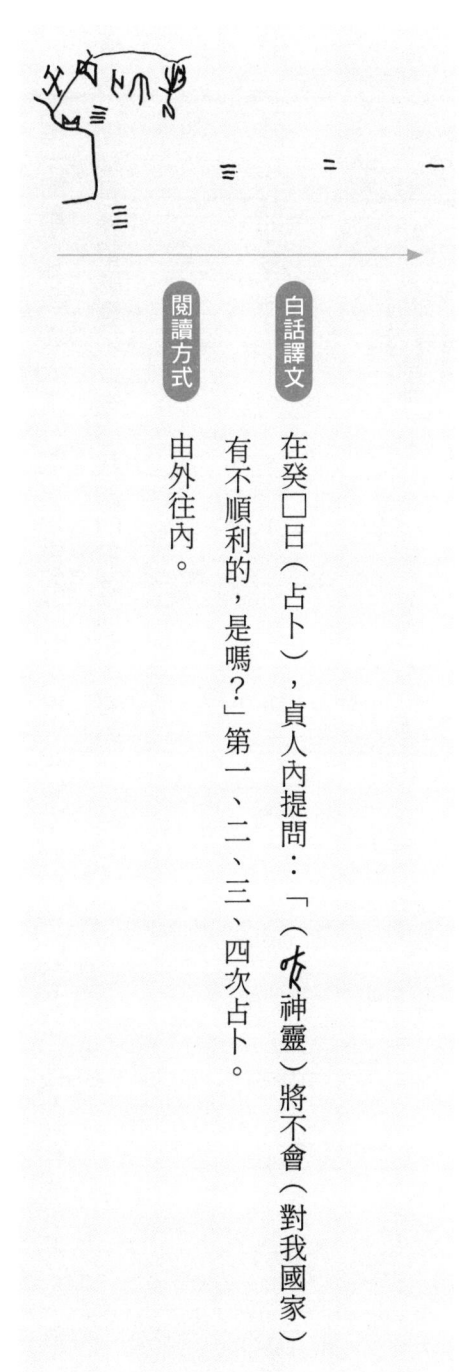

⑪「[illegible]〼㞢聖？」

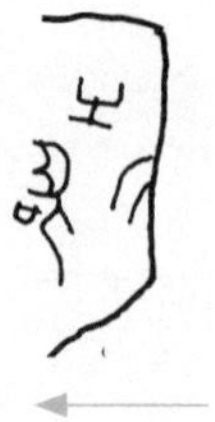

**白話譯文** 提問：「神靈[illegible]會聽到祈禱的，是嗎？」

**閱讀方式** 由外往內。

**貞辭部分：[illegible]〼㞢聖？**

「[illegible]」字不識，可能是與兵戈有關的事務，也可能是神靈的名號。

「聖」的創意是一人天生有敏銳聽覺的耳朵，可以辨識不同口音。於此可能表達神靈會聽取人們的祈禱，同樣是希望神靈可以知道我們的需要而給予護祐。

⑫「[illegible]亡其聖？」

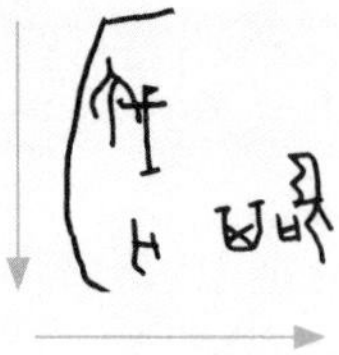

**白話譯文** 提問：「神靈[illegible]將不會聽到祈禱的，是嗎？」

**閱讀方式** 由外往內。

此爲上一卜的**對貞**。

⑬「隹尤？」一（序數）。上吉。二（序數）

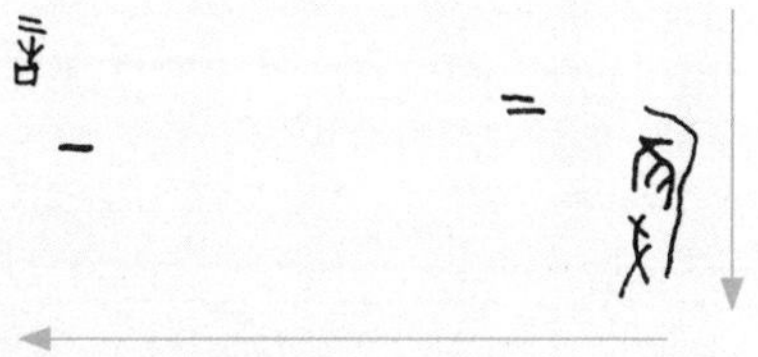

**白話譯文** 提問：「（神靈）會降下小災難的，是嗎？」第一次占卜。上吉。第二次占卜。

**閱讀方式** 由上而下。

**貞辭部分：隹尤？**「尤」以手指上一短劃，表達手指上受傷所在，是小災難，不構成生命危險，第二期常用，以後就不再使用此字了。此卜省略**前辭形式**，大致是接著上兩卜再繼續卜。其他都是對貞形式，只有這卜沒有對貞。不知是否已得到答案，所以就停住了？

## ⑭「王其往逐[甲骨字]□[甲骨字]⧄」 一二三一（序數）

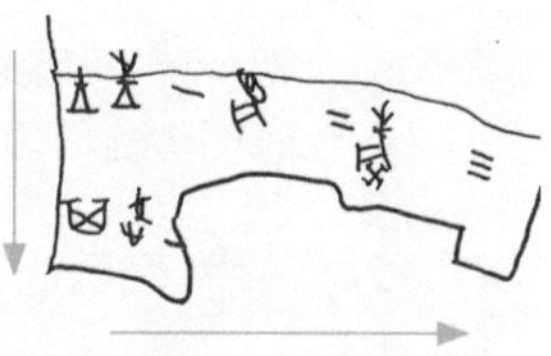

**白話譯文** 提問：「王想到[甲骨字]地追逐[甲骨字]獸，（將會有收獲的，）是嗎？」第一、二、三次占卜。第一次占卜。

**閱讀方式** 由內往外。

第十四與第十五兩卜**對貞**，但都沒有**前辭形式**。從習慣來說，應該不是第一次的貞卜，與前面的十三個卜辭都有些距離，而且也不是同一事類的卜問，不知日期會不會刻在反面？與下一卜相比，缺文應是「其隻」。

**貞辭部分：王其往逐[甲骨字]□[甲骨字]⧄**。

「逐」是表現一個腳步在野獸後面追逐的樣子，是田獵的手法之一，大概前頭設有陷阱，可以活捉野獸。

「[甲骨字]」是鹿類的動物形象，或釋爲「毚」，說象兔子，膚色爲青色而個體較兔子大。在[甲骨字]地捕捉，可能是鹿類，鹿每年長角又脫落，長的角也會因年齡的增長，越來越大。「[甲骨字]」到底是幼小階段？還是每年未長角的階段，仍不清楚。

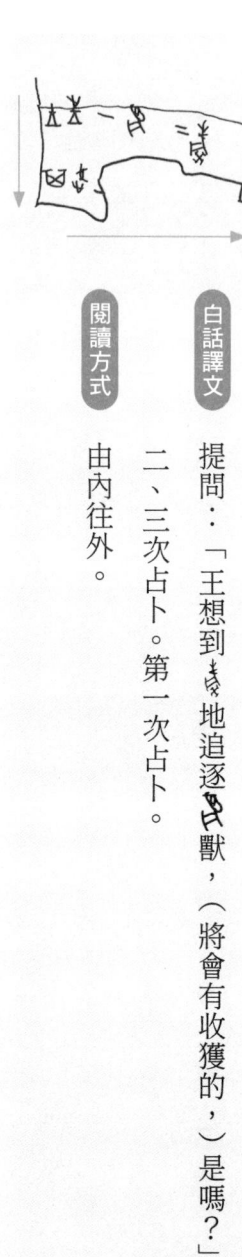

「□」是地名，从鹿癸聲，想是以大量鹿群的棲息地命名，第一期有卜過幾次，可能後來被開發爲農地，就少見來此地田獵的卜問了。

⑮「王其往逐□于□，不其隻？」一二三一二（序數）

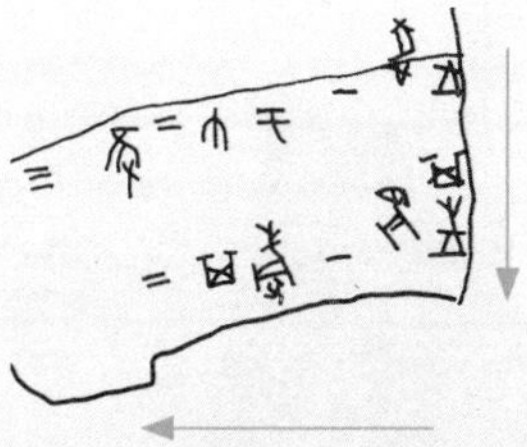

**白話譯文** 提問：「王想到□地追逐□獸，將不會有收獲的，是嗎？」第一、二、三次占卜。第一、二次占卜。

**閱讀方式** 由內往外。

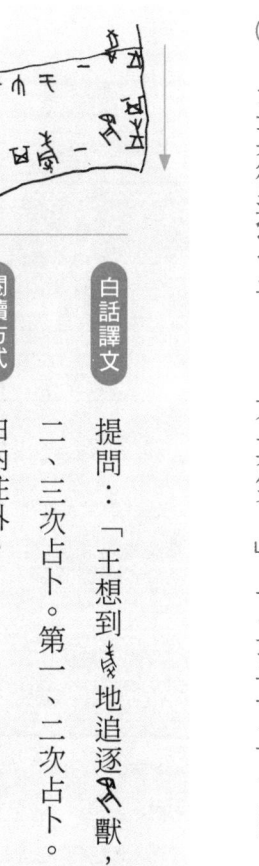

# 112 問下一旬運勢

## ——結果各發生車禍、祭祀有衝撞、子弦死、子□橫死、天象異常

正面

拓本原寸長 19 公分、寬 28.5 公分，圖為原寸 55%。

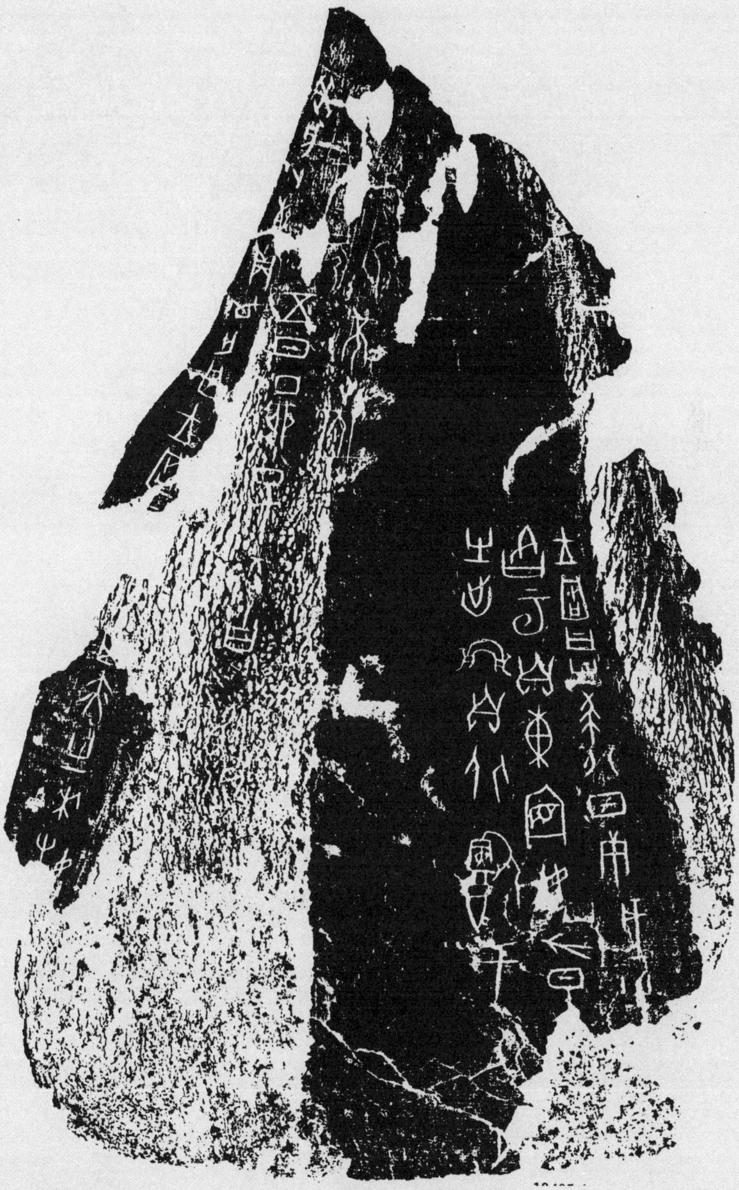

背面

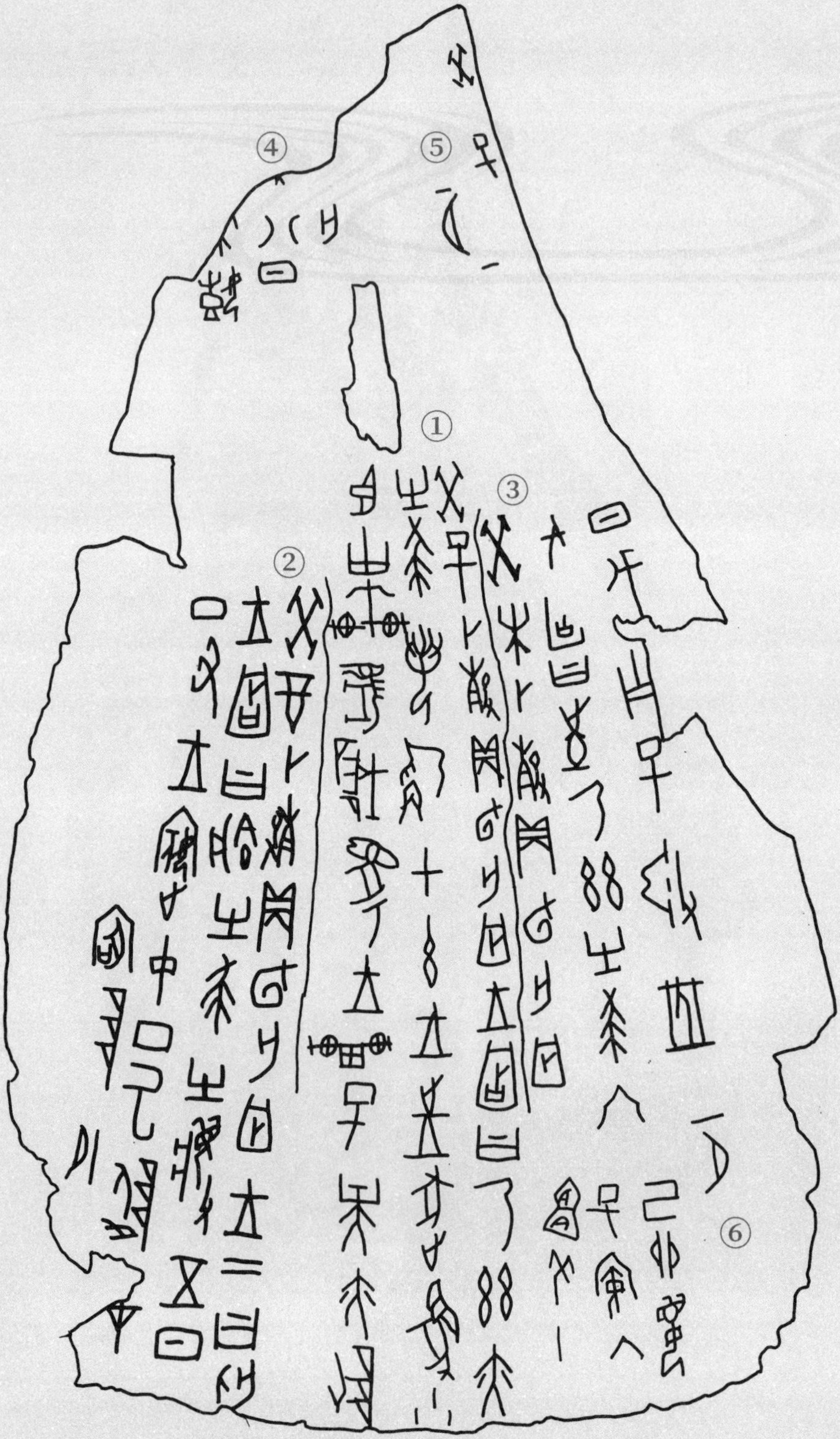


正面

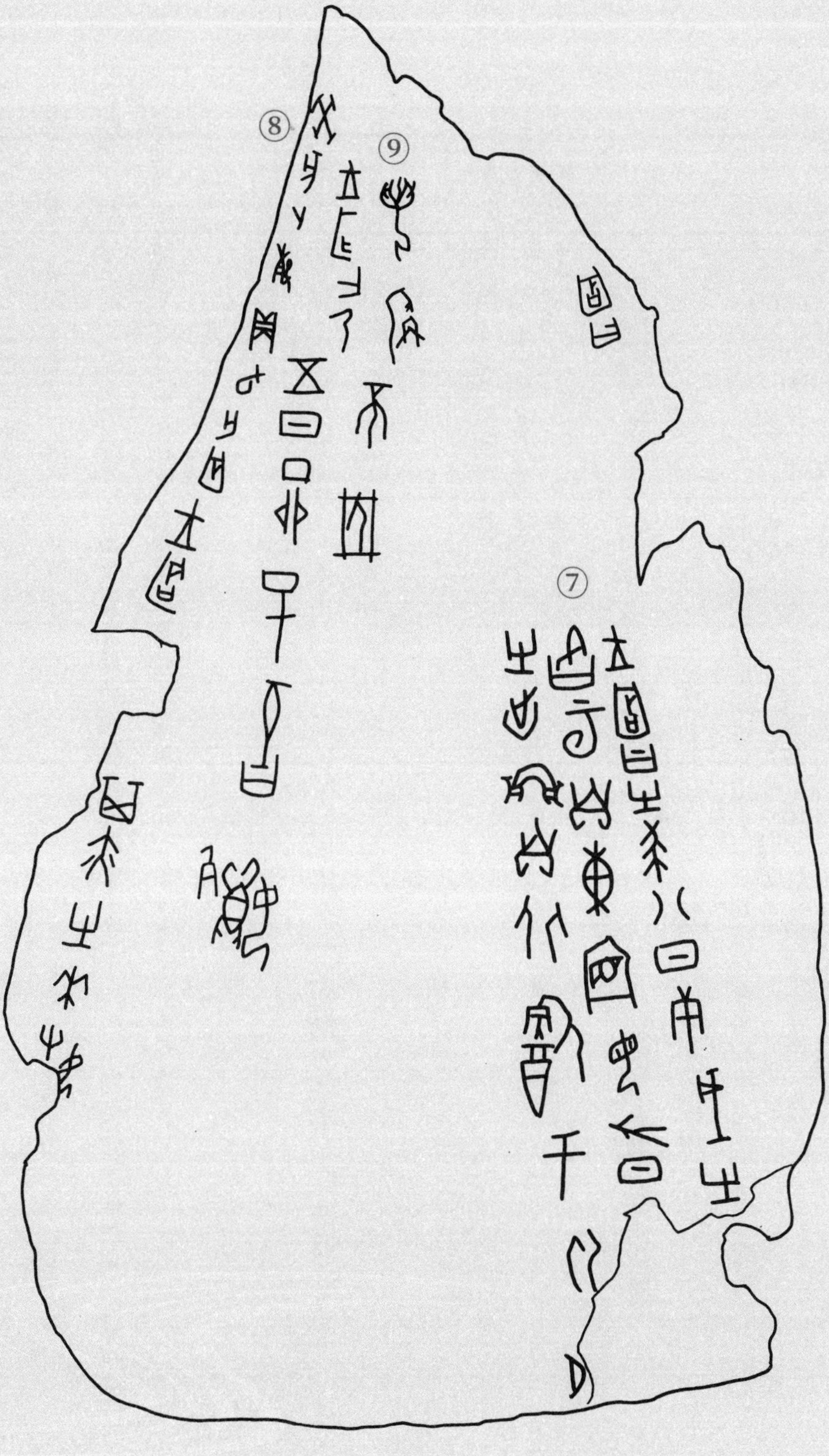


背面

- 出處：《合》10405正面與背面刻辭，骨。
- 斷代標準：貞人、書體、字形、熟語。
- 說明：這版上的記載，不管是正面還是背面的長段文辭，都不是正向的、期望的好結果。卜旬的日期並不連續，有可能是把有災難性的事件故意記載在一起，方便日後尋查。

①癸巳卜，㱿貞：「旬亡禍？」王占曰：「乃茲亦㞢祟。」若稱，甲午王往逐兕，小臣古車馬，硪馭王車，子央亦墜。

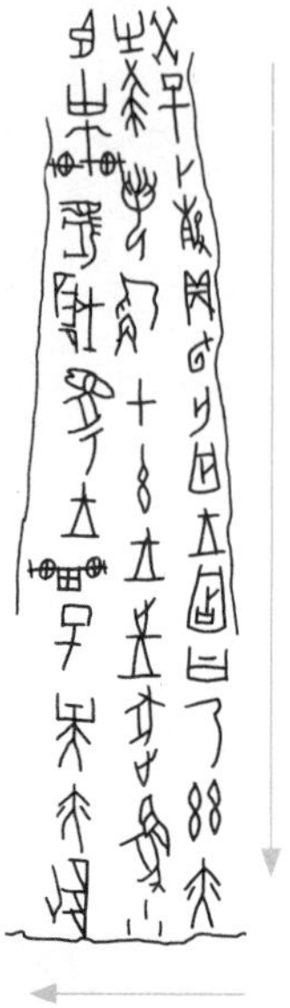

**白話譯文**

癸巳日占卜，貞人㱿提問：「下旬不會有災禍的，是嗎？」王檢驗兆紋後判斷說：「預示也是表達有災難。」確實如占斷所表達的，甲午日王前往追逐捕捉犀牛，由小臣來固定套合車軛與馬匹，硪駕馭王的車子，結果徵驗，連護衛子央也一起從車上墜落下來。

**閱讀方式**

左行。

**占辭部分：乃茲亦㞢祟。**第一期的卜旬若預示是有災難的，一般作「旬㞢祟」，這裡多出「乃茲亦」三字是少見的，「亦」表示不是第一次，說明上一旬的預示也是有災難。

**驗辭部分：若稱，甲午王往逐兕，小臣古車馬，硪馭王車，子央亦墜。**

「若」以下的刻辭是針對占辭預示結果的驗證事實。「若稱」的意義是就像所占斷的，即預示說的是對的。

「逐兕」是追逐犀牛。「兕」是犀牛的象形字，作有大的獨角哺乳動物形，犀牛體型大，外甲堅硬，青銅戈箭難傷害牠。但是相對於老虎，算是容易捕捉到的，經常捕獵十隻，甚至四十隻，主要是利用坑陷。「逐」是在後面追逐，前面還預設坑陷與獵網，也有使用箭射的方式，大半是埋設木弩，目標針對犀牛胸下沒有堅甲的部位。人們因製作甲冑，或利用犀牛大獨角的醫藥療效，大量濫捕，同時西周開始氣溫下降，促使犀牛南移，漢代在本土已難見到，所以對犀牛角存有避水、避寒、避毒等誇張功能的迷思。

「小臣」是王內廷的官職，負責王的內務。「古」的意義如「固」，有穩固、牢固的意義。馬與車平時分別安置，需要時才選擇馬匹並套上車的軛。「小臣古車馬」是說小臣負責王的安全，馬與車套合在一起，可能是事故的原因之一，故而把原委也記上。

商代表示駕馭車子的字有二類：一是一隻手在馬後，表達控制馬的手段；另一形作一位跪坐的人，前有一豎畫「」，此字形與一跪坐的人前有一段繩索「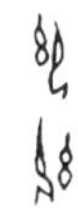」，意義是禳除災難儀式的「御」字很接近，西周以後御字就兼有禦除與駕馭的意義了。「硪」是駕馭王的座車的人，車子的主要作用是指揮者的活動高臺。隨從大半是步行。

「墜」字右半是樓梯的形象，由一根木幹砍斲而成。商代已有二層樓建築，需木梯上下；左半是一個人倒栽下來。全形表現從高梯頭朝下掉下來的形象，是後來墜、墮字表達的意義，暫時用「墜」字隸定。商代的馬車輿座重心高，容易翻覆。輿座範圍小，最多容納三人。這次出獵，王的車有三人，駕馭的人、商王、護衛子央。最後一句說子央也墜落，表明三人都掉下車來。證實了有災難的預示。

②癸酉卜，殻貞：「旬亡禍？」王二曰：「匄。」王占曰：「[illegible]，㞢祟，㞢[illegible]。」五日丁丑王賓中丁㔾险才廳阜。十月。

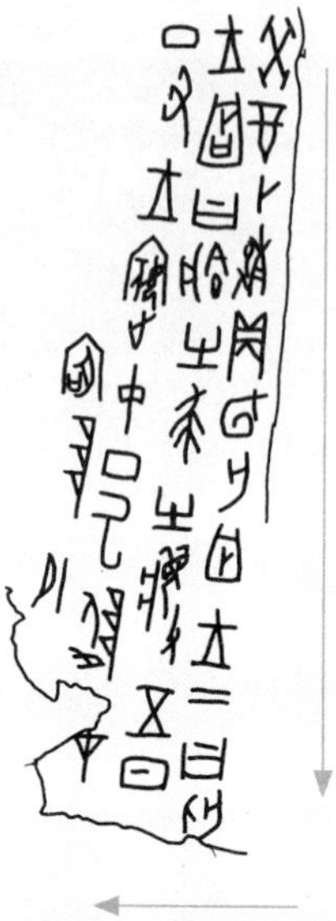

白話譯文

癸酉日占卜，貞人殻提問：「下旬不會有災禍的，是嗎？」王連說了二次：「害了，害了。」王檢驗兆紋後判斷預示說：「（嘆了口氣），下旬會有災難，有不預期的干擾。」結果到了第五天的丁丑日，王在親迎先王中丁的神靈時，㔾竟然踮腳尖站在大廳通往二樓的樓梯上。

占卜日期在十月。

左行。

閱讀方式

**占辭部分：王二曰：「匃。」王占曰：「□，㞢祟，㞢□。」**

這是預示的占辭，少有如此長段的。當中的「匃」是第一期常用語，意義如「害」。王看到兆紋，連兩次說「害了」，生動表現王的不安。

「□」字不識，是感嘆的語詞，對前景不看好的表達。「□」字沒有流傳下來，表現一個有頭有臉的貴族或巫師，睡在床上作夢。古人認爲夢是鬼神的啓示，有重要事情須作決定時，決策者有作夢的必要。古代有使用藥物或禁食以達到強制作夢的手段，但二者都可能造成生命危險，所以要作最壞打算，睡在死亡必睡的床上，不違背禮儀。結果睡覺作夢的人被一人手持棍棒打醒，這是不應當發生的意外，妨礙事情的進展。有可能是後來的寤字，假借爲「啎」，不順的意思。

**驗辭部分：五日丁丑王儐中丁□陞才廳阜。**

「儐」指一腳於屋內迎神靈，釋爲「賓」，有迎接的意義，此字多一個女的符號，也是有迎接神靈的意思，暫時隸定作「儐」。

「□」作爲人名，創意不知，可能是有柄的容器形。「陞」的左半爲「企」，表現一個人踮起腳尖來觀看，以便看得更遠更清楚的樣子；右半是梯子的形象，可能表達上梯又踮起腳尖，想看更遠的景象，可能是表意字，不是形聲字，暫依字形隸定。至於「廳」字从宀聽聲，後來改爲「庭」字，是商代大型的建築，屋子的分間分爲三類，一是睡覺的隱密處「寢」；一是多用途，公開的「室」；一是最嚴肅的「大廳」，舉行最正式儀式的場合。君臣都在廳內。到了周代，王在屋裡，臣下則在台階兩旁聽令，稱爲「廷」。「阜」爲梯子的形象，是二層樓才需要的物件。「阜」字在甲骨是兩個不同的字形：梯子的阜字作一根原木被砍了三道腳坎，腳坎的形狀是上平下斜「」，簡寫爲三道向上斜畫「」。代表山的阜字，是把三個山峰轉向「↓左半」，簡寫則爲三道向下的斜畫「左半」。西周中期就相混了。

下旬有災難卻驗證在祭祀時有人站在通往二樓的階梯上，可以想像對商代的人來說，祭祀是一件非常嚴肅的事情，一點輕忽也不行，不只是祭祀頻繁、項目多而已。

**③癸未卜，㱿貞：「旬亡禍？」王占曰：「㞢！乃茲㞢祟。」六日戊子子弢死。一月。**

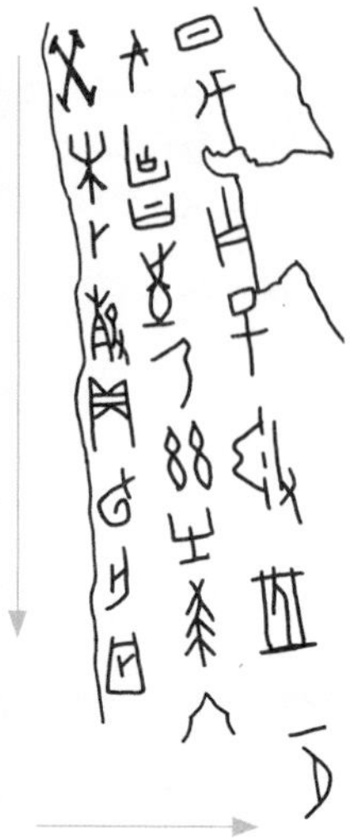

白話譯文

癸未日占卜，貞人㱿提問：「下旬會是沒有災禍的，是嗎？」王檢驗兆紋後判斷說：「𡴚（不安的嘆氣）！這次卜問乃是預示有災祟的。」

到了第六天的戊子日，子弦自然死亡了。占卜日期在一月。

閱讀方式 右行。

**占辭部分：𡴚！乃茲㞢祟**。「𡴚」字不識，從整條刻辭的氣氛看，也是不樂觀的語氣。占辭形式中，「𠣩」、「𡴚」、「[illegible]」，都是不順利時的嘆詞。「乃」是轉換的副詞。「茲」一般是作爲有所指示的代詞，就是指這一次的占問。「乃茲㞢祟」意即是有災難的。

**驗辭部分：六日戊子子弦死**。「弦」字隸定如此，爲子姓的臣子的名字。「𣦸」這個死字使用意義爲正常的死亡，即死在病床上，合於禮儀，可以棺木殮葬。

④〼亡〼八日〼來艱。

閱讀方式 左行。

⑤癸巳。一月。一（序數）

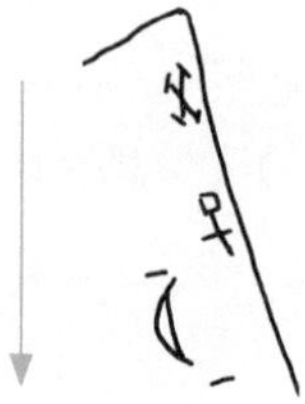

**閱讀方式** 由上而下。

⑥己卯媚子廣入俎羌十。

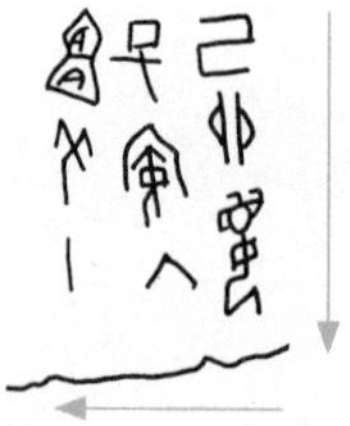

**白話譯文** 己卯日，媚地的諸侯子廣入貢作爲祭祀使用，可置於俎板上的羌人肉塊十份。

**閱讀方式** 左行。

此爲**記事刻辭**。甲骨卜辭絕大多數是記錄有關占卜的事項，但也留下幾類不是卜問的文辭，一類是跟甲骨進骨和製作有關的；一類是不相關的，不經意地使用甲骨的角落進行記錄。這條刻辭大概是先前就留下的，所以第三條卜辭的行列就避開它刻寫。這是記錄諸侯入貢祭祀品物的記載。

「媚子廣」是對諸侯的稱呼。一般因婚姻關係，分爲子、帚與侯，「子」是同姓的、有領地的國家，「帚」是有婚姻關係的外姓國家，「侯」可能是沒有婚姻關係的友國。敵對的國家則稱爲「方」。偶爾在子、帚、侯上又有一名，可能是比較疏遠地區的諸侯，所以把國名也標示出來。不過，這些區分可能不是很嚴謹。

「俎」是祭祀品物的名稱，字形作二塊肉塊陳列在板上，所以想像是把牲體切成長條狀陳列的方式。出土的俎板都是矩形的，但是字形卻是一端平一端尖的，不知意義何在，會不會是肉條分頭與末端，陳列時有一定的方向。俎板上的肉塊，有獸類、有敵人。「羌」是商人世敵的遊牧民族，經常以之作爲祭品。「俎羌」大概是分解成塊狀，不是完整的形體。

⑦（背面）王占曰：「㞢祟。」八日庚戌㞢各雲自東，宦母。昃［亦］出虹自北飲于河。

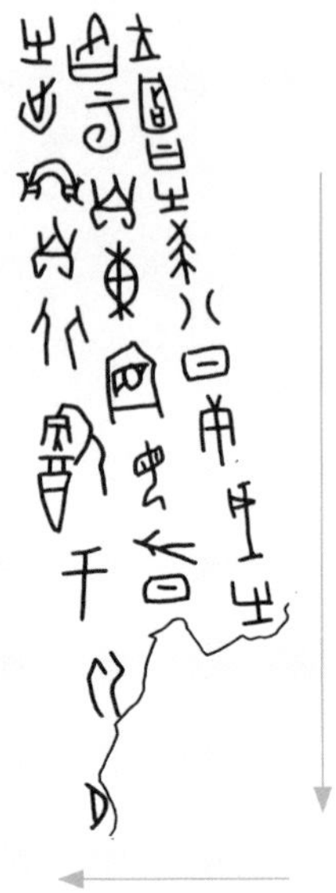

**白話譯文**

王檢驗兆紋後判斷說：「預示是有災祟。」到了第八日庚戌時，有各雲從東邊來，宦母（意義不明，天象）。下午一到三點的時候，［也］出現彩虹從北方來吸飲黃河的水。

**閱讀方式**

左行。

這條卜辭的**前辭**與**貞辭**刻在正面，這是第一期常見的現象。如果事件重大，還會把刻在背面的占辭與驗辭再一次刻到正面上。第八日是庚戌，推知前辭與占辭是「癸卯日旬亡禍」。其卜旬應在殘缺處，占辭與貞辭的地點可能相隔甚遠。

**驗辭部分：八日庚戌㞢各雲自東，宦母。昃［亦］出虹自北飲于河。**

「各」的字形作一隻腳踏進半地下穴居，所以有回來、來到的意義；「雲」是天象之一，被認爲是下雨或放晴之前的徵兆，所以商代觀察雲彩的變化，「各雲」是對雲動態的描述。不同方位的來雲可能帶來不同的效果，所以點明來自東方。古人居家座北朝南，方向可能和現正的習慣不同。

「宜母」的意義不詳，大概是天象的描述，所以後面用「亦出虹」描述虹的出現，虹是雨後的景象，所以宜母是有關雨的天象。

「昃」是時間副詞，創意是把人的影子照射成斜長的樣子，是午後的形象。白天的時段單位大約是現代的二個小時，「昃」在日中或中日之後、小食之前，大致是下午一到三點鐘的時段。

「虹」是水氣受陽光折射後，人的眼睛所看到的形象，大半是雨後太陽照射所形成，其實不是實像。古代玉璜的兩端本向上，周代把玉璜的方向改變爲向下，並在兩端雕琢成頭的形象，和漢代畫像石上的彩虹形象一致，應該是有意的作爲，古人認爲虹是吉祥的徵兆，才會以之造形作爲佩飾。但是不知道爲什麼，戰國時期開始把彩虹當成淫穢的象徵。

商代的「河」不是河流的通稱，而是專指黃河與其神靈，可能黃河的水量被利用灌溉農田，所以與霍山的岳神，成爲祈求有好年收與風雨的重要神靈。

從自然來看，虹並沒有呈現活動的動態形象，商代的人想像虹有頭尾，從北前來吸飲黃河的水。預示是有災難，卻把各雲來自東與彩虹來自北視爲徵驗，好像這些不是受歡迎的天象，與周代把彩虹視爲吉祥的觀念有差異，到底中間產生了怎樣的變化。

⑧ (背面) 癸亥卜，㱿貞：「旬亡禍？」王占[曰：「㞢祟]，其亦㞢來艱。」五日丁卯子□殊，不死。

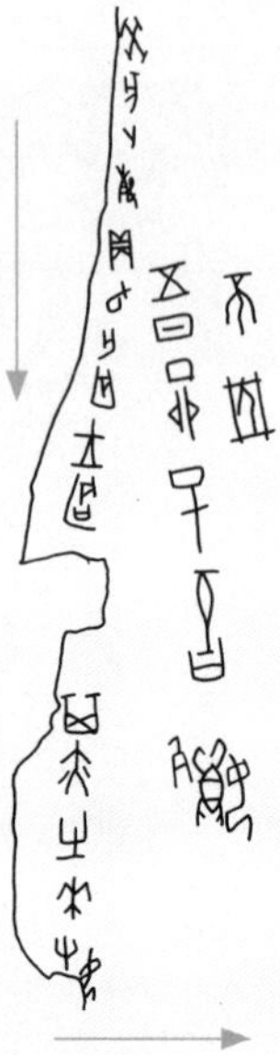

白話譯文

癸亥日占卜，貞人㱿提問：「下旬不會有災難的，是嗎？」王檢驗兆紋而作判斷說：「有災祟，大概也會有邊界的入侵。」結果到了第五天的丁卯日，子□不幸橫死，不是正常的死了。

閱讀方式

右行。

**占辭部分：**「㞢祟」，**其亦㞢來艱**。「艱」字作从女从壴，但卜辭的使用意義卻爲敵人的小規模入侵，大概是音的假借。預示說下一旬會有災難，因而推測大概有敵人來侵犯。

**驗辭部分：五日丁卯子□殊，不死**。「死」字表現一個人在棺木或外槨內，這是正常死亡的葬式。「殊」字作一人在一塊枯骨的旁邊，可能正要撿骨的動作。本來死後約三年的時間，屍體大致已腐爛成白骨，把枯骨整理後再次埋葬，表示此人真正死亡。若是因某種原因死在外地，不能等待三年，或者就地把屍體處理成白骨帶回來埋葬。這時候可能也不使用棺木殮葬而是埋在土坑中，所以吝惜的「吝」

字，以代表屍體的文字和一個土坑表現，表達惋惜一個人不能合於禮儀的埋葬。表達不是正常死亡的「死」字有時加上「蛛」的聲符，更確定其不得好死的意義，應該就是後來的「殊」字。推測這一句有敵人入侵邊界，可能導致子□的死亡，所以用殊而不死的記載。

⑨（背面）⧄王占曰：「乃若偁⧄」

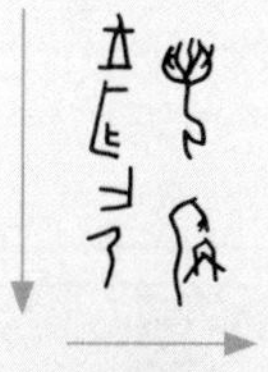

閱讀方式 右行。

**占辭部分：乃若偁⧄**。「乃若稱」一般見於驗辭的部分，意義是「就如預示所說的」，接著就記載確實發生了某事。可是這條卜辭出現在占辭的部分，可推測問的大半是會不會發生什麼樣的災祟，所以占辭才會說如提問的那樣。但沒有記載何事發生了。

## 113 問祭祀祖乙、父庚

正面

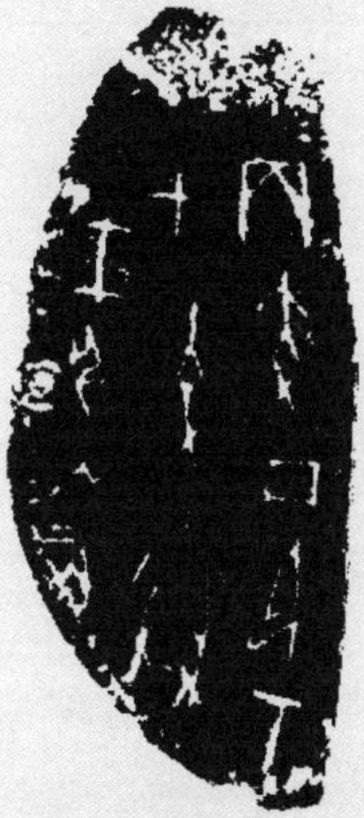

骨臼

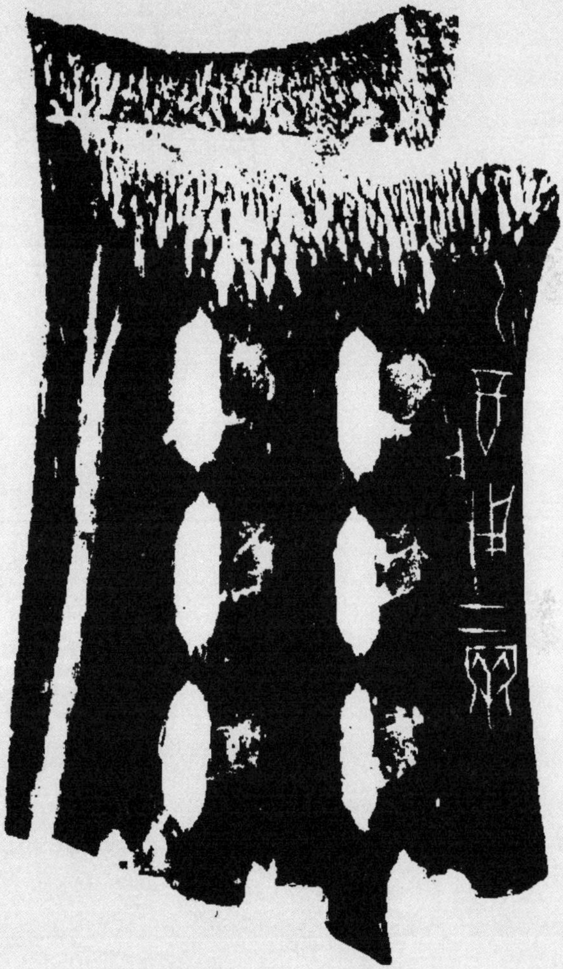

背面

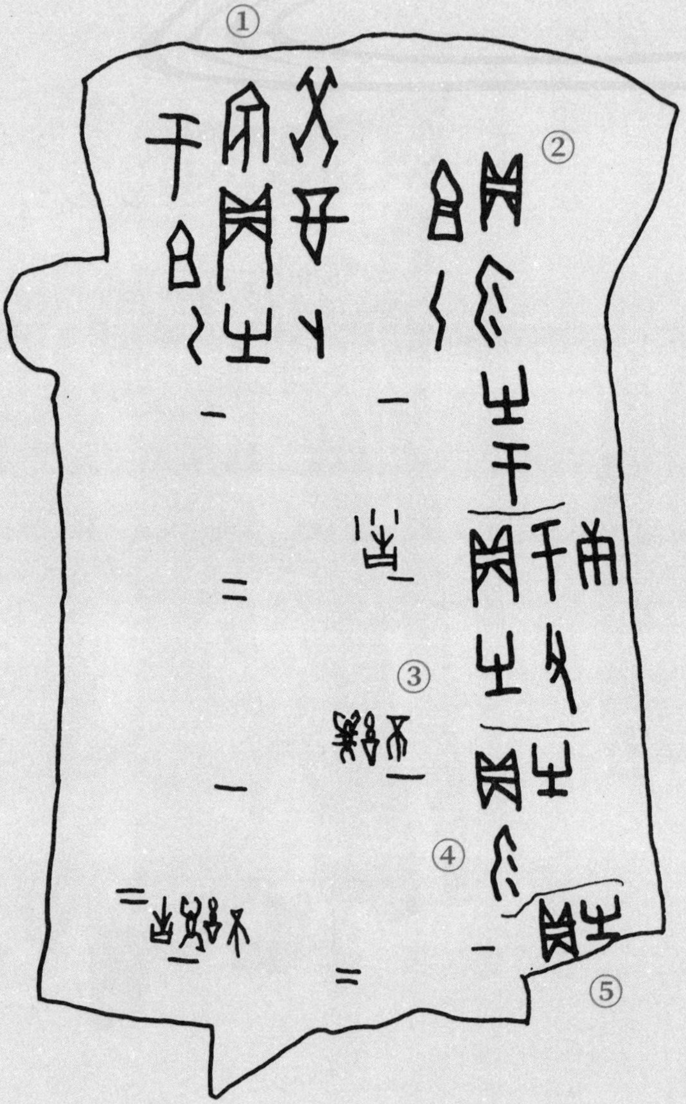

正面

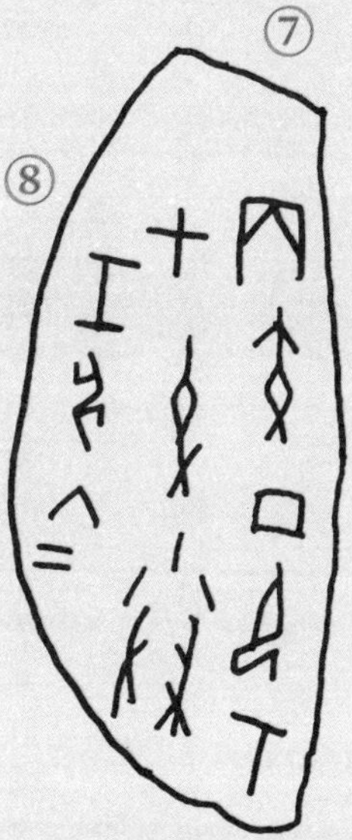


骨臼

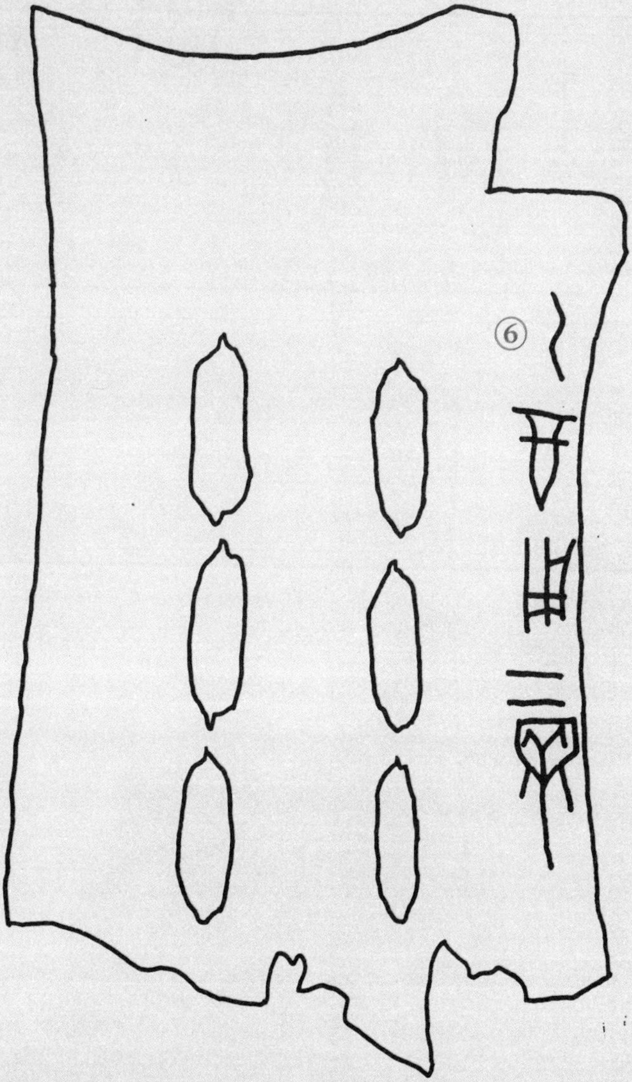


背面

‧出處：《合》1661正面、背面刻辭與骨臼刻辭，牛右肩胛骨。

‧斷代標準：貞人、稱謂、書體、兆辭、臼辭。

‧說明：從拓本很容易看出，鑽鑿明顯屬於第一期所特有的窄直肩、頭尾有尖針狀突出的型態。

①癸酉卜，賓貞：「㞢于祖乙？」一二（序數）

白話譯文　癸酉日占卜，貞人賓提問：「對祖乙的神靈施行㞢祭是合宜的，是嗎？」第一次占卜。第二次占卜。

閱讀方式　左行。

**貞辭部分：㞢于祖乙？**

「㞢」是舊派的字形，新派作「又」，創意不知，有可能是某種用具的形象。意義為有無的「有」

以及祭祀名。在舊派，「㞢」與「酒」是兩大系統，兩者都可領銜，多至三個祭名連文，如「㞢升歲」、「酒升歲」。祭祀一般分爲祭名與用牲法，有些可兼爲祭名與用牲法。

「祖乙」是王的名稱。商代習慣對上一輩稱父與母，二輩以上稱祖與妣。但是這個祖乙是個別的王的專稱，在卜辭有時稱爲「中宗祖乙」，是各期都經常祭祀的祖先。一般而言，各期對於親父母的祭祀最多，其次是對上甲、大乙、祖乙等人，大概都對商國具有特別的貢獻。

②貞：「勿㞢于祖乙？」一二（序數）。小吉。

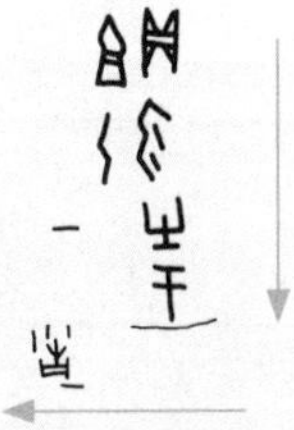

**白話譯文** 提問：「不對祖乙的神靈施行㞢祭是合宜的，是嗎？」第一次占卜。第二次占卜。小吉。

**閱讀方式** 左行。

與上一卜是**對貞**，省略**前辭形式**。

③貞：「㞢于父庚？」一（序數）。不牾蛛。二（序數）

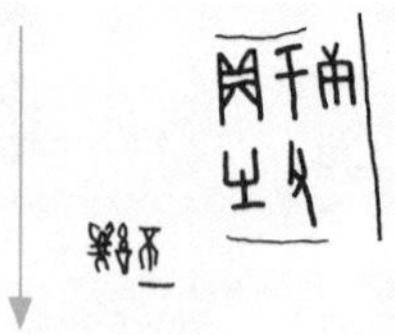

白話譯文

提問：「對父庚的神靈舉行㞢祭是合適的，是嗎？」第一次占卜。不牾蛛。第二次占卜。

閱讀方式

右行。

此卜與上兩個貞問是同一問題的不同選項，所以省略**前辭形式**。

**貞辭部分：㞢于父庚？**「父庚」是武丁對於盤庚的稱謂。貞人賓的集團經常對武丁的四位父輩進行貞問，所以可以確定他們服務的時代。

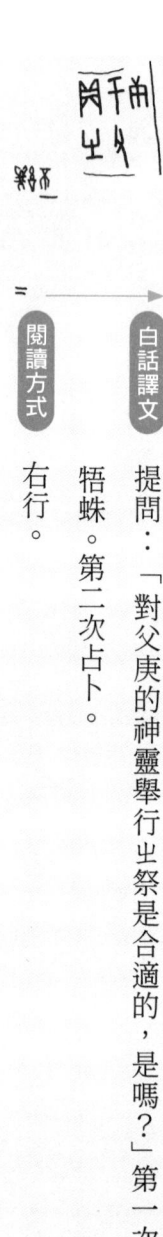

④貞：「勿㞢？」一二（序數）。不牾蛛上吉。

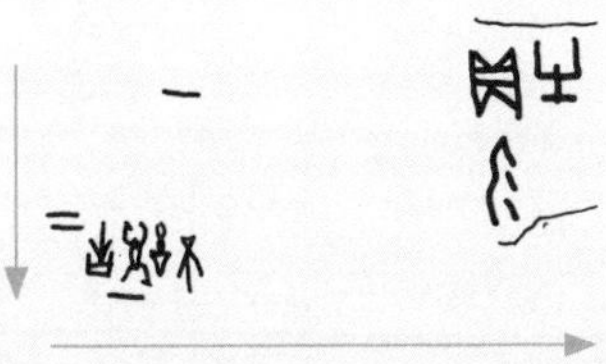

**白話譯文** 提問：「不對（父庚的神靈）舉行㞢祭是合適的，是嗎？」第一次占卜。第二次占卜。不牾蛛上吉。

**閱讀方式** 右行。

與上一卜是**對貞**，省略**前辭形式**以及㞢祭的對象。

⑤貞：「▨㞢▨」

**白話譯文** 提問：「▨㞢祭▨」

**閱讀方式** 右行。

殘辭，應該也是對於㞢祭對象的選擇。

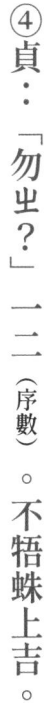

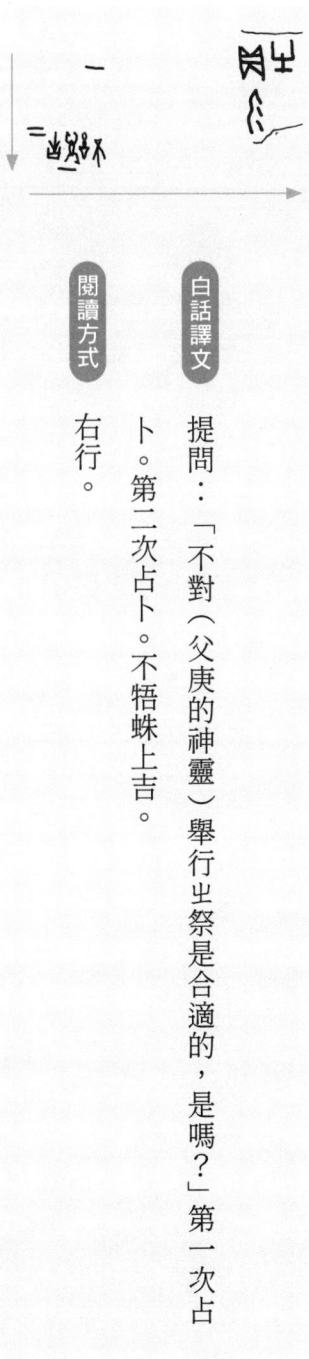

## ⑥（背面）乙酉用二宰。

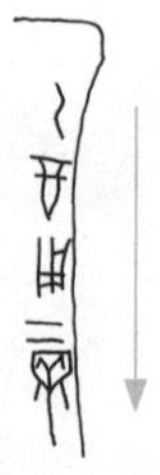

**白話譯文** 乙酉日（對祖乙神靈舉行了㞢祭）用了二組特別飼養的羊（宰）。

**閱讀方式** 由上而下。

**驗辭部分：乙酉用二宰。**「宰」是牲品，指特別圈養在柵欄裡的羊，可能用清潔的草料餵食的，比餵食一般草料或走動覓食的羊要高級。常常見「小宰」的牲品，不是數量的差別，或可能如後代的少牢，是羊與豬的組合。又偶有使用「大宰」的，或有可能是羊、豬、犬的組合。羊的飼養與農業的發展有衝突，後來少飼養，此字合併於牢字。

這句應該是卜問所得結果，要對祖乙施行㞢祭。乙酉在癸酉後十三日，商王經常在祖先的干日舉行祭祀，所以占卜的結果，決定在乙酉日施行對祖乙的㞢祭。

## ⑦ (骨臼) 丙寅邑示七屯。小埽。

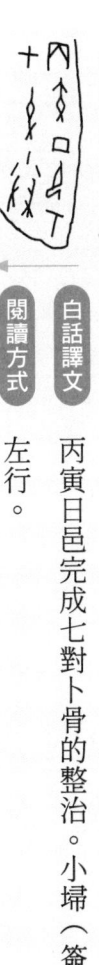

**白話譯文** 丙寅日邑完成七對卜骨的整治。小埽（簽收）。

**閱讀方式** 左行。

在**骨臼**的位置記載有關甲骨的入貢與修整的數量、人員是第一期特有的習慣。

「邑」是人名，他把入貢的甲骨粗料，透過裁鋸琢磨等程序，製作成可占卜的甲骨。「示」可能是祭拜的神座形象，在此假借爲修整的意義。屯字「」作兩塊牛肩胛骨用繩索捆綁成一包的樣子，是側視的形象。一隻牛有兩塊肩胛骨，商王廷使用占卜的量過多，需要由諸侯入貢，因而一隻牛的兩塊肩胛骨就包成一包，爲一個計算單位。如果是單片的，就寫作「」。另外還有作俯視的形象「」，裡面的兩個骨臼相合，被誤會是貝字；與此字相配的單版作骨「」。

「小埽」是人名。「埽」字作「手」拿掃帚的形象，比表示婦女的「帚」字多一「手」。小埽簽收已修整的甲骨後，應該還會再轉交給卜人，祕密去除骨膠原，才能燒灼成紋。

⑧（骨臼）壬申入二百。

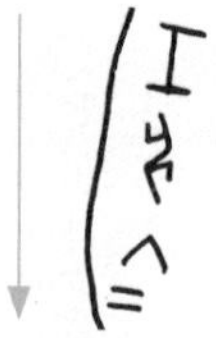

**白話譯文** 壬申日入貢二百（對）卜骨。

**閱讀方式** 由上而下。

「入」字是省略內字而成，有裡面與進入兩個意義。「二百」大概是指二百對，共四百片。想見使用量之多。

摹寫練習

# 114 問祭祀牲品

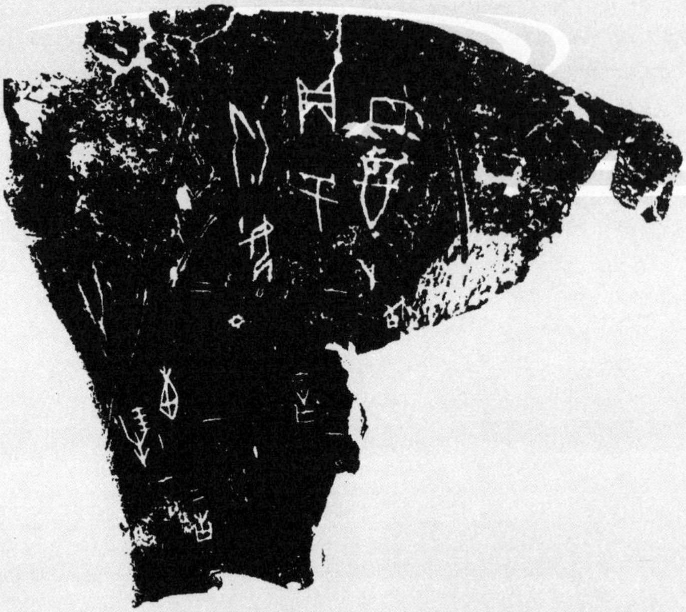

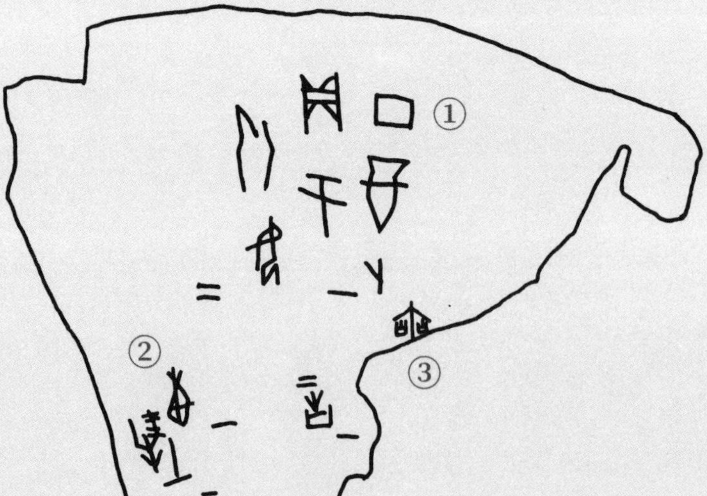

・出處：《合》683，骨。

・斷代標準：兆辭、書體、字形。

・說明：從上吉的兆辭、叀的字形、書體等，綜合可以確定時代為第一期。

①丁酉卜，貞：「于河，女？」一二（序數）

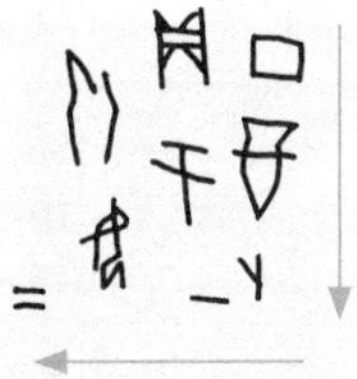

**白話譯文** 丁酉日占卜，提問：「向黃河神（舉行祭祀），使用女奴爲牲品是合適的，是嗎？」第一次占卜。第二次占卜。

**閱讀方式** 左行。

此卜的**前辭形式**省略貞人的名字，在第一期少見。

**貞辭部分：于河，女？**從選項爲牿（）來看，此處的「女」應該是指供祭祀的牲品——女奴。不是假借爲否定詞「毋」。

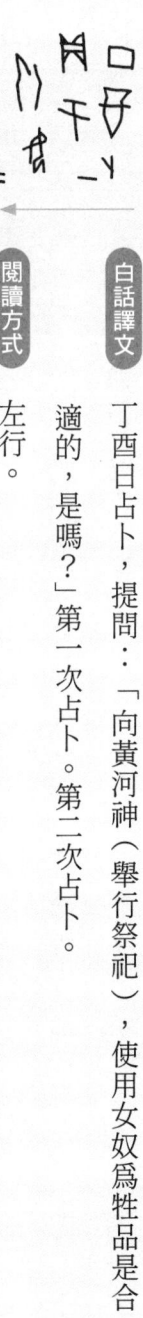

## ②「叀牿（）？」一（序數）。上吉。

**白話譯文** （提問：）「供品使用四歲的公牛是合適的，是嗎？」第一次占卜。上吉。

**閱讀方式** 由上而下。

**貞辭部分：叀牿（）？**

「叀」是語助詞，與「唯」的意義相近。此爲第一期字形，作紡磚繞上線的形象。第三期字形下加紡輪成三角形（），第四期紡輪寫成圓形（）。

「」是牛齡的表示方式，角上一橫代表一歲，四橫表示四歲。超過四年就在另一角再加上筆劃。至於性別，「匕」表示雌性，「」土字表示雄性。所以這個字表示雄性的四歲牛。商人崇信鬼神，爲了取悅神靈，不但問數量，也問性別、花色等種種類別。

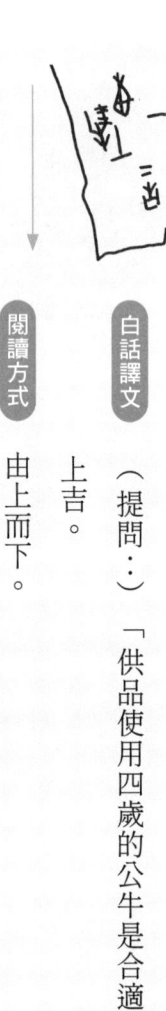

③ □。一（序數）。上吉。

**閱讀方式** 由上而下。

「」象一個站立的人雙手都提著東西的樣子，此卜殘辭，意義不明。

# 115 問祭祀與改運

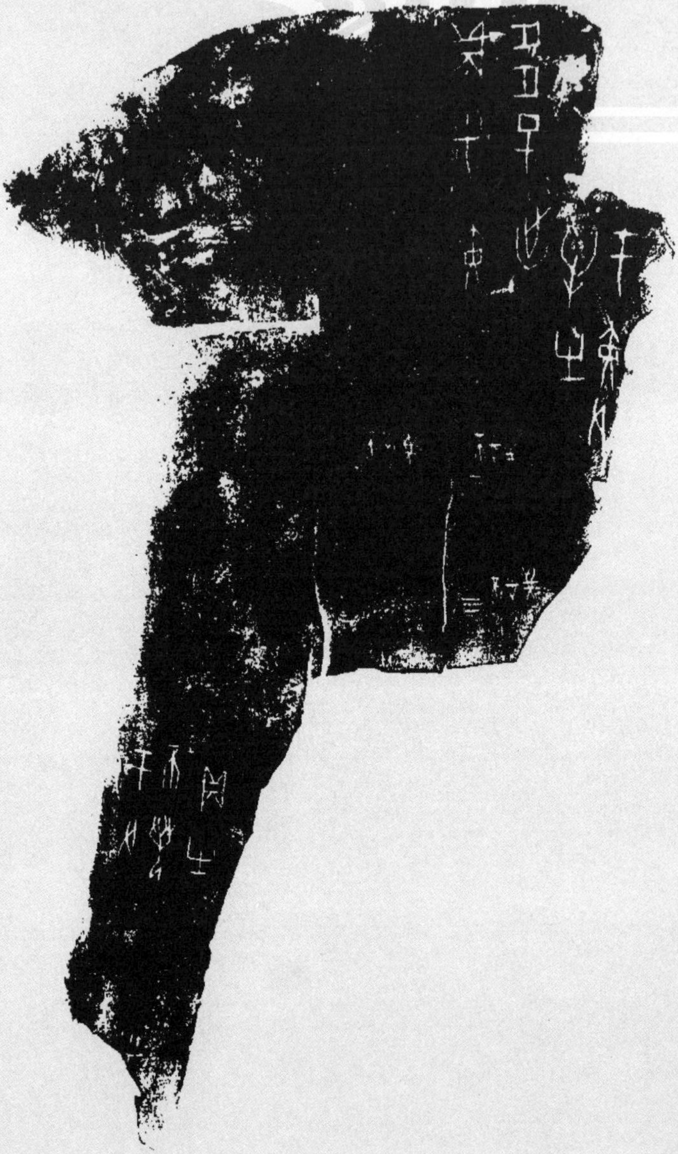

正面

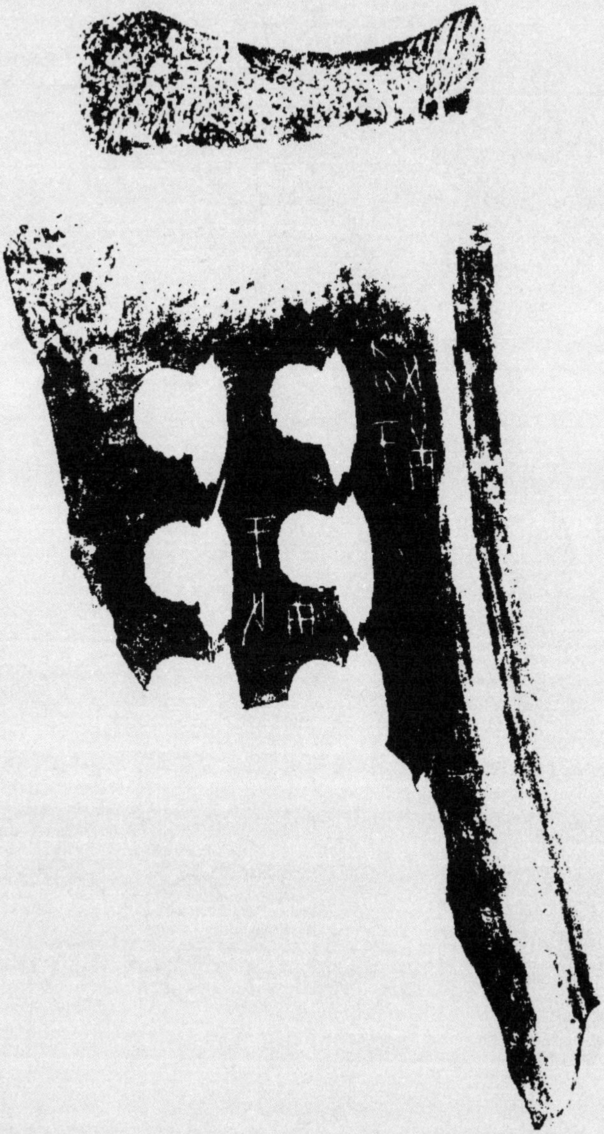

背面

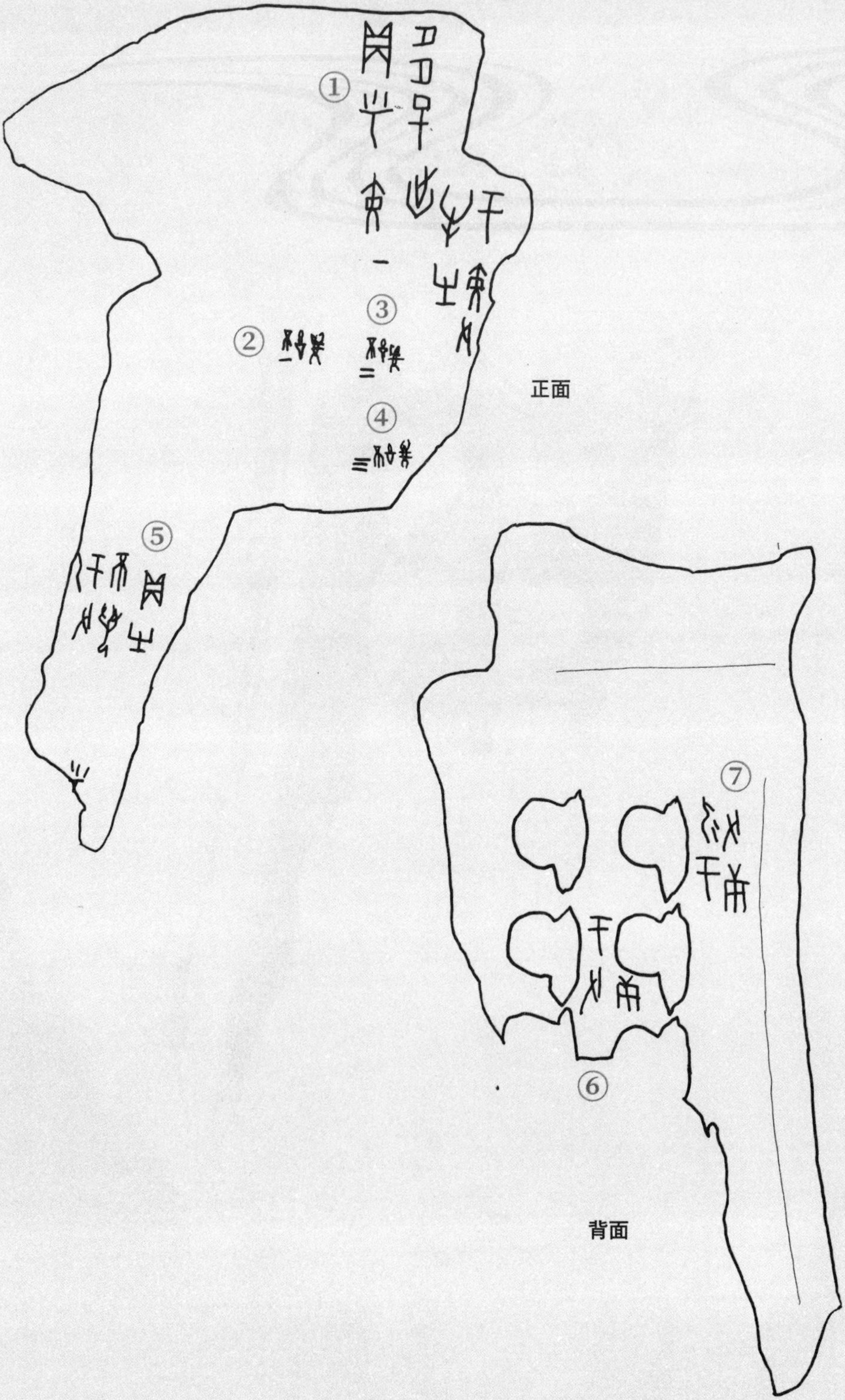
①
②
③
④
⑤
正面
⑦
⑥
背面

• 出處：《合》3255正面與背面刻辭，骨。
• 斷代標準：稱謂、兆辭、前辭、書體、人物。

①貞：「乎黃多子出牛㞢于黃尹？」一（序數）

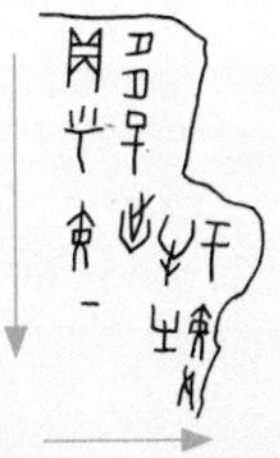

白話譯文

提問：「爲了向黃尹的神靈舉行㞢祭，呼喚黃國的眾多男性貴族爲之提供牛隻是合適的，是嗎？」第一次占卜。

閱讀方式

右行。

**貞辭部分：乎黃多子出牛㞢于黃尹？**

「黃」爲諸侯國名。「子」的意義多樣，有子輩、商王的同姓諸侯以及男性貴族的稱呼等多種。此處的「黃多子」大概指黃國的眾多男性貴族。

「黃尹」是神靈名，從卜問要黃多子提供牛隻向黃尹舉行㞢祭看，可能黃尹是黃國人，曾服務於王廷，是有特別建樹的祖先，因而其神靈被祭祀。商代自然神與遠祖神的分別尚不清楚，從這條卜辭大致可確定黃尹是人死後成神靈的遠祖神了。

整版不見占卜的日期，在殘缺處該有書刻日期的第一卜。從其他卜還提及父乙與父庚，黃尹、父乙、父庚應該是同一類神靈的選項，黃尹也比較可能是遠祖神而不是自然神靈。

②一（序數）。不牾蛛。

閱讀方式 右行。

③二（序數）。不牾蛛。

閱讀方式 右行。

④三（序數）。不牾蛛。

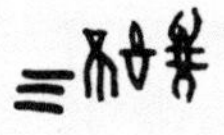

閱讀方式

右行。

⑤貞：「㞢不若，于父乙？」

白話譯文

（提問：）「（我）有不順利的事，要向父乙的神靈（請求解除），是嗎？」

閱讀方式

左行。

**貞辭部分：㞢不若，于父乙？**

這斷句是筆者的構想，「㞢不若」是已發生的事實，問的是誰給予的，王要向誰請求原諒。這裡「㞢」意義是「有」，不是㞢祭；「不若」的意義是不會給予順利，即會造成麻煩。商代人認爲病痛一類的苦痛是祖先給予的麻煩，自然的災害則是自然神所降下的處罰。

「父乙、父庚」是第一期武丁稱呼小乙與盤庚的名號。小乙是盤庚的弟弟、武丁的親父，被視爲大宗。有子即位者爲大示（大宗），其他的爲小示（小宗）。

⑥（背面）「于父庚？」

白話譯文 （提問：）「（有了不順遂的事），要向父庚的神靈（請求解除），是嗎？」

閱讀方式 右行。

⑦（背面）「勿于父庚？」

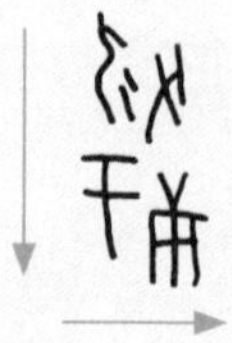

白話譯文 （提問：）「（有了不順遂的事），不要向父庚的神靈（請求解除），是嗎？」

閱讀方式 右行。

以上在背面的這二卜是**對貞**，同時和卜骨正面的父乙是選項。所以也是有了不順遂的事，問需不需要向父庚的神靈請求原諒。

一般在骨的正面提問，在背面刻占辭與驗辭。這版也在背面契刻貞辭，比較少見。

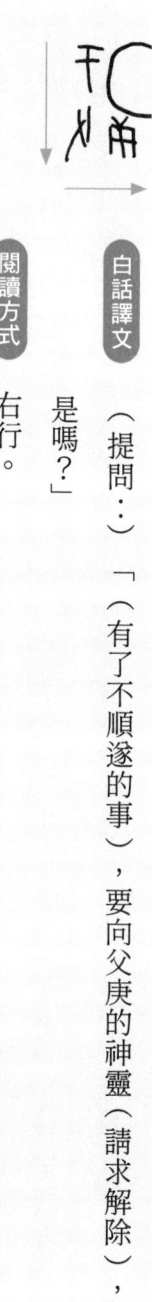

# 116 問下一旬運勢——結果新星接近、邊界被侵犯

背面

正面

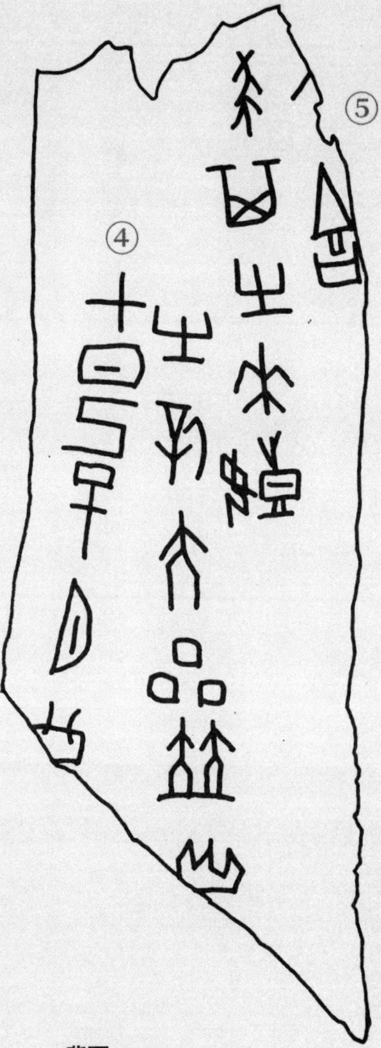


背面

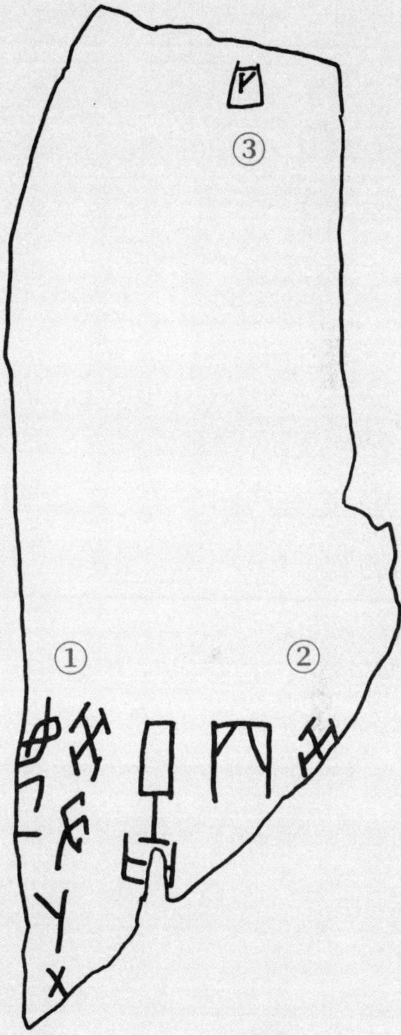


正面

• 出處：《合》11503正面與背面刻辭，骨。

• 斷代標準：書體、熟語。

• 說明：正面的刻辭都是殘辭，背面是對於正面占卜的占辭與驗辭。

①癸丑卜☒□☒

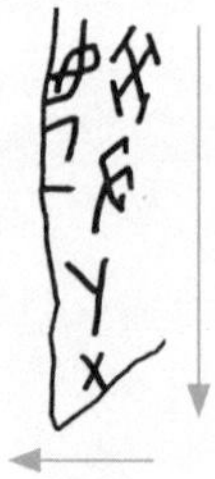

閱讀方式 左行。

②癸☒丙☒舌☒

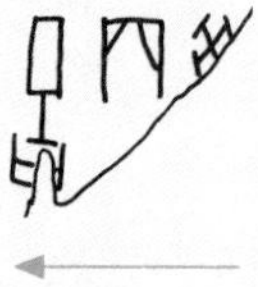

閱讀方式 左行。

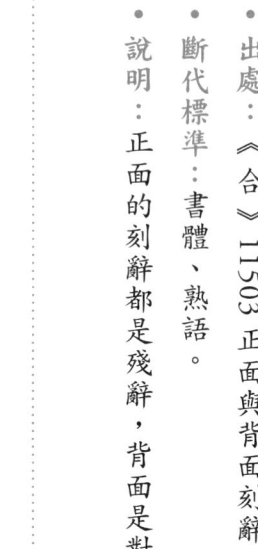

③ ☐禍？

閱讀方式 單一字。

以上三條都是正面的刻辭，是殘辭。

④（背面）七日己巳夕𡧊☐㞢新大星並火。

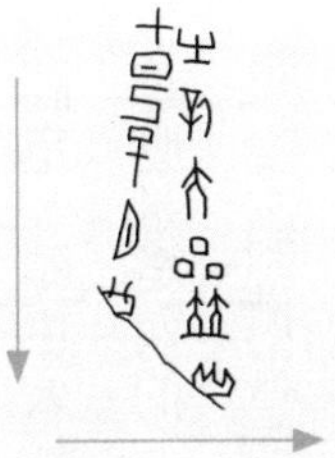

白話譯文 到了第七天己巳日的夜晚延續至庚午日，有新出現的大星移動而靠近火星的位置。

閱讀方式 右行。

驗辭部分：七日己巳夕𡧊☐㞢新大星並火。

「□」字形象某種器物形，都是出現在兩個相鄰的日子之間，「□」後的缺文爲「庚午」。有可能這個事件是在夜間發生，延續至第二日。

「新大星」指不預期而出現的星群，不是日常看到的星座。「火」爲火星的省寫，在天空的位置比較固定，顏色火紅，容易引起注意，是古人在天空的座標。移動的新星逼近而靠在火星，景象特別，推算應是癸酉的卜旬，大概預示有災難，故以異常的天象應驗。這是卜辭難得的天象記載，有人以爲「星」字假借爲「晴」字，不過甲骨自有表達晴天的字，不必假借他字，而且隸定爲「晴」，也不好解釋「並火」的意義。

⑤（背面）⧄吉。⧄祟，其㞢來艱。

白話譯文 ⧄吉。⧄［下旬將有］災難，大概會有邊界入侵的小災害。

閱讀方式 由上而下。

這兩行殘辭可能不同於卜問。大字的「吉」之前缺文應該是王占曰，「祟」之前的缺文大半是「旬㞢」。兩者的意義相反，應該是兩條卜辭的殘文。

摹寫練習

# 117 問祭祀——日期、儀式、對象

拓本原寸長 14 公分、寬 18 公分，圖為原寸 60%。

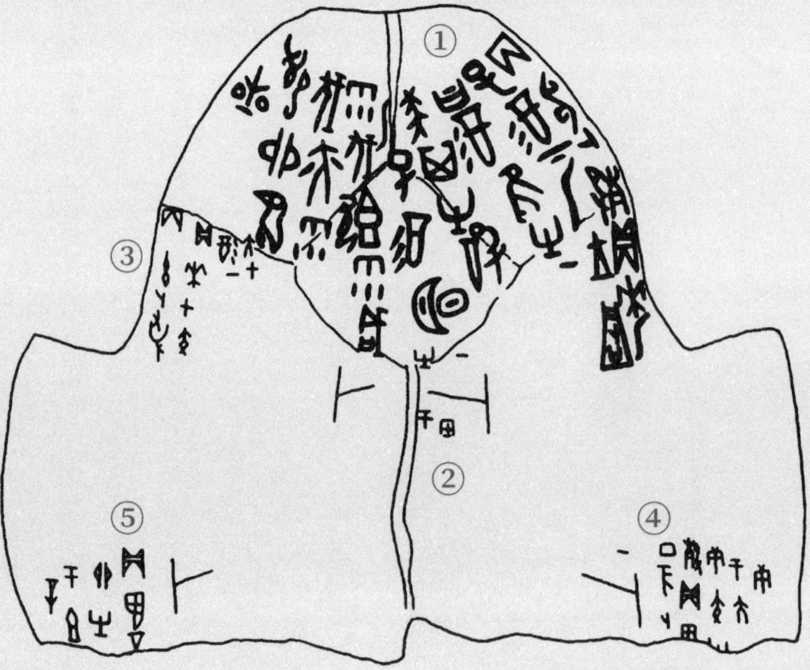

- 出處：《合》11497，龜腹甲。
- 斷代標準：貞人、書體、字形、熟語、塗朱。
- 說明：此版的第一卜字形比其他的占卜大，而且還塗了紅色的硃砂，顯然特意要表明事件的重要。

①丙申卜，㱿貞：「來乙巳酒下乙？」王占曰：「酒，隹㞢祟，其㞢設。」乙巳酒，明雨，伐既雨，咸伐亦雨。施卯鳥星。一（序數）

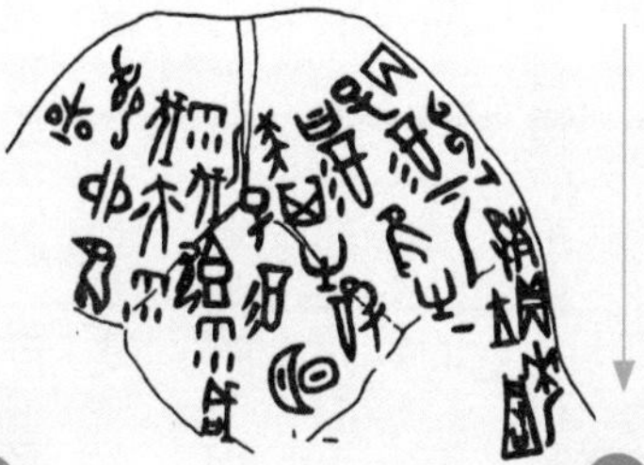

**白話譯文**

丙申日占卜，貞人㱿提問：「在將到的乙巳日對下乙（可能是祖乙）的神靈舉行酒祭，是合適的嗎？」王檢驗兆紋並判斷說：「可以舉行酒祭，但是會有災祟，將會出現㞢設（打雷）。」結果乙巳日舉行酒祭，在早上五到七點鐘的時段下雨，完成殺伐羌俘儀式後又下雨，在殺了所有的羌俘後也下雨。於是對鳥星的神靈施行殺牲並分剖的禮儀。第一次占卜。

**閱讀方式**

由外往內。

這是很有名的一版，這一條刻辭既長又塗朱。

**貞辭部分：來乙巳酒下乙？**「酒」是祭名，與「㞢」爲兩大領銜的祭祀系統。從名稱可看出以供酒爲主要內容，飲酒要有下酒物，所以包含食物，甚至是樂舞。商代並沒有王名爲「下乙」的，在名乙的先王中，建國的大乙很受尊寵，可能也稱爲上乙。大乙以下的先王以祖乙最有名，也被稱爲中宗；「下乙」在這裡應該指稱祖乙。

**占辭部分：酒，隹㞢祟，其㞢設。**「設」字暫隸定，字作一手拿彎曲的打擊器在敲打一個細長三角錘，這種形狀的打擊器一般是要製造某種效果。「㞢設」即有設，是一種天象，漢畫像石有一幅彩虹以及打雷的形象。打雷者手中就拿著一把三角錐，有可能就是這個字表達的。甲骨文有雷字，作閃電與雷形，有可能雷字表達兼有閃電與雷聲者，這個「設」字可能表達不見閃電只聞雷聲的天象。「其㞢設」表示不是很肯定，「㞢設」好像也關係到軍事行動。

**驗辭部分：乙巳酒，明雨，伐既雨，咸伐亦雨。施卯鳥星。**

「明」是時間副詞，是小采之前、旦之後的時段，大致是現今早上五到七點鐘。

「咸」的意思是全部，「伐」是獻羌俘的用牲法。因爲下雨，獻羌俘的儀式中斷了幾次，「咸伐」是整個儀式全部做完了。

「施」、「卯」都是用牲的方式。「施」有殺死的意思，「卯」可能是把牲品切分爲兩半。從情境看，是把羌俘打擊至死，並把屍體分剖成兩半，以祭祀鳥星。「鳥星」是星座的名稱，卜辭提到的星座還有歲星、火星，還有一個从鳥的形聲字，反映古人對天空的景象有所觀察。楊樹達釋「星」爲「姓」，意義爲雨而夜除星見也，即晴天。有一派人附合此說，但這裡明明是指接受祭祀的對象，很難解釋爲晴天。

從這卜的內容，可以了解祭祀的過程可能很久，從天一亮到晚上。

② 「㞢于上甲？」一（序數）

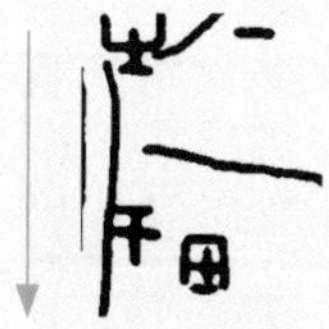

**白話譯文** （提問：）「向上甲的神靈施行㞢祭是合適的，是嗎？」第一次占卜。

**閱讀方式** 由上而下。

**貞辭部分：㞢于上甲？** 成湯滅亡夏朝而建立商朝，就追加六個世代的祖先加以祭祀，六位是上甲、報乙、報丙、報丁、示壬、示癸，前面四位大概是虛擬的，後兩位有配妣，想來是真實人物。上甲看似是虛擬的，但享有很高的地位，不下於創國的大乙。

這一卜省略**前辭形式**，看來是第四卜丁亥日㞢祭對象的不同選擇。在甲骨上占卜地點的選擇有時沒有依照一定的順序。

### ③丙午卜，爭貞：「來甲寅酒大甲？」一（序數）

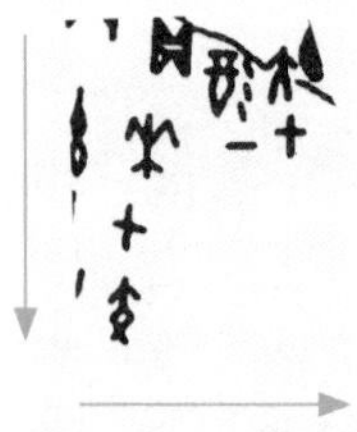

**白話譯文** 丙午日占卜，貞人爭提問：「在未來的甲寅日向大甲的神靈使用酒祭的儀式，是適當的嗎？」第一次占卜。

**閱讀方式** 由外往內。

**前辭**的「爭」是第一期常見的貞人。

**貞辭部分：來甲寅酒大甲？**

「來」是對比較多日的未來的用語，基本上都是下一旬以後的日子。下一卜「羽庚寅」，「羽」假借爲「翌」，是本旬的幾天後。「庚寅」是占卜丁亥日的後四天。刻辭⑤的「羽辛卯」就是庚寅的後一日。

「酒大甲」指出商代習慣在祖先的干日舉行祭祀，所以在丙日問在未來的甲日以酒祭祭祀大甲，是否恰當。

④丁亥卜，㱿貞：「羽庚寅㞢于大庚？」一（序數）

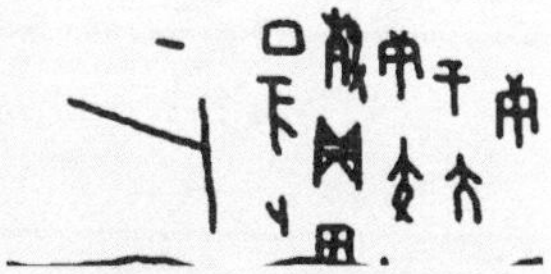

**白話譯文**

丁亥日占卜，貞人㱿提問：「在鄰近的庚寅日向大庚的神靈使用㞢祭的儀式，是合適的嗎？」第一次占卜。

**閱讀方式**

由內往外。

⑤貞：「羽辛卯㞢于祖辛？」一（序數）

**白話譯文**

提問：「在鄰近的辛卯日向祖辛的神靈施行㞢祭，是合適的嗎？」第一次占卜。

**閱讀方式**

由內往外。

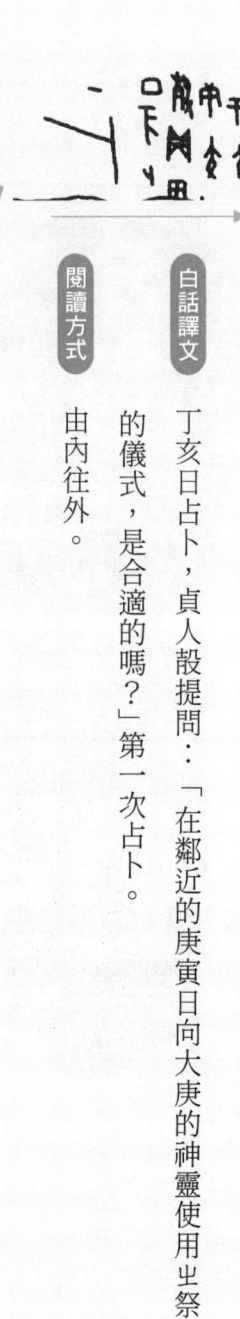

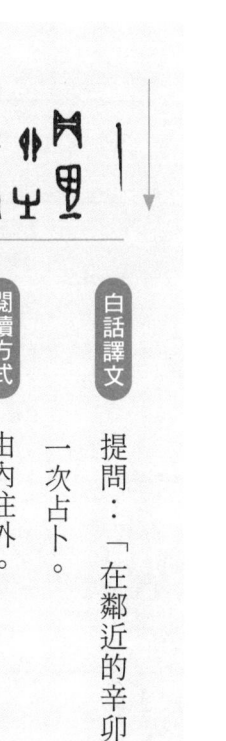

# 118 問下一旬運勢——結果遇入齒、月食

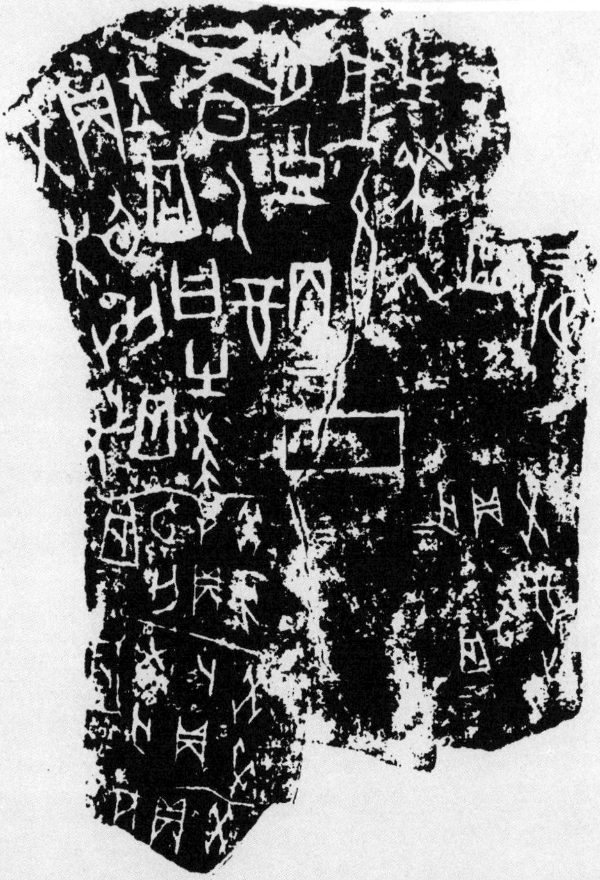

正面

背面

正面

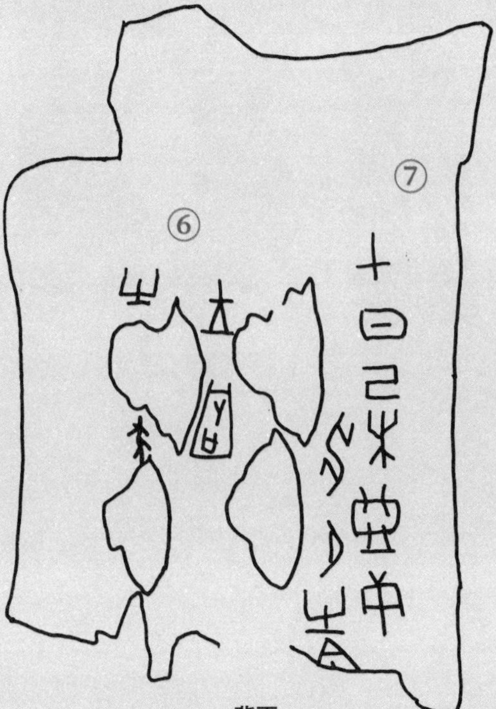

背面

- 出處：《英》886正面與背面刻辭，骨。
- 斷代標準：貞人、書體、月份、事類。
- 說明：這片看起來是專為卜旬使用。從占卜的日期看，次序由下而上。原先占辭都是刻在背面，第五卜因為發生重大事件，所以把占辭跟驗辭重新寫到正面，又塗上硃砂。第二、三、四三卜可能漏刻貞人的名字。

①癸☐貞☐禍？

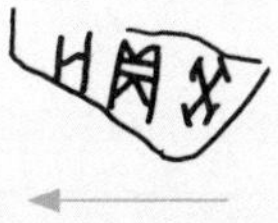

閱讀方式

左行。

②癸丑卜，貞：「旬亡禍？」二（序數）

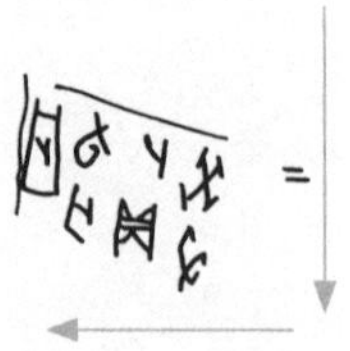

閱讀方式 左行。

③癸亥卜，貞：「旬亡禍？」二（序數）

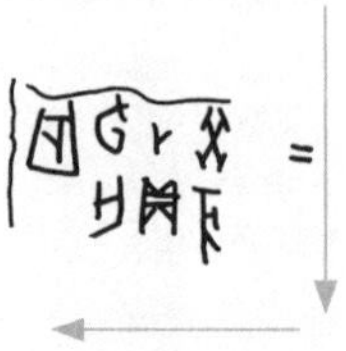

閱讀方式 左行。

④癸酉卜，貞：「旬亡禍？」二（序數）

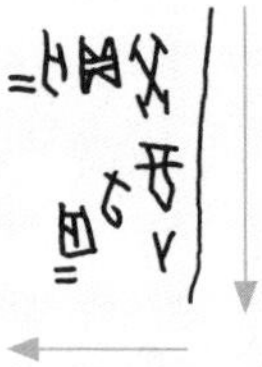

閱讀方式 左行。

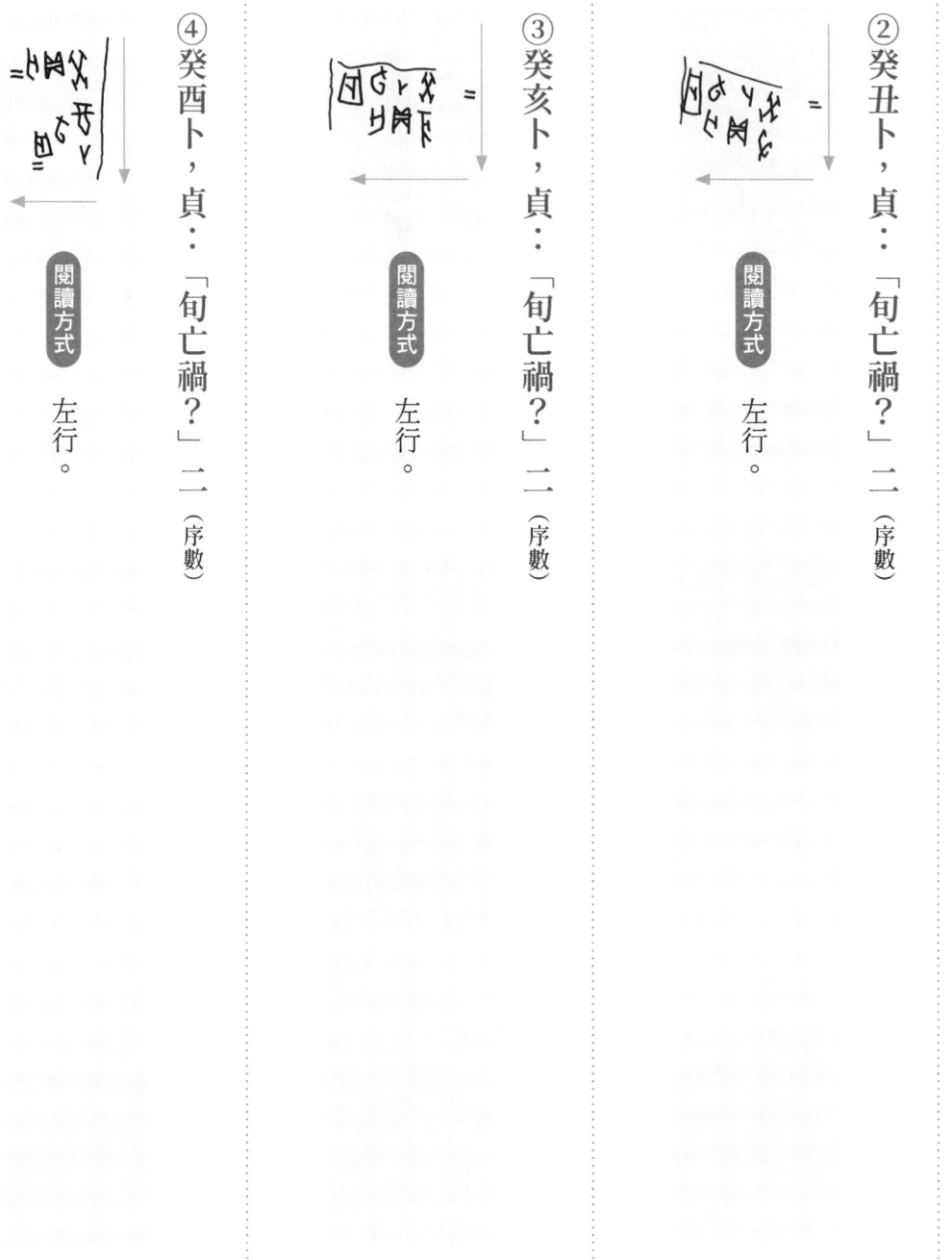

⑤癸未卜，爭貞：「旬亡禍？」王占曰：「㞢祟。」三日乙酉夕𡆥丙戌，允㞢來入齒。十三月。二（序數）

白話譯文

癸未日占卜，貞人爭提問：「下旬不會有災禍的，是嗎？」王檢驗兆紋後判斷說：「預示有災祟。」第三天乙酉日的夜晚延續到第四天的丙戌日，確實有來入齒的天象。占卜日期在十三月的閏月。第二次占卜。

閱讀方式

右行。

**驗辭部分：三日乙酉夕𡆥丙戌，允㞢來入齒。十三月。**

之前已解釋過，這版是完整的句子，「夕𡆥」都是介在兩個相連的日期中，應該是事件的發生經歷了二個日程，或是發生在夜晚，不可確知發生的時段。

「入齒」或以爲「齒」指象牙，以此解釋則爲入貢象牙。但是占斷說有災祟，而驗辭用「允」字，表明入齒被認爲是一件災難，所以入齒比較可能是一種天象，但確實意義不可知。

「十三月」爲年終置閏。商代的月份根據月球繞地球的長度，但是年度依據地球繞日一周的日數。一年有十二月多，所以每隔幾年就要多加一個月才能讓月份適度表現季節。在第一期把這個閏月放到一年之末，稱爲十三月。到了第二期就覺得有點遲晚，就在年中適當的月份，同樣的月份再來一次，稱爲「年中置閏」。這是從卜旬而標示的月份推算出來的結果。

可以注意到，「三日」的「三」字（請見摹本▲處）上刻了一個打叉的記號。但經計算，乙是癸後的第三天並沒有錯，不知這個╳記號表示什麼。

⑥（背面）王占〔曰〕：「㞢祟。」

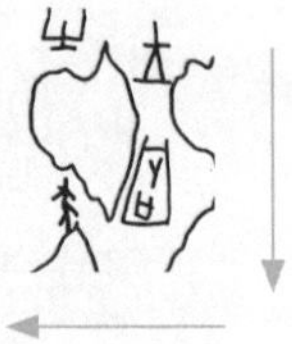

**白話譯文** 王檢驗兆紋而判斷說：「預示有災祟。」

**閱讀方式** 左行。

從對應位置看，可能是癸丑日卜旬的**占辭**。

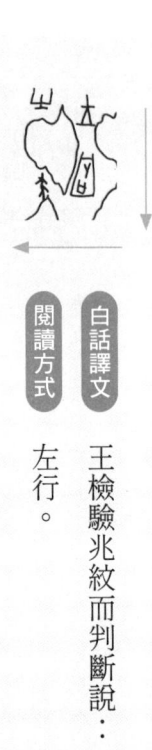

## ⑦（背面）七日己未𡆥庚申，月㞢食。

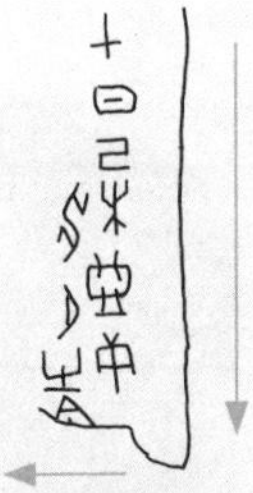

**白話譯文** 在第七日的己未到次日庚申之際，月亮有蝕象發生。

**閱讀方式** 左行。

**驗辭部分：七日己未𡆥庚申，月㞢食。**

己未的七日前是癸丑日卜旬的驗辭。第一期一般是有占辭然後有驗辭，所以上一卜應該就是癸丑日的占辭。後來有應驗，原來占辭下已不夠空間，所以補寫在此。

「月㞢食」即有月食或月蝕。因地球運轉到太陽與月球之間，使月球的影象被遮蔽。商人並不認爲月食出現就一定有災祟，但既然已預示有災祟，又找不到確實的災難，所以就拿月食作爲應驗。這個月食正發生在兩個日程的過渡，所以用「己未𡆥庚申」的詞句。

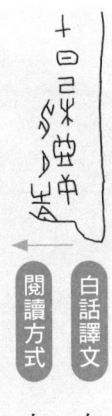

# 119 問酒祭日的天氣

①

- 出處：《合》13307，骨。
- 斷代標準：貞人、書體、字形。

①乙亥卜，賓貞：「羽乙亥酒系，易日？」乙亥酒，允易日。

白話譯文

乙亥日占卜，貞人賓提問：「想在乙亥日舉行酒統領的祭祀，會是晴天的，是嗎？」乙亥日舉行了酒祭，確實是晴天的。

閱讀方式

左行。

**貞辭部分：羽乙亥酒系，易日？**

「羽」指鄰近的日子，一般是二、三天後，不會很久之後，而羽乙亥和占卜日是同一天。一般用今日，有可能早上占卜，計畫在下午或晚上舉行酒祭，所以不用今日的詞語，或可能把「今」誤刻成「羽」。

「系」字作一手把三條線抓起來，可能是把三根細絲搓成一股粗線以便紡織成布，所以有總括、系統的意義。酒與㞢是兩大祭祀系統，各領銜一至二個祭祀，如「酒升歲」。「酒系」意即酒領銜的多個祭典，可能歷時甚久，且用牲項目多。

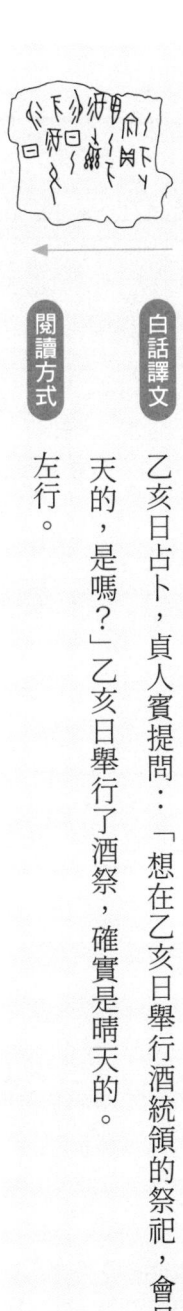

「易日」是舊派對於晴天的用語，新派則常用「启」字。但第一期也用启字，可能是個人的用語習慣，或是過渡期，意義是一樣的。雨天的話，祭祀的儀式會被干擾。

摹寫練習

# 120 問天氣

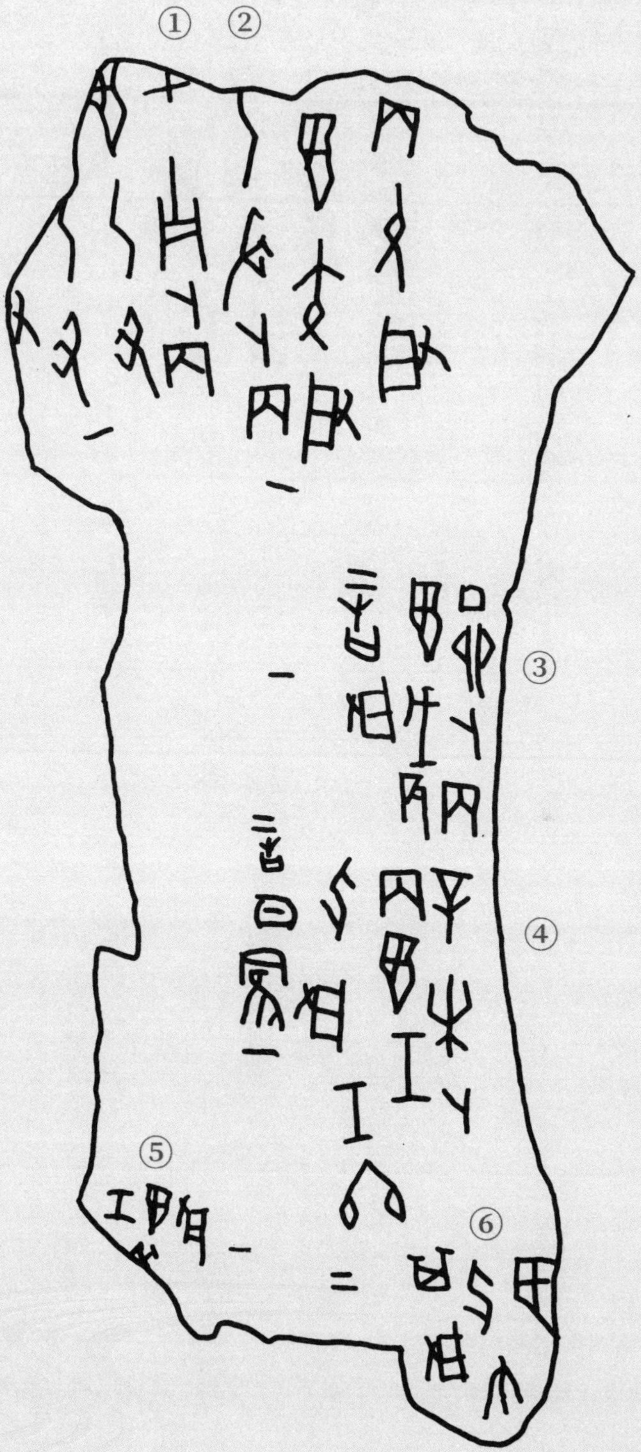
①
②
③
④
⑤
⑥

- 出處：《合》13140，骨。
- 斷代標準：貞人、兆辭、書體。

①甲子卜，內：「羽乙丑☐」一（序數）

白話譯文 甲子日占卜，貞人內（提問）：「鄰近的乙丑日☐」第一次占卜。

閱讀方式 左行。

前辭省「貞」字，是第一期偶然有的習慣。

②乙丑卜，內：「羽〔丙〕寅啓？」丙允啓。一（序數）

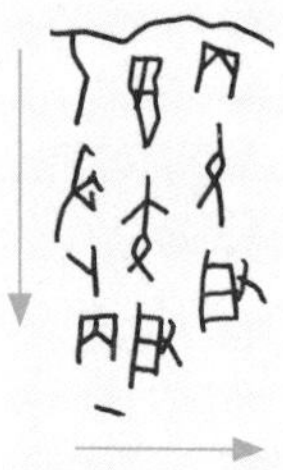

白話譯文 乙丑日占卜，貞人內（提問）：「鄰近的〔丙〕寅日會雨過天晴的，是嗎？」丙日果然如預示，天晴了。第一次占卜。

閱讀方式 右行。

**貞辭部分：羽〔丙〕寅啓？**「啓」的字形作一手開啓單扇的門，假借為「啓」，意義是雨過天晴，好像與「易日」的意義一樣，是不同人的用字習慣。

③丁卯卜，內：「羽戊辰啓？」一（序數）。上吉。

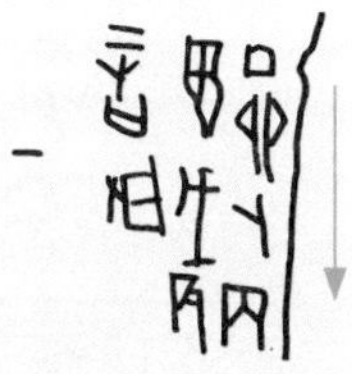

白話譯文

丁卯日占卜，貞人內（提問）：「鄰近的戊辰日會雨過天晴的，是嗎？」第一次占卜。上吉。

閱讀方式

左行。

④辛未卜，內：「羽壬申啓？」壬冬日雂（陰）。一（序數）。上吉。

白話譯文

辛未日占卜，貞人內（提問）：「鄰近的壬申日會雨過天晴的，是嗎？」（結果）壬申日整天都是陰天。第一次占卜。

閱讀方式

左行。

「雂」字形作一隻鳥的上方有個罩子，從上下文義知道「雂」是有關氣象。創意大概表達養鳥的方式，鳥籠有布遮蓋著，讓鳥兒不見光，有如陰天，所以用來表達陰天。第四期文武丁時籠子寫成倒三角形「」，或以爲是从今的形聲字。

「壬」是次日壬申日的省略，大都省略地支，很少省略天干，省略天干的應是漏刻。「冬日」則假借爲「終」日。

⑤「壬⧄羽癸⧄啓？」一（序數）

閱讀方式　右行。

⑥「羽□申不其啓？」二（序數）

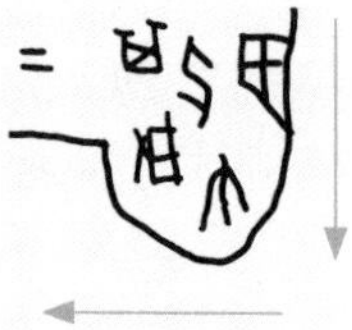

白話譯文　（提問：）「鄰近的□申日將不會是晴天的，是嗎？」第二次占卜。

閱讀方式　左行

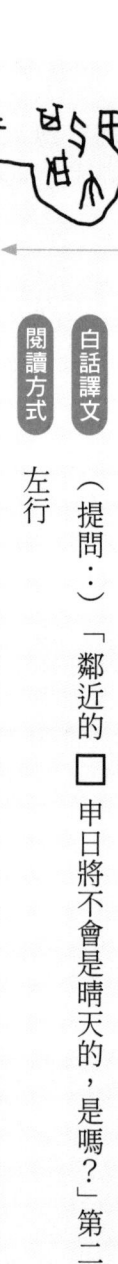

摹寫練習

# 121 問立竿日天候

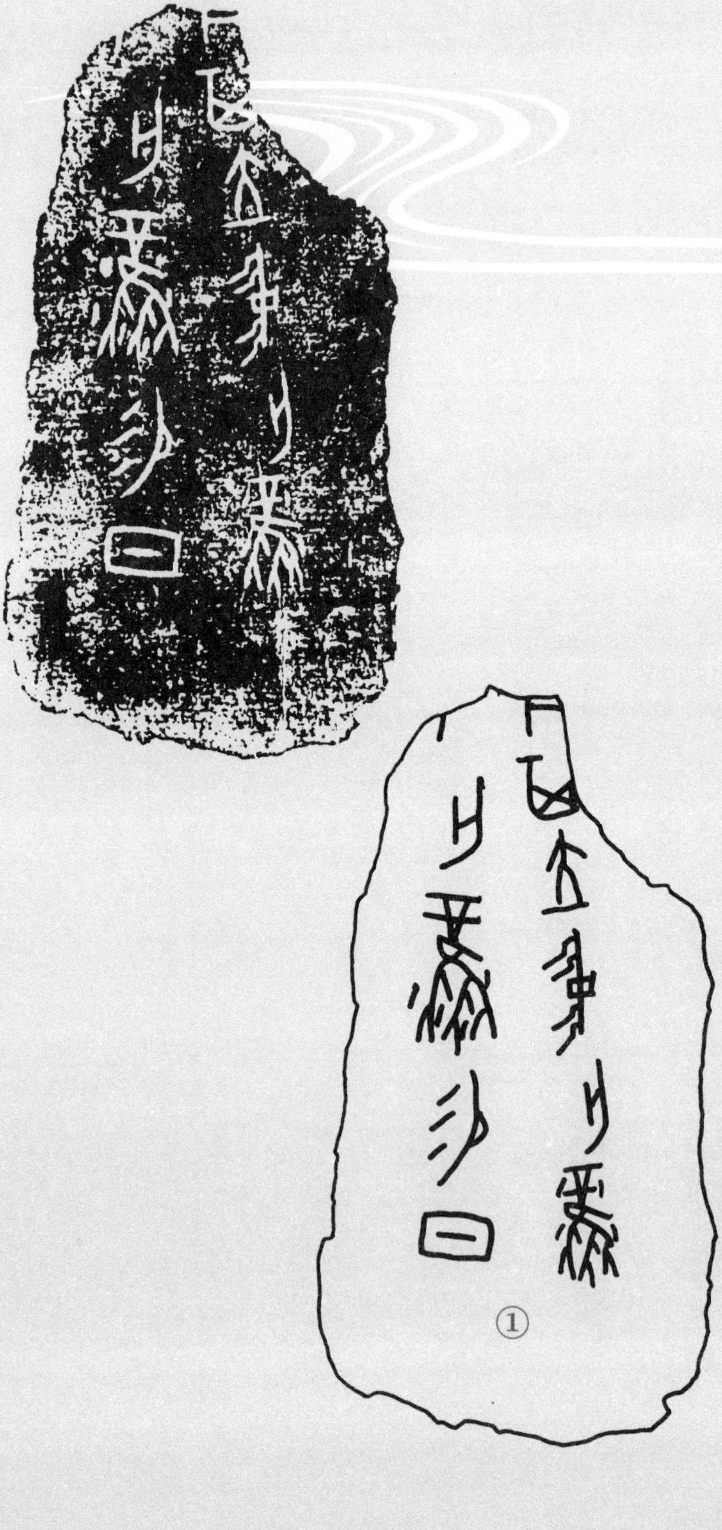

①

• 出處：《合》7371，骨。

• 斷代標準：書體、字形。

① ☐貞：「其立中，亡風？」☐亡風，昜日。

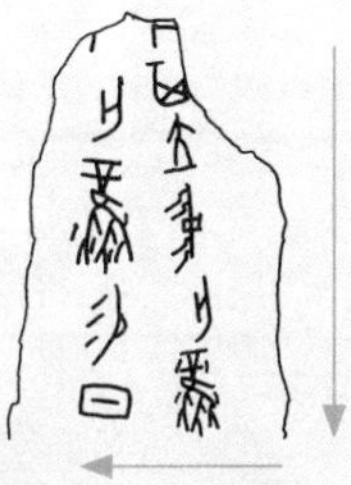

白話譯文

☐提問：「將要豎立指揮中心的旗桿，不會有風的，是嗎？」☐（驗辭殘缺）沒有起風，是晴天。

閱讀方式

左行。

**貞辭部分：其立中，亡風？**

「立中」指立旗桿。六千年仰韶文化的遺址，房子的方向都面對中央，而中心處則沒有房址，想來中央建有旗桿，通過不同顏色和數量的旗子，來向農地上工作的人民傳遞訊息。所以「中」字的創意是一個範圍內中央的地點設有旗桿。旗桿是指揮的中心，借以表達中心的意義，使用旗幟佈達的訊息主要是召集人員，有關軍事的行動。豎立旗桿時，有強風會妨害工作的進行，所以問有沒有風、是不是雨天。

「風」難於用圖畫表達，所以借同音的鳳鳥表達。此處，鳳鳥的周圍加上雨點，可視爲有意與鳳字區別，或甚至表示風兼雨的氣象。後來加上「凡」或「兄」的聲符，就定形使用形聲字表達的形式。

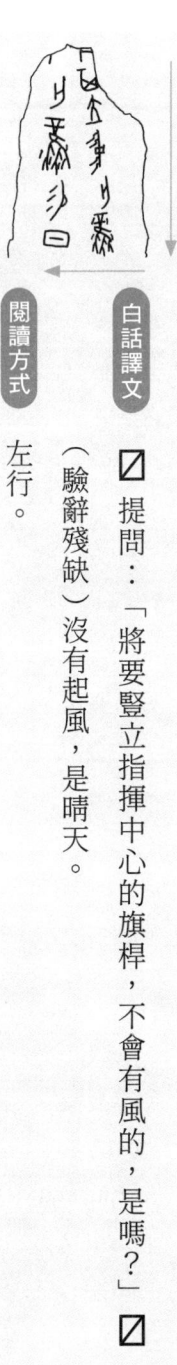

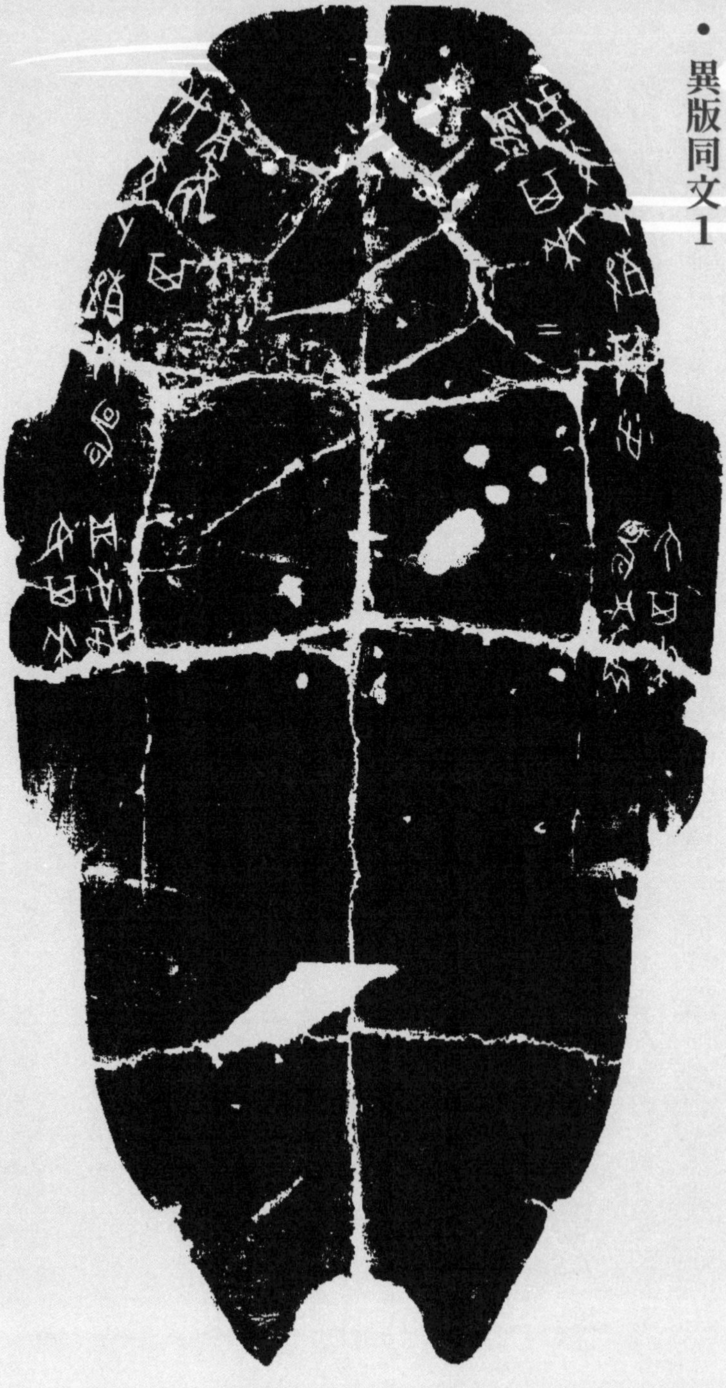

## 122 問諸侯進謁——沚馘、雷風

• 異版同文1

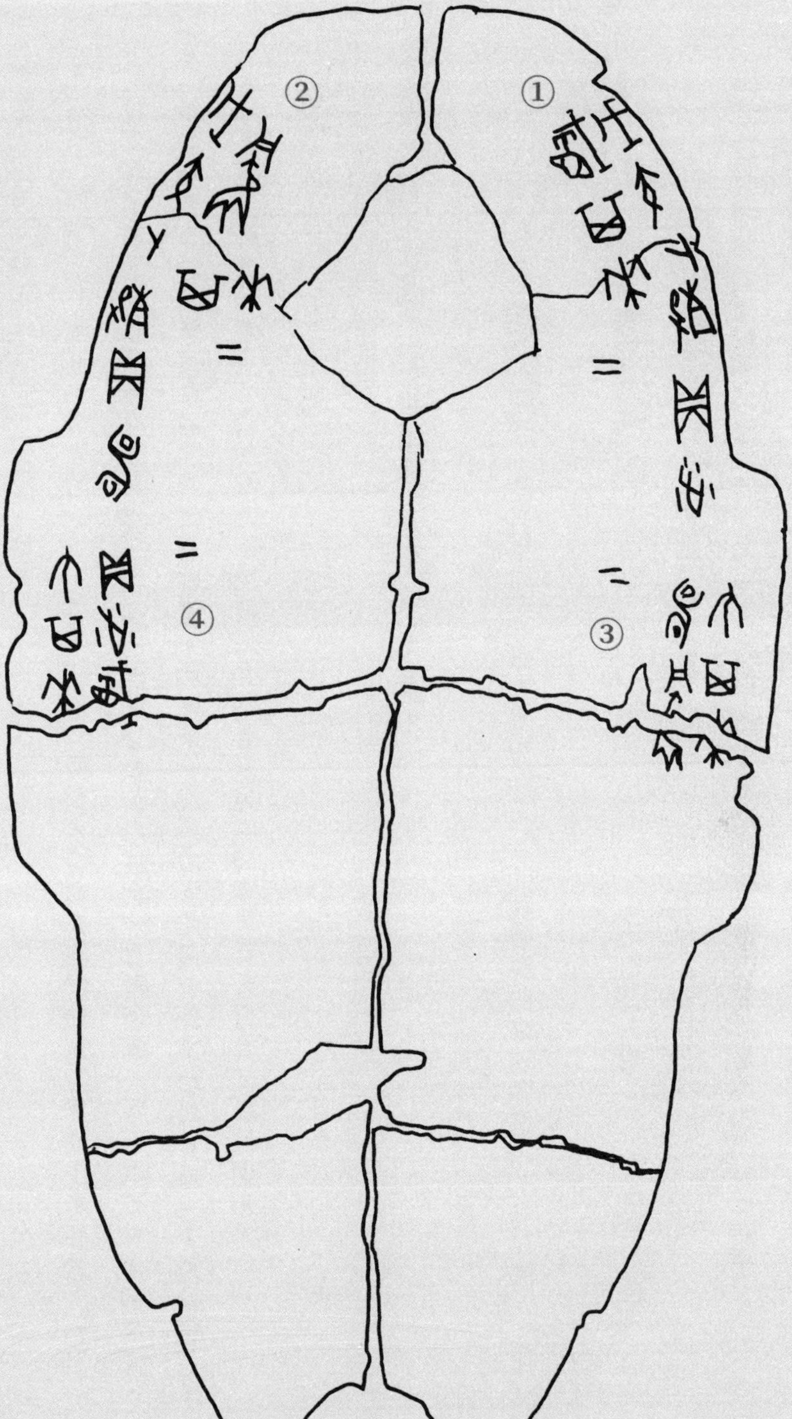

• **出處**：《合》3945，龜腹甲。

• **斷代標準**：貞人、書體、字形、成套。

• **說明**：以下三版是異版同文的例子。舊派的第一期與第四期在不同的龜腹甲或牛肩胛骨上相同的位置契刻同樣的句子，而分別以一、二、三的序數加以區別。目前所知，第一期可有六個序數，第四期武乙時只使用左右各三版肩胛骨。此版第一與第四卜是同一件事的對貞形式，第二與第三卜是某一件事的對貞。兩組都是卜問諸侯會不會來述職的事。交叉對貞，比較少見。

## ①戊寅卜，㱿貞：「沚馘其來？」二（序數）

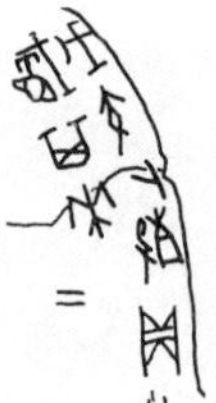

**白話譯文** 戊寅日占卜，貞人㱿提問：「沚馘將會前來述職進謁的，是嗎？」第二次占卜。

**閱讀方式** 由外往內。

此版對沚馘與雷風其來的卜問，大半不是爲了特定軍事任務，重點在於是否如期前來進謁。

**貞辭部分：沚馘其來？**「沚馘」是第一期有名的軍事將領，常領兵征伐敵國，或簡稱爲馘。

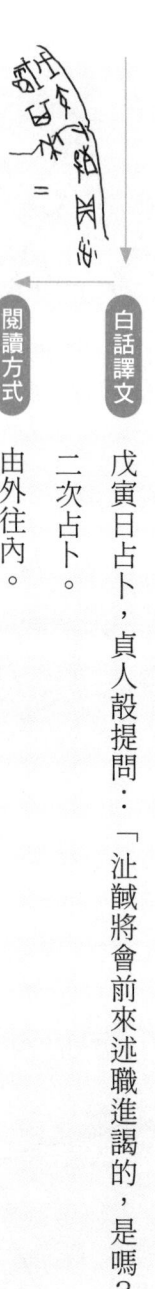

## ②戊寅卜，㱿貞：「雷風其來？」二（序數）

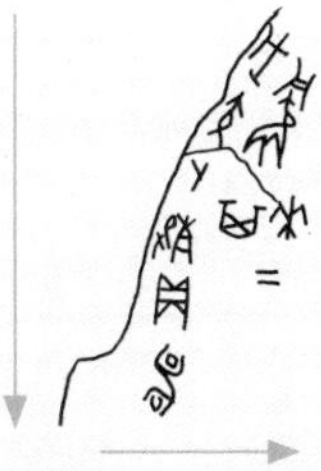

**白話譯文** 戊寅日占卜，貞人㱿提問：「諸侯雷風將會前來述職進謁的，是嗎？」第二次占卜。

**閱讀方式** 由外往內。

**貞辭部分：雷風其來？**「雷風」是諸侯的名字，簡稱雷，少領軍作戰。「風」字的寫法和一般的風雨字不同，因是人名，不能確知是否風字。沚戓省前，雷風可省前或後一字，名字沒有固定的省稱方式。

## ③「雷風不其來？」二（序數）

**白話譯文** （提問）：「諸侯雷風將不會前來述職進謁的，是嗎？」第二次占卜。

**閱讀方式** 由內往外。

④貞：「沚馘不其來？」二（序數）

**白話譯文** 提問：「沚馘將不會前來述職進謁的，是嗎？」第二次占卜。

**閱讀方式** 由內往外。

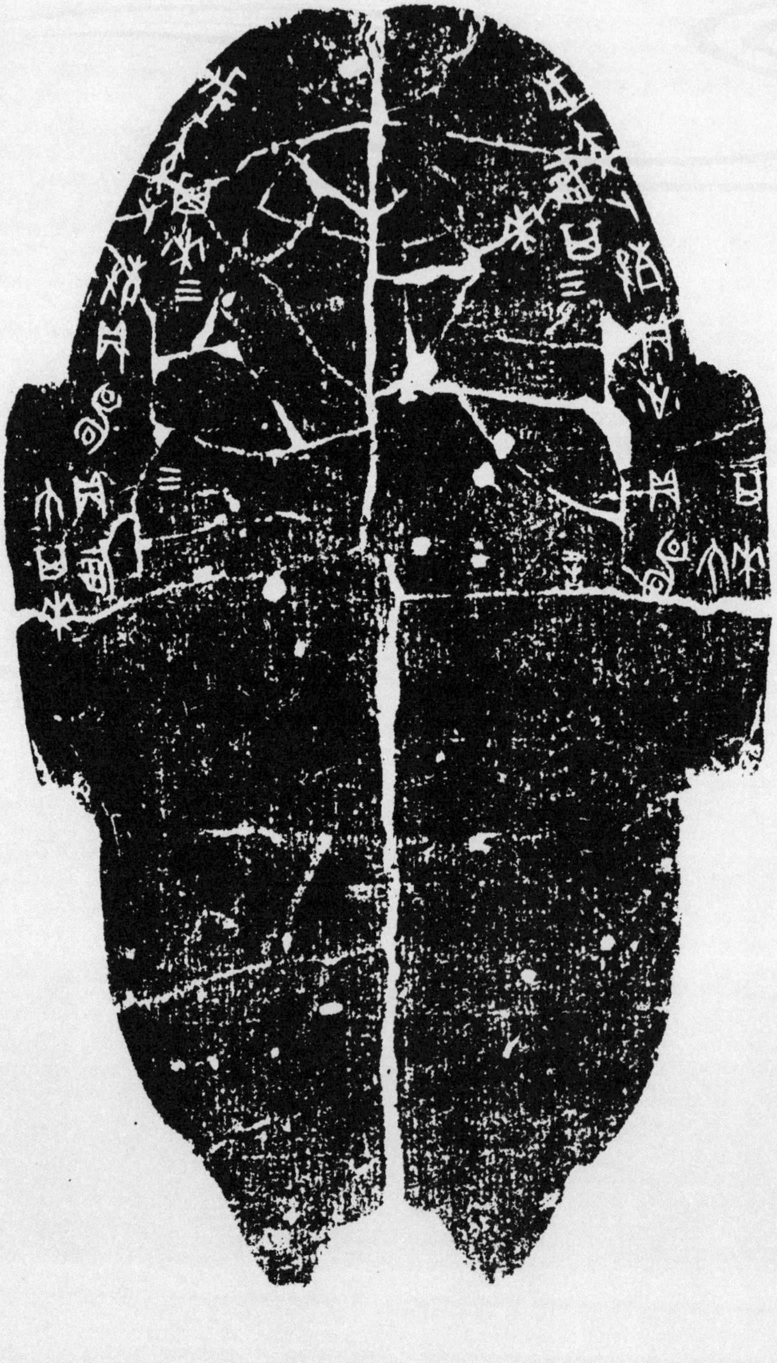

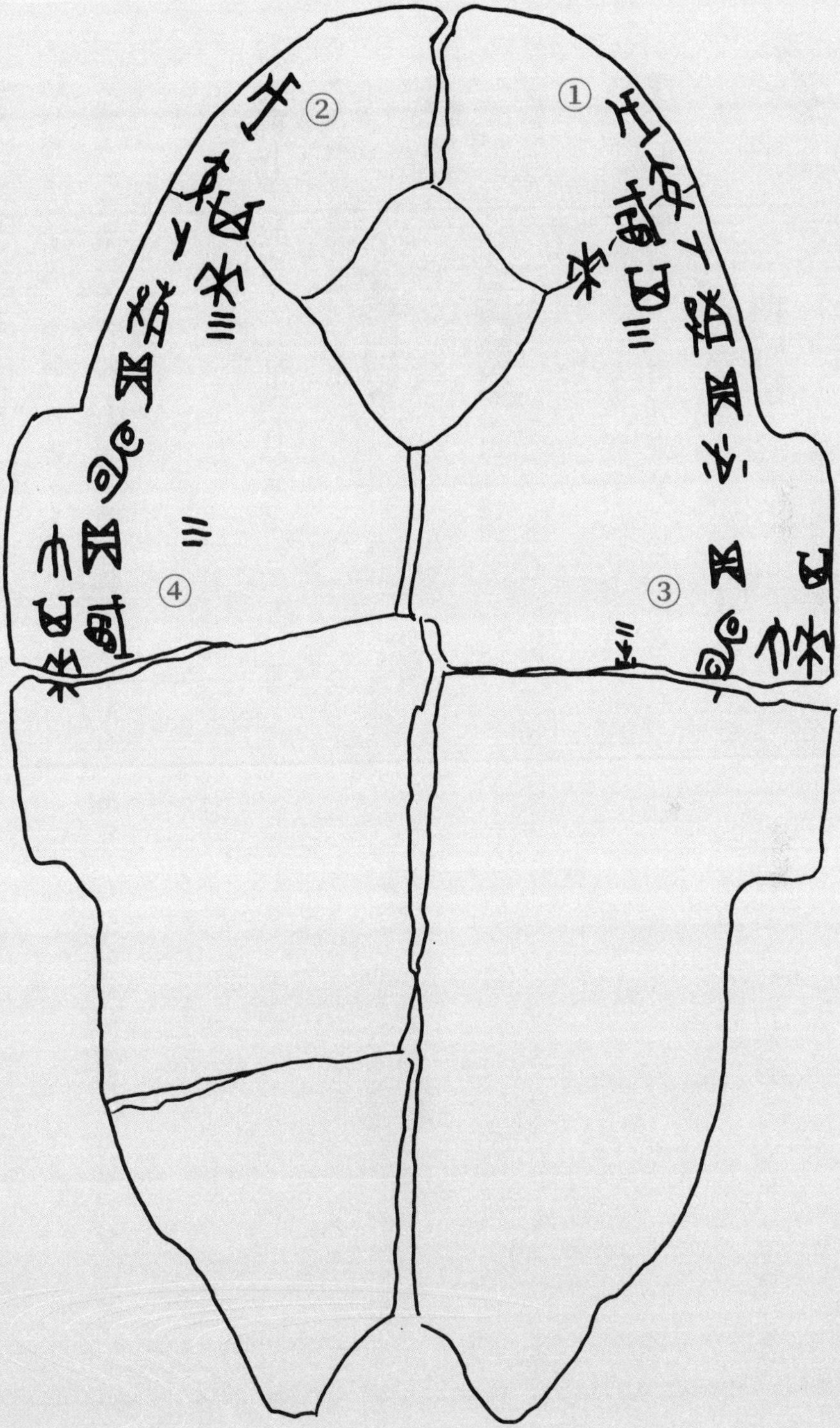
①
②
③
④

• 出處：《合》3946，龜腹甲。

• 斷代標準：貞人、書體、字形、成套。

• 說明：此版第一與第四卜對貞，第二與第三卜對貞。另外此版沚戠簡稱為戠，雷風簡稱為雷。

①戊寅卜，殼貞：「沚戠其來？」三（序數）

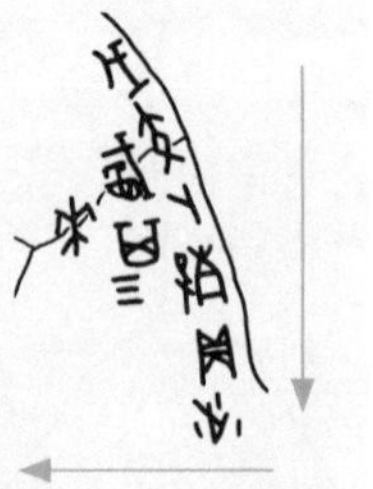

白話譯文

戊寅日占卜，貞人殼提問：「沚戠將會前來述職進謁的，是嗎？」第三次占卜。

閱讀方式

由外往內。

②戊寅卜，殼貞：「雷其來？」三（序數）

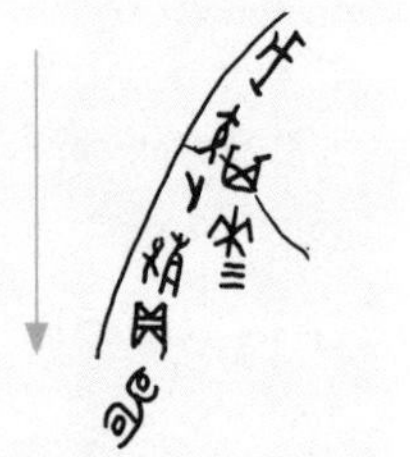

白話譯文

戊寅日占卜，貞人殼提問：「諸侯雷將會前來述職進謁的，是嗎？」第三次占卜。

閱讀方式

由外往內。

③貞：「雷不其來？」三（序數）。上吉。

白話譯文 提問：「諸侯雷將不會前來述職進謁的，是嗎？」第三次占卜。上吉。

閱讀方式 由內往外。

④貞：「馘不其來？」三（序數）

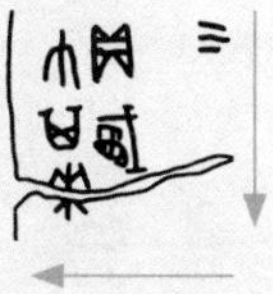

白話譯文 提問：「馘將不會前來述職進謁的，是嗎？」第三次占卜。

閱讀方式 由內往外。

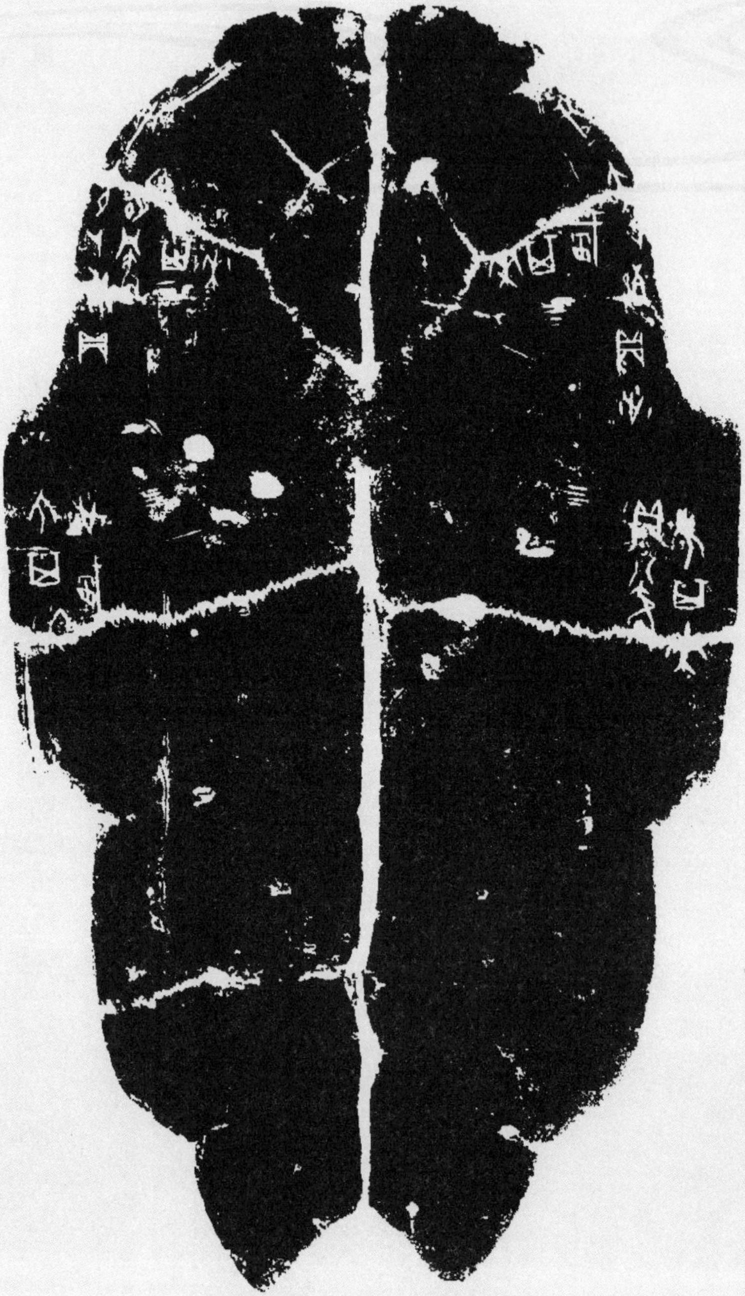

124 異版同文3

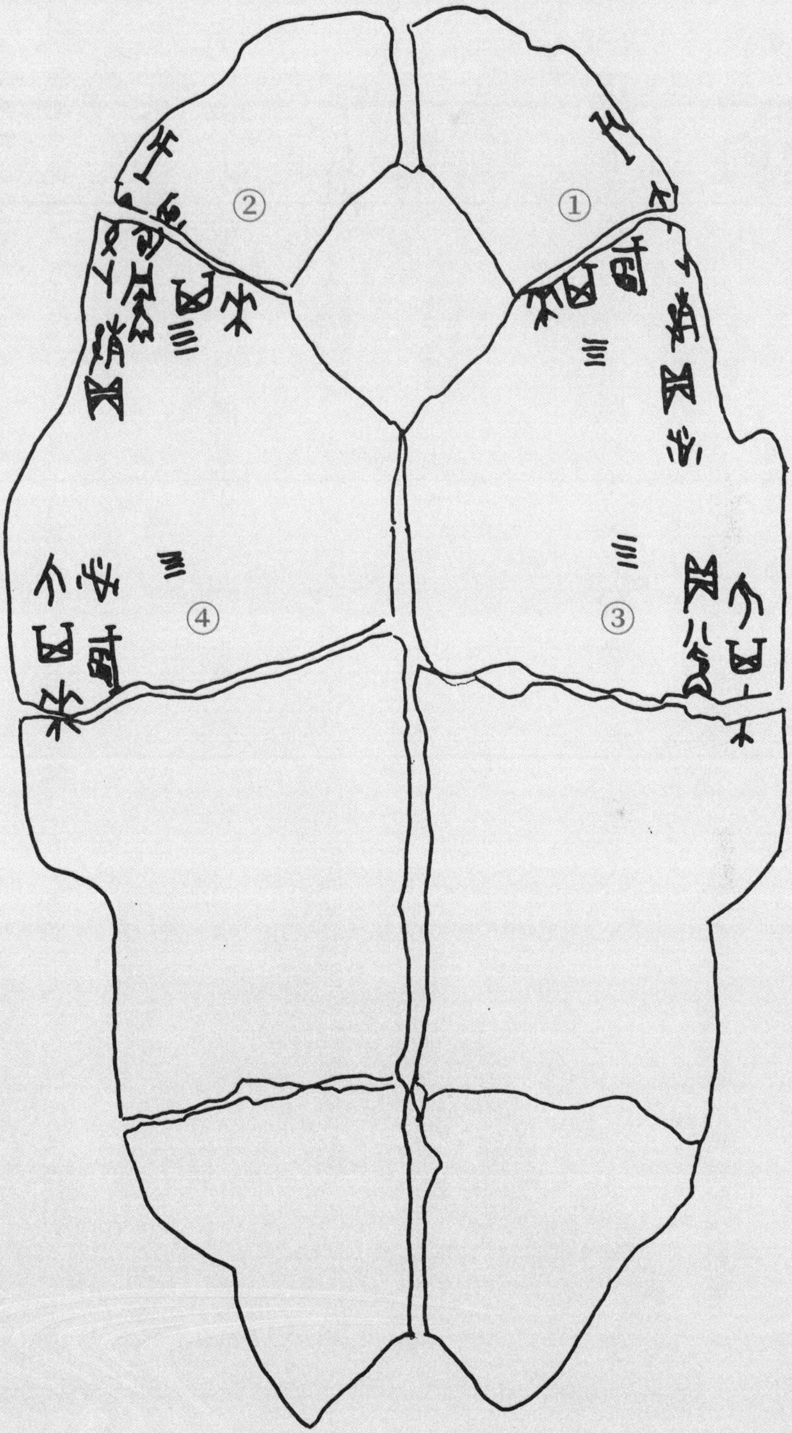
①
②
③
④

● 出處：《合》3947，龜腹甲。

● 斷代標準：貞人、書體、字形、成套。

● 說明：此版第一與第四卜、第二與第三卜交叉對貞。第三卜雷風簡稱為風，風字筆劃缺刻。

**①戊寅卜，㱿貞：「沚馘其來？」四**（序數）

白話譯文

戊寅日占卜，貞人㱿提問：「沚馘將會前來述職進謁的，是嗎？」第四次占卜。

閱讀方式

由外往內。

**②戊寅卜，㱿貞：「雷風其來？」四**（序數）

白話譯文

戊寅日占卜，貞人㱿提問：「諸侯雷風將會前來述職進謁的，是嗎？」第四次占卜。

閱讀方式

由外往內。

③貞：「風不其來？」四（序數）

白話譯文

提問：「諸侯風將不會前來述職進謁的，是嗎？」第四次占卜。

閱讀方式

由內往外。

④「沚䤈不其來？」四（序數）

白話譯文

（提問：）「沚䤈將不會前來述職進謁的，是嗎？」第四次占卜。

閱讀方式

由內往外。

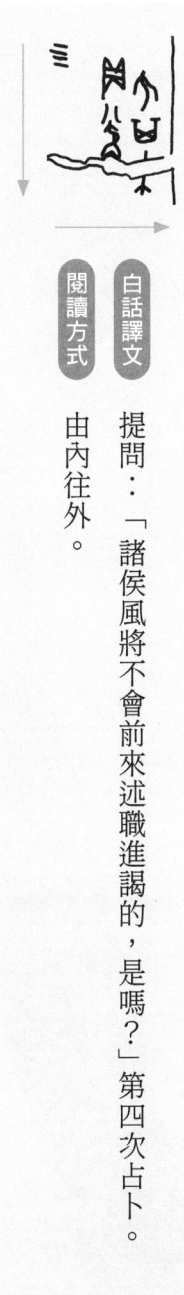

125

# 問諸侯能否完成任務——

## 㞢、畢、戉

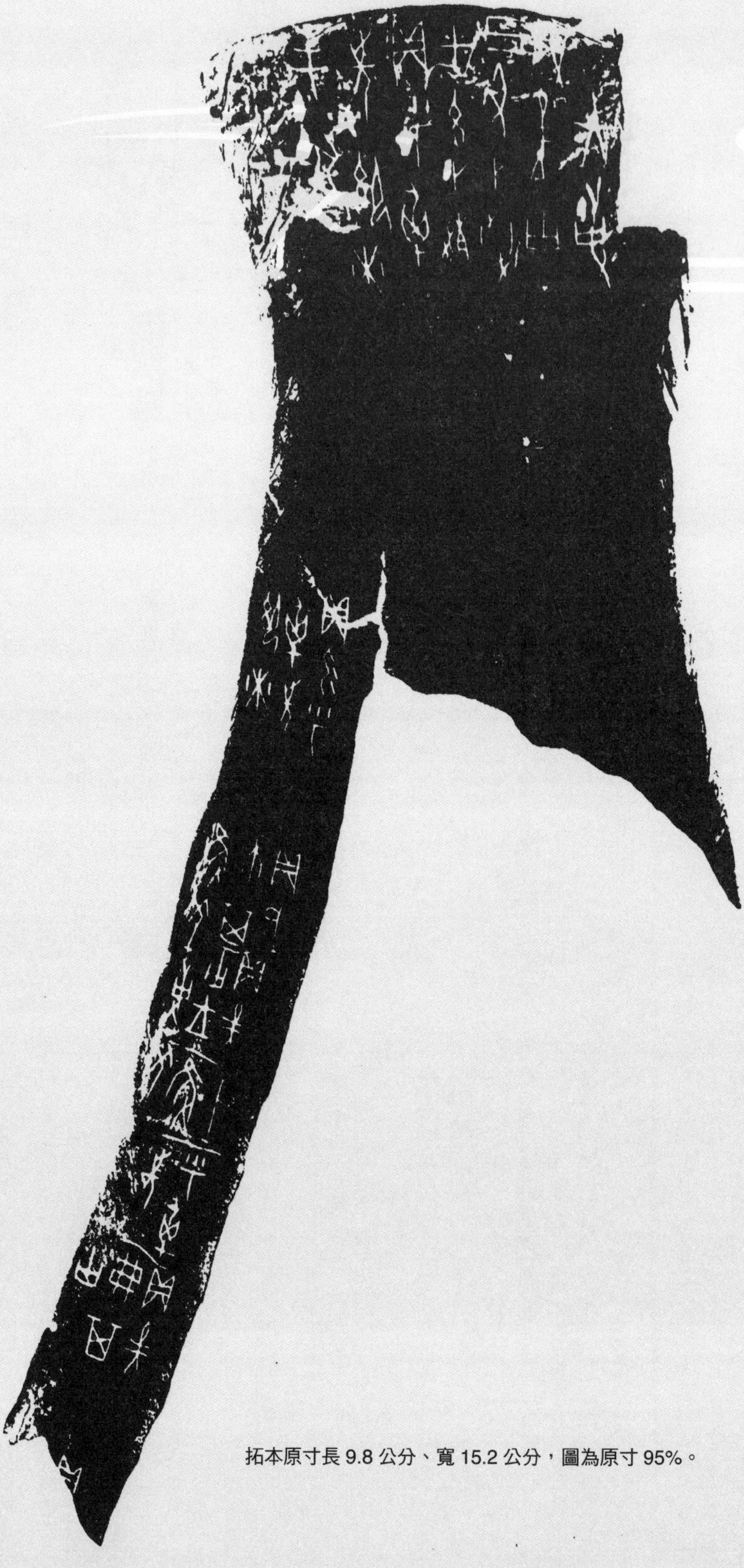

拓本原寸長 9.8 公分、寬 15.2 公分，圖為原寸 95%。

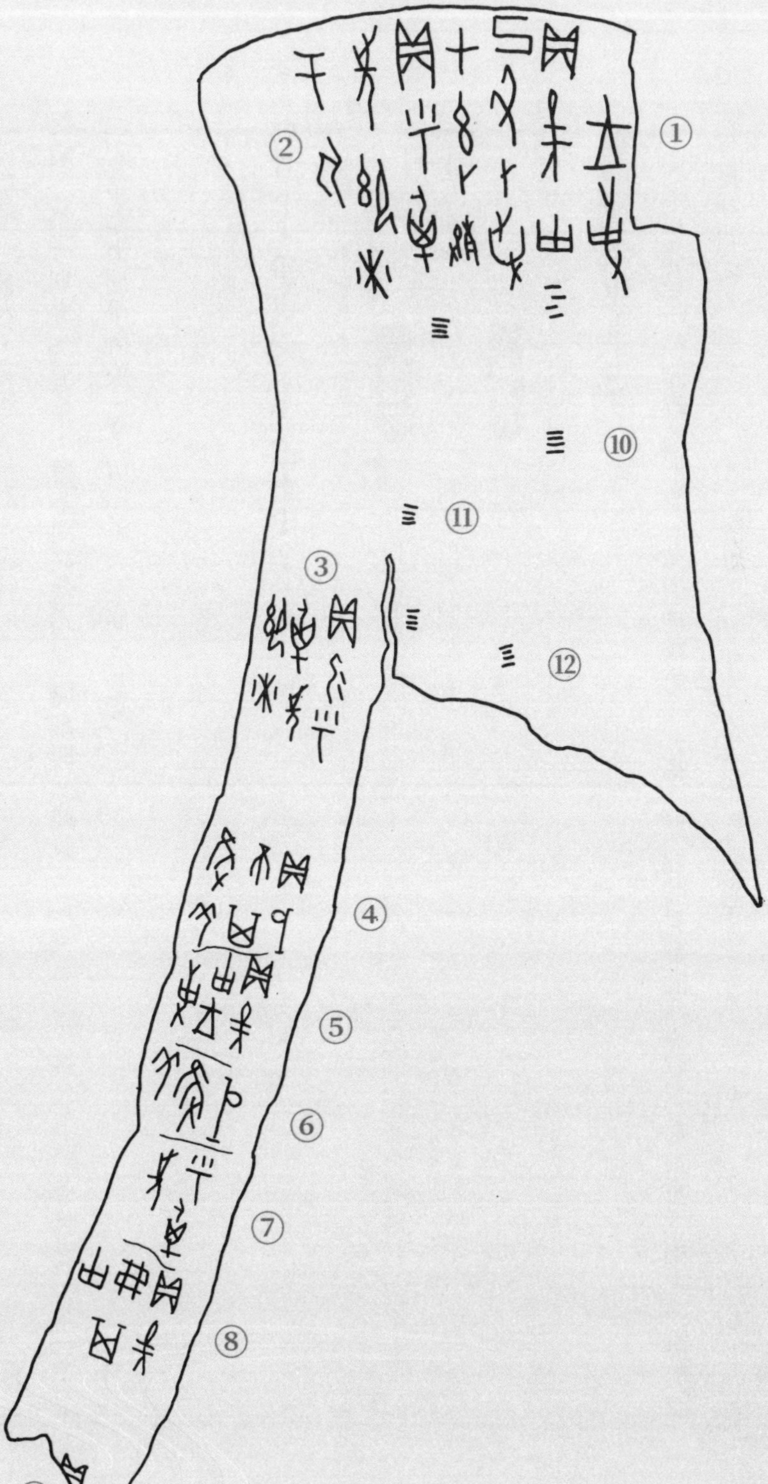
①
②
③
④
⑤
⑥
⑦
⑧
⑨
⑩
⑪
⑫

• 出處：《合》177，骨。

• 斷代標準：貞人、書體、字形、人物。

• 說明：第一期有個習慣，將不同的選項間隔來問。此版第一、第五、第八卜問㞢古史，第二、第三、第七卜問畢御燎，第四、第六卜問戉隻羌。

**①己丑卜，爭貞：「㞢古王史？」四**（序數）

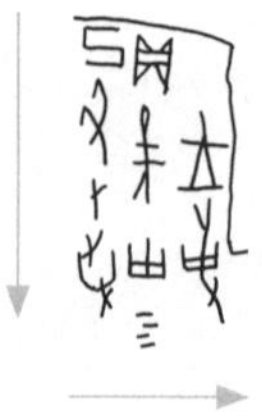

**白話譯文** 己丑日占卜，貞人爭提問：「諸侯㞢會穩定地完成王所付託的事，是嗎？」第四次占卜。

**閱讀方式** 右行。

**貞辭部分：㞢古王史？**

「㞢」可能是一種爬蟲的形象。在這裡爲第一、第四期偶而見到的諸侯名，和軍事有關，一直與商王廷有良好關係。

「古王史」或讀爲載王事。「古」字大致讀爲固，有穩定、堅持的意義；「史」爲手持書寫的托架，爲負責書寫的史官形象，也作「事」字使用。「古王史」的意義爲能夠完成王所付託的任務。

②—1甲午卜，㱿貞：「乎畢，先御燎于河？」四（序數）

②—2甲午卜，㱿貞：「乎畢先，御燎于河？」四（序數）

**白話譯文1** 甲午日占卜，貞人㱿提問：「呼喚諸侯畢，先對黃河的神靈舉行禦除災難而用燒焚薪柴的儀式是合適的，是嗎？」第四次占卜。

**白話譯文2** 甲午日占卜，貞人㱿提問：「呼喚諸侯畢為軍隊的先鋒，為此，對黃河的神靈舉行禦除災難而用燒焚薪柴的儀式是合適的，是嗎？」第四次占卜。

**閱讀方式** 左行。

刻辭②有兩種解讀，關鍵主要在「先」。與這卜有關的刻辭③、⑦亦是兩種解讀。

**貞辭部分：②—1乎畢，先御燎于河？**

**②—2乎畢先，御燎于河？**

「畢」隸定為「[illegible]」，暫時使用常見的「畢」字，為活躍的諸侯，與王廷保持良好關係，常領軍征伐敵國。第四期時曾被選為征召方的總指揮而被稱為亞畢。

「御燎」是指兩種祭名。「御」為禳除災難的儀式，於此為了軍事行動，而禳除不利的氣氛；「燎」

是常見對於自然神靈使用焚燒薪柴儀式的祭名。兩者連名，「御」是目的，「燎」是儀式。

「先」讀成②—1時，是當時間副詞，表時態的先後。讀成②—2時則解釋爲大軍的先導，即擔任軍隊的前鋒。從下一卜，可判斷卜問的重點是人員的選擇，不是其他的選擇，所以傾向②—1讀法。

**③—1貞：「勿乎畢，先御燎？」四**（序數）

**③—2貞：「勿乎畢先，御燎？」四**（序數）

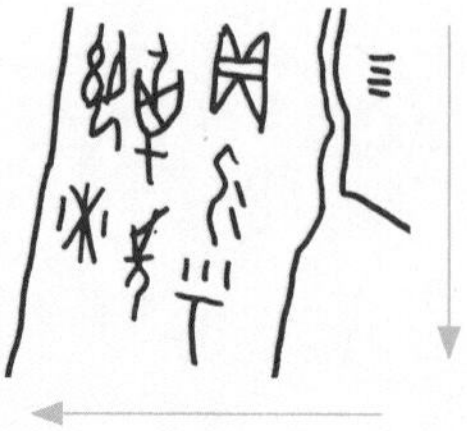

**白話譯文1** 提問：「不要呼喚諸侯畢，先（對黃河的神靈）舉行禦除災難而用燒焚薪柴的儀式是合適的，是嗎？」第四次占卜。

**白話譯文2** 提問：「不要呼喚諸侯畢爲軍隊的先鋒，爲此，對黃河的神靈舉行禦除災難而用燒焚薪柴的儀式是合適的，是嗎？」第四次占卜。

**閱讀方式** 左行。

與上一卜是**對貞**，所以省略**前辭形式**。

④貞：「戉不其隻（獲）羌？」

白話譯文 提問：「諸侯戉將不會捕獲到羌族的俘虜的，是嗎？」

閱讀方式 左行。

省略**前辭形式**，大致是與己丑日相關的，有關戰事的占卜。

**貞辭部分：戉不其隻（獲）羌？**「戉」是諸侯國的名字，可能是鄰近西方邊界的諸侯國。「隻」作手捉到一隻鳥有所獲的樣子，等於後代的「獲」字。「羌」是西北的遊牧民族，與商爲世敵。祭祀所使用的人牲幾乎都是羌俘，諸侯於捕獲羌俘時，也提供部分作爲王廷的祭品。

⑤貞：「㞢古王史？」

白話譯文 提問：「諸侯㞢會穩定地完成王所付託的事的，是嗎？」

閱讀方式 左行。

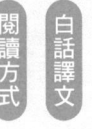

⑥「戉獲羌？」

白話譯文 （提問：）「諸侯戉會捕獲到羌族的俘虜的，是嗎？」

閱讀方式 由右而左。

⑦—1「乎畢，先？」

⑦—2「乎畢先？」

白話譯文1 （提問：）「呼喚諸侯畢，先（對黃河的神靈舉行禦除災難而用燒焚薪柴的儀式是合適的，）是嗎？」

白話譯文2 （提問：）「呼喚諸侯畢爲軍隊的先鋒，（爲此，對黃河的神靈舉行禦除災難而用燒焚薪柴的儀式是合適的，）是嗎？」

閱讀方式 左行。

從第二與第三卜，知道**貞辭部分**省略「御燎于河」。

⑧貞：「㞢弗其古？」

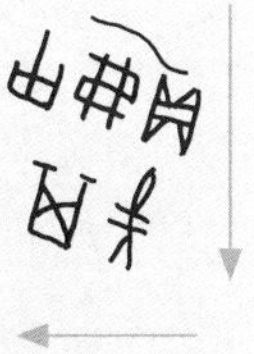

白話譯文 提問：「諸侯㞢將不會穩定地完成（王所付託的事的），是嗎？」

閱讀方式 左行。

⑨貞☐

閱讀方式 單一字。

⑩⑪⑫四（序數）

⑩ 

⑪ 

⑫ 

閱讀方式 單一字。

# 126 問祭祀的牛

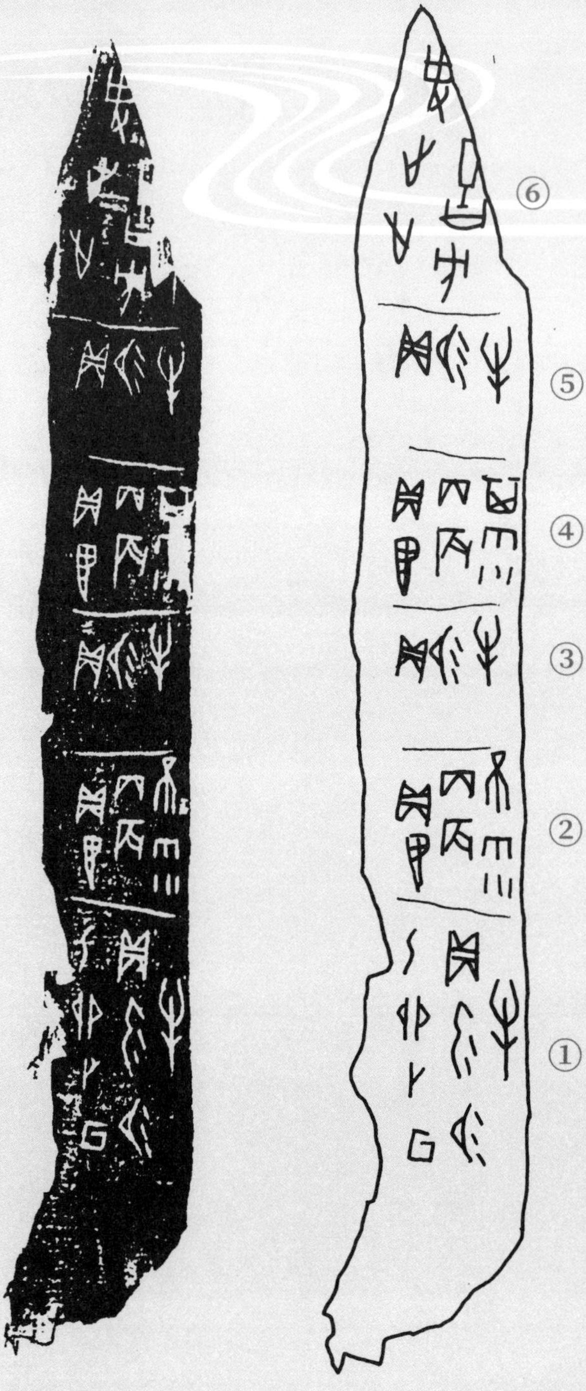

• 出處：《合》9465，骨。

• 斷代標準：貞人、書體、字形、方國。

• 說明：此版交互貞問易牛與雨的問題，大半是較晚期的卜問，順序改變為由下而上。

## ①乙卯卜，亘貞：「勿易牛？」

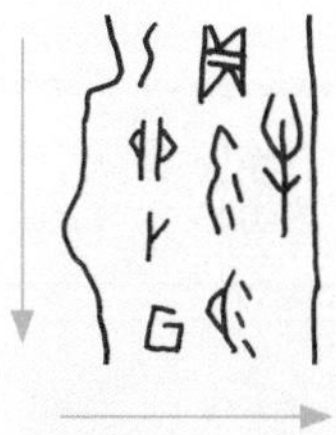

**白話譯文** 乙卯日占卜，貞人亘提問：「不改換（祭祀用的）牛隻是正確的嗎？」

**閱讀方式** 右行。

**貞辭部分：勿易牛？**「易」在卜辭使用的意義有多種，有延續、改易、賞賜、晴天等用法。「易牛」有可能賞賜牛隻給臣下，也可能因祭祀的需要而改換牛隻。這裡與雨有關，是否有可能指選擇下雨或不下雨時所適用的牛種。耕田適用水牛（犁牛），拉車適用黃牛，但下雨天時會不會適用水牛？暫時選擇「改易」的意義。

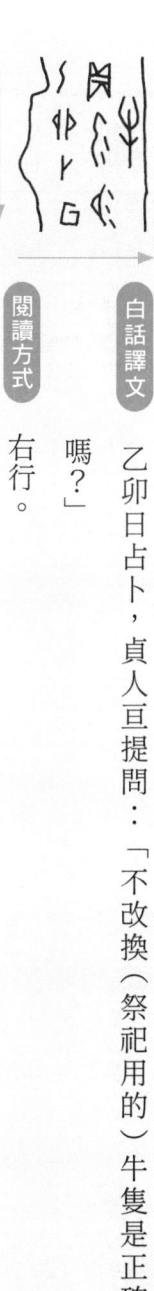

②貞：「羽丙辰不雨？」

白話譯文 提問：「（乙卯）的次日丙辰不會下雨的，是嗎？」

閱讀方式 右行。

③貞：「易牛？」

白話譯文 提問：「改換（祭祀用的）牛隻是正確的，是嗎？」

閱讀方式 由左而右。

④貞：「羽丙辰其雨？」

白話譯文 提問：「（乙卯）的次日丙辰將會下雨的，是嗎？」

閱讀方式 右行。

⑤貞：「易牛？」

白話譯文

提問：「改換（祭祀用的）牛隻是正確的，是嗎？」

閱讀方式

由左而右。

⑥☐史步☐舌方☐

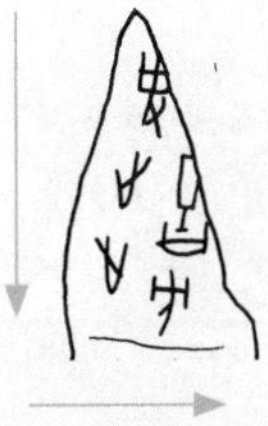

閱讀方式

右行。

殘辭，和步行與敵國舌方的事務有關。

# 127 問王親征下危

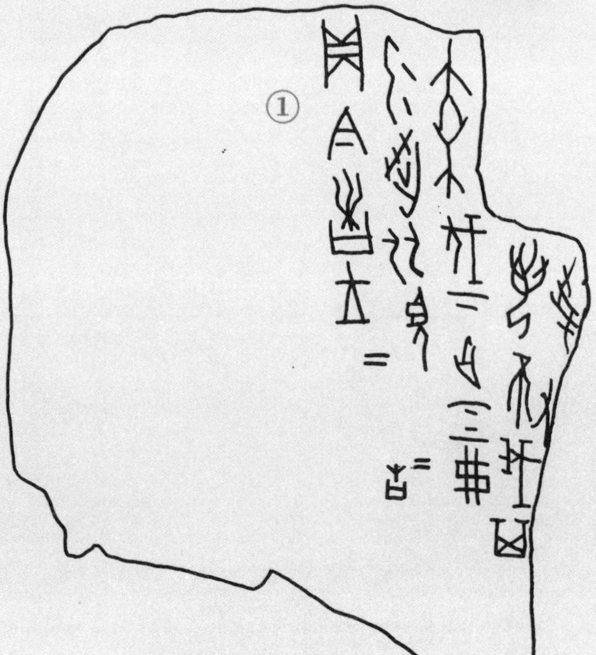

- 出處：《合》6506，骨。
- 斷代標準：兆辭、書體、方國。

①**貞：「今條王勿乍從望乘伐下危，下上弗若，不我其受又？」二**(序數)**。上吉。**

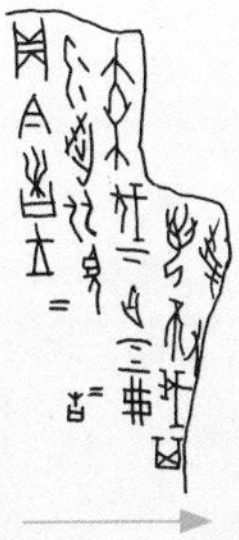

白話譯文

提問：「這個季節王不要倉促地跟從將軍望乘去攻伐敵國下危，因爲上天神靈與地上百姓不會使我順利，將不會授予我們福祐的，是嗎？」第二次占卜。上吉。

閱讀方式

右行。

這一卜的**前辭部分**沒有日期，推知前有從望乘伐下危的卜問，此爲負面的**對貞**。

**貞辭部分：今條王勿乍從望乘伐下危，下上弗若，不我其受又？**

「條」字形象有兩種解讀，一個是坑陷上的樹木枝條茂盛的樣子，或是盆栽的形象。有釋爲今條、今者、今載，爲時間副詞，或以爲是秋季，但秋季已有用蝗蟲的秋字表示。看起來是表示一段較長的期間，暫時採用「條」字的隸定，應該不是表示一年中特定的春或秋，而是指稱這個季節的時間。

「乍」是有關建築的工具，大半是刨刀的形象，多使用爲建築的意義。但是此處作爲隨從的副詞，有倉促、倉猝的意味。

# 128 問多子族與犬侯征周

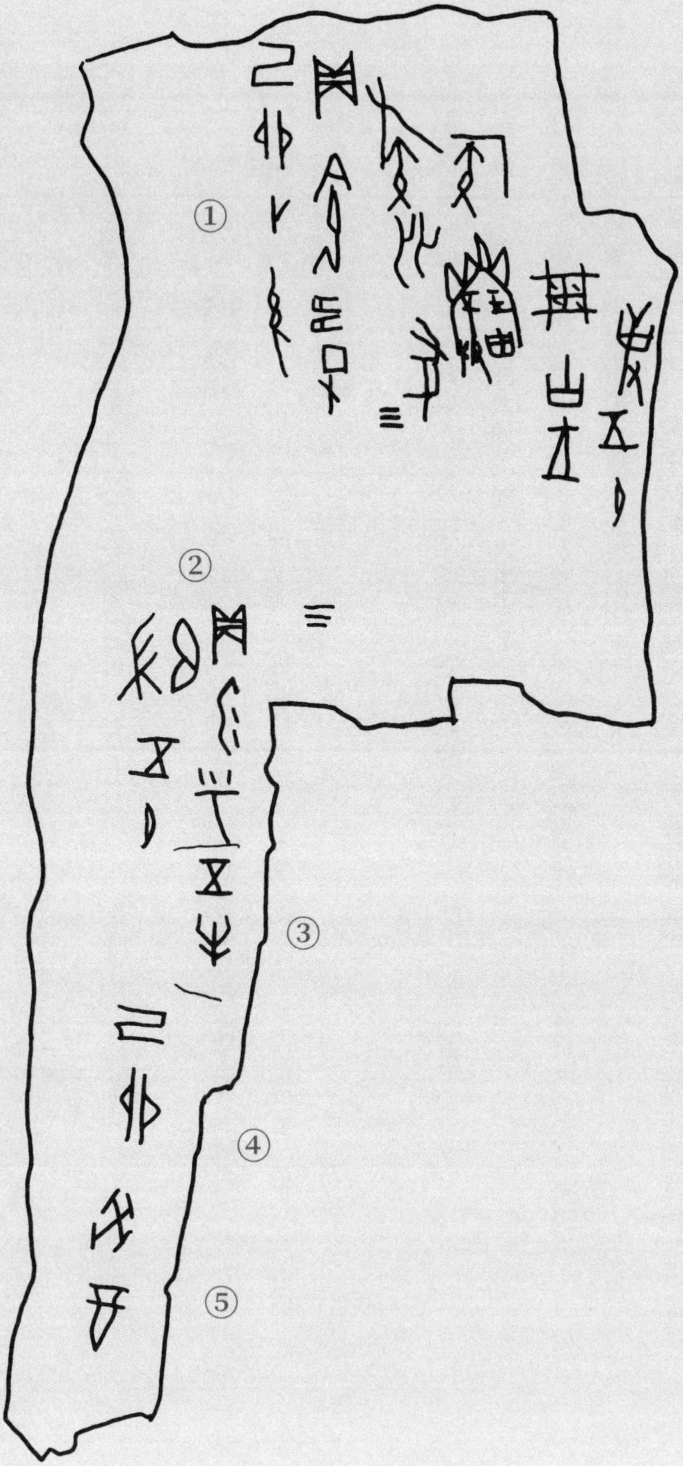
①
②
③
④
⑤

● 出處：《合》6812，骨。

● 斷代標準：貞人、書體、方國、熟語。

## ①己卯卜，𠃬貞：「令多子族從犬侯璞周，古王史？」五月。三（序數）

**白話譯文**

己卯日占卜，貞人𠃬提問：「命令多子族跟從犬侯去撲殺周國，會牢固地完成王所交付的任務的，是嗎？」占卜日期是五月。第三次占卜。

**閱讀方式**

右行。

**前辭部分：己卯卜，𠃬貞。**「𠃬」字不識，隸定如此。是第一期不常見的貞人名。

**貞辭部分：令多子族從犬侯璞周，古王史？**

「多子族」是商王同族的諸侯，與姻親的「多帚」爲支撐王廷的兩大支柱。「犬」是國名，「侯」爲與商友好的國家，犬侯常領導軍隊征伐敵國。

「璞」字表示在山洞裡以雙手使用工具挖掘玉石，字形省簡成璞字，假借爲撲伐的意義。很奇怪，撲伐的對象都是周國。周與商時友時敵。

② 貞：「勿乎歸？」五月。三（序數）

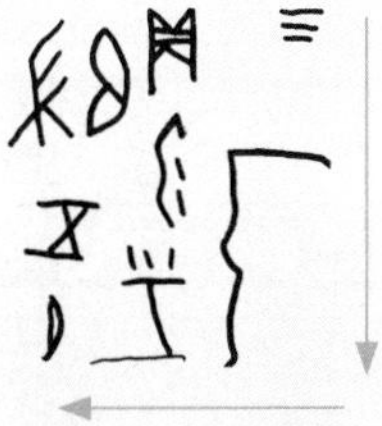

**白話譯文** 提問：「不召喚（多子族）從前線歸來是正確的，是嗎？」占卜日期是五月。第三次占卜。

**閱讀方式** 左行。

**貞辭部分：勿乎歸？**「歸」可能是表現女子出嫁歸寧時攜帶的二種東西——土塊與掃把，引申爲歸來的意義。此與前卜爲針對同一事件，大概卜問是否召回多子族。

③「五牛」？

**閱讀方式** 由上而下。

「五牛」用牲的數目，目的大概是爲了撲伐周國。

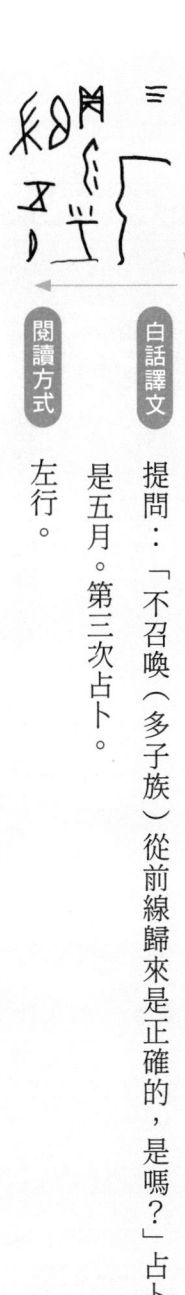

④己卯。

閱讀方式 由上而下。

⑤癸酉。

閱讀方式 由上而下。

以上二卜只有日期，應該都是有關撲伐周國的占卜。

# 129 問能否出征土方

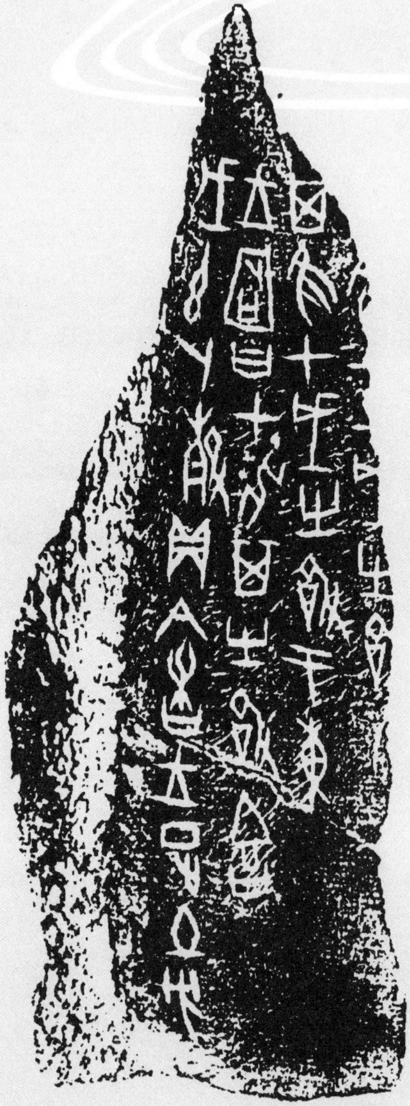

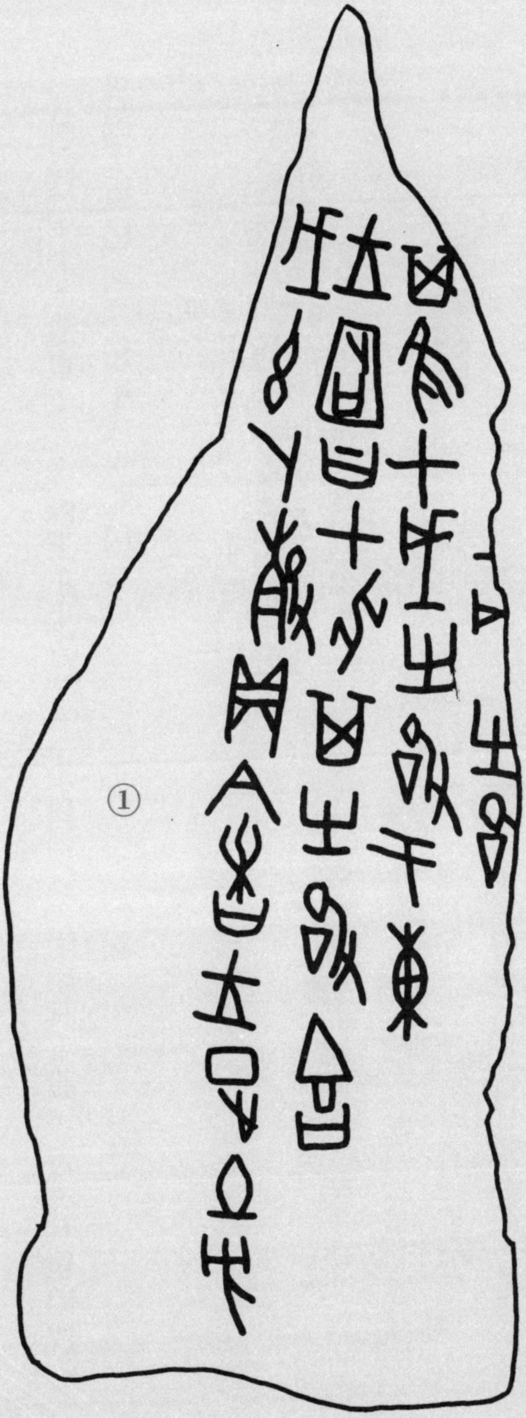

①

• 出處：《合》6441 背面刻辭，骨。

• 斷代標準：貞人、書體、方國。

①（背面）戊午卜，㱿貞：「今條王正土方？」王占曰：「甲申其㞢設，吉。其隹甲戌㞢設于東▨。」▨甲戌㞢設▨

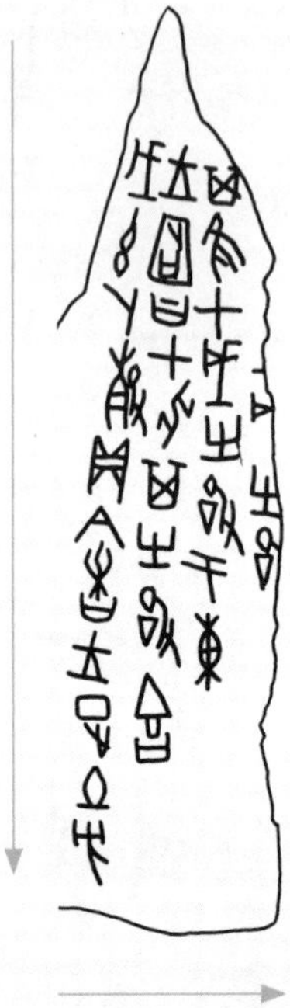

**白話譯文**

戊午日占卜，貞人㱿提問：「這個季節王出征土方是合適的嗎？」王檢驗兆紋後判斷說：「甲申日（戊午的第二十七日）將有設（響雷）現象的話，是吉利的。在甲戌日（戊午的第十七日）有設（響雷）現象出現於東方的話（，可能是不吉利）▨。」▨甲戌日有設（響雷）現象▨

**閱讀方式**

右行。

**貞辭部分：今條王正土方？**「土方」是第一期常見的敵國，是位於商的西部或西北部的遊牧民族。

**占辭部分：甲申其㞢設，吉。其隹甲戌㞢設于東☐。**「」在〈117〉已解釋暫隸定爲「設」，可能是打乾雷的天象。被認爲是與軍事有關的天象，但可吉可不吉。占辭不好確定段落，很少看到如此長段的占辭。由於甲戌出現兩次，所以前一個甲戌是占辭部分，可能是不吉利的。

**驗辭部分：☐甲戌㞢設☐**。此處的「甲戌」是驗辭部分，殘辭，大致記載軍事不吉利的徵驗。

# 130 問二事——祭祀祖乙、監視𢀛方

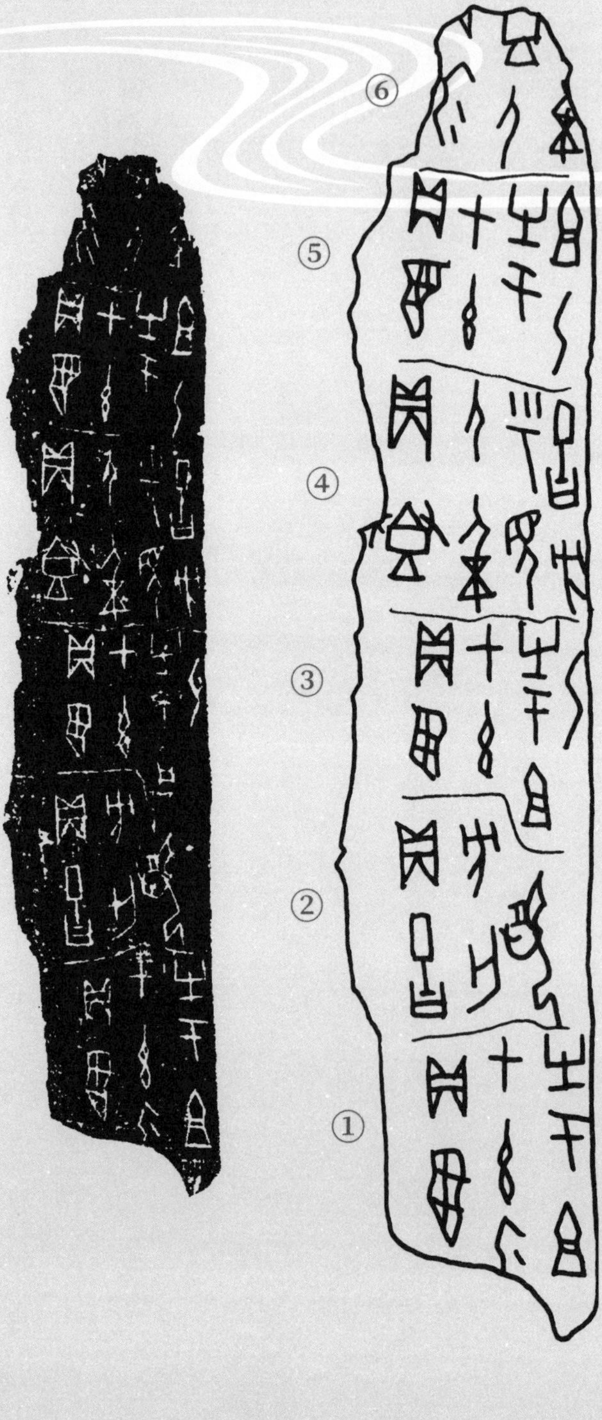

- 出處：《合》6167，骨。
- 斷代標準：書體、方國、字形。
- 說明：這一版的卜問交互問㞢于祖乙與𢀛方的事，是第一期特有習慣。

①貞：「羽甲午勿㞢于祖[乙]？」

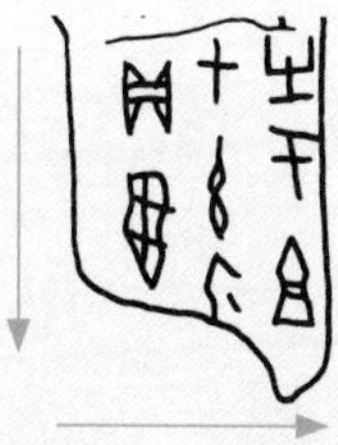

**白話譯文** 提問：「將來到的甲午日，不要對祖乙的神靈舉行㞢的祭祀，是合適的嗎？」

**閱讀方式** 右行。

②貞：「𢀛方亡聞？」

**白話譯文** 提問：「𢀛方將不會有出人意料的傳聞到來嗎？」

**閱讀方式** 右行。

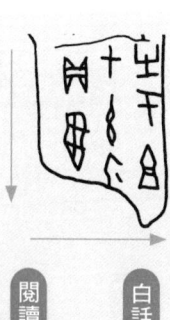

**貞辭部分：𢀛方亡聞？**

「聞」象一個跪坐的人，因耳朵聽聞某事，嘴巴張開，濺出唾液，而用手掩住嘴巴的驚訝表情，表達令人駭異的訊息。

**③貞：「羽甲午㞢于祖乙？」**

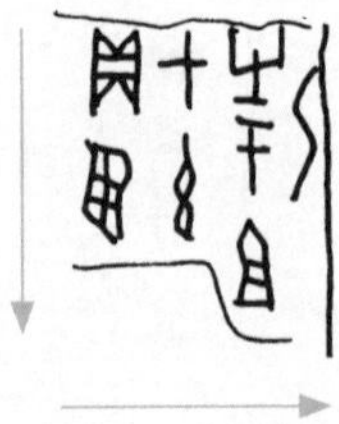

白話譯文　提問：「將來到的甲午日，對祖乙的神靈舉行㞢的祭祀，是合適的嗎？」

閱讀方式　右行。

**④貞：「登人五千乎見𢀛方？」**

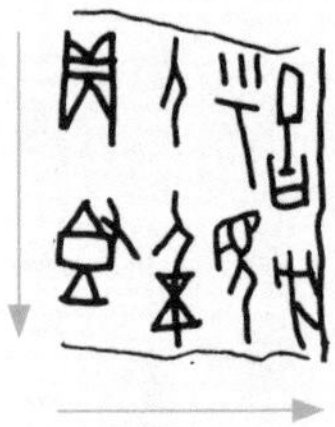

白話譯文　提問：「徵召五千人，召喚以監視𢀛方的動靜，是合適的嗎？」

閱讀方式　右行。

**貞辭部分：登人五千乎見𢀛方？**

在甲骨文中，「登」字作雙手捧著裝盛食物的容器，是供祭食物的情景，或隸定為「饔」。而「登」字作兩隻手扶著一個矮凳以方便他人兩腳踏上，為上車的動作。但是卜辭的「登人」為徵召人員作戰的意義，所以暫作登字。徵召的數量以五千和三千最為常見，五千為十字形編制，是大的陣容；三千為縱隊或橫隊，為小的陣容。「登人」有時寫作「廾人」。

「乎見」的「見」字表現一人張開眼睛看東西，有跪坐與站立兩個字形，意義好像無差別。卜辭多見於軍事行動，含有監視的意義。

**⑤貞：「羽甲午㞢于祖乙？」**

白話譯文　提問：「將來到的甲午日，對祖乙的神靈舉行㞢的祭祀，是合適的嗎？」

閱讀方式　右行。

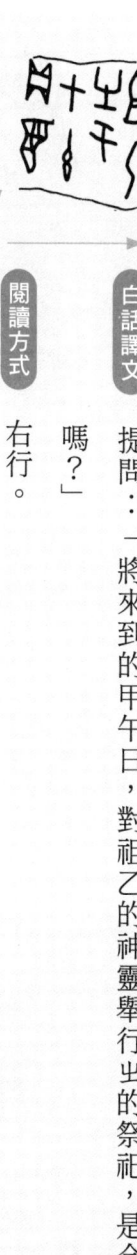

⑥貞：「勿登人五千？」

白話譯文 提問：「不用、徵召五千人，（以監視舌方的動靜，）是合適的嗎？」

閱讀方式 右行。

摹寫練習

# 131 問攻伐𢀛方

• 出處：《合》6168，骨。

• 斷代標準：書體、方國、熟語。

• 說明：以下二卜都是針對同一件事的卜問，請求保佑征伐𢀛方能成功。

①貞：「于大甲？」

白話譯文 「向大甲的神靈請求（協助征伐𢀛方），是合適的嗎？」

閱讀方式 左行。

②貞：「登人三千乎伐𢀛方，受㞢又？」

白話譯文 提問：「徵召三千人，呼喚以攻伐𢀛方，會得到護祐的，是嗎？」

閱讀方式 左行。

## ③貞：「勿乎伐舌方？」

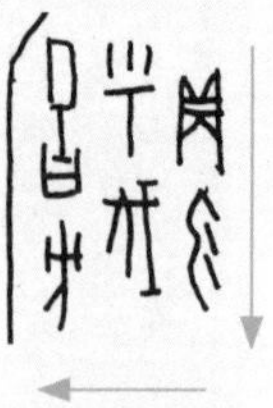

**白話譯文** 提問：「不要呼喚（人員）去攻伐舌方，是合適的嗎？」

**閱讀方式** 左行。

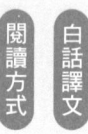

摹寫練習

# 132 問二事——征伐𢀛方的後援、收成

• 出處：《合》547，骨。

• 斷代標準：貞人、兆辭、書體、方國。

①辛酉卜，爭貞：「勿乎氐多寇伐舌方，弗其受㞢又？」一（序數）

**白話譯文**

辛酉日占卜，貞人爭提問：「不要呼喚外臣提供眾多的罪犯，去征伐敵人舌方，不會接受到神靈的福祐的，是嗎？」第一次占卜。

**閱讀方式**

左行。

**貞辭部分：勿乎氐多寇伐舌方，弗其受㞢又？**

「寇」指一個人拿著棍子在屋裡破壞，後來或作在屋裡打擊一個人，和後來的「寇」字形與意義都一致。有人以為是「僕」字，恐怕不符合字形的表現。「氐多寇」是外臣所提供的眾多罪犯；以罪犯去征伐，可能不是參與打仗，而是後勤的工作，或是吶喊以壯聲勢。

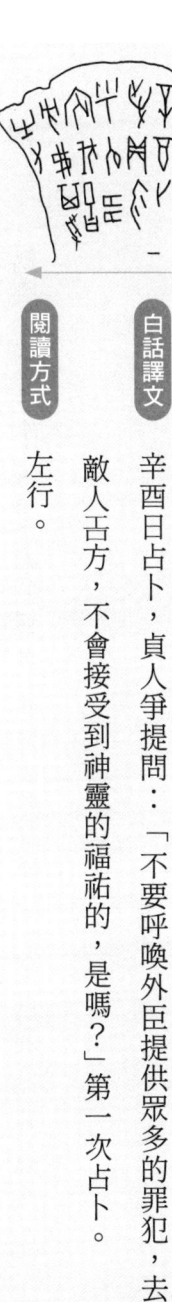

## ②貞：「勿執多寇乎望𢀛方，其橐？」

**白話譯文** 提問：「不要捉拿眾多的罪犯，來讓𢀛方望見以增加聲勢，將會妥當的，是嗎？」

**閱讀方式** 右行。

**貞辭部分：勿執多寇乎望𢀛方，其橐？**

「望」作一人站在土堆上遙望，想看到更遠的地方。在戰場上，可能讓敵人望見罪犯，以虛張聲勢。

「橐」作一個綁緊的袋子中裝有東西的樣子，如此不容易遺失，引申爲妥當的意思。

## ③貞：「乎伐𢀛[方]？」一（序數）。不牾蛛。

**白話譯文** 提問：「呼喚（人員）去征伐𢀛方，是合適的，是嗎？」第一次占卜。不牾蛛。

**閱讀方式** 左行。

問卜的行列一般是與兆紋的走向相反，這一卜卻是同方向，恐怕是還沒有建立制度前的情形。

**④貞：「乎黍，不其囗」一**（序數）**。上吉。**

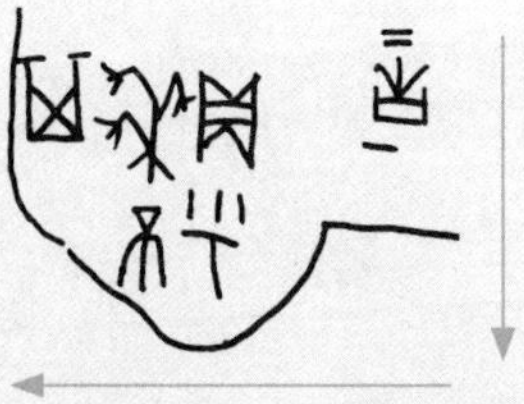

**白話譯文** 提問：「呼喚（農民）去下種黍苗，將不會得到豐富的收成的，是嗎？」第一次占卜。上吉。

**閱讀方式** 左行。

**貞辭部分：乎黍，不其囗**。「」是「黍」的象形字，這裡作爲動詞，當是栽種的意思。「不其」後的缺文大半是「受年」，可能顧慮沒有風調雨順會致使收穫不理想。

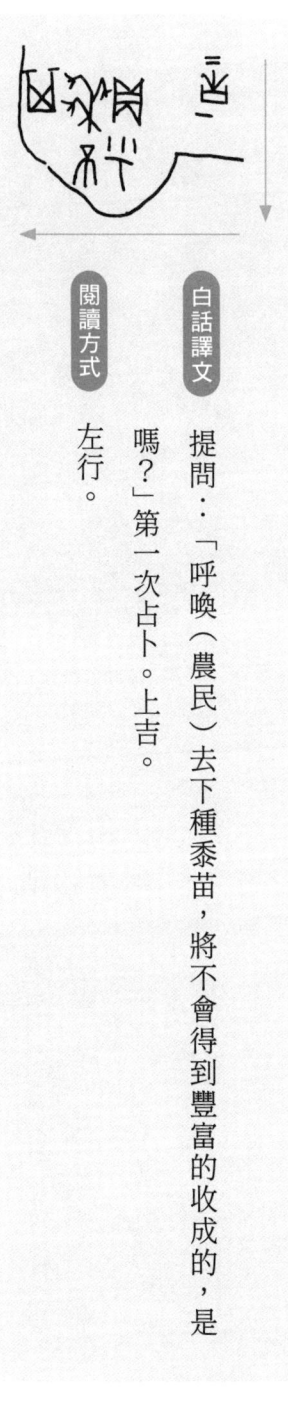

# 133 問土方動向

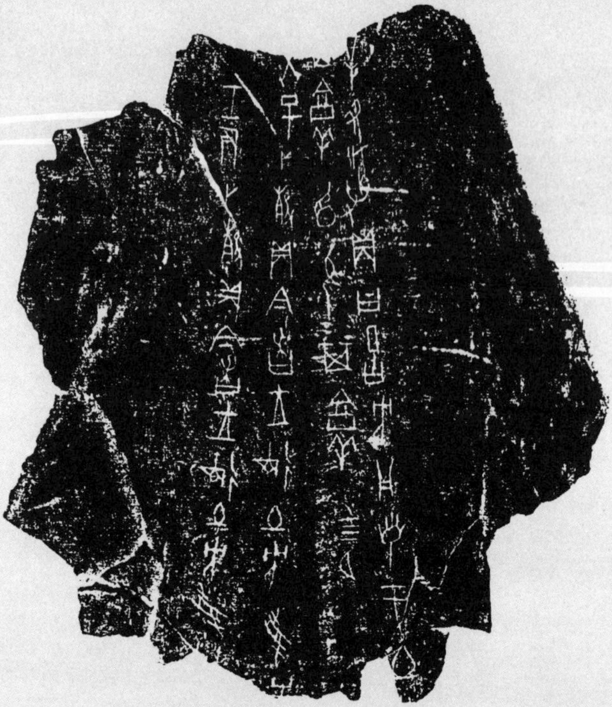

拓本原寸長 18.5 公分、寬 16.5 公分，圖為原寸 50%。

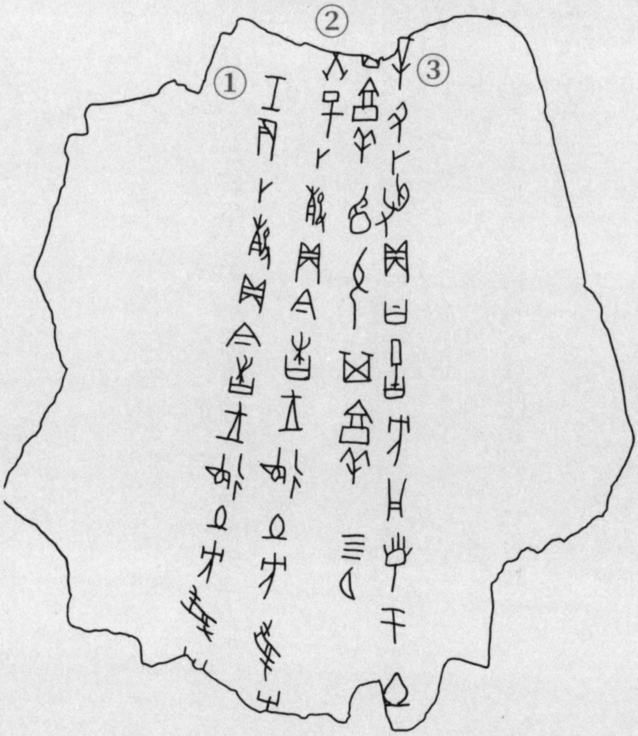

- 出處：《合》6354，骨。
- 斷代標準：貞人、書體、方國、熟語。

①壬辰卜，㱿貞：「今條王循土方，受㞢[又]？」

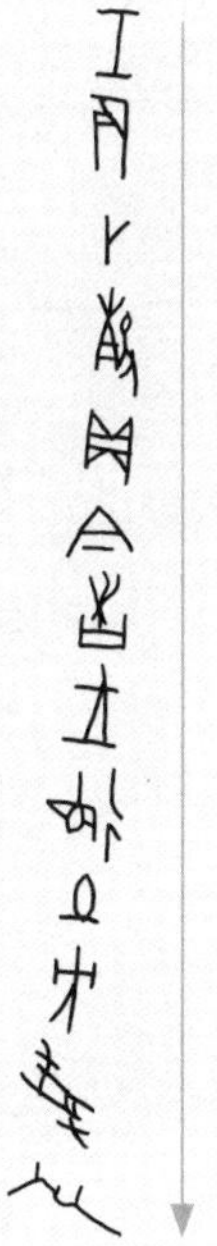

**白話譯文** 壬辰日占卜，貞人㱿提問：「這個季節王要德伐土方，會接受到福祐的，是嗎？」

**閱讀方式** 由上而下。

「土方」是第一期常見的西北方的敵國。

②癸巳卜，㱿貞：「今條王循土方，受㞢[又]？」

**白話譯文**

癸巳日占卜，貞人㱿提問：「這個季節王要德伐土方，會接受到福祐的，是嗎？」

**閱讀方式**

由上而下。

③辛丑卜，爭貞曰：「𢀛方凡皇于土方⧄其𦎫（敦）𢦏？」允其𦎫。四月。

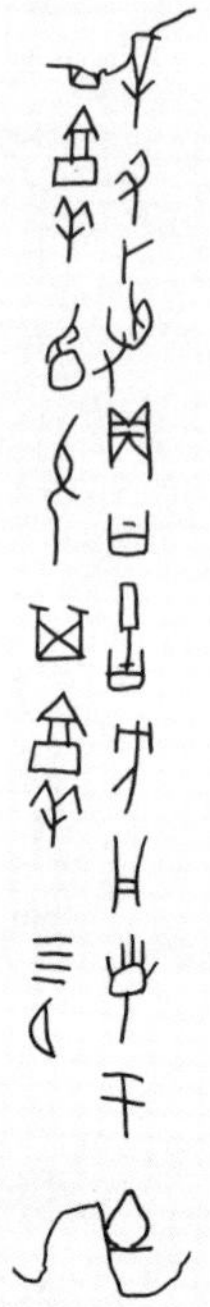

**白話譯文**

辛丑日占卜，貞人爭提問說：「𢀛方在土方的土地逗留⧄，將要對𢦏作重創式的攻伐，會達到目的的，是嗎？」確實給予重創。占卜日期是四月。

**閱讀方式**

左行。

**前辭部分：辛丑卜，爭貞曰。**「貞曰」是少見的前辭形式，第二期有「王曰貞」，大致是同類的意思，強調問貞的內容。

**貞辭部分：𢀛方凡皇于土方▨其（敦）****？**

「凡」爲風帆的形象，「皇」爲帽子上插有孔雀尾羽毛的形象，意義爲輝煌。「凡皇」的詞語假借爲盤桓，表示逗留的意思。

「」是敵國名，字不識。「𢀛方凡皇于土方」可能是已知道的情報，問敦伐能不能給予重創，看來，可能是土方的管轄附庸地。𢀛方大半位在土方的鄰近，才能越界在土方的土地逗留。

# 134 問邦交

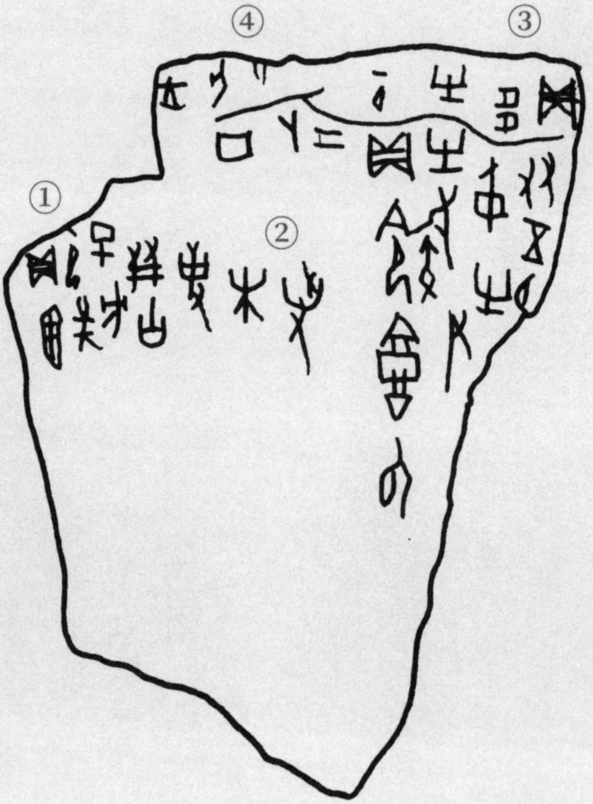

• 出處：《合》5622，龜腹甲。
• 斷代標準：貞人、書體、方國。

① ☐貞：「翌☐令⿱山儿☐巳方☐友古史？」

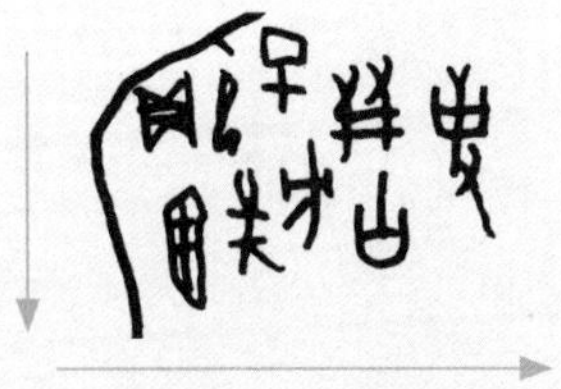

白話譯文

☐提問：「在近日（的某某日），命令⿱山儿說服巳方使之成爲友邦，（⿱山儿）能牢固地完成王給予的任務的，是嗎？」

閱讀方式

右行。

**貞辭部分：翌☐令⿱山儿☐巳方☐友古王史？**

「⿱山儿」是暫時隸定，爲諸侯國的名稱，偶而受命領軍出征。卜辭的「子」與「巳」同字形，在此應讀巳方。

「友」的創意可能表現兩個右手（兩人）綁在一起，同心協力的人爲朋友。或只作同方向的兩手，可能後者是較早的字形。「方」本是敵對國的稱號，此卜可能詢問能否說服巳方使之成爲友邦。

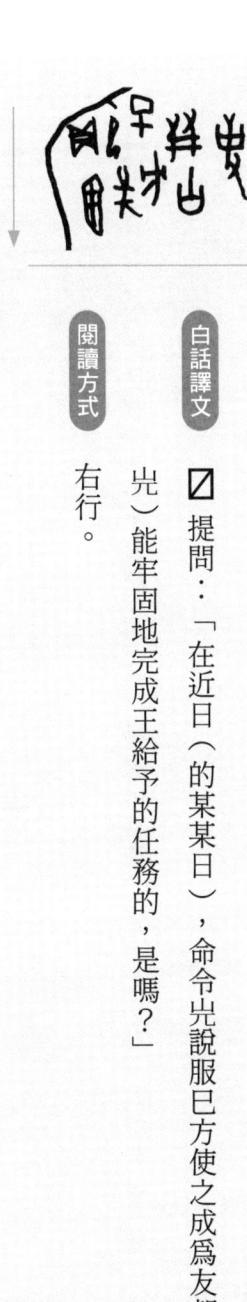

②丁未卜，爭貞：「令郭氏ㄓ族尹□，ㄓ友？」五月。二（序數）

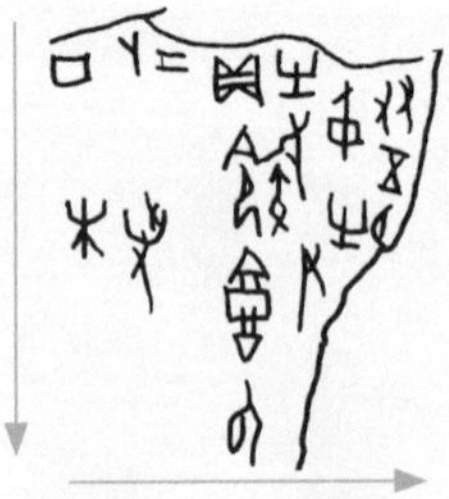

**白話譯文** 丁未日占卜，貞人爭提問：「命令將軍郭帶領名為□的ㄓ族的長官，兩人會成為朋友的，是嗎？」占卜日期是五月。第二次占卜。

**閱讀方式** 右行。

**貞辭部分：令郭氏ㄓ族尹□，ㄓ友？**「郭」是軍事將領的名字。「ㄓ」為族名，「尹」為治理的官職，「□」是尹的私名。

③☐貞：「☐多☐ㄓ☐」一月。

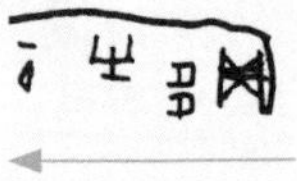

**閱讀方式** 左行。

④ ⧄□⧄亡⧄王⧄

閱讀方式

左行。

## 135 問傳召婦好備戰

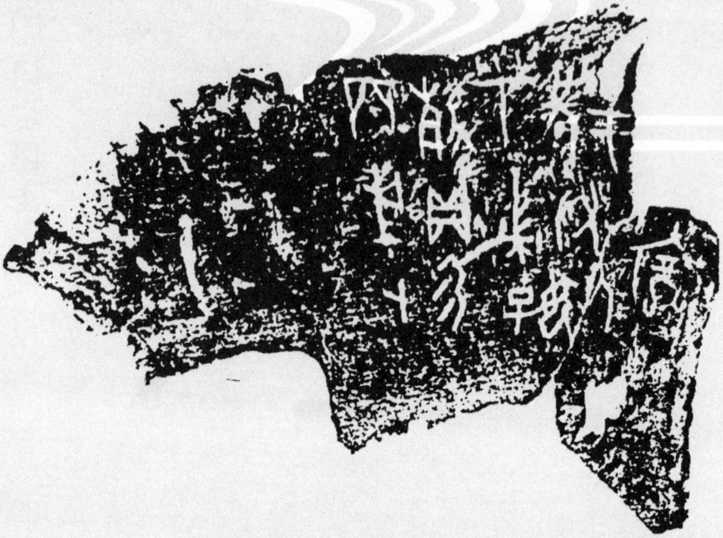

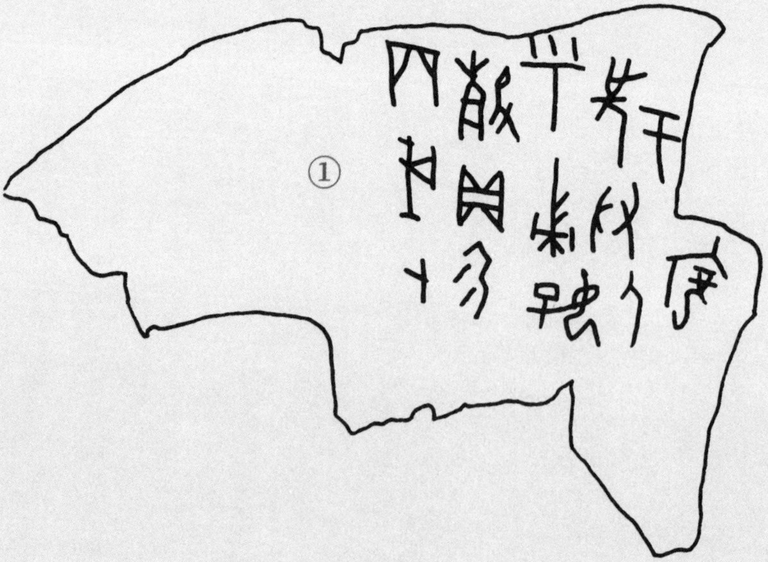

• 出處：《合》7287，骨。

• 斷代標準：貞人、書體、方國。

## ① 丙戌卜，㱿貞：「勿乎婦好先廾人于龐？」

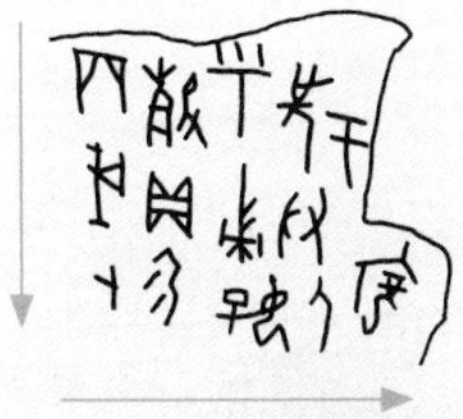

**白話譯文** 丙戌日占卜，貞人㱿提問：「不要招呼婦好預先在龐地召集人員備戰，是合適的嗎？」

**閱讀方式** 右行。

**貞辭部分：勿乎婦好先廾人于龐？**

「廾人」與登人同是召集人馬的意義，不知差別所在，可能是不同的用詞習慣。

甲骨文中的「令」爲給予命令，經常是對眼前的人說的；「乎」指把外服的人員召喚來辦事。「乎婦好」說明婦好不是身旁的人，應該不是武丁的眾多配偶之一，而是結姻親的外族。

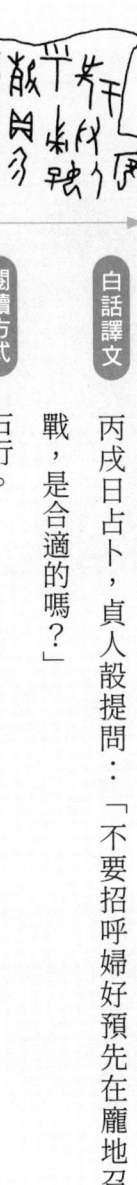

# 136 問下一旬運勢——結果國土被侵犯、王身體不適

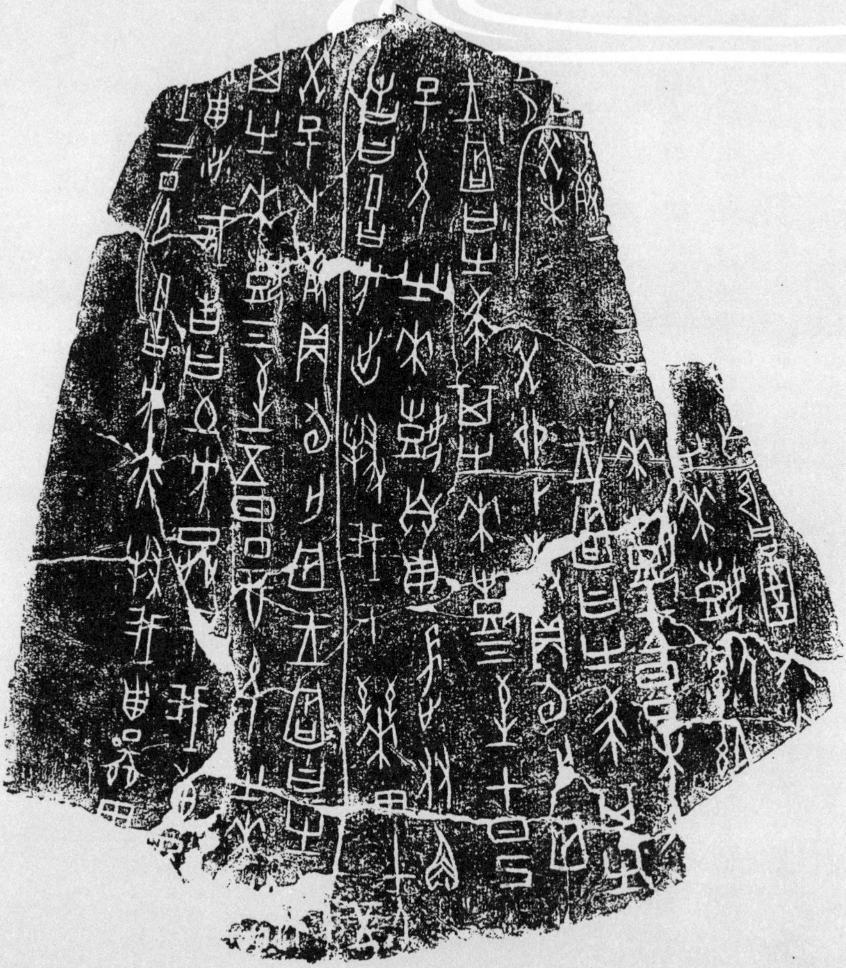

正面

拓本原寸長 19.2 公分、寬 21.2 公分，圖為原寸 60%。

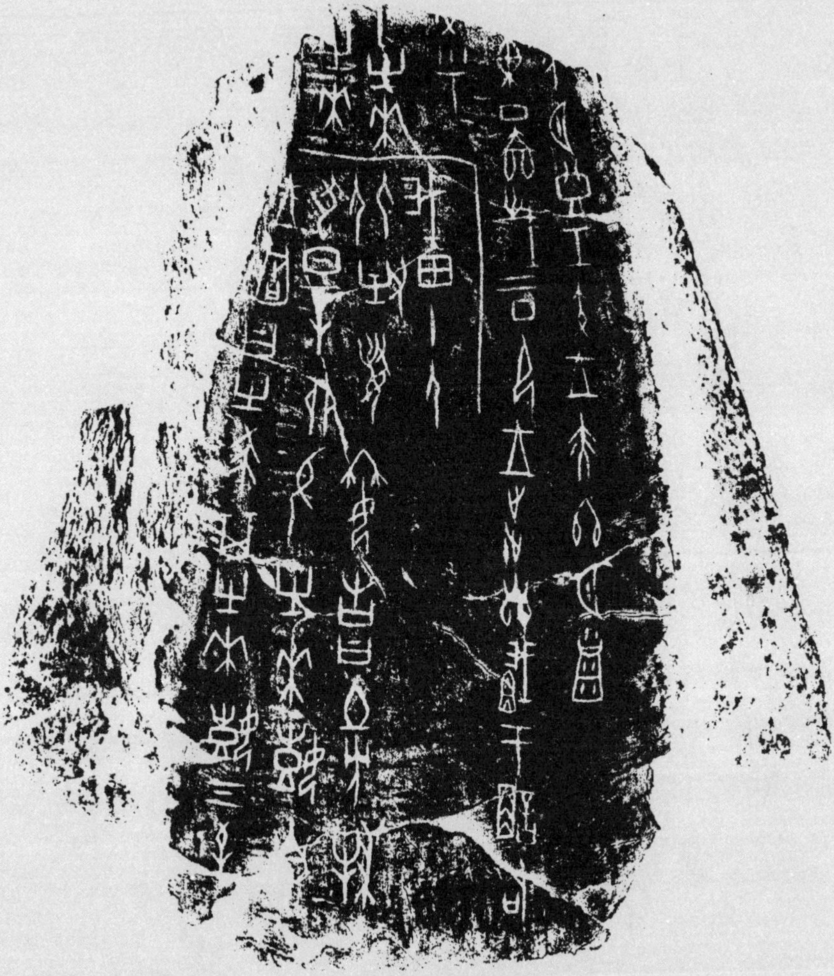

背面

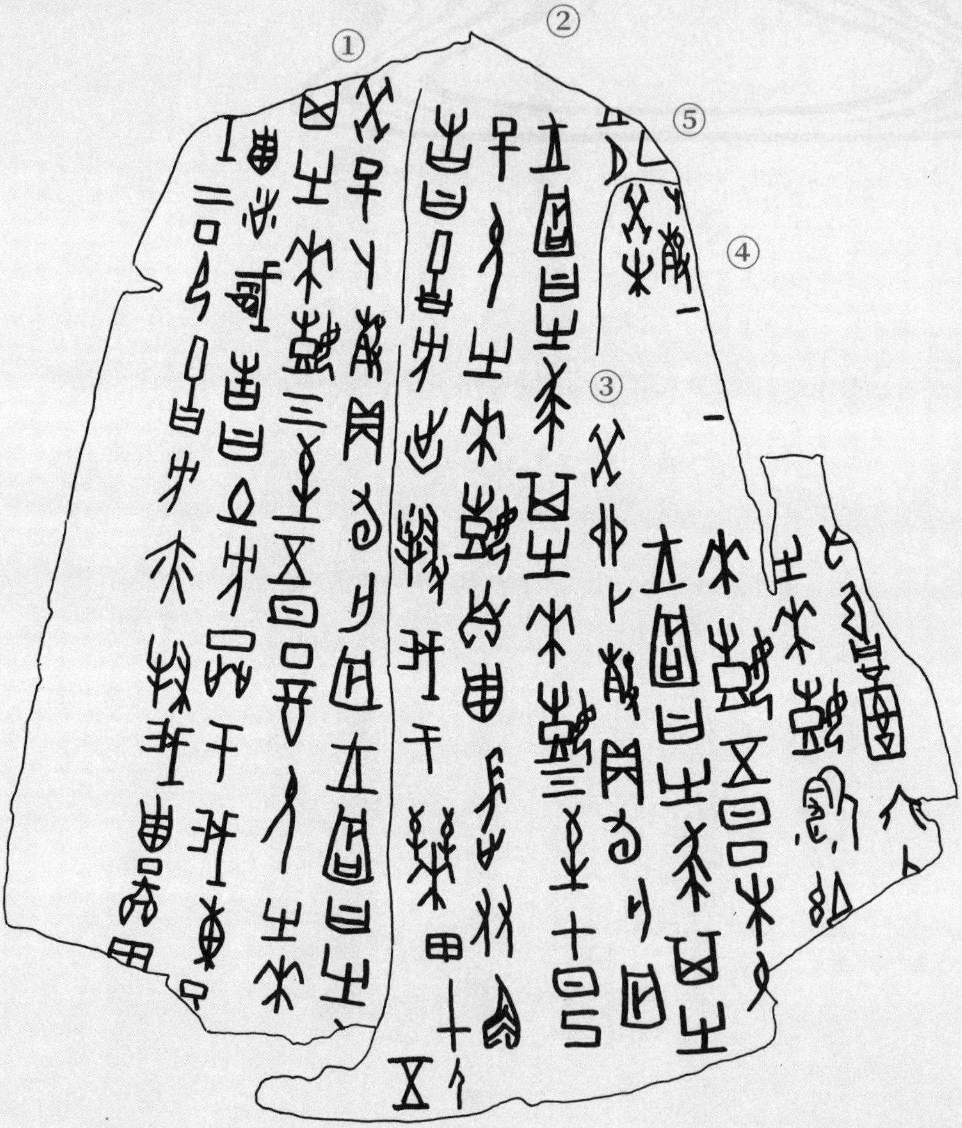


正面

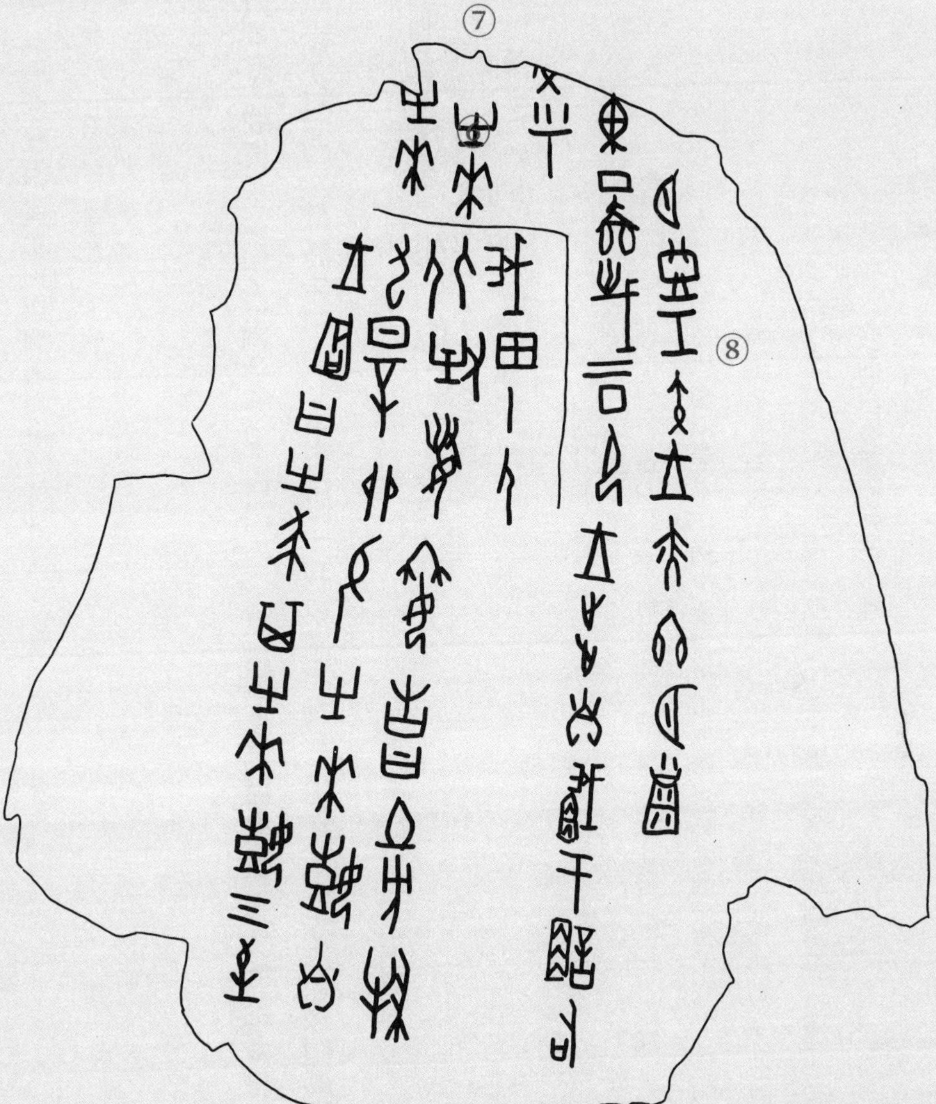


背面

‧出處：《合》6057正面與背面刻辭，骨。
‧斷代標準：貞人、書體、方國、字形。

①癸巳卜，㱿貞：「旬亡禍？」王占曰：「㞢[祟]，其㞢來艱。」乞至五日丁酉，允㞢來[艱自]西。沚馘告曰：「土方显于我東鄙，𢦏二邑。苦方亦侵我西鄙田。」

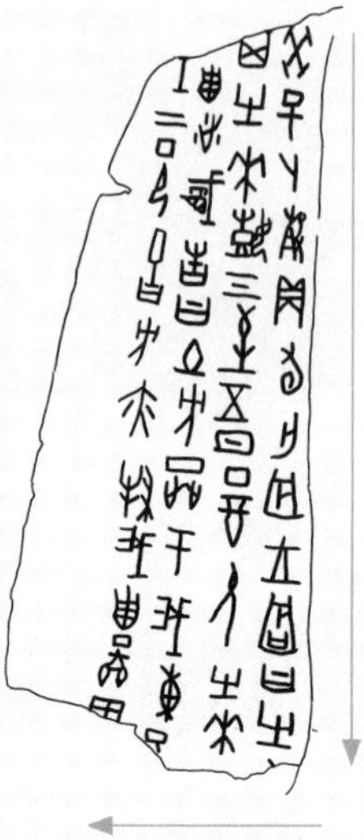

**白話譯文**

在癸巳日占卜，貞人㱿提問：「下旬不會有災禍，是嗎？」王檢驗兆紋的預示說：「預示會有災祟，將有敵人前來侵犯。」（結果應驗，）等到第五天的丁酉日，確實從西邊有敵人前來侵犯。沚馘報告說：「土方侵犯我商東邊的耕田區，導致兩個村落受到災害。苦方也侵擾我商西邊耕田區的田地。」

**閱讀方式**

左行。

**占辭部分：㞢祟，其㞢來艱。**「艱」有人隸定爲「婕」，意思指敵人入侵、侵襲。

**驗辭部分：乞至五日丁酉，允㞢來［艱自］西。沚戠告曰：「土方𤴓于我東鄙，𢦏二邑。𢀛方亦侵我西鄙田。」** 這段驗辭很長，沚戠和望乘、婦好都是甲骨第一期重要的軍事將領，屬於外服身分。

「乞」爲「迄」。「𤴓」字有人隸定爲「征」或「韋（圍）」，若是字形作「」，是征字無疑，由於卜辭中的「征」是我商師出有名、攻打敵方的用詞，但此版是記錄敵對的土方侵犯我商，意圖不明，而在金文中有作爲族徽的「正」字，寫作「」。至於「圍」字可寫作「」，多數字形或簡省成「」，少量或呈「」。暫時還是寫定成「𤴓」，意指敵方對商的軍事行動，以表示和「征」、「圍」兩字不同。

「𢦏二邑」是指對兩個村落造成災害。此卜的「𢦏」字形上半缺損，但背面第七卜，字形很清晰，當中「𢦏二邑」的𢦏寫作「」，和从戈才聲的「」，都是指災害、災禍，但用法有所不同，前者或是專指兵禍災害，可能是別人使我產生災害或我方對敵人造成災害，後者則是一般日常的災害。

「侵」字甲骨字形「从牛从帚」，本義是以掃帚清理牛背上的髒污。在此是假借，表示對田地的侵害、破壞。「侵我西鄙田」指傾害我西邊耕田區的田地，「鄙」則是人口集中居住區域外的耕田區。

②王占曰：「㞢祟，其㞢來艱。」乞至七日己巳，允㞢來艱自西。長友角告曰：「苦方出侵我于□田七十人五。」

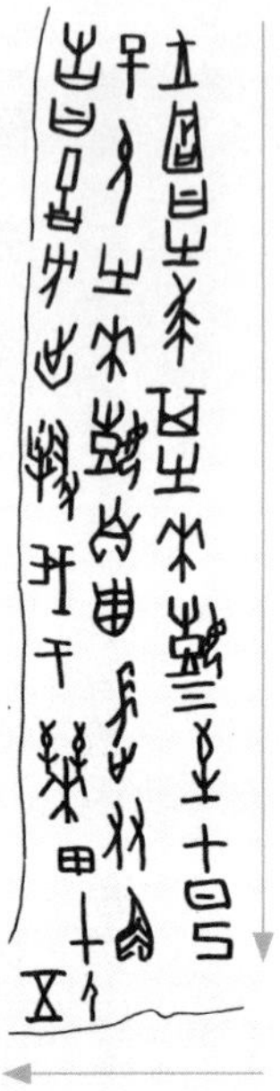

白話譯文

王檢驗兆紋的預示說：「預示會有災祟，將有敵人前來侵犯。」（結果應驗，）等到第七天的己巳日，確實從西邊有敵人前來侵犯。長友角報告說：「苦方出現侵擾我商□地的田地，七十五人被抓。」

閱讀方式

左行。

**驗辭部分：乞至七日己巳，允㞢來艱自西。長友角告曰：「苦方出侵我于□田七十人五。」**從「己巳日」往前逆推七日是為癸亥日，可知此卜占問日期是癸亥日。「長友角」是諸侯名。

**③癸卯卜，㱿貞：「旬亡禍？」王占曰：「㞢祟，其㞢來艱。」五日丁未，允㞢來艱，飲御囗自弖圉六人。**

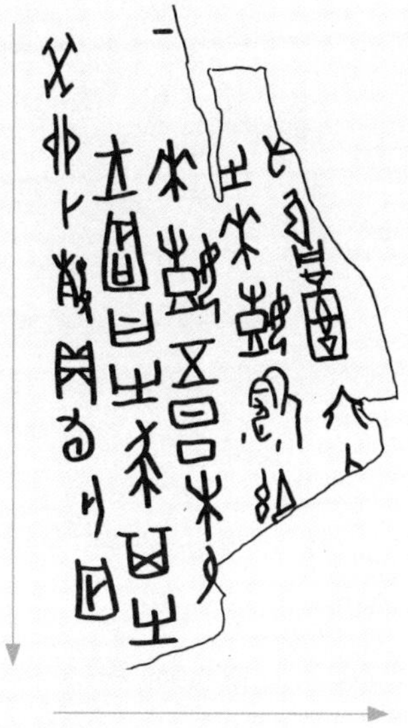

白話譯文

在癸卯日占卜，貞人㱿提問：「下旬不會有災禍，是嗎？」王檢驗兆紋的預示說：「預示會有災祟，將有敵人前來侵犯。」（結果應驗，）第五天的丁未日，確實有敵人前來侵犯。飲抵禦⧄，從子㠯的監獄救走六個人。

閱讀方式

右行。

**驗辭部分：五日丁未，允㞢來艱，飲御⧄自㠯圉六人。**「飲」在此當人名，字形應是一人低頭伸出舌頭，就尊飲酒的樣子，字形下方應是一個酒罈的造型，但這裡卻寫錯了。「御」原指攘除，在這裡為抵禦的意思，甲骨有「御方來」，意謂抵禦方國來襲。「㠯」是國家名稱，第一期有「子㠯」，是常見的貴族。「圉」是監牢，甲骨「執」字寫作「□、□、□」，象人的手或頭被刑具控制的樣子，「圉」和「執」皆有出現刑具的偏旁。

④癸未卜，㱿［貞：「旬亡禍？」］

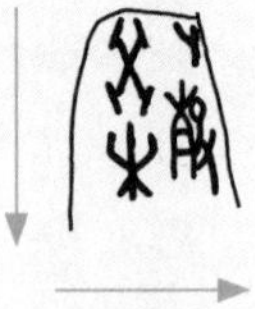

閱讀方式

右行。

⑤☐五月。

閱讀方式

由上而下。

⑥（背面）王占曰：「㞢祟，其㞢來艱。」乞至九日辛卯，允㞢來艱自北。蚁妻笅告曰：「土方侵我田十人。」

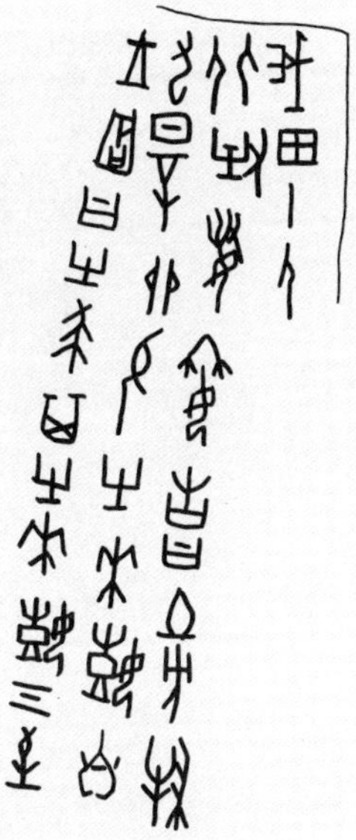

白話譯文

王檢驗兆紋的預示說：「預示會有災祟，將有敵人前來侵犯。」（結果應驗，）等到第九天的辛卯日，確實從北邊有敵人前來侵犯。蚁妻笅報告說：「土方侵擾我商的田地，十人被抓。」

閱讀方式

右行。

**驗辭部分：乞至九日辛卯，允㞢來艱自北。蚁妻笅告曰：「土方侵我田十人。」**從「辛卯日」往前逆推九日是爲癸未日，可知此卜占問日期是癸未日。「蚁」是國名，該國諸侯的妻子名「笅」。

⑦（背面）☐㞢來☐㞢來☐乎☐東鄙，𢦔二邑。王步自餓，于尋司☐

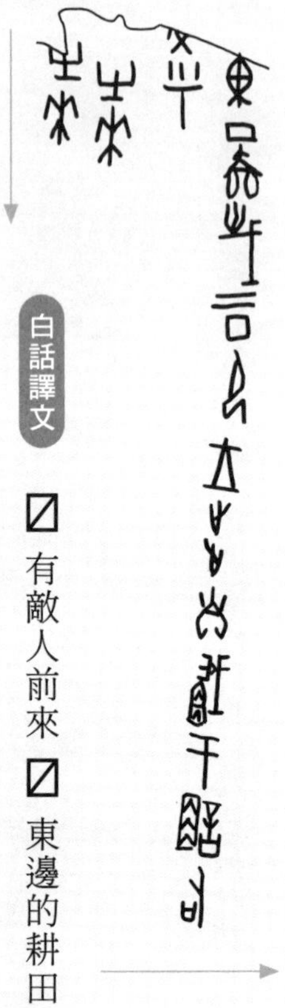

**白話譯文**

☐有敵人前來☐東邊的耕田區，導致兩個村落受到災害。王從餓這個地方開始步行，一直走到尋地的治理單位☐。

**閱讀方式**

右行。

「尋司」是「尋」這個地方的有司——管轄、治理單位。「尋」原本是象伸張兩臂丈量竹蓆或言一類的管樂，在此當地名。

⑧（背面）☐夕㞢壬寅，王亦冬夕𡆥。

白話譯文

☐商王步行從前一天夜間，延續至第二天壬寅日早上，所以商王整個晚上骨頭瘦痛。

閱讀方式

由上而下。

「㞢」大都是出現在兩個相鄰的日子之間，是一種時間用詞，可能指商王步行從前一天辛丑日夜間，一直延續至第二天壬寅日早上。「冬夕」指「終夕」，整個晚上的意思。「𡆥」大約表示因爲長時間步行而導致骨頭瘦痛。這段話與上段話相互對照，判斷應是**驗辭**，因爲事件發生在壬寅日，推測占卜日期應是上一旬的最後一天癸巳日。

# 137 問二事——出行大邑商、協助友邦

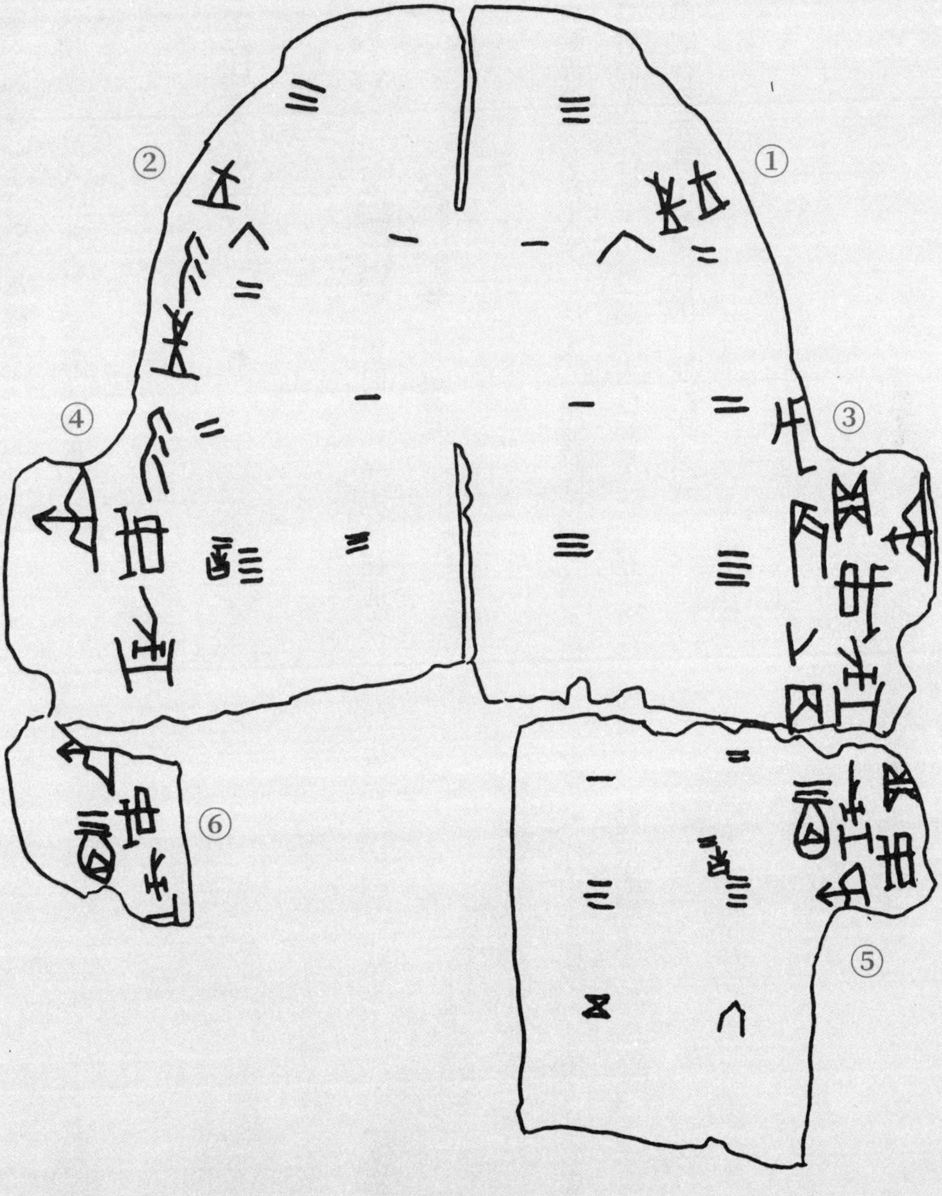
①
②
③
④
⑤
⑥

- 出處：《合》5776，龜腹甲。
- 斷代標準：貞人、兆辭、書體、方國。

① 「王往入？」三一二（序數）

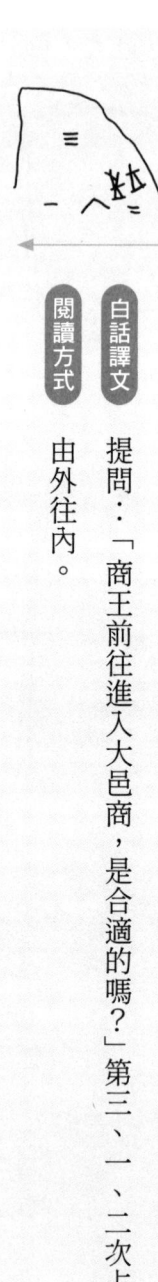

白話譯文　提問：「商王前往進入大邑商，是合適的嗎？」第三、一、二次占卜。

閱讀方式　由外往內。

**貞辭部分：王往入？**「往入」是連動結構，除了往入，卜辭另有往出、往伐、往田、往徝等。「往入」意謂商王前往進入大邑商。大邑商是商朝發跡所在，即今考古發掘的鄭州二里崗商城。王有固定到大邑商的行程安排，或舉行例行性祭典儀式。

② 「王勿往入？」三一二（序數）

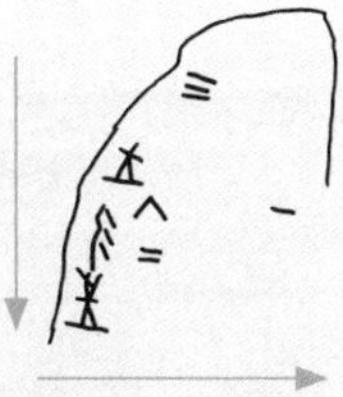

**白話譯文** 提問：「商王不要前往進入大邑商，是合適的嗎？」第三、一、二次占卜。

**閱讀方式** 由外往內。

與上一卜正反**對貞**。

③ 戊辰卜，內貞：「肇旁射？」一二三四（序數）

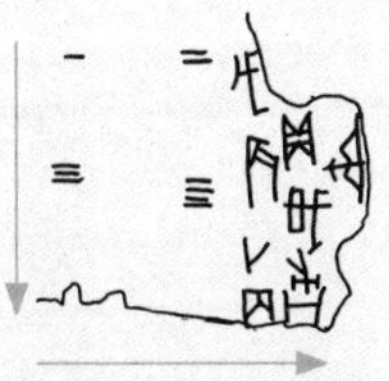

**白話譯文** 戊辰日占卜，貞人內提問：「替旁方創立射的組織，是合適的嗎？」第一、二、三、四次占卜。

**閱讀方式** 由內往外。

**前辭部分：戊辰卜，內貞**。「內」原象門內掛有向兩旁綁束的布簾之形，在此是貞人的名字。而

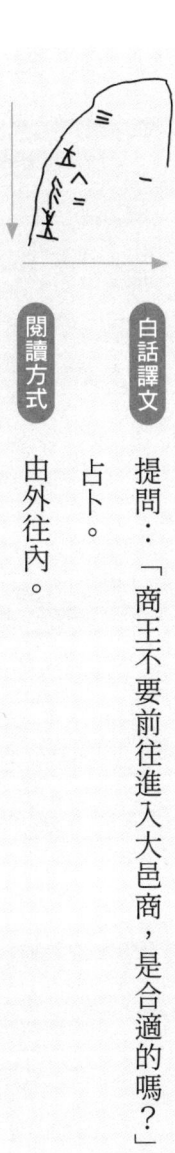

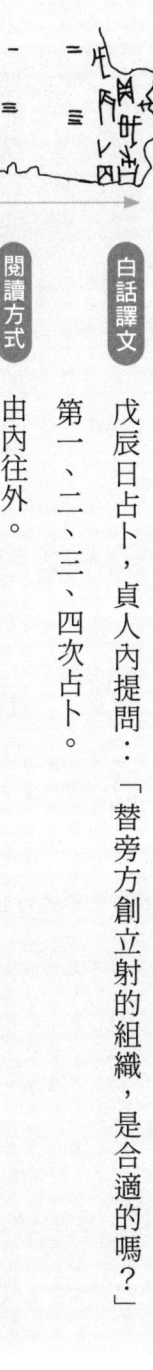

「外」是借由甲骨兆璺的卜形，表示刻有文字的那一邊，也就是卜兆橫劃的另一邊爲「外」，後來才加上「月」的偏旁。

**貞辭部分：肇旁射？**「肇」以磨刀石磨銳武器刃部，表示是使用武器的開始。「旁射」意謂替旁這個方國開創、設立射的軍隊編制，分立射、跪射兩批射手。卜辭還有「多生射」、「新射」。這裡的旁字倒書，不知是否另有他義。

---

**④「勿肇旁射？」一二三四**（序數）**。上吉。**

白話譯文　（提問：）「不要替旁方創立射的組織，是合適的嗎？」第一、二、三、四次占卜。上吉。

閱讀方式　由內往外。

與上一卜正反**對貞**。

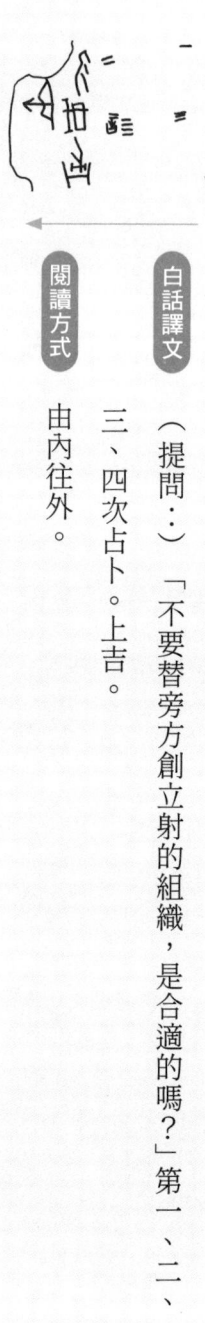

⑤貞：「肇旁射三百？」一二三四（序數）。上吉。五六（序數）

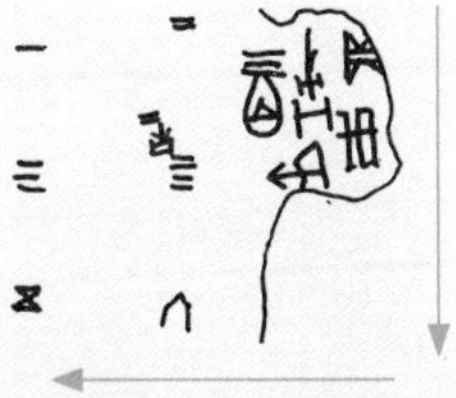

白話譯文

提問：「替旁方創立射的組織三百人，是合適的嗎？」第一、二、三、四次占卜。上吉。第五、六次占卜。

閱讀方式

由外往內。

**貞辭部分：肇旁射**三百。「射」的編制爲三百人，卜辭還有「肇馬三百」，編制也是三百人，商代尚未發展出騎於馬背上的作戰方式，因爲還沒有發明馬鞍及相配備的武器。那麼「肇馬三百」究竟是指創立訓練馬拉車以作戰或載錙重的人三百名，還是專門馴養馬的人三百名，尚不可知。前者古代只有主帥能立於馬車上來指揮作戰，又說到載運軍需，牛的耐力和負重力比馬好，西周銘文有從與玁狁對戰時擄獲牛車的紀錄，從實際面來設想，商代有那麼多馬，需要三百人加以訓練嗎？或應該是駕馭馬車的三百人？商代軍隊一般分左、中、右三軍，一軍有一千人，一軍配有一百位射，只是不知是一千人中包括一百位射，還是一千人外另有一百位射。

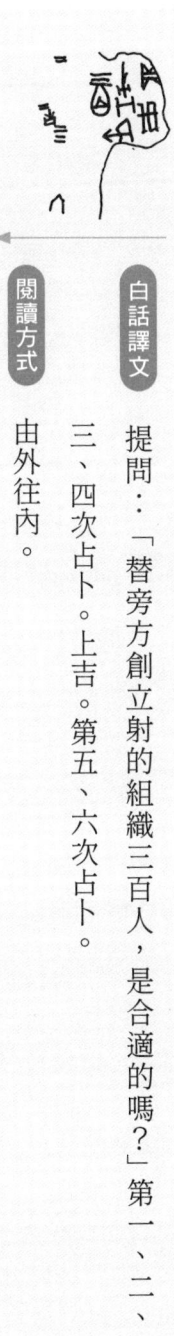

⑥「肇旁射三百？」

白話譯文 （提問：）「替旁方創立射的組織三百人，是合適的嗎？」

閱讀方式 由內往外。

摹寫練習

# 138 問喉嚨不適是否為母庚降災

背面

正面

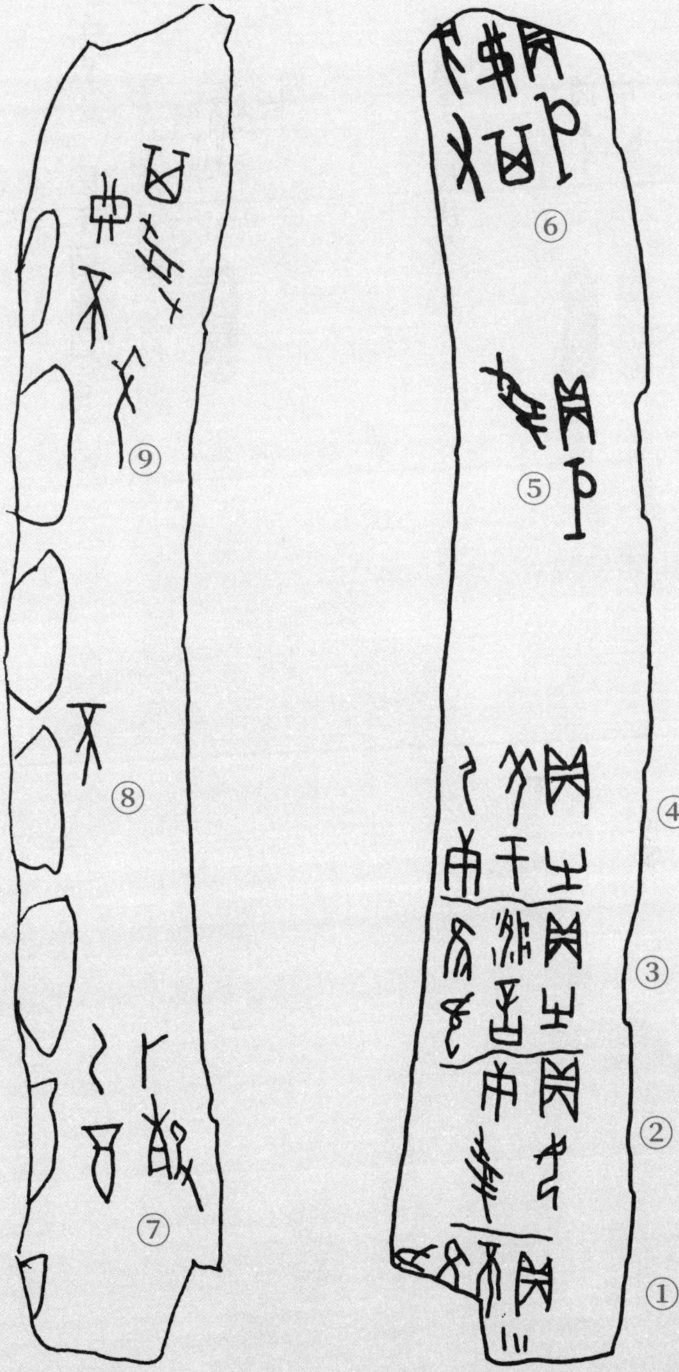


背面　　正面

- 出處：《合》440正面與背面刻辭，骨。
- 斷代標準：貞人、書體、事類。

①貞：「☐不☐隹☐它？」

閱讀方式

左行。

②貞：「母庚受？」

白話譯文

提問：「（王㞢疾言）是母庚授予的，是嗎？」

閱讀方式

左行。

**貞辭部分：母庚受**。由第三卜可知占卜內容是在詢問商王「疾言」，所謂「疾言」可能是因爲喉

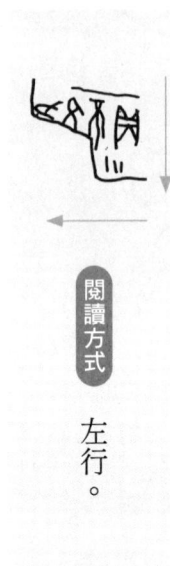

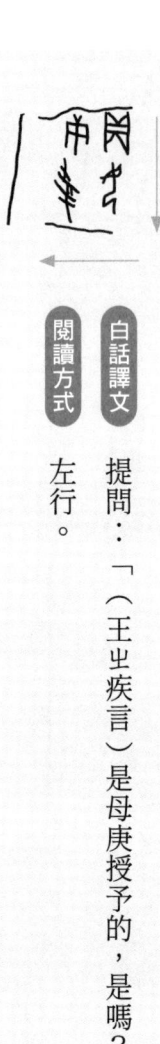

嚨、聲帶不舒服，所以說話發不出聲音或沙啞。「㞢疾言」是事實，接著有關疾病的占卜會卜問會不會造成災禍，再進一步詢問這樣的災禍、疾病是由哪位祖先造成的？最後要用什麼方法攘除災禍、疾病。

此卜「母庚受」是詢問商王疾言是母庚給予、降下的嗎？

**③貞：「㞢疾言，隹它？」**

白話譯文　提問：「（王）說話有毛病，會造成災禍的，是嗎？」

閱讀方式　左行。

第三卜似乎和第一卜是同一個問題正反**對貞**。「隹它」是詢問會不會導致災禍發生，也就是會不會有更嚴重的後果。

④貞：「㞢羌于母庚？」

白話譯文　提問：「向母庚舉行獻羌的㞢祭（攘除儀式），是合適的嗎？」

閱讀方式　左行。

**貞辭部分：㞢羌于母庚**。「㞢」在此卜是祭祀名稱兼用牲法。在前兩卜確認是不是母庚導致商王「疾言」後，進一步詢問如何攘除疾災。

⑤貞：「戌受？」

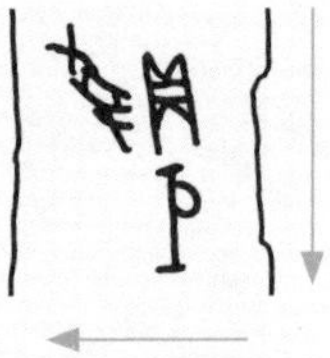

閱讀方式　左行。

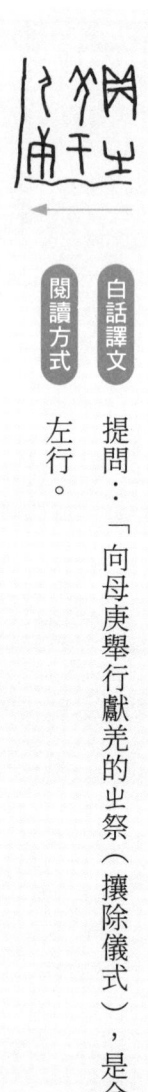

⑥**貞：「戉弗其受又？」**

閱讀方式 左行。

第五卜和第六卜，《殷墟甲骨刻辭摹釋總集》題爲僞刻，就書體來看，與前幾卜的確不同。

⑦（背面）**乙酉卜，㱿。**

白話譯文 乙酉日占卜，貞人㱿提問。

閱讀方式 右行。

此爲**前辭部分**，此版正面刻寫貞辭，卻將前辭刻寫在背面，是第一期占卜的習慣。

⑧（背面）「不。」

閱讀方式 單一字。

結合正面的貞辭來看，「不」可能是**驗辭**，在詢問「㞢羌于母庚」後，王判斷認為不需要對母庚獻羌舉行㞢祭。

⑨（背面）□不其受年。

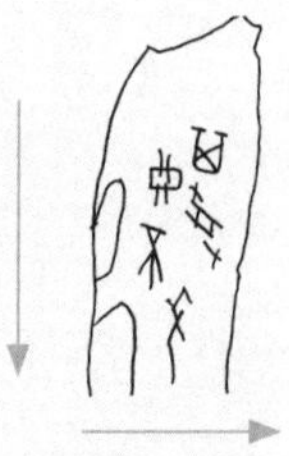

白話譯文 （提問：）「□方將不會接受到好的年收的，是嗎？」

閱讀方式 右行。

「□」的本義不明，通常出現在兩個干支日中間的用詞，在此作為方國名稱。詢問□方是否能夠接受到好的年收。

摹寫練習

# 139 問特定時間做夢

• 出處：《合》17396，骨。
• 斷代標準：貞人、書體、熟語。

①丙辰卜，賓貞：「乙卯□丙辰，王夢⧄自西⧄」一（序數）

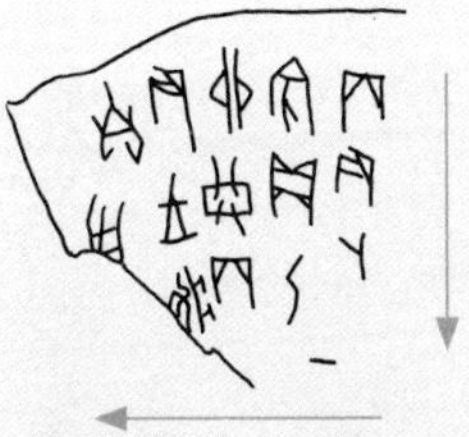

白話譯文

丙辰日占卜，貞人賓提問：「乙卯晚上到丙辰凌晨，王夢到⧄從西邊⧄？」第一次占卜。

閱讀方式

左行。

**貞辭部分：乙卯□丙辰，王夢⧄自西⧄。**

「□」出現在乙卯和丙辰兩個相鄰的干支之間，爲時間用語，表示從乙卯晚上橫跨到丙辰凌晨。

「夢」的字形作人背靠著床以求夢的樣子。此字形省略眼睛，以眉毛代表貴族或重要人物的標誌。

古人透過夢做決策，以斷食或服用藥物的方式來強制做夢，有生命危險，所以有時夢與疾病有關。此卜可能詢問所做的夢，是否代表有災害會發生。

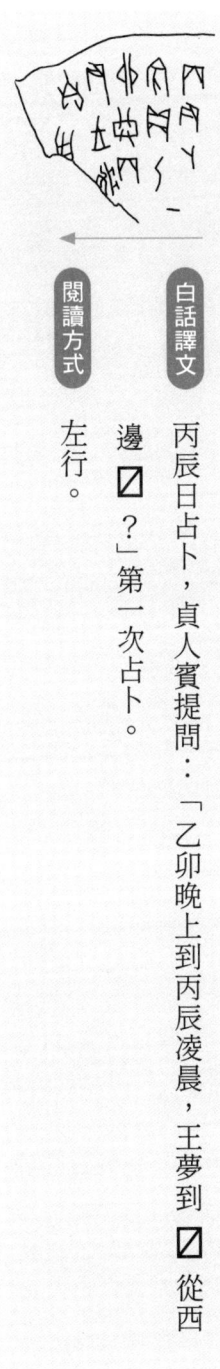

②王占曰：「吉，勿隹禍。」

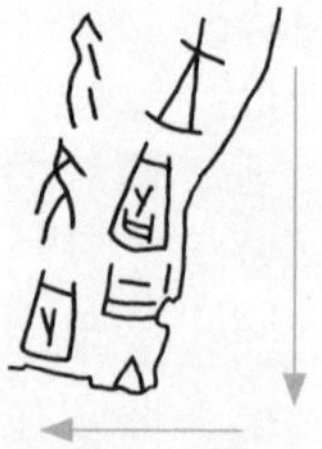

**白話譯文** 王檢驗兆紋顯示的意義後說：「吉祥。不會有災禍發生的。」

**閱讀方式** 左行。

**占辭：吉，勿隹禍**。「勿」是否定副詞，有強制不會如何的意味。甲骨第一期的占辭大多會刻寫在背面，此版的占辭在正面。

摹寫練習

# 140 問三事

## ——牙痛是否向祖先報告、治療婦好病、兄戊能否保護王

拓本原寸長 22.8 公分、寬 12.5 公分，圖為原寸 75%。

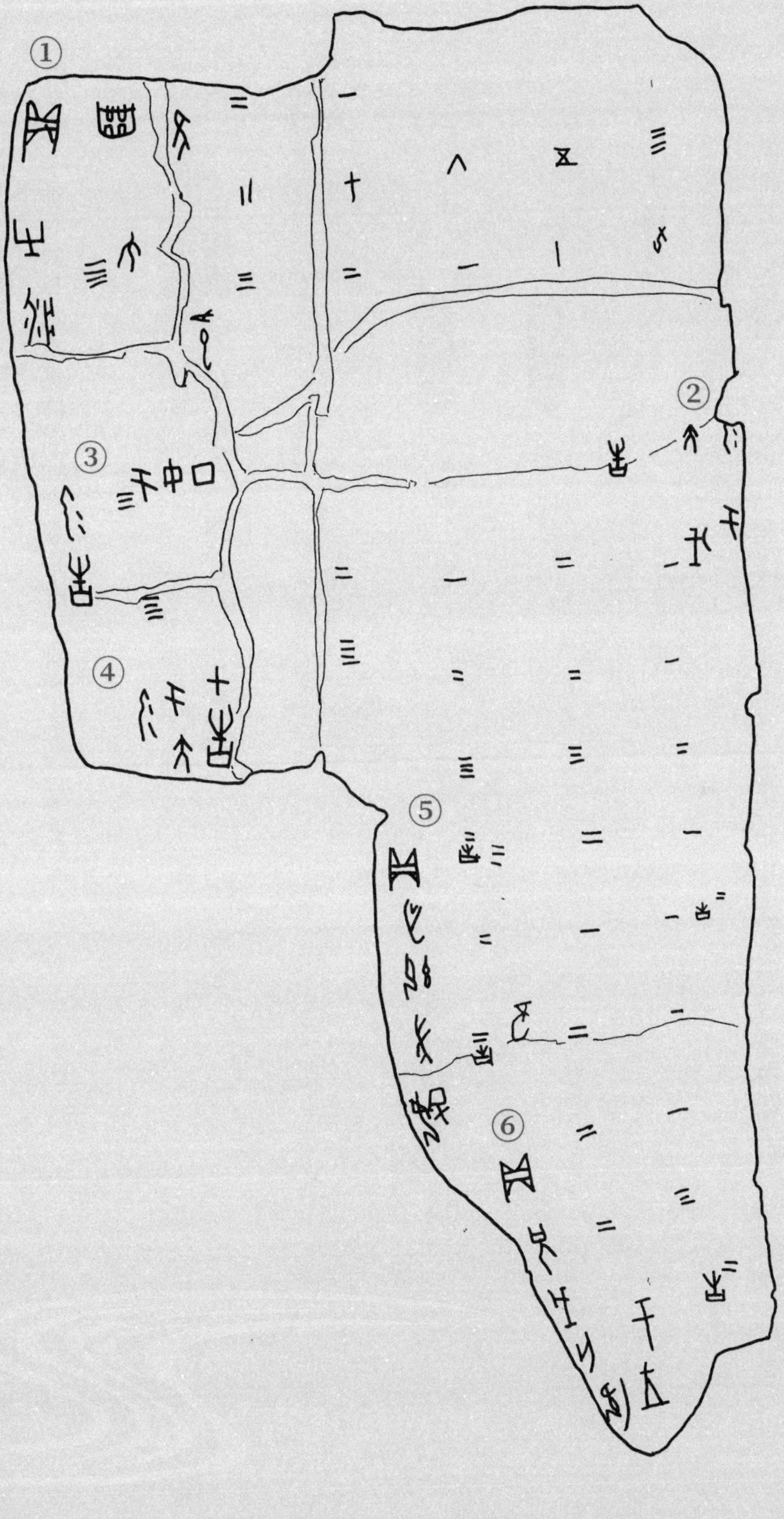
①
②
③
④
⑤
⑥

• 出處：《合》13646，龜腹甲。

• 斷代標準：兆辭、書體、事類。

• 說明：本版的序數呈現橫列的行款走向，排列上顯得凌亂。

**①貞：「㞢疾齒，不隹它？」四五六七八九十一二三四（序數）**

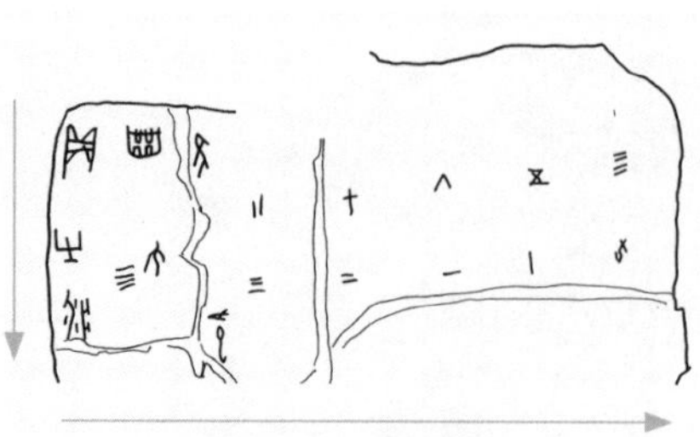

**白話譯文** 提問：「（王）牙齒有毛病，不會造成災禍的，是嗎？」第四、五、六、七、八、九、十、一、二、三、四次占卜。

**閱讀方式** 由外往內。

**貞辭部分：㞢疾齒，不隹它？**「疾齒」指商王有牙痛的病。甲骨文沒有使用藥草治病的紀錄，但商代遺址出土有郁李仁（棠棣種子）和桃核，推測實際上應有使用草藥治病的情況。

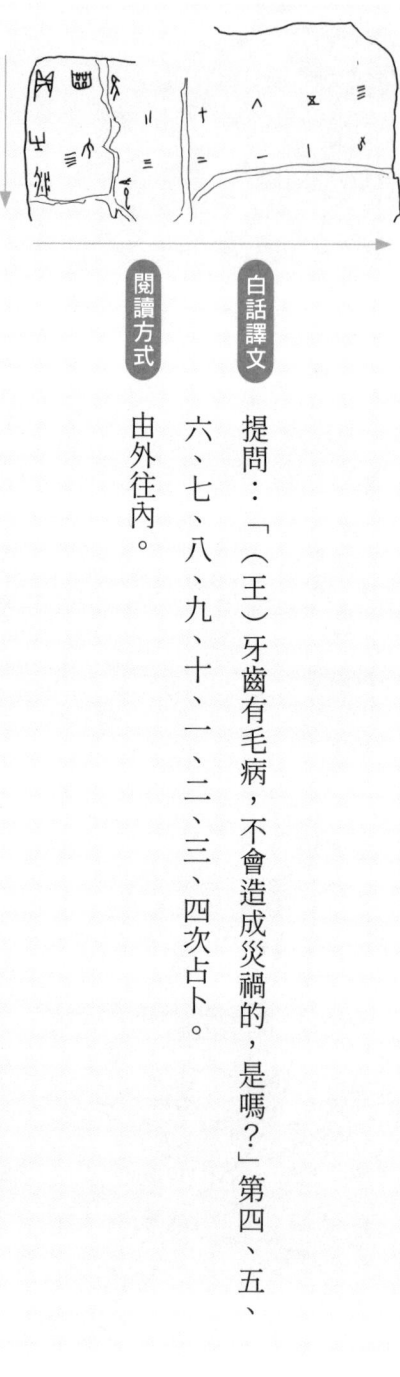

## ②「勿于大戊告？」一二三四（序數）

**白話譯文**（提問：）「不要向大戊報告（王牙痛的病疾），是嗎？」第一、二、三、四次占卜。

**閱讀方式** 由外往內。

**貞辭部分：勿于大戊告？**左腹甲第二到第四卜承接第一卜，詢問要不要向大戊、仲丁或大甲報告商王牙痛的問題。推測右腹甲可能出現明確的干支日，並大致從正面詢問相同的問題，形成左右**對貞**的情形。先向先祖先王報告疾病，以確認是哪位導致的，再進一步詢問解除病災的方式。

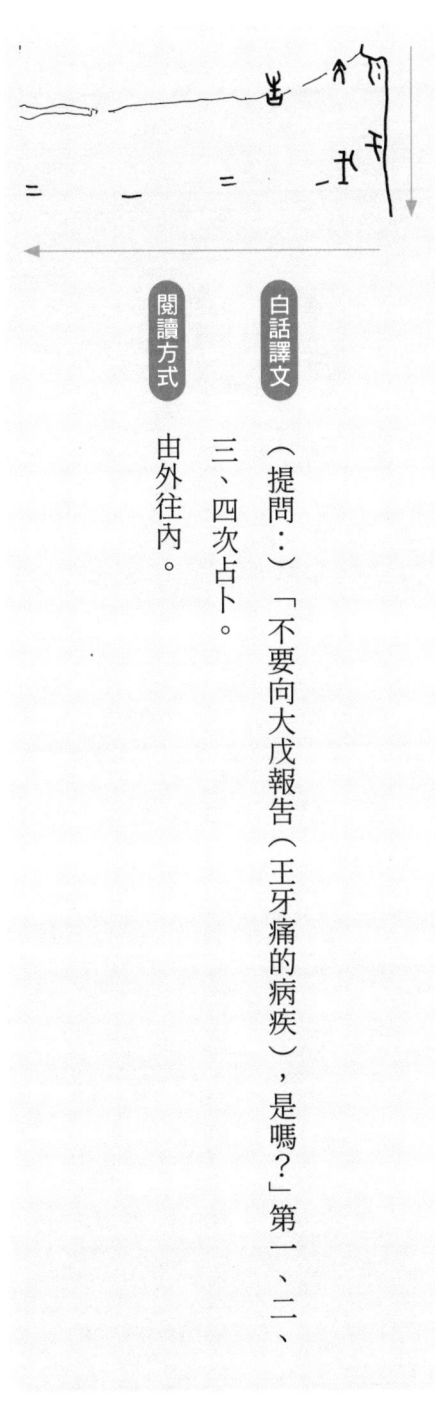

③「勿告于中丁？」一二三四（序數）

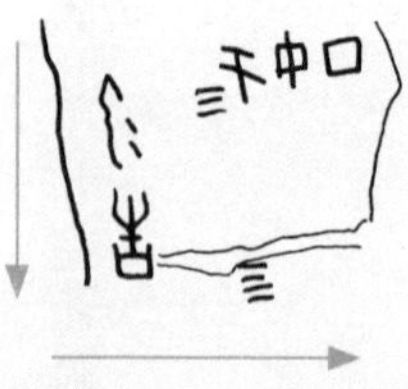

**白話譯文** （提問：）「不要向仲丁報告（王牙痛的病疾），是嗎？」第一、二、三、四次占卜。

**閱讀方式** 由外往內。

④「勿于大甲告？」二三四（序數）

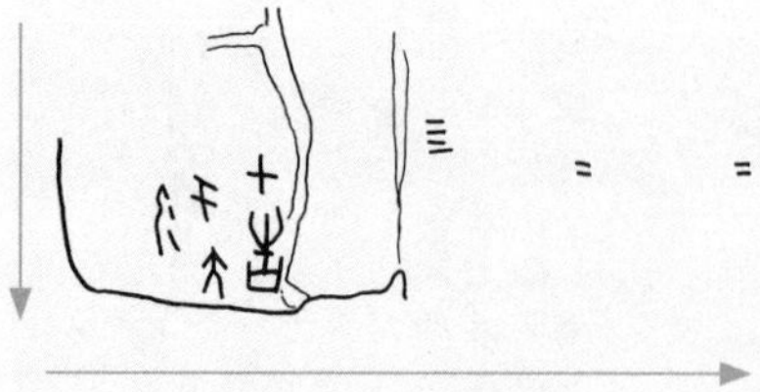

**白話譯文** （提問：）「不要向大甲報告（王牙痛的病疾），是嗎？」第二、三、四次占卜。

**閱讀方式** 由外往內。

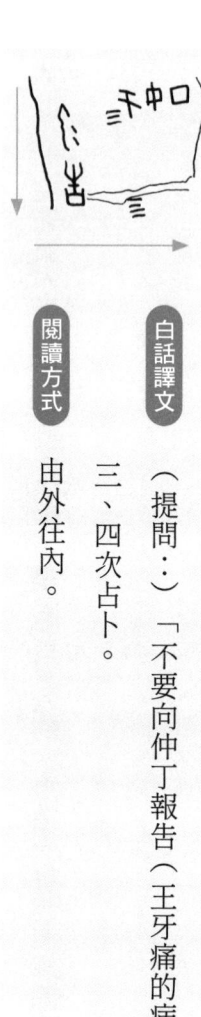

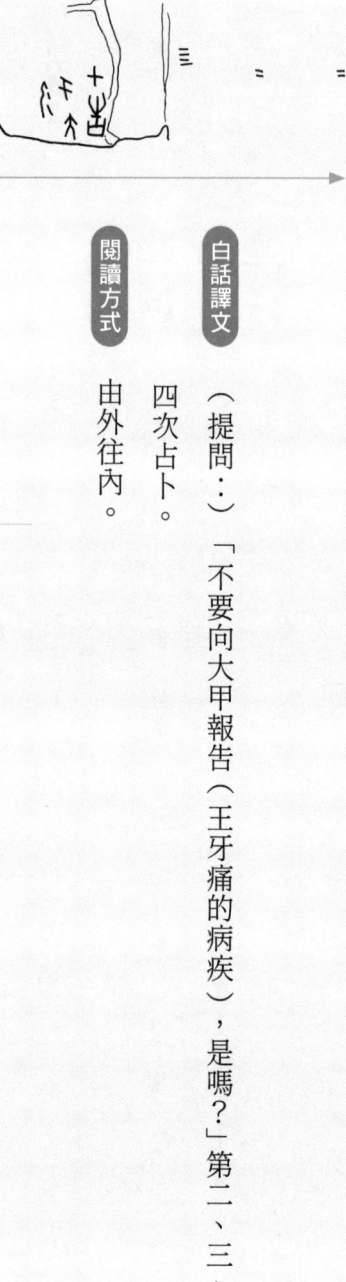

## ⑤貞：「乍御，婦好肙？」一二三（序數）。上吉。

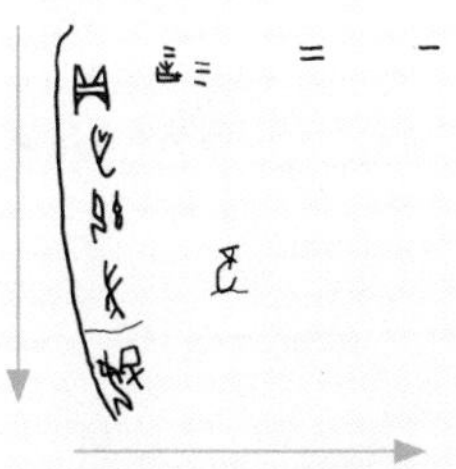

**白話譯文** 提問：「建造舉行御祭的建築物，婦好的疾病會捐棄的，是嗎？」第一、二、三次占卜。上吉。

**閱讀方式** 由外往內。

**貞辭部分：乍御，婦好肙？**

「乍」通常在卜辭中是作爲營造建築物或都邑的動詞使用，像是「作邑」、「作賓」、「作□（盧）巳」等，而「御」是攘除病災的儀式。所以「作御」意指建造舉行攘除疾病御祭的建築物或場所。

「肙」字形象蚊蚋一類的幼蟲，而後頭部訛變成口，身形成月，在此指捐棄、去除的意思。「婦好肙」是詢問婦好的疾病能不能去除、好轉。

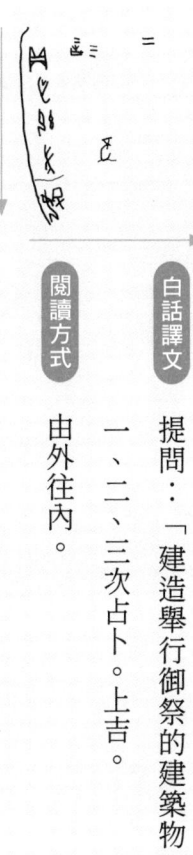

## ⑥貞：「兄戊亡□于王？」一二三（序數）。上吉

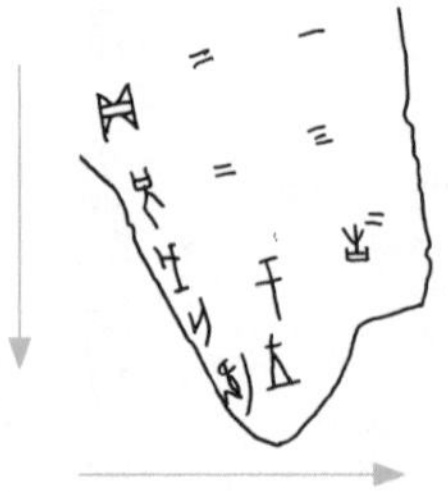

**白話譯文**

提問：「兄戊不會對王□（給予保護？），是嗎？」第一、二、三次占卜。上吉。

**閱讀方式**

由外往內。

**貞辭部分：兄戊亡□于王？**「兄戊」也是神靈。「□」象一人張嘴在某種東西之前，具體意義不明，在此應是當作動詞，「亡□于王」或指不會對王產生什麼影響（或給予保護的行動）。

摹寫練習

# 141 問夢到舌頭

背面

正面

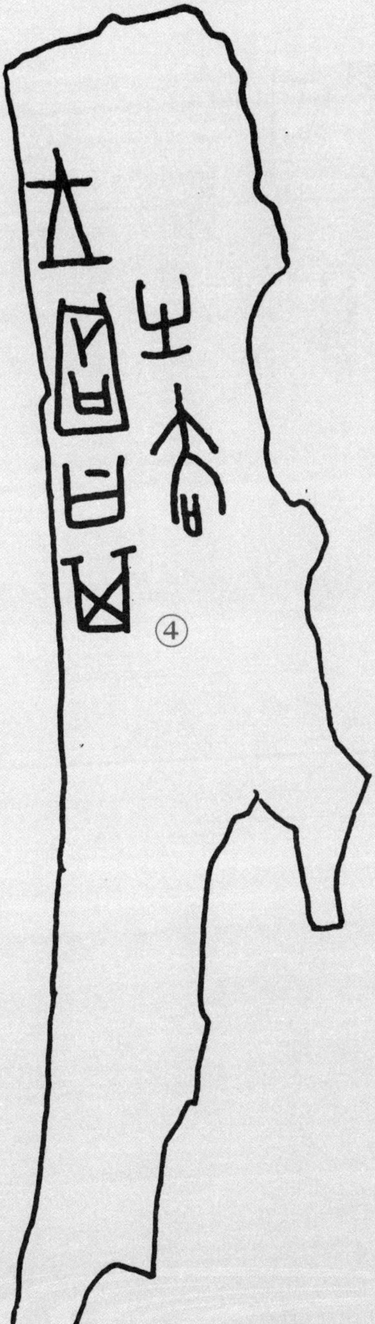


背面

正面

- 出處：《合》17410正面與背面刻辭，骨。
- 斷代標準：貞人、書體、事類。

①壬☐乎臣☐

閱讀方式 右行。

②辛亥卜，古貞：「王夢㞢舌，隹之？」四（序數）

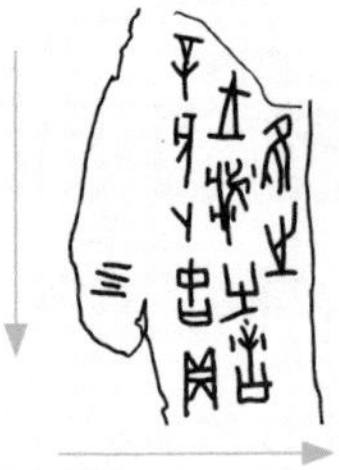

白話譯文 辛亥日占卜，貞人古提問：「王夢到有舌，會有這個災難的，是嗎？」第四次占卜。

閱讀方式 右行。

**貞辭部分：王夢㞢舌，隹之？**這一版記錄了王夢到舌頭，因詞語太簡要，不清楚具體所指，或是一種疾病的預示，並進一步詢問這個病災會不會消解。「隹之」意指就是這個（災難），是詢問這個災難不會改變嗎？「之」常與病疾有關，卜辭有「王𡆥不爲之」，「王𡆥爲之」，「父乙芻爲之」，「不爲之其凡」，「王夢爲之孽」，「爲之蠱」，「祝氏之疾齒鼎肙」等，「之」爲指示代詞，指「這個」。

③□戌卜，賓□：「㞢去？」五月。

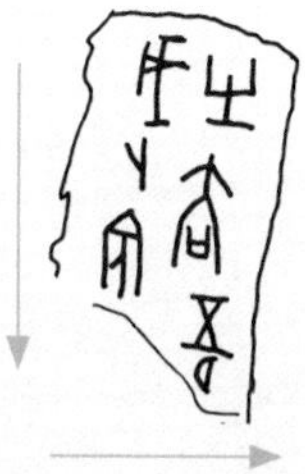

白話譯文

□戌日占卜，貞人賓提問：「（災難）會去除的，是嗎？」占卜日期是五月。

閱讀方式

右行。

**貞辭部分：㞢去？**這一卜詢問災禍會去除嗎？消解病災的詞語或用「去」，或用「肙」。

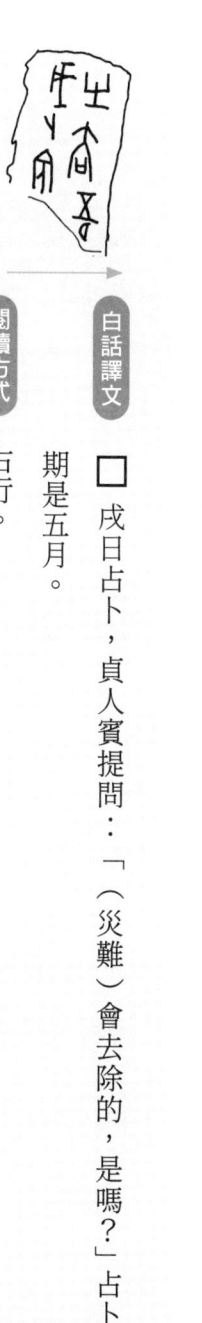

④（背面）王占曰：「其㞢去。」

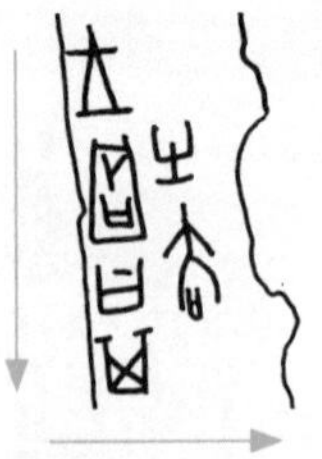

**白話譯文** 王檢驗兆紋顯示的意義後說：「（災難）將會去除的。」

**閱讀方式** 右行。

摹寫練習

## 142 問生子

拓本原寸長 21.3 公分、寬 19.5 公分，圖為原寸 55%。

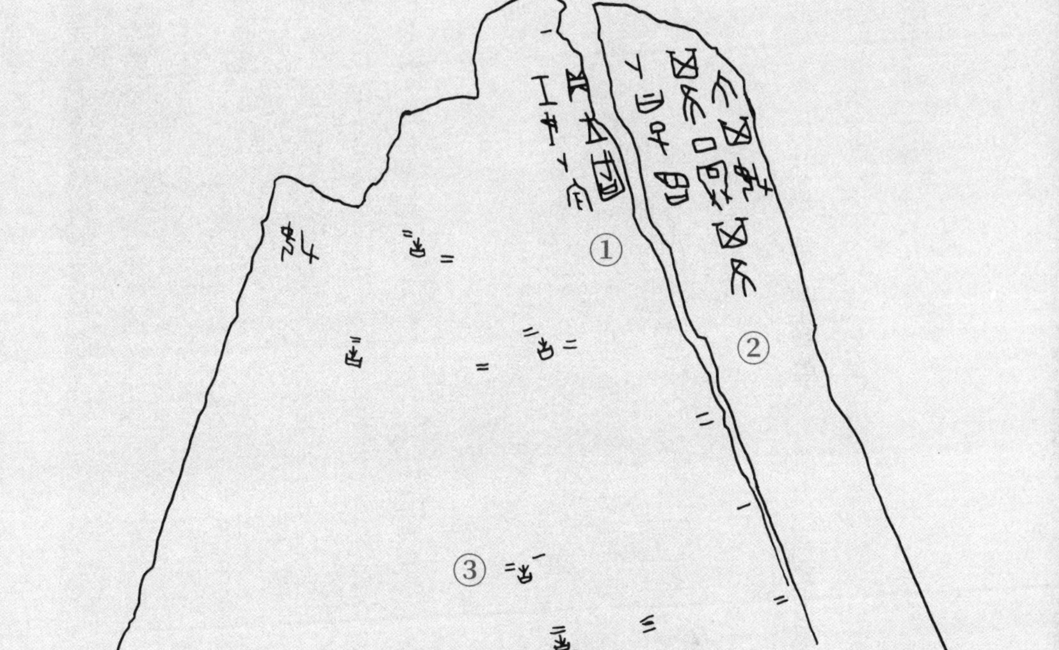
①
②
③

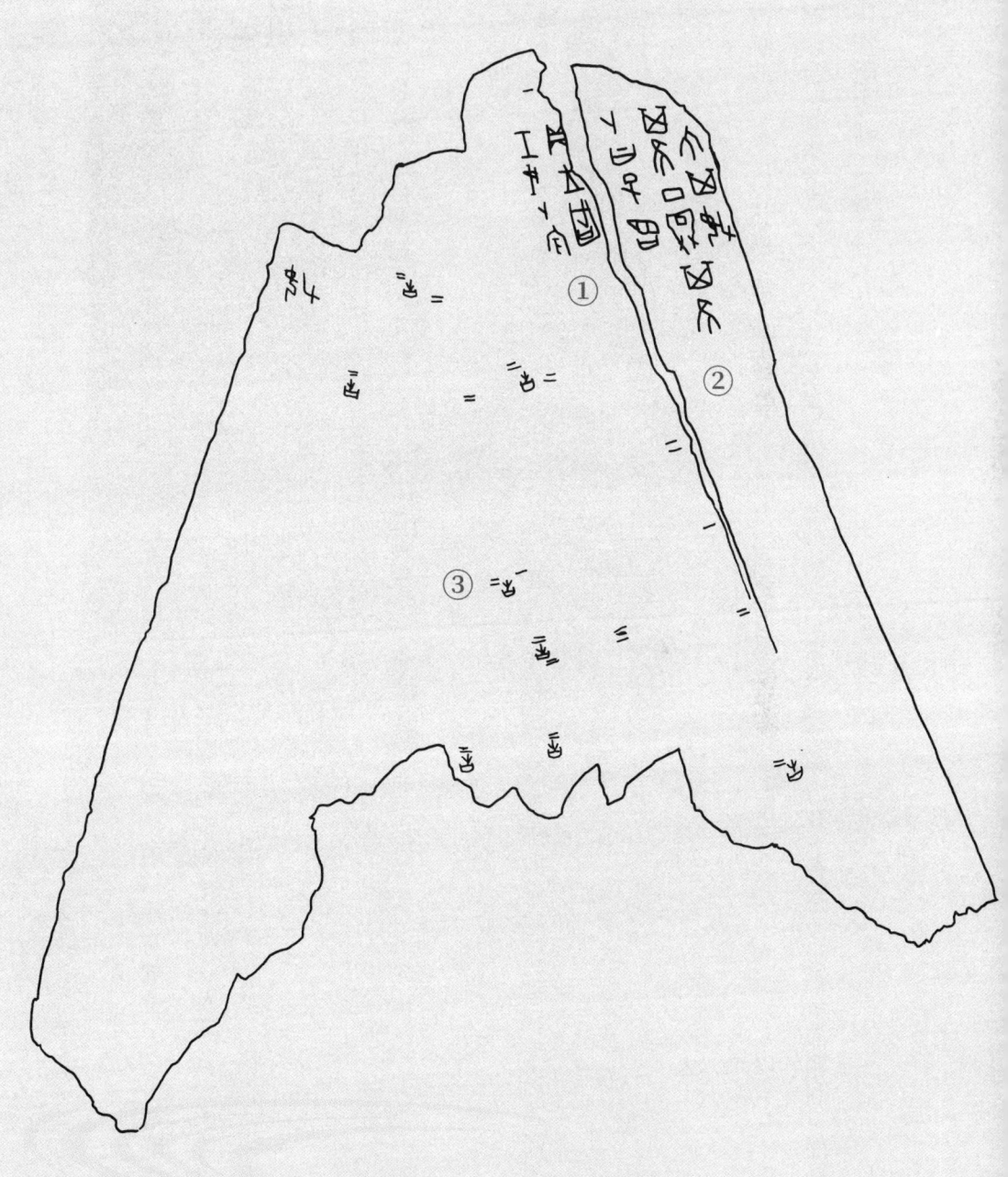

- 出處：《英》1117正面刻辭，骨。
- 斷代標準：貞人、兆辭、書體、事類。
- 說明：《殷墟甲骨刻辭摹釋總集》認為此版是偽刻。此版一來形狀不似牛肩胛骨，二來刻辭沒有貞辭，還用「王占卜曰」；另外在不灼之鑿的正面還有許多兆側刻辭。這些都不符合甲骨第一期的規律。

## ①壬戌卜，賓貞。王占卜曰：「子冒其隹丁冥，不其嘉。」

**白話譯文** 壬戌日占卜，貞人賓提問。王檢驗兆紋顯示的意義後說：「子冒將在丁日生產，將不會誕下男孩的。」

**閱讀方式** 右行。

**占辭部分：子冒其隹丁冥，不其嘉**。「冥」指象雙手掰開子宮以助生產的樣子。「嘉」以一女一耒的偏旁組合，表示女子以生下能用耒耜在田中耕種的兒子為嘉美之事。在卜辭中不是指生產順利，而是問是否能誕下兒子的意思。

② 「其隹嘉。」

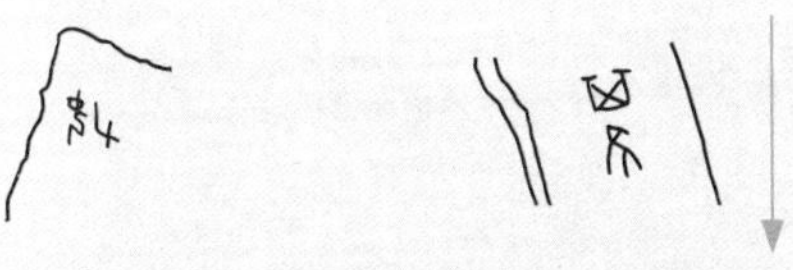

白話譯文 （王檢驗兆紋顯示的意義後說：）「將會誕下男孩的。」

閱讀方式 左行。

此爲**占辭部分**。「其隹」刻在右邊，明明下方還有位置，爲什麼將「嘉」刻在左邊？是補刻的嗎？

③ 一（序數）。上吉

白話譯文 第一次占卜。上吉。

閱讀方式 由右往左。

143

# 問夢白牛

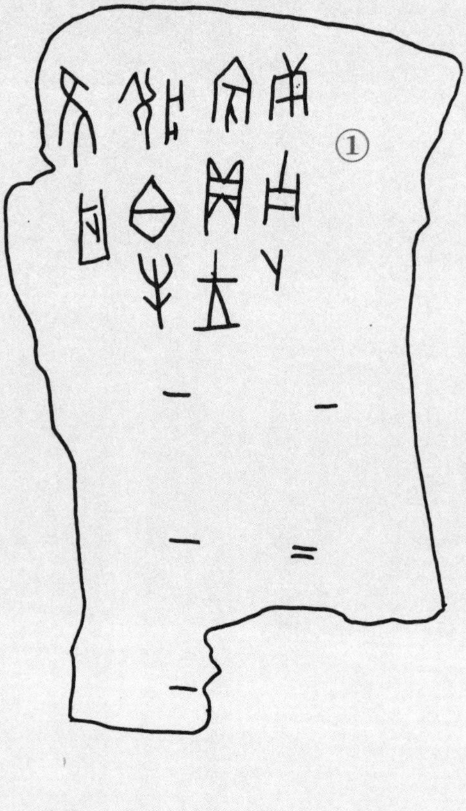

• 出處：《合》17393，骨。

• 斷代標準：貞人、書體、事類。

**①庚子卜，賓貞：「王夢白牛，隹禍？」一**（序數）

**白話譯文** 庚子日占卜，貞人賓提問：「王夢到白牛，會有災禍的，是嗎？」第一次占卜。

**閱讀方式** 左行。

**貞辭部分：王夢白牛，隹禍？**中國的牛沒有白色的，所以王夢到變異的牛，詢問是否表示將有禍事發生。

## 144 問骨頭瘦痛

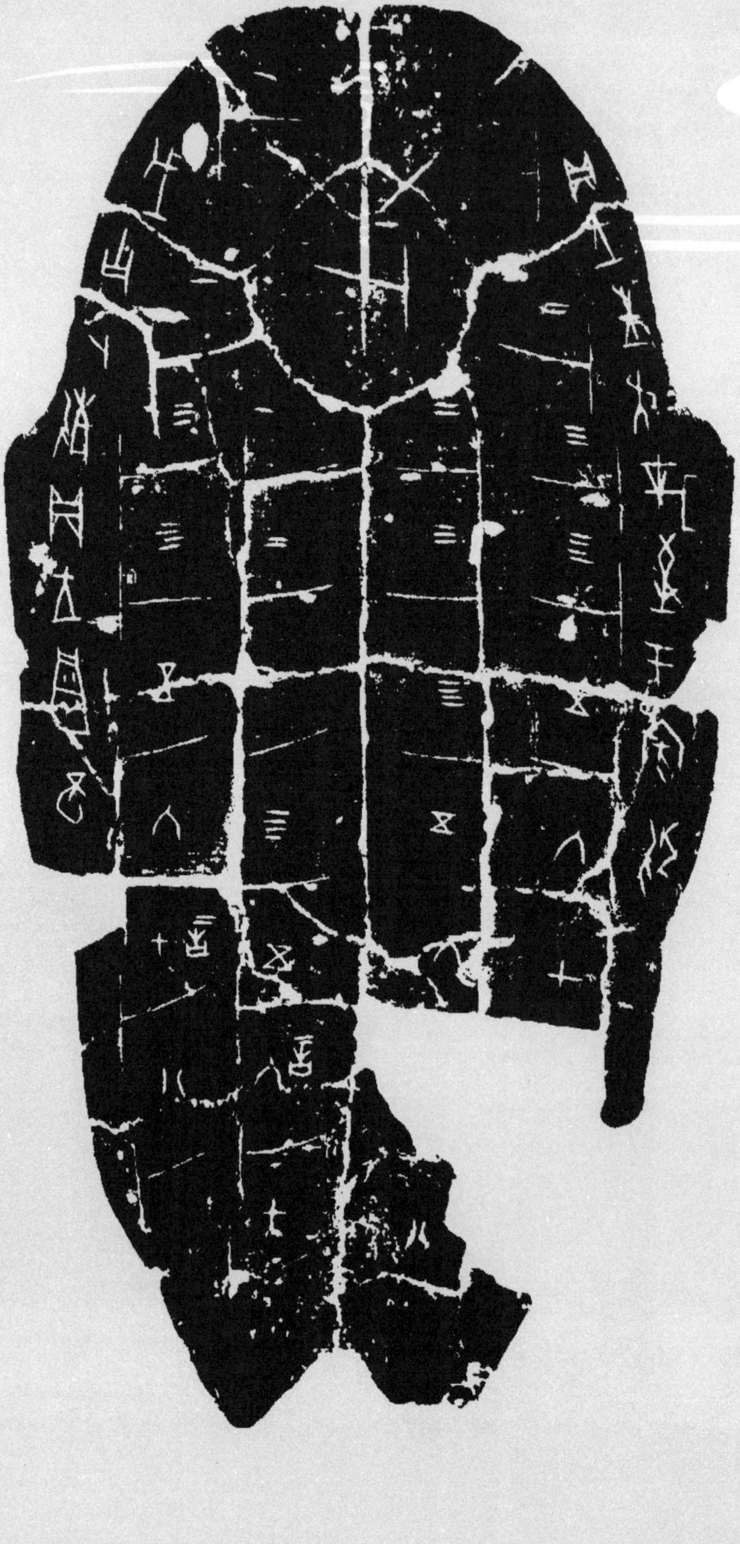

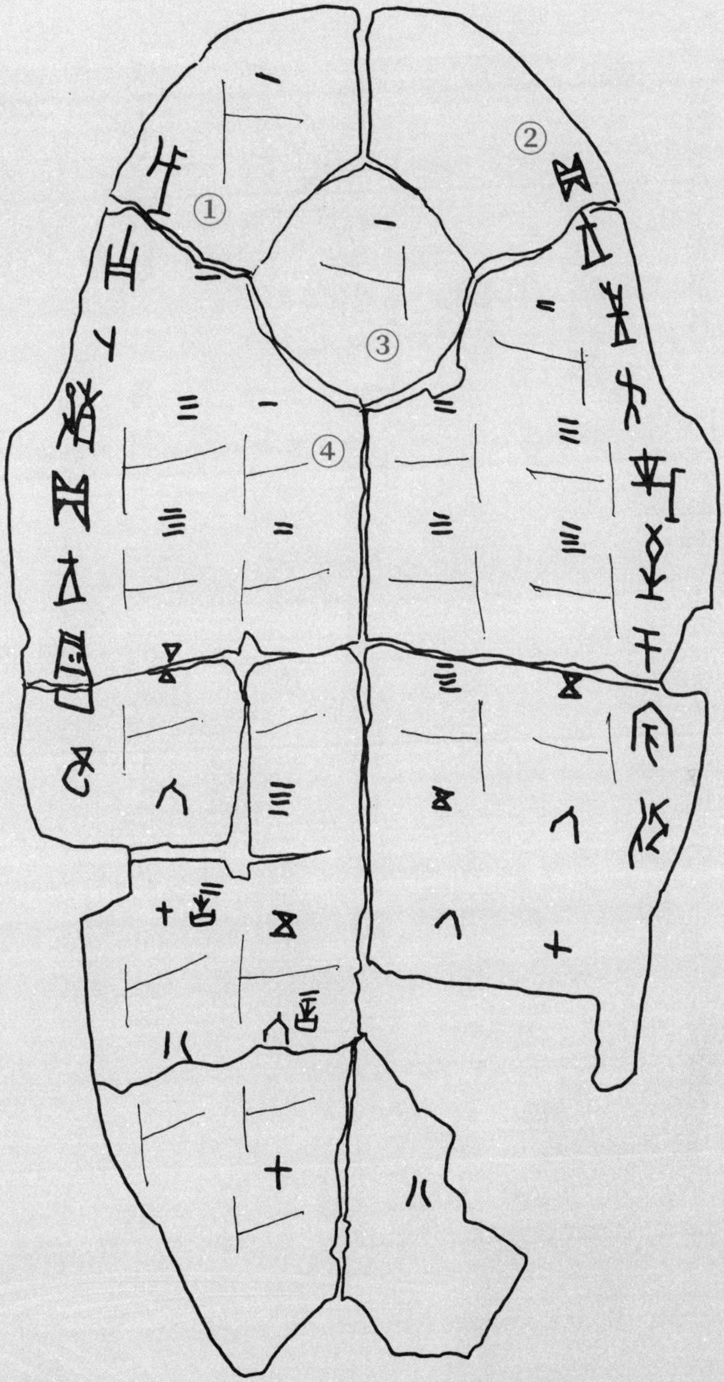
①
②
③
④

• 出處：《合》17230正面刻辭，龜腹甲。

• 斷帶標準：貞人、兆辭、書體。

①戊子卜，𣪊貞：「王𡆥肙？」一二三四五六七（上吉）八（序數）

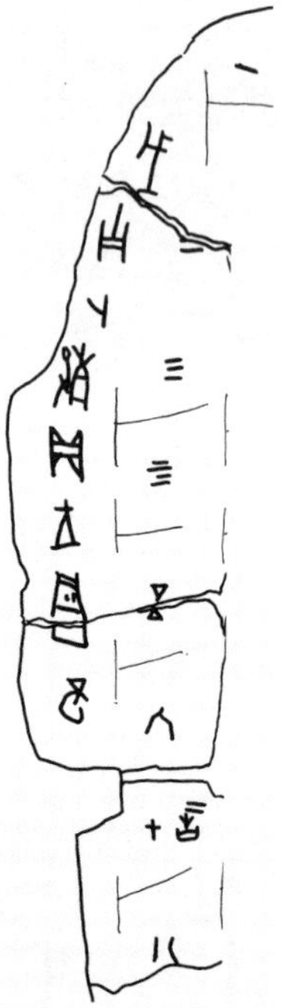

白話譯文

戊子日占卜，貞人𣪊提問：「王骨頭痠痛的病災會去除的，是嗎？」

第一、二、三、四、五、六、七（上吉）、八次占卜。

閱讀方式

由上而下。

**貞辭部分：王𡆥肙？**〈136〉已說明「𡆥」大致表示因長時間步行而導致骨頭痠痛。而「肙」是捐棄、去除的意思。

## ②貞：「王往走𢦏至于賓剮？」〔一〕二三四五六七（序數）

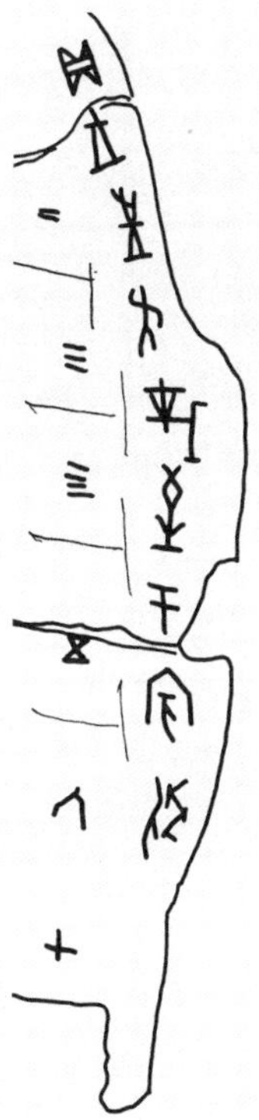

**白話譯文**

提問：「王要前往快走，把身上的病災消散，一直快走到賓剮，是適合的嗎？」〔第一、〕第二、三、四、五、六、七次占卜。

**閱讀方式**

由上而下。

**貞辭部分：王往走𢦏至于賓剮？**前一卜有干支，這一卜承接，記錄商王以「走」消除骨頭痠痛的病疾，顯現商代或有走災的習俗。走字上半象人搖擺手臂跑步的樣子，古代的「走」實為跑的動作。「」暫時隸定為「剮」，字的右半是骨頭簡化後的線條，實際意義不明。或有可能「賓剮」是地名。

③ 一二三四五六[七]八（序數）

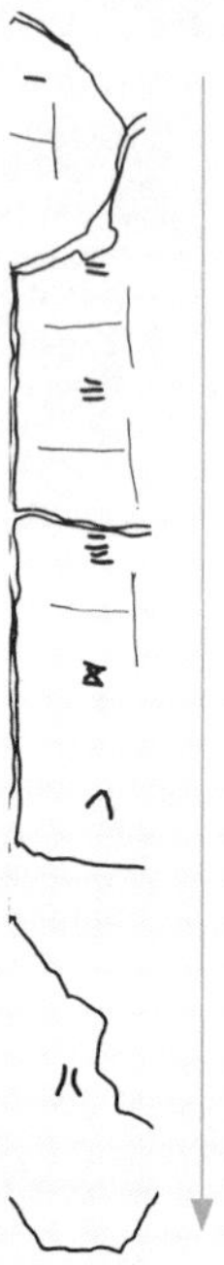

**白話譯文** 第一、二、三、四、五、六、[七、]八次占卜。

**閱讀方式** 由上而下。

第一期出現的**序數**多。

④ 一二三四五六（上吉）七（序數）

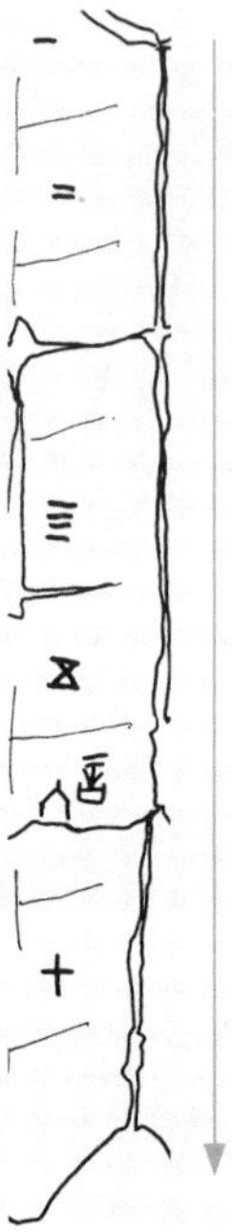

**白話譯文** 第一、二、三、四、五、六（上吉）、七次占卜。

**閱讀方式** 由上而下。

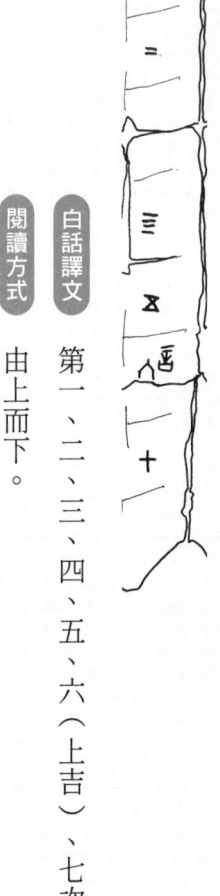

摹寫練習

# 145 問派遣出使

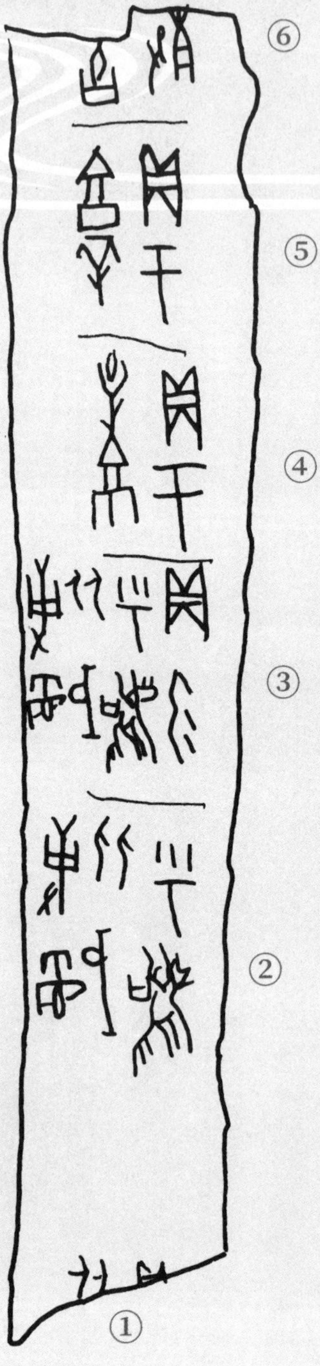

• 出處：《合》4722，骨。
• 斷帶標準：貞人、書體。

①貞：「☐從☐」

閱讀方式
左行。

②「乎鳴從戉史[illegible]？」

白話譯文
（提問：）「呼叫鳴跟從戉出使到[illegible]國，是合適的嗎？」

閱讀方式
左行。

「鳴」字象鳥張開鳥喙並朝上鳴叫的樣子，在此作爲人名。「戉」爲國名或人名。「史」即「使」，指出使他國。「[illegible]」亦為國名。

③貞：「勿乎鳴從戉史[illegible]？」

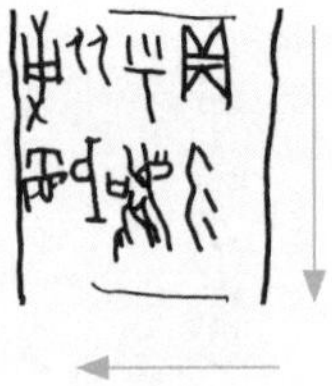

**白話譯文** 提問：「不要呼叫鳴跟從戉出使到[illegible]國，是合適的嗎？」

**閱讀方式** 左行。

④貞：「于畬？」

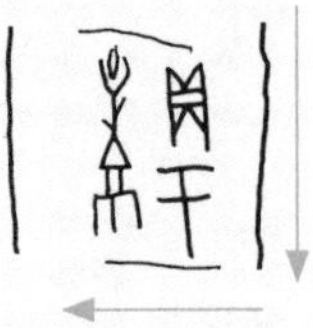

**白話譯文** 提問：「要（出使）到畬這個國家嗎？」

**閱讀方式** 左行。

⑤貞：「于章？」

**白話譯文** 提問：「要（出使）到章這個國家嗎？」

**閱讀方式** 左行。

第四和第五卜的地名——「喬」跟「章」，或表示使節將前往的地方或路過之處。「」象建築物上有裝飾物，或為後來「喬」字最初的字形，暫時隸定為「喬」。

⑥☐殼☐遺☐

**閱讀方式** 左行。

# 146 問東出征

• 出處：《合》8884，骨。

• 斷代標準：貞人、書體。

**①丁丑卜，賓貞：「朿得？」王占曰：「其得，隹庚；其隹丙，其齒。」四日庚辰朿允得。十二月。**

**白話譯文**

丁丑日占卜，貞人賓提問：「朿（在戰場上）會有所得，是嗎？」王檢驗兆紋顯示的意義後說：「在庚日，將有所獲得；在丙日，將有不利的事發生。」在四天後的庚辰日朿（在戰場上）確實有所得。占卜日期是十二月。

**閱讀方式**

右行。

**貞辭部分：朿得？**「朿」字象有刺的植物之形，在這裡是爲人名；「得」是詢問在戰場上是否將得到勝利、有所俘獲的意思。

**占辭部分：其得，隹庚；其隹丙，其齒。**此版的占辭綜合兩卜的內容，所以用分號隔開。「齒」爲假借，有負面的災難之意，或指有敵人入侵，或爲戰事不利的意思。

## 147 問三事——收成、誰出任務、可否搭車

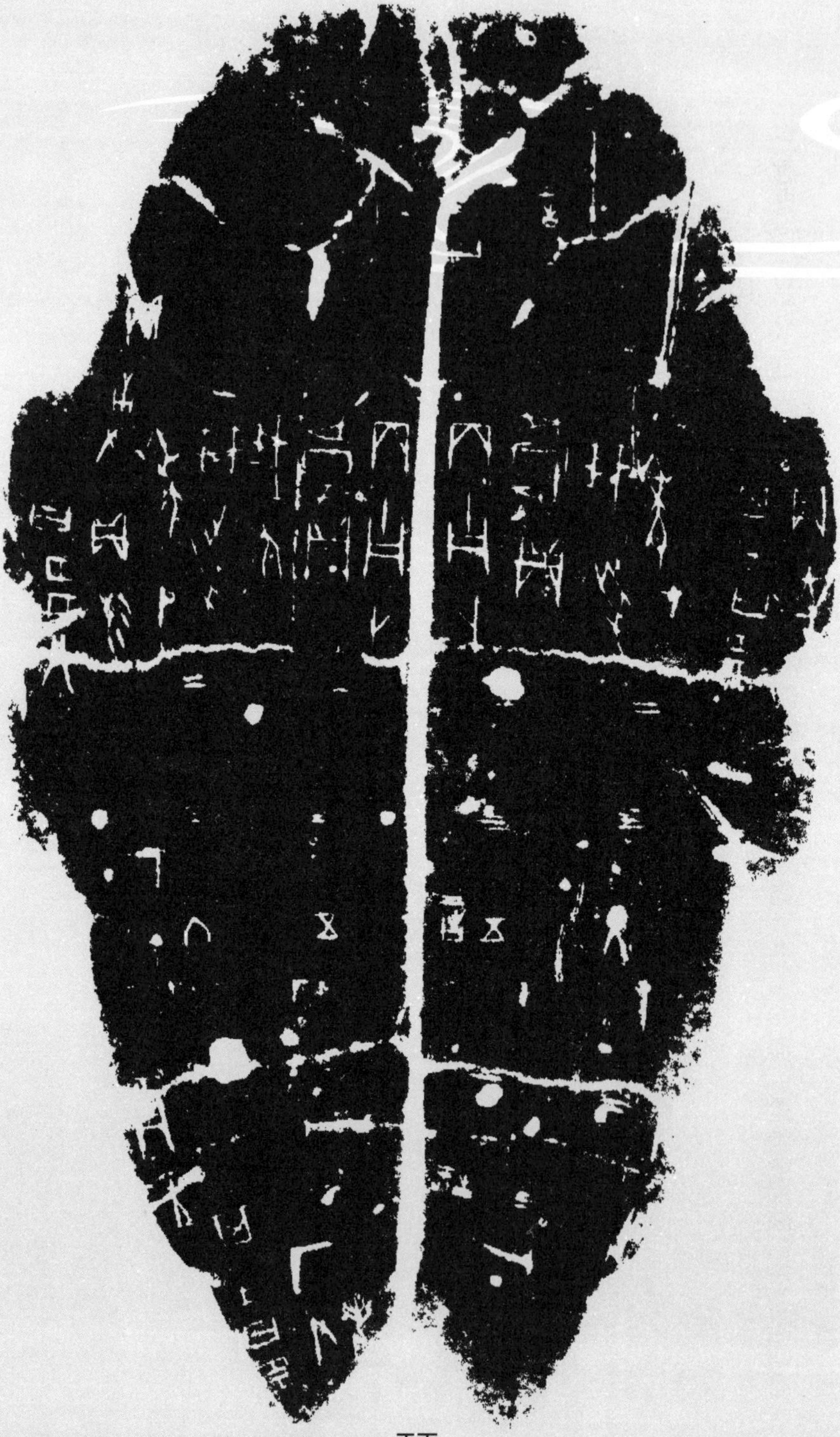

正面

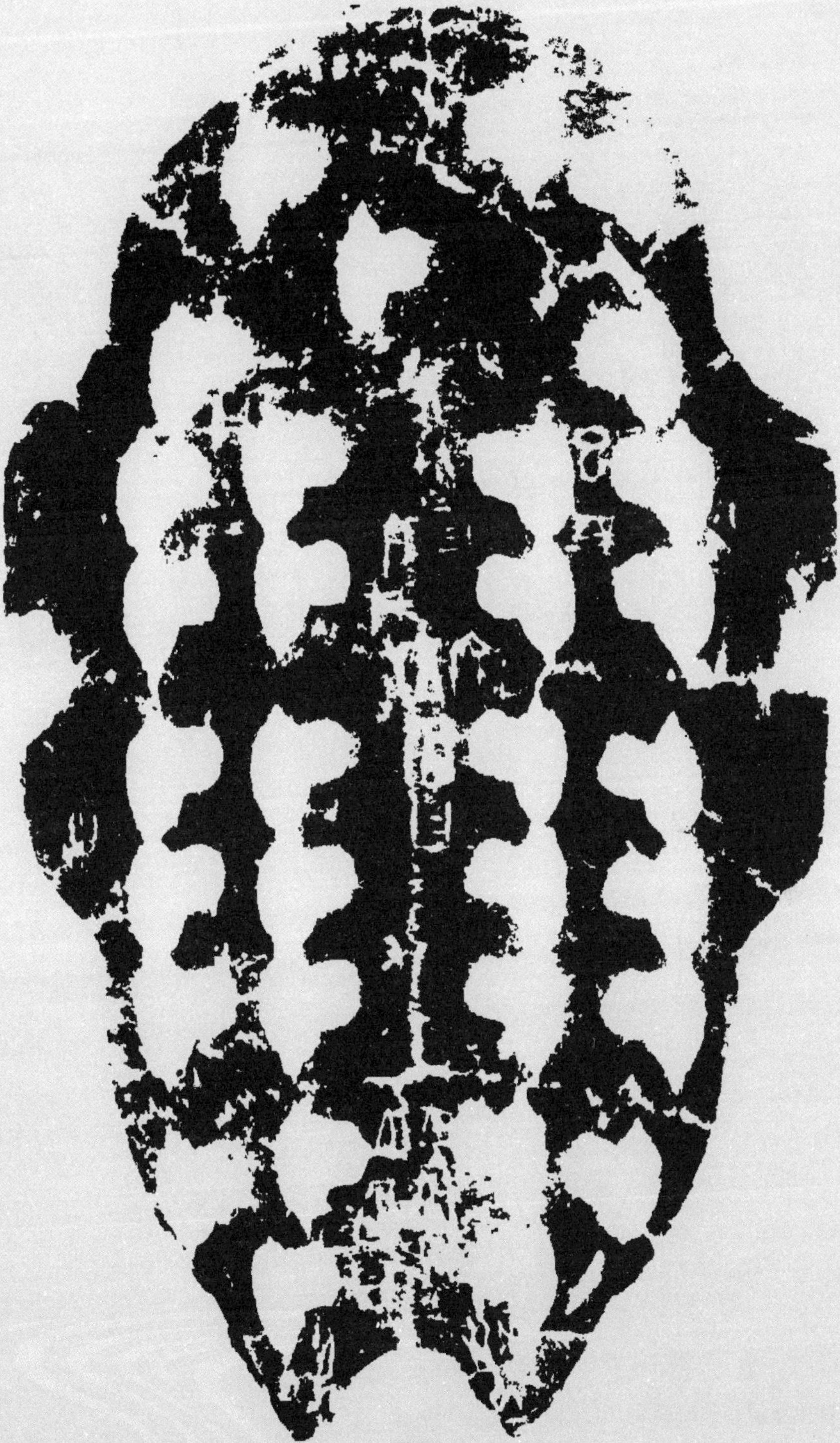
背面

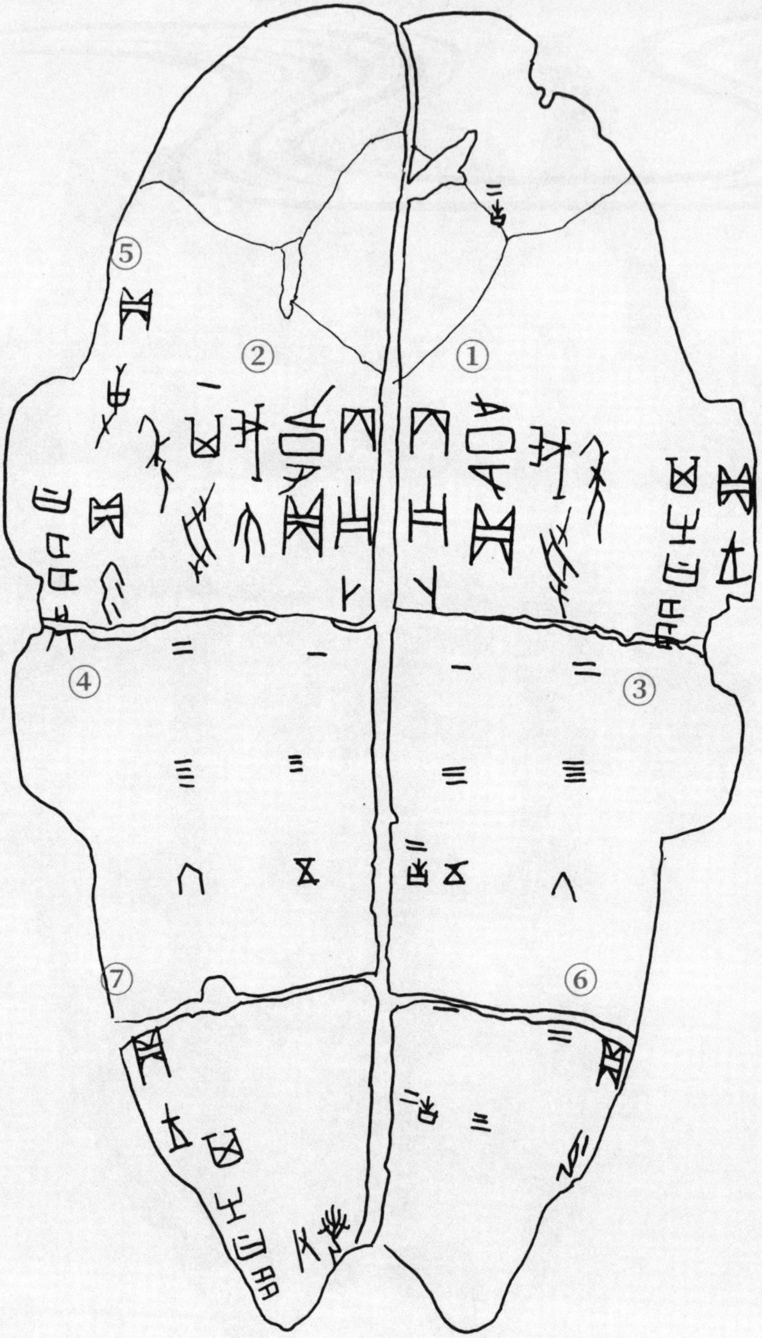

（背面未摹寫）　　　　　　　　正面

• 出處：《合》5611正面刻辭，龜腹甲。

• 斷代標準：貞人、兆辭、書體。

① 丙子卜，韋貞：「我受年？」一二三四五（上吉）六（序數）

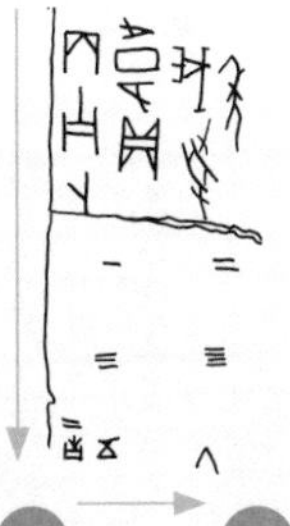

**白話譯文** 丙子日占卜，貞人韋提問：「我商國會接受到好的年收的，是嗎？」第一、二、三、四、五（上吉）、六次占卜。

**閱讀方式** 由內往外。

② 丙子卜，韋貞：「我不其受年？」一二三四五六（序數）

**白話譯文** 丙子日占卜，貞人韋提問：「我商國將不會接受到好的年收的，是嗎？」第一、二、三、四、五、六次占卜。

**閱讀方式** 由內往外。

第一與二卜詢問受年，有**前辭形式**。第三至七卜則省略前辭形式，有可能第三至七卜也是卜問與農業有關的任務。

③貞：「王其㞢曰多？」

白話譯文 提問：「王將提議多（尹）（去做），是嗎？」

閱讀方式 由外往內。

**貞辭部分**：王其㞢曰多？「㞢曰」可能是提議的意思。

④貞：「勿曰多尹？」

白話譯文 提問：「（王）不要提議多尹（去做），是嗎？」

閱讀方式 由內往外。

綜合第三、四卜，可知第三卜的「多」實爲「多尹」，兩卜正反**對貞**，是詢問王要不要請多尹去執行某項任務。

## ⑤貞：「史?」

**白話譯文** 提問：「（提議）史官（去做），是合適的嗎？」

**閱讀方式** 由上而下。

綜合第三到第六卜，可能王提議在多尹、史、御三類人選之間進行選擇。

## ⑥貞：「御?」一二三（序數）。上吉。

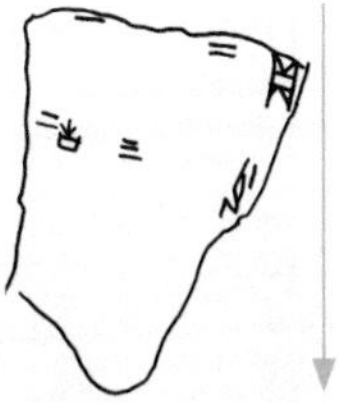

**白話譯文** 提問：「（提議）御（去做），是合適的嗎？」第一、二、三次占卜。
上吉。

**閱讀方式** 由上而下。

**貞辭部分：御？**卜辭「御」大都作駕馭的意思，在此指駕馭馬車的人。

**⑦貞：「王其㞢曰多尹，若？」**

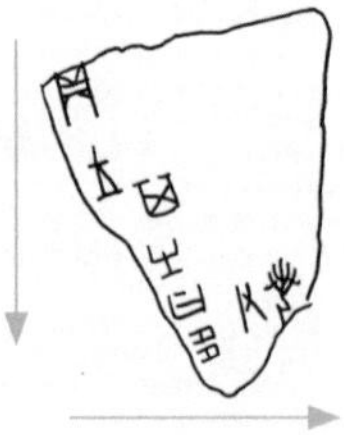

**白話譯文** 提問：「王將提議多尹（去做），會順利的，是嗎？」

**閱讀方式** 由外往內。

此版的背面未摹寫，在此說明。背面共有四卜，分別記錄**占辭部分**：「王占曰：若」、「王占曰：御」、「王占曰：賓」和「王占曰：巳狂」，或許亦分別對應正面第七卜「王其㞢曰多尹，若」、第六卜「御」、第三四卜「多尹」和第一二卜「丙子受年」等貞辭。

摹寫練習

148

# 進骨紀錄

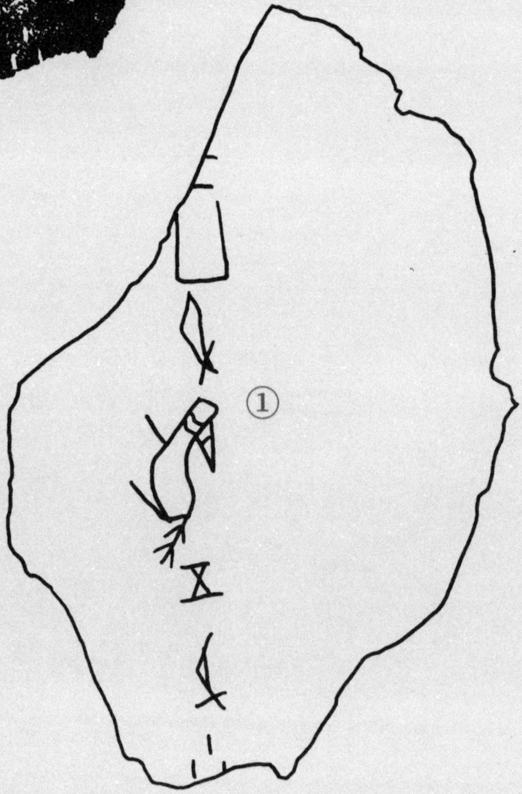

①

- 出處：《懷》967背面刻辭，骨。
- 斷代標準：書體、用語。

① ▨□廿屯，兕五屯□▨

**白話譯文** ▨（入貢某動物骨頭）二十屯，犀牛骨頭五屯▨

**閱讀方式** 由上而下。

「屯」是兩片肩胛骨綑紮成一對的樣子，是計算甲骨的單位詞。前半不知是哪種動物的骨頭，有二十屯，後半是犀牛骨頭五屯。龜甲牛骨可用來占卜，但入貢其他動物的骨頭，或是因爲戰利品，或捕獲的動物品種珍貴。罕見動物的骨頭可援用作爲擺設的裝飾物，如加拿大皇家安大略省博物館（Royal Ontario Museum）所收藏俗稱爲「骨柶」的老虎前膊骨，鑲有綠松石，是以帝辛所獵捕的老虎前膊骨修治成的藝術品。

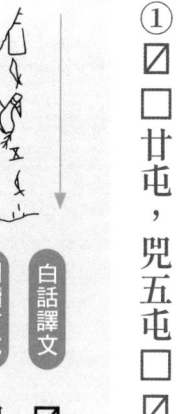

# 149 問二事——派遣出使、穀物收成

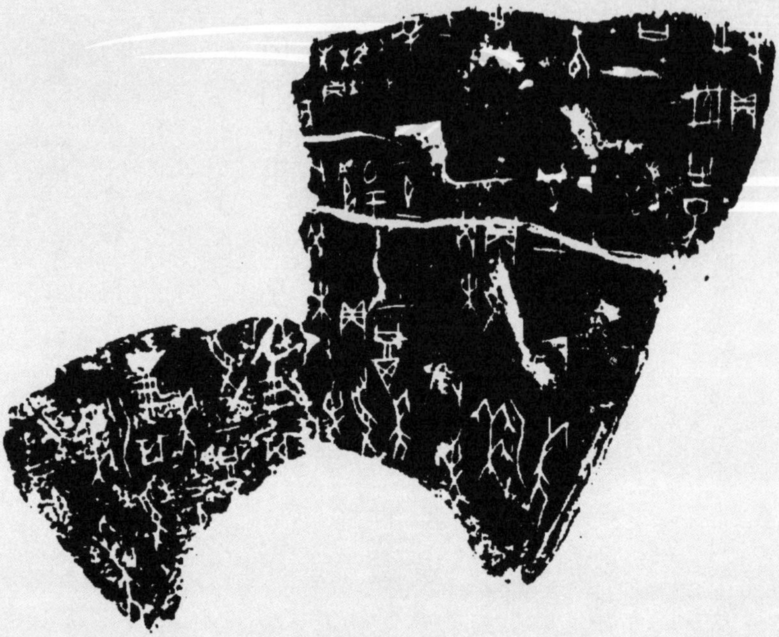

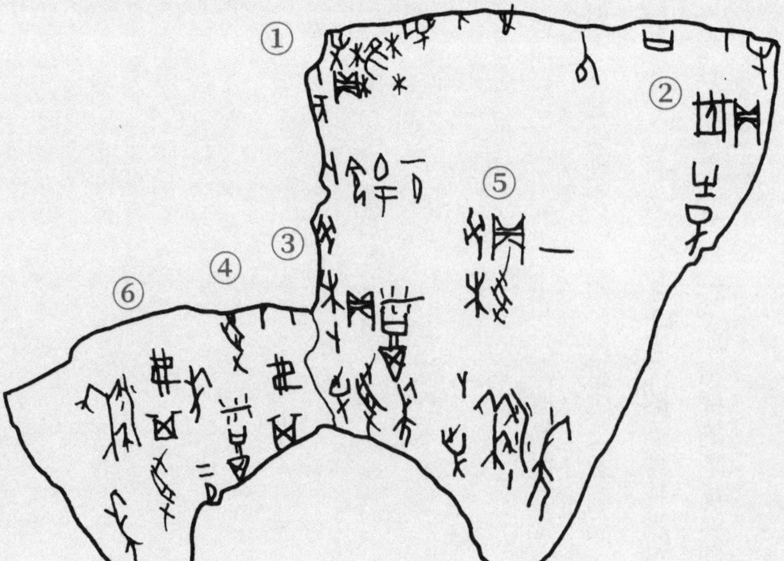

• 出處：《合》10047，龜腹甲。

• 斷代標準：貞人、書體、事類。

①辛亥卜，爭貞：「令暮日于曼？」一月。一（序數）

**白話譯文** 辛亥日占卜，貞人爭提問：「命令暮白天到曼這個地方，是適當的嗎？」占卜日期是一月。第一次占卜。

**閱讀方式** 由內往外。

**貞辭部分：令暮日于曼？**「暮」字象太陽落至林間，或加上鳥偏旁，以鳥歸巢表示黃昏時分，在此爲人名。「日」一般作爲時間副詞。

② ☒爭貞：「☒□死㞢子☒□☒氐☒」

**白話譯文** ☒貞人爭提問：「☒□子（某）正常死亡☒□☒氐☒」

**閱讀方式** 由外往內。

此卜的「死」字是表示正常、非意外的死亡。

③ 癸未卜，爭貞：「受稻年？」

**白話譯文** 癸未日占卜，貞人爭提問：「會接受到好的稻子年收的，是嗎？」

**閱讀方式** 由內往外。

**貞辭部分：受稻年？**從卜辭「受稻年」、「受黍年」，可知商朝主要糧食爲稻和黍（小米）。「稻」字呈現打下的米粒裝盛在敞口、窄身、尖底的罐中。商代之前稻米爲南方農作物，北方沒有種植稻米，

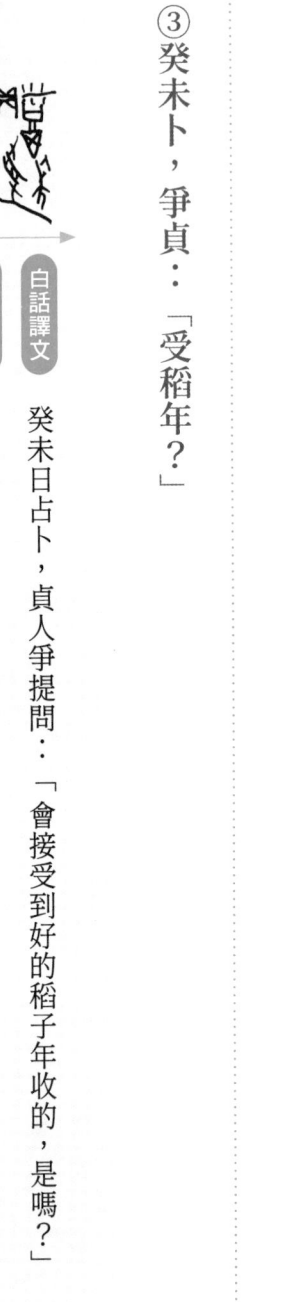

米貯放於尖底罐中是爲了由南方長途運輸至北方，以及方便傾倒之用。

**④貞：「弗其受稻年？」二月。**

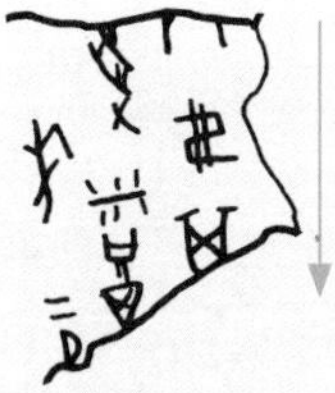

**白話譯文** 提問：「將不會接受到好的稻子年收的，是嗎？」占卜日期是二月。

**閱讀方式** 由內往外。

與上一卜正反**對貞**。

**⑤癸未卜，爭貞：「受黍年？」一（序數）**

**白話譯文** 癸未日占卜，貞人爭提問：「會接受到好的小米年收的，是嗎？」第一次占卜。

**閱讀方式** 由內往外。

「黍」字呈現枝葉錯落下垂，有的字形還加上水的偏旁，表示可用來釀酒的黏性小米，與作爲糧食的沒有黏性的小米有所不同。「麥」字則枝葉對稱下垂。

### ⑥「弗其受黍年？」

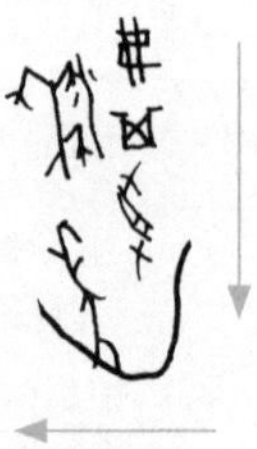

**白話譯文** （提問：）「將不會接受到好的小米年收的，是嗎？」

**閱讀方式** 由內往外。

與上一卜正反**對貞**。

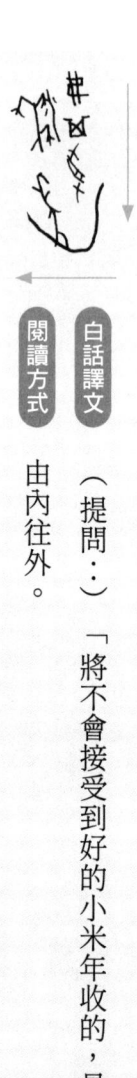

摹寫練習

# 150 問二事

——牙痛、田獵

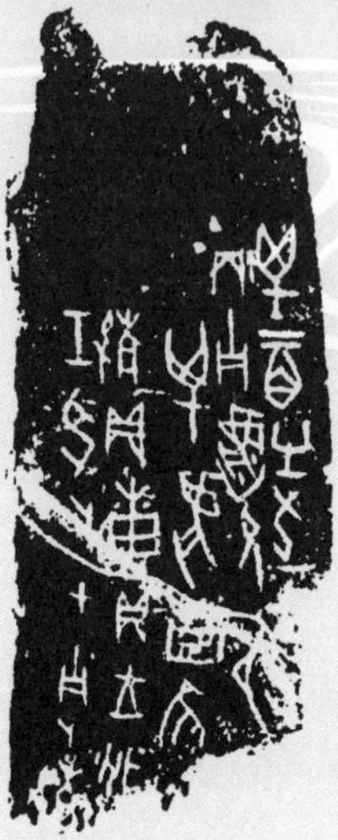

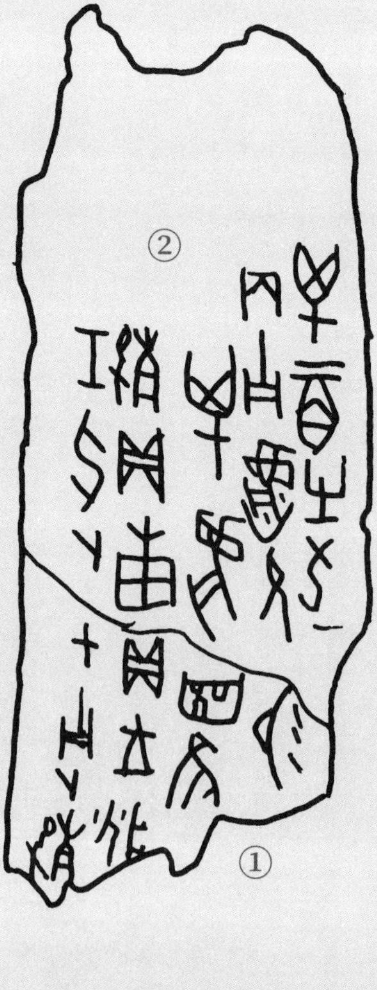

- 出處：《合》10349，骨。
- 斷代標準：貞人、書體。
- 說明：此版以畫線加以分隔兩卜內容。第一卜記錄商王牙痛，相隔九天後第二卜卜問田獵，由驗辭內容可知王不但不受牙痛影響，還大量擒獲獵物。第一期卜辭常見如此墾荒、開發新土地的紀錄。

## ①甲子卜，㱿貞：「王疾齒，隹☐易？」

**白話譯文** 甲子日占卜，貞人㱿提問：「王牙齒有毛病，會☐變易（掉牙）的，是嗎？」

**閱讀方式** 右行。

②壬申卜，殻貞：「甫，禽麋？」丙子阱，允禽二百㞢九。一[月]。

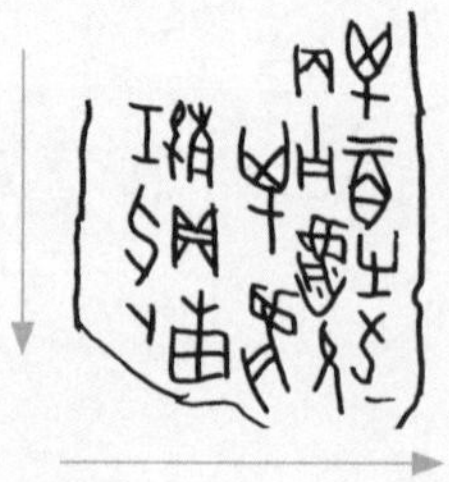

**白話譯文**

壬申日占卜，貞人殻提問：「已種植作物的田地，會擒獲到麋的，是嗎？」丙子這一天設下陷阱，確實擒獲了兩百零九隻麋。占卜日期是一月。

**閱讀方式**

右行。

**貞辭部分：甫，禽麋？**「甫」即是「圃」，表示開墾的土地已種植作物。「禽」爲「擒」的初文，以捕捉鳥獸的長柄網子，表示擒獲之意。「麋」暫時隸定爲「麋」，是鹿的一種，字形表現出該種類的鹿在眉毛之處有特殊斑點。

這條卜辭或與古帝王籍田禮儀有關，或在春天幼苗初生時驅趕禽獸，以利進行農耕工作。

摹寫練習

# 151 問二事——出使人選、朝貢

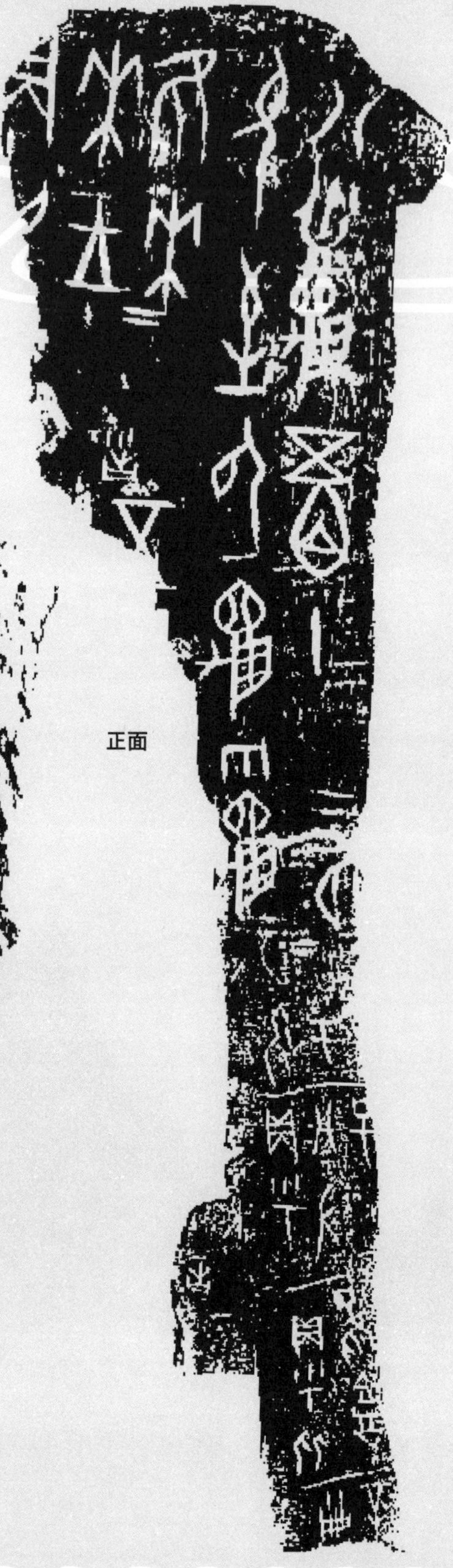

正面

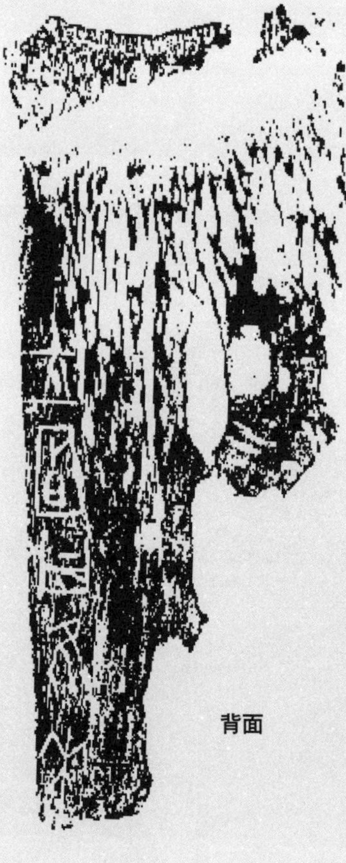

背面

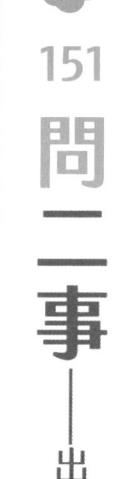

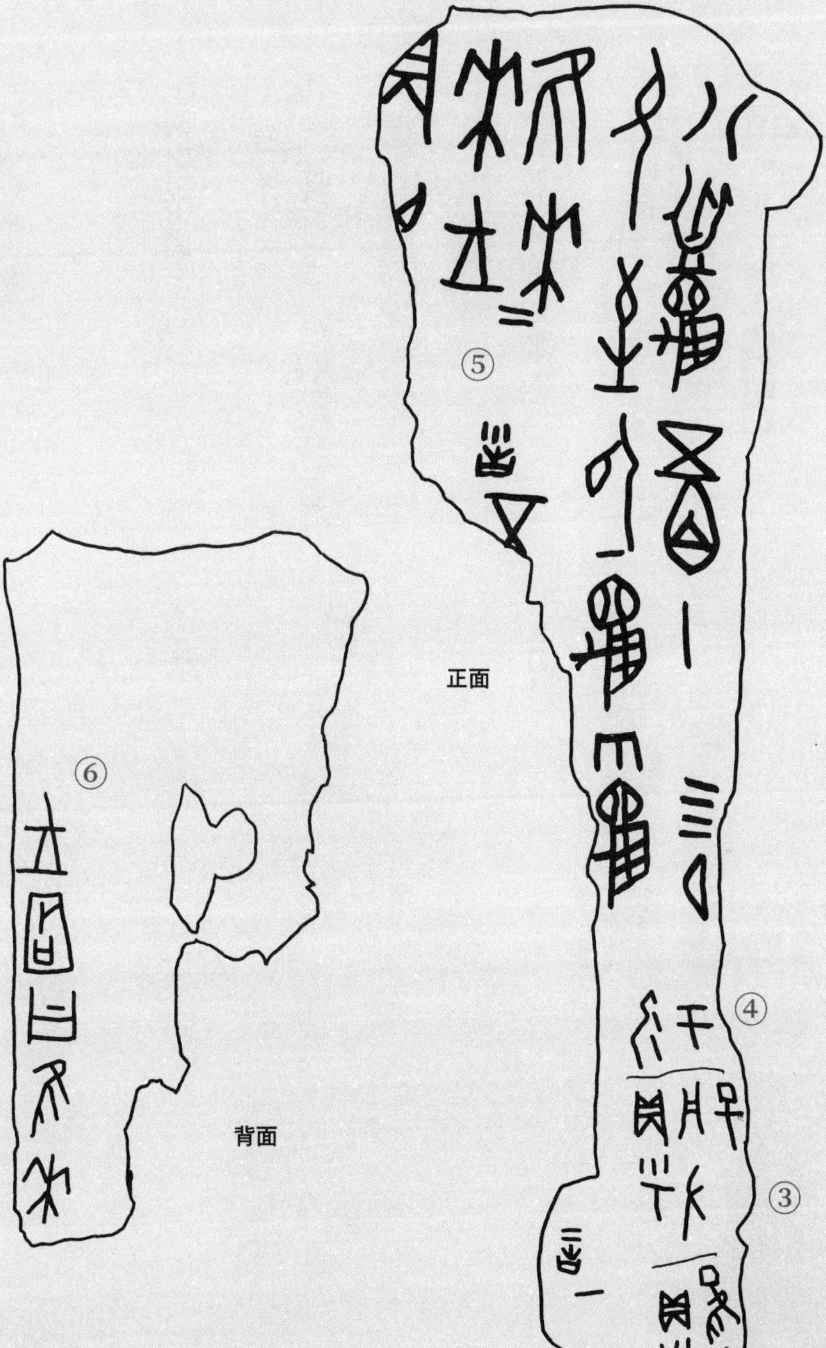
⑤
正面
⑥
④
背面
③
②
①

• 出處：《合》8996正面與背面刻辭，骨。
• 斷代標準：書體。

①㞢☐辛☐

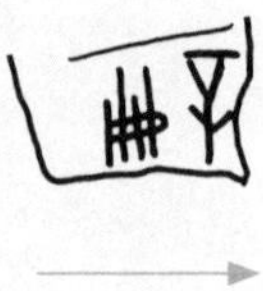

閱讀方式
右行。

②貞：「乎從□郭？」一（序數）。上吉。

白話譯文
提問：「呼叫（某）跟從□到郭國，是適合的嗎？」第一次占卜。上吉。

閱讀方式
右行。

**貞辭部分：乎從□郭。**「□」是人名，「郭」是國名。整句意思是說要不要召來某人跟從□到郭國，被召喚的某人在此條卜辭被省略，也不清楚到郭國進行的任務是什麼。也有可能「郭」是動詞，和修建城牆有關。

**③貞：「乎凡左子？」**

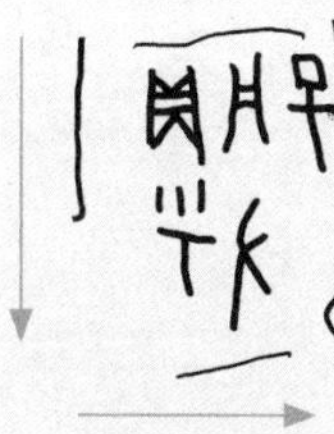

**白話譯文** 提問：「呼叫凡去幫助子，是適合的嗎？」

**閱讀方式** 右行。

**貞辭部分：「乎凡左子？」**「左」字在此是輔佐、幫助的意思。動詞「乎」後的人物通常是外服身分的諸侯或臣屬。

④「勿于？」

**白話譯文** 提問：「不要在…。」

**閱讀方式** 由左而右。

「勿于」後的賓語可能補刻在骨頭的背面。

⑤ ⧄貞：「□⧄來王？」「隹來。」允至，氐龜：靁八、〓五百十。四月。一（序數）。小吉。

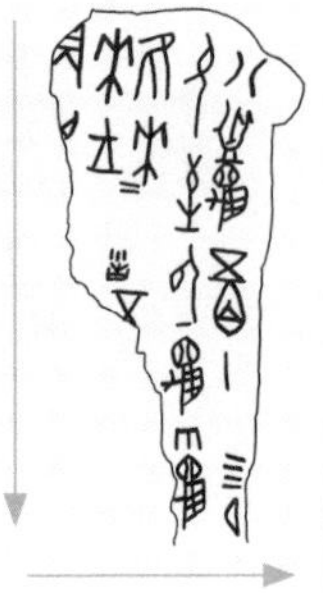

**白話譯文** 提問：「□⧄（某一方國）會來商王都朝聘的，是嗎？」（王檢驗兆紋顯示的意義後說：）「會來朝聘的。」方國確實來到，並入貢、提供了龜版：靁八片、〓五百一十片。占卜日期是四月。第二次占卜。小吉。

**閱讀方式** 右行。

**占辭部分：隹來。**從背面的「隹來」是占辭來看，這卜的「隹來」也應是占辭，省略王占曰。

**驗辭部分：允至，氏龜：黿八、[illegible]五百十。**「氏龜」的「氏」象手提一物的樣子，在此指入貢占卜之用的龜版。由於安陽當地烏龜有限，但占卜消耗量大，所以需要仰賴方國入貢。「黿」、「[illegible]」當指烏龜的品種，兩字在龜以外的偏旁或爲聲符用途。現今所發現殷墟龜版的尺寸，可分成三種：小型的龜甲即「安陽田龜」，是否全爲安陽當地所產則不可證；中型的龜甲有可能是鄰近地區的物種；大型的海龜則是海南地域的物種，通過進貢或交易得來。此卜就入貢數量來看，黿數量少，或爲珍貴的大型海龜龜甲。

⑥（背面）王占曰：「隹來☐」

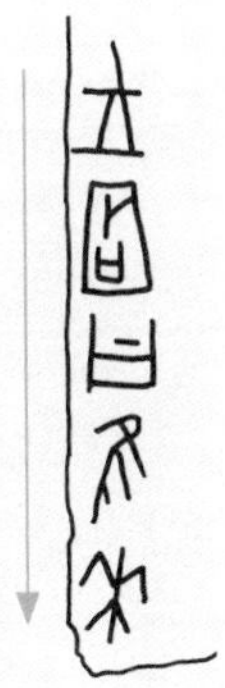

**白話譯文** 王檢驗兆紋顯示的意義後說：「是來朝聘☐」

**閱讀方式** 由上而下。

# 152 問進貢麥子

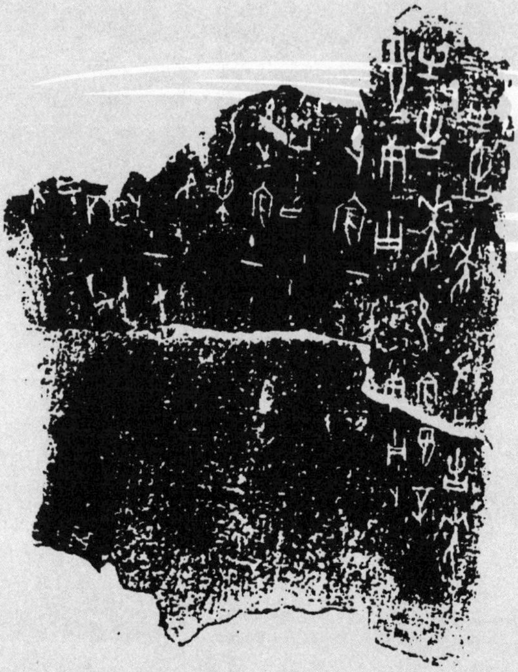

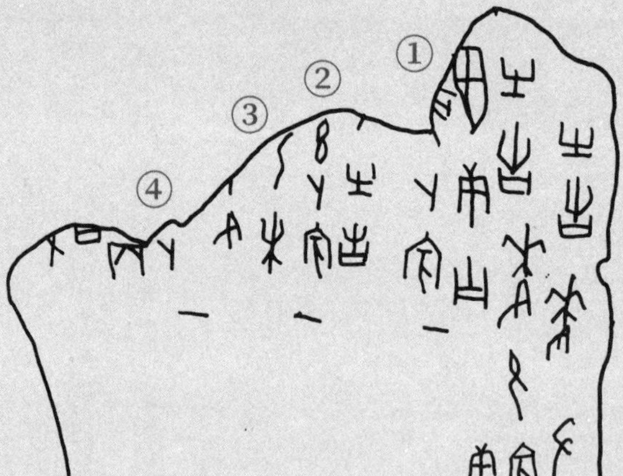

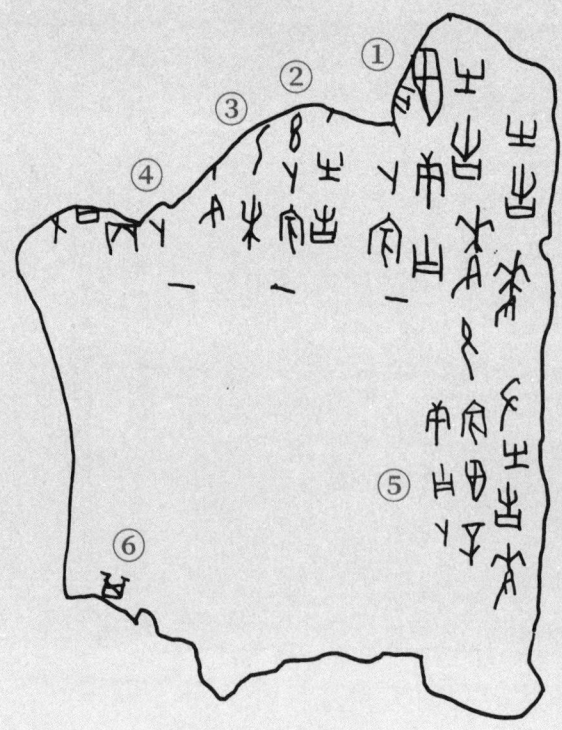

- 出處：《合》9620，骨。
- 斷代標準：貞人、書體。
- 說明：此版出現貞人名字卻缺少貞字，為第一期少見的情形。

① □亥卜，賓：「羽庚子㞢告麥？」允㞢告麥。一（序數）

**白話譯文**

□亥日占卜，貞人賓（提問）：「第二天庚子日會有來報告（進貢）麥子的，是嗎？」確實有來報告（進貢）麥子。第一次占卜。

**閱讀方式**

右行。

**貞辭部分：羽庚子㞢告麥？**「告麥」就是前來報告麥子進貢的情形。

**驗辭部分：允㞢告麥。**此卜**貞辭**後直接刻寫**驗辭**，沒有**占辭**。

麥子爲外來品種，非中原物產，考古發掘最早見於西北新疆一帶的龍山文化遺址；中國所產最早見於西周時代。其根鬚長，可以深入土壤吸收水和養分，所以在貧瘠的土地也能生長。到了漢代，小麥已成華北的主糧。

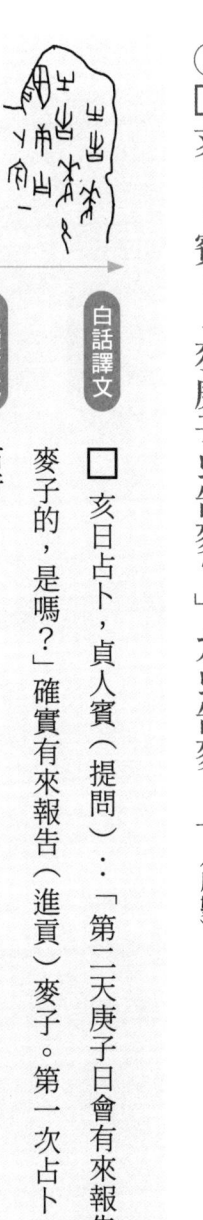

②□午卜，賓：「⧄㞢告⧄」一（序數）

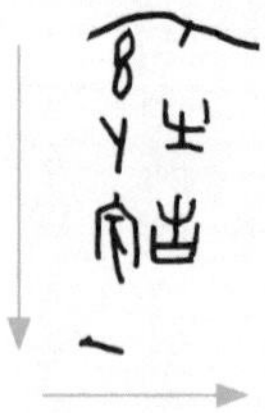

閱讀方式 右行。

③乙未⧄麥？一（序數）

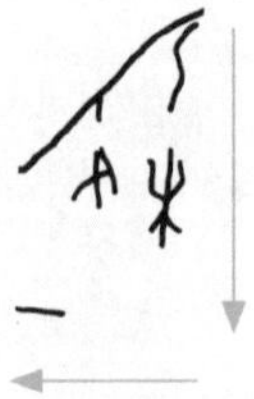

閱讀方式 左行。

④⧄卜⧄丙⧄其⧄麥？

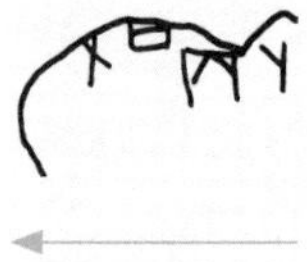

閱讀方式 左行。

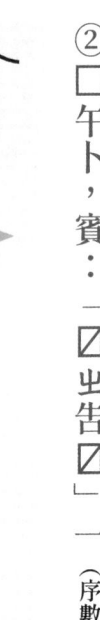

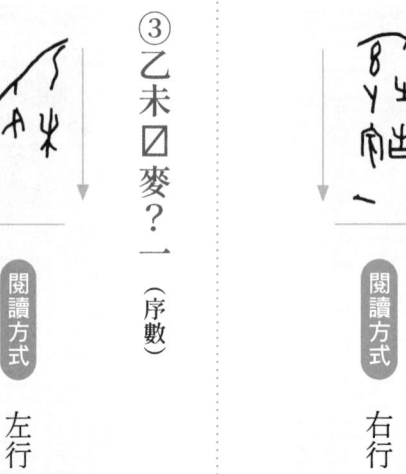

⑤庚子卜，賓：「羽辛丑㞢告麥？」

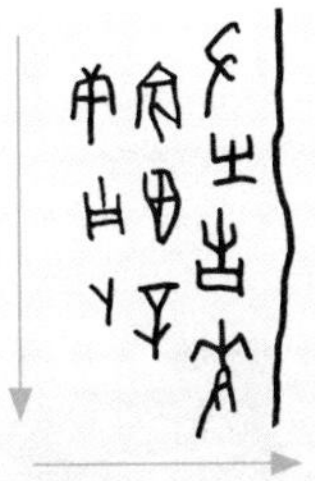

**白話譯文** 庚子日占卜，貞人賓（提問）：「第二天辛丑日會有來報告（進貢）麥子的，是嗎？」

**閱讀方式** 右行。

⑥其⧄

**閱讀方式** 單一字。

153

# 問田獵

拓本原寸長 20 公分、寬 12.7 公分，圖為原寸 75%。

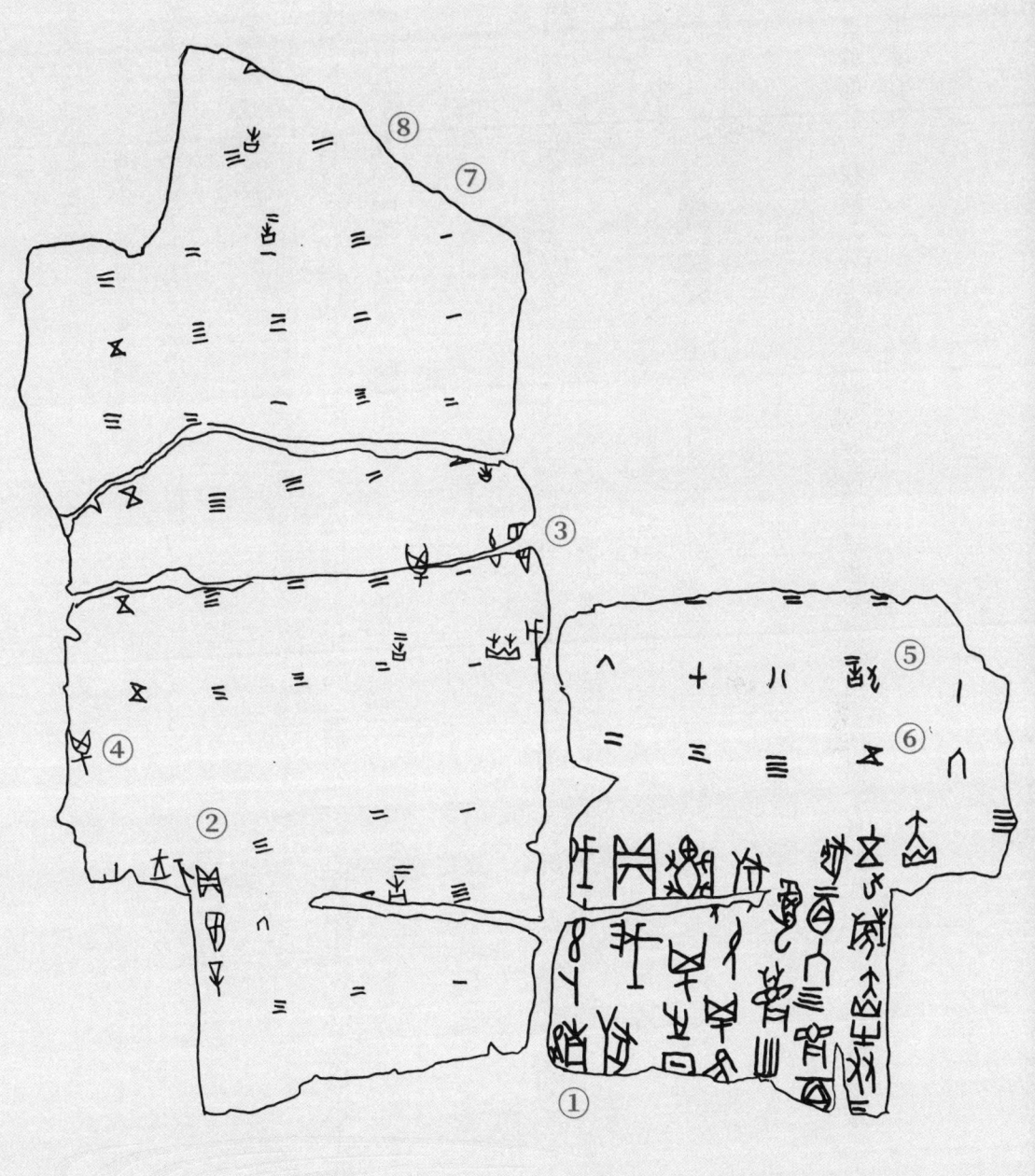

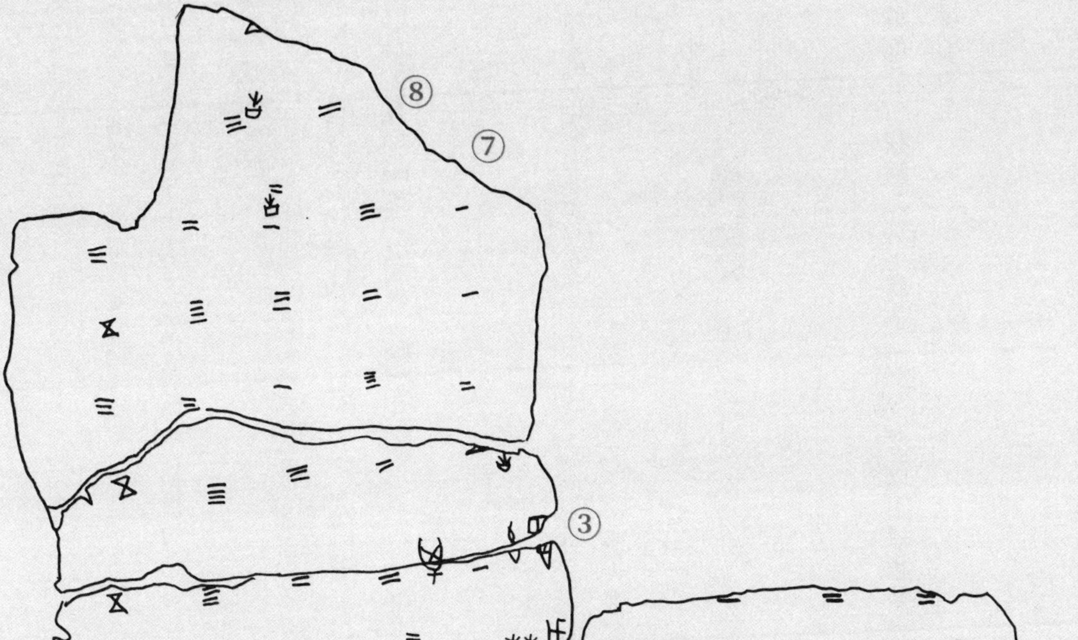

⑧
⑦
③
⑤
⑥
④
②
①

- 出處：《合》10198，龜腹甲。
- 斷代標準：貞人、兆辭、書體。
- 說明：這版記錄了一次大規模田獵所捕獲的動物種類及數量。

①戊午卜，㱿貞：「我獸☐，禽？」之日獸，允禽：獲虎［一］、鹿四十、☐二百六十四、☐一百五十九、☐赤㞢友、⧄赤⧄

白話譯文

戊午日占卜，貞人㱿提問：「王要在☐地狩獵，會有所擒獲的，是嗎？」這一天狩獵，確實有所擒獲：捕獲老虎一隻、鹿四十隻、☐兩百六十四隻、☐一百五十九隻、☐赤有一雙、⧄赤⧄

閱讀方式

由內往外。

**貞辭部分：我獸☐，禽？**「獸」字以田網和獵犬爲田獵所需工具的代表，表示狩獵之意。「☐」在此是地名。

**驗辭部分：之日獸，允禽：獲虎〔一〕、鹿四十、⿰亡犬二百六十四、[甲骨字形]一百五十九、⿸厂豕赤㞢友、☐赤☐**

錄。「獲虎〔一〕」或許可認爲是一山不容二虎，在甲骨刻辭中沒有一次田獵捕獲到超過兩隻老虎的紀錄。「⿰亡犬」學者推測是狐狸或是狼。在田獵刻辭中，這類動物常被捕獲，而且數量很多，結合遺址常出土獐的獠牙及其裝飾品來看，「⿰亡犬或爲現今的獐（或寫成麞），其體型較鹿小、比犬大，在偏旁的選擇上，或可寫成犬或鹿。「⿸厂豕赤」不知爲何種動物，「友」則是一雙的單位。

**②貞：「羽辛亥王☐」一二三四五（上吉）六一二三**（序數）

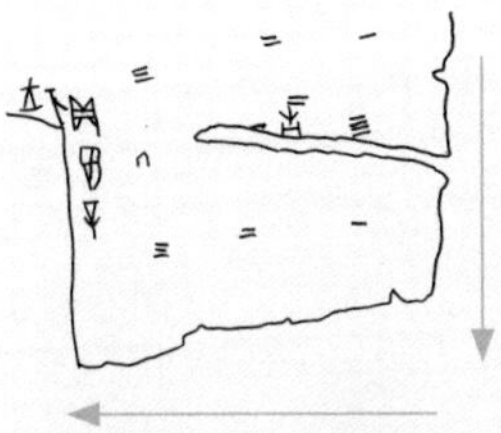

白話譯文

提問：「未來的辛亥日王☐」第一、二、三、四、五（上吉）、六次占卜。第一、二、三次占卜。

閱讀方式

由內往外。

**貞辭部分：羽辛亥王☐**。「羽」指鄰近的日子，大都指同一旬的時間。

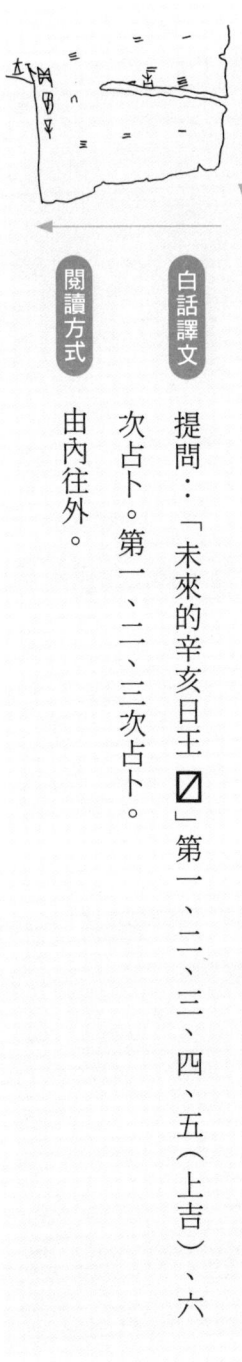

## ③「羽戊午焚，禽？」一（[上]吉）二三四五一二三四五（序數）

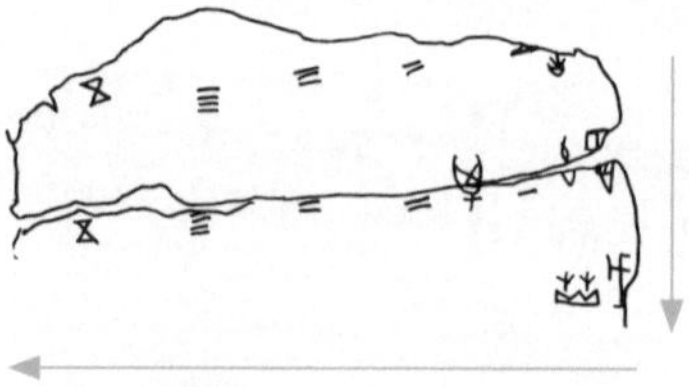

**白話譯文**

（提問：）「未來的戊午日用焚的方式來田獵，會有所擒獲的，是嗎？」第一（上吉）、二、三、四、五次占卜。第一、二、三、四、五次占卜。

**閱讀方式**

由內往外。

**貞辭部分：羽戊午焚，禽？**「焚」表示進行田獵的一種方式，主要用焚燒的方式來驅趕禽獸。另外，田獵採用的方式還包括「逐」、「射」、「阱」等等。

④☐禽☐☐。一二（序數）。上吉。三四五（序數）

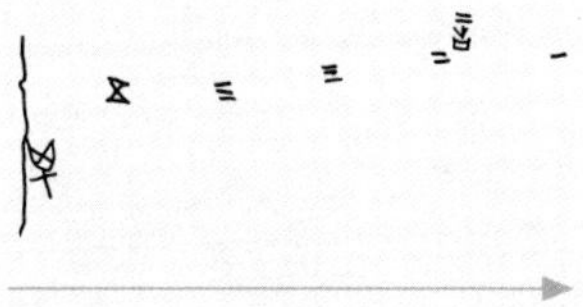

閱讀方式　由外往內。

⑤六七八九（序數）。上吉。十（序數）

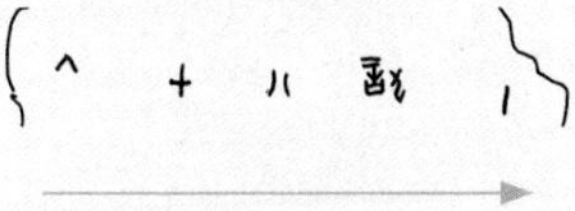

閱讀方式　由內往外。

⑥ 二三四五六（序數）

閱讀方式

由內往外。

⑦ 一二三一（序數）。上吉。二三（序數）

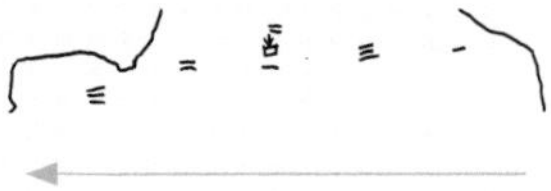

閱讀方式

由內往外。

⑧二三（序數）。[上]吉。

閱讀方式

由內往外。

154

# 問二事

——祭品、降雨

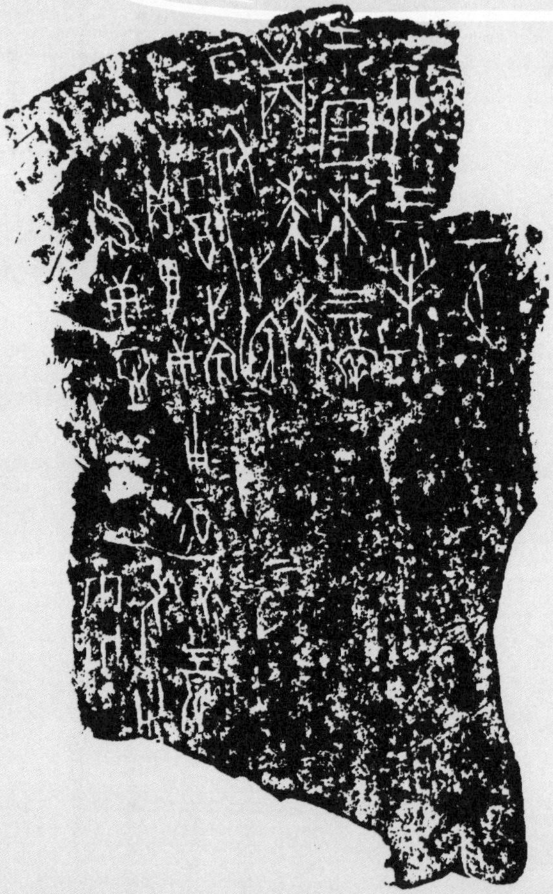

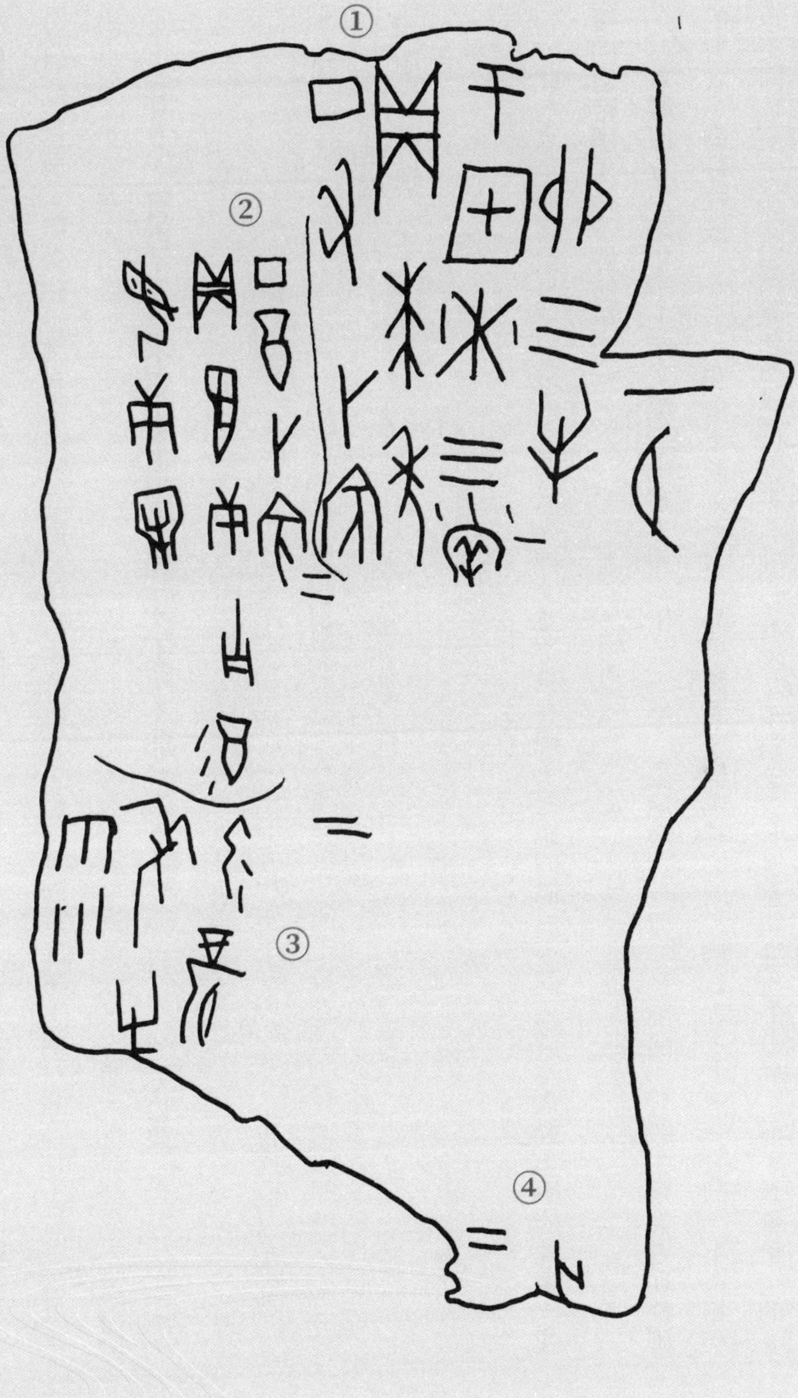
①
②
③
④

• 出處：《合》10109，骨。

• 斷代標準：貞人、書體、字形。

**① 丁丑卜，賓貞：「求年于上甲，燎三小宰，卯三牛？」一月。一**（序數）

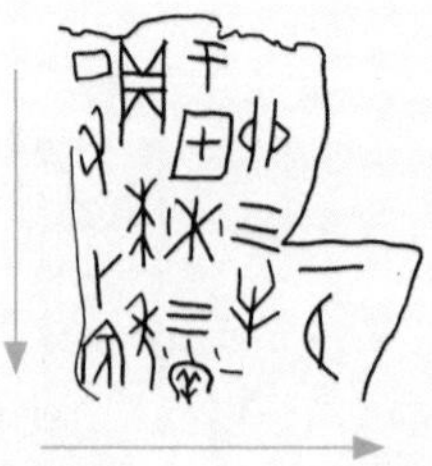

白話譯文

丁丑日占卜，貞人賓提問：「向上甲祈求好的年收，用燎的方式處理的三份小宰，和用卯的方式處理的三頭牛爲牲品，是適合的嗎？」占卜日期是一月。第一次占卜。

閱讀方式

右行。

此卜求年的對象是上甲，上甲是祖先神，並不具有賜予豐收的能力，商王應是透過上甲的神靈，間接向上帝請求給予好的年收。

**貞辭部分：求年于上甲，燎三小宰，卯三牛？**「燎」是燒烤，「卯」是剖開、分劈，皆爲處理牲體的方式，即殺牲法。「宰」和羊不同，「宰」是被圈養在柵欄裡的羊，換言之，下一卜說的「牢」和牛也不同，「牢」亦是圈養在柵欄裡的牛。「宰」有大、小的區分，應是組合上的差異，而不是數量上的；「小宰」或指羊和豬的祭祀牲品組合。

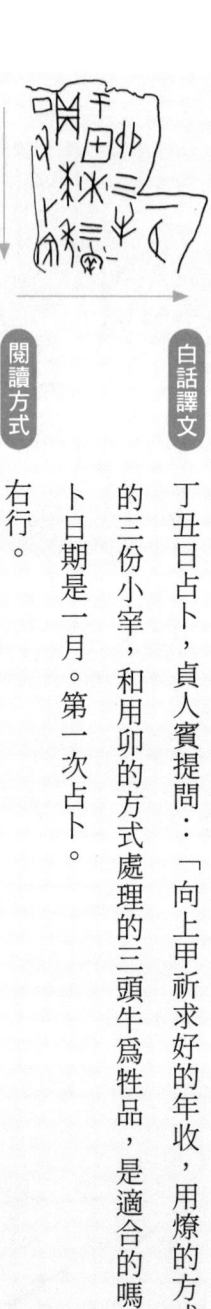

②丁酉卜，賓貞：「羽庚子酒母庚，牢？」二（序數）

**白話譯文**

丁酉日占卜，貞人賓提問：「未來的庚子日向母庚舉行酒祭，用牢的牲品，是適合的嗎？」第二次占卜。

**閱讀方式**

左行。

**貞辭部分：羽庚子酒母庚，牢？**

和上一卜比對，「母庚」和「求年」沒有關係，並非「求年」的對象，「求年」是要經由上甲向上帝轉達商王希冀豐收的意願。此處向「母庚」舉行酒祭，所詢問的應是其他事項。

③「勿孽年，㞢雨？」二（序數）

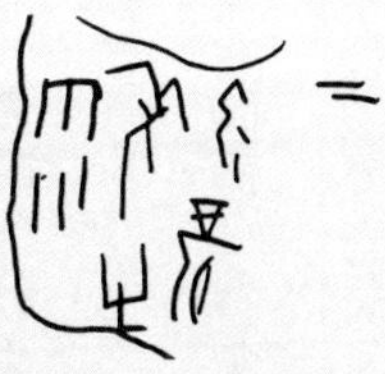

**白話譯文**

（提問：）「不會是農作物歉收的年，會有降雨的，是嗎？」第二次占卜。

**閱讀方式**

左行。

**貞辭部分：勿孽年，㞢雨？**「孽」字上半象彎曲的刺刀、刑具，不知爲何加上月的偏旁，在此爲災孽之意。「孽年」意謂農作物歉收的年，是有災難的年。由前後句來看，「勿孽年」就是表示「㞢雨」，會有降雨、會是豐收的一年。

④☐亡。二（序數）

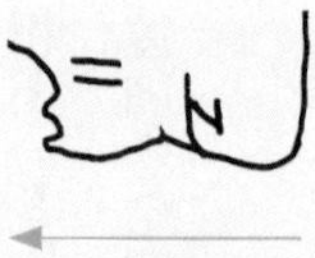

閱讀方式　由右而左。

摹寫練習

# 155 問二事——穀物年收、王骨頭痠痛

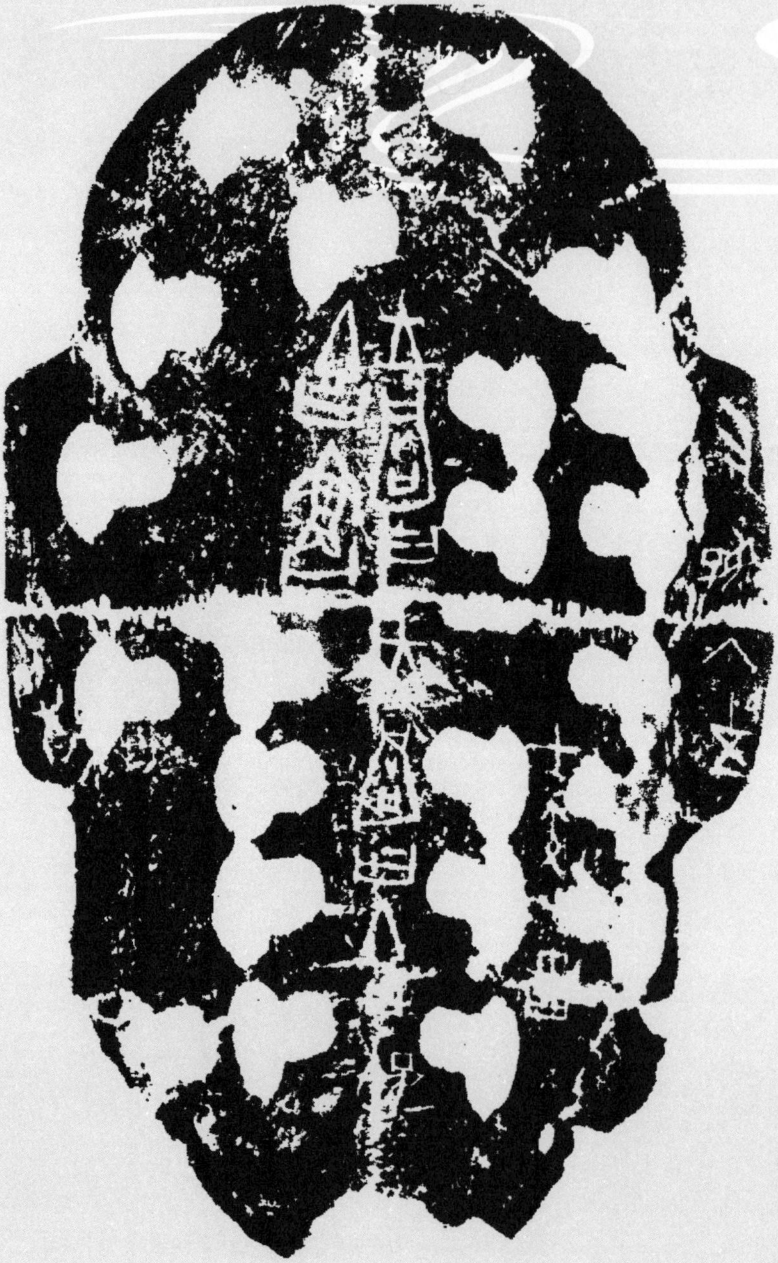

正面

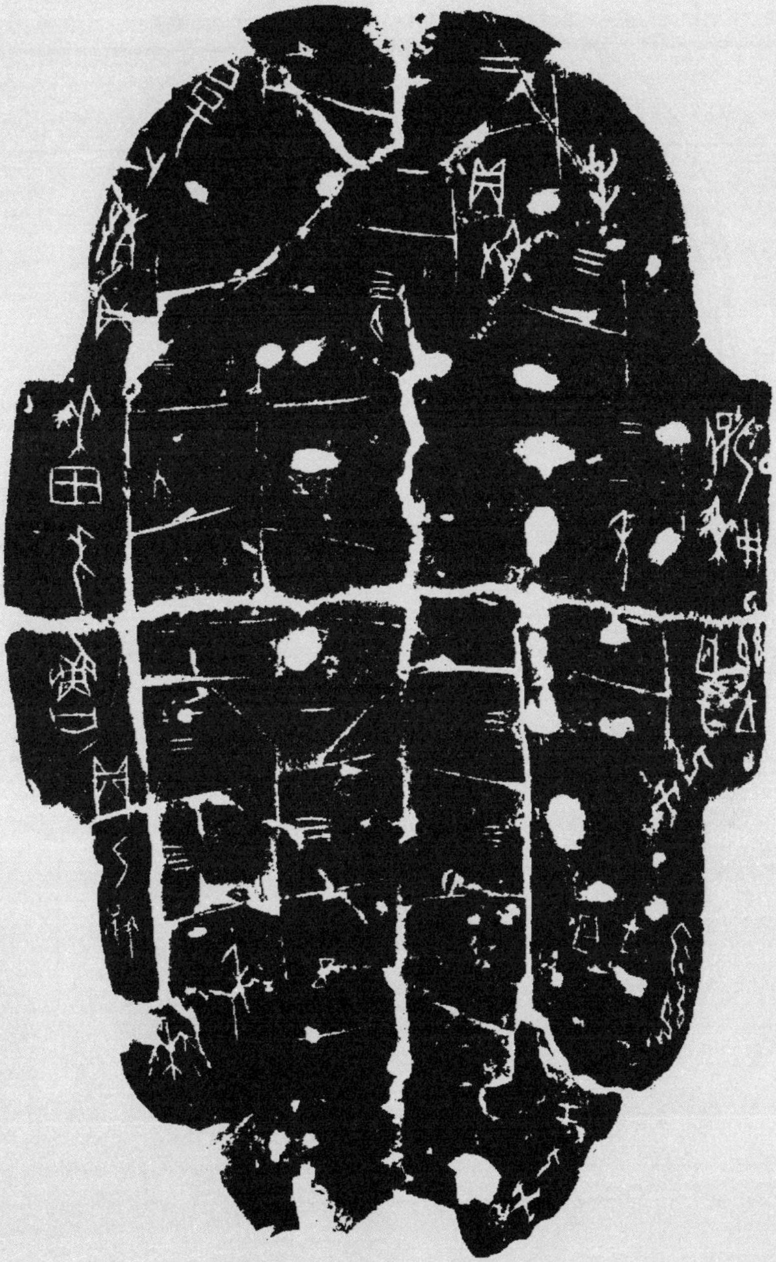

背面

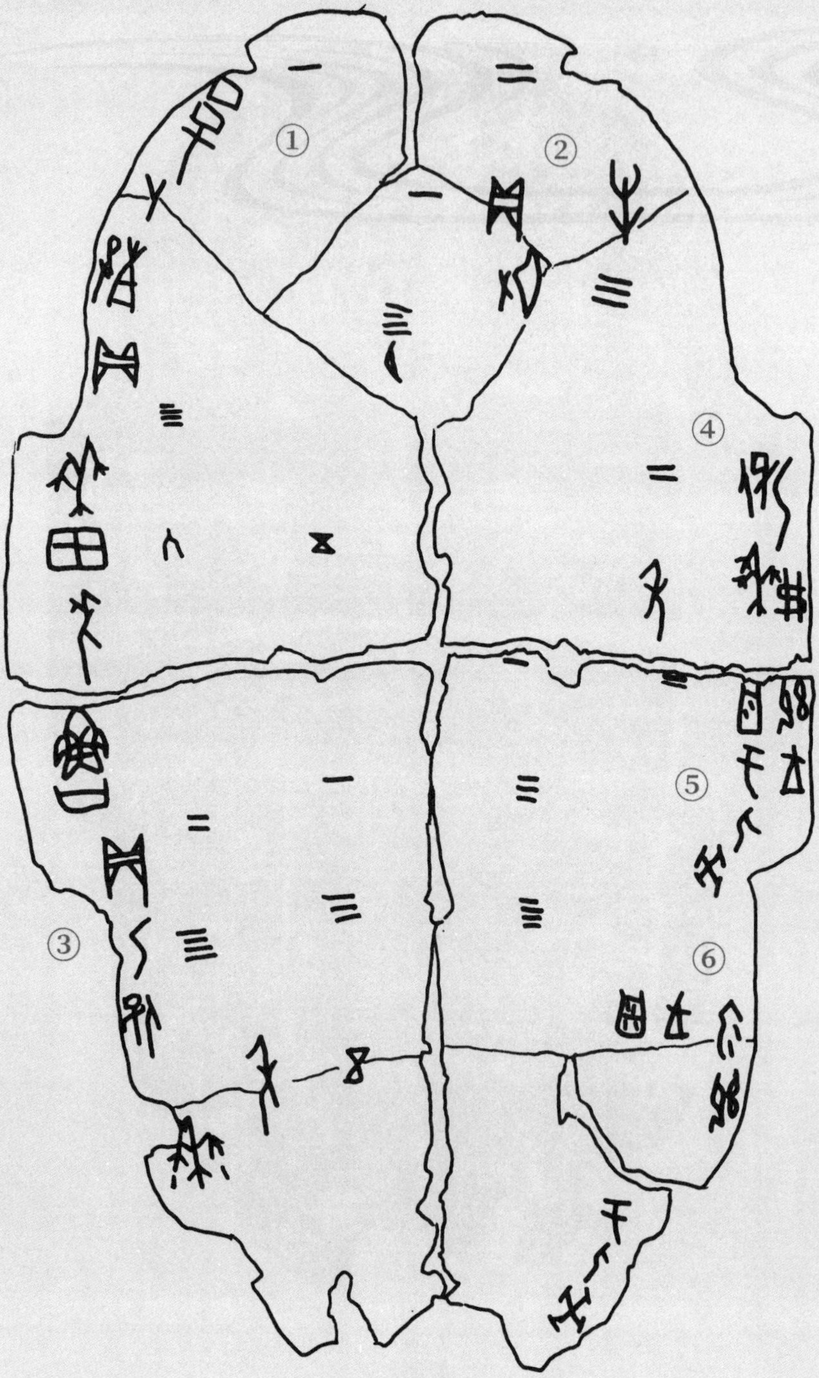


正面

背面

・出處：《合》10133正面與背面刻辭，龜腹甲。

・斷代標準：貞人、書體、事類。

①丁巳卜，殻貞：「黍田，年魯？」一[二三]四五六（序數）

**白話譯文**　丁巳日占卜，貞人殻提問：「黍田的種植，年收佳美會有剩餘的，是嗎？」第一、[二、三、]四、五、六次占卜。

**閱讀方式**　由上而下。

**貞辭部分：黍田，年魯？**「魯」字象盤中有魚，佳美的菜餚，所以有佳好的意思。商代的石磬多作魚的形狀，當時已有「餘慶」的象徵意義。「年魯」指年收有餘。

② 貞：「取牛？」四月。一二三（序數）

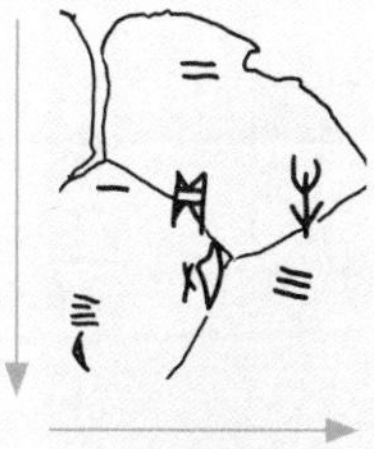

白話譯文　提問：「要取牛的，是嗎？」占卜日期是四月。第一、二、三次占卜。

閱讀方式　由內往外。

**貞辭部分：取牛？**文辭太過簡略，不知「取牛」是指得到、接收牛？還是指選取牛？

③ 貞：「乙保黍年？」一二三四五（序數）

白話譯文　提問：「大乙會保佑黍有好的年收的，是嗎？」第一、二、三、四、五次占卜。

閱讀方式　由外往內。

**貞辭部分：乙保黍年？**這裡的「乙」應是「大乙」的簡稱。第一卜先問黍有沒有剩餘，再進一步詢問誰會保佑黍的豐收。

④「乙弗保黍年？」二（序數）

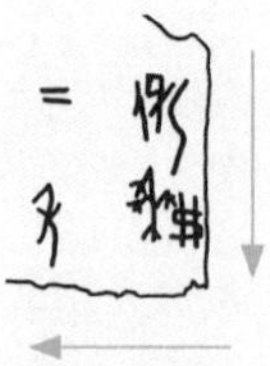

白話譯文 （提問：）「大乙不會保佑黍有好的年收的，是嗎？」第二次占卜。

閱讀方式 由外往內。

與上一卜正反**對貞**。

⑤「御王冎于妣癸？」一二三四（序數）

白話譯文 （提問：）「要向妣癸對王骨頭痠痛的病疾舉行攘除儀式，是嗎？」第一、二、三、四次占卜。

閱讀方式 由外往內。

**貞辭部分：御王囗于妣癸？**「御」指攘除疾病的祭祀儀式。「囗」於下一卜寫成「囗」，字形稍有不同，是指骨頭痠痛的病疾。甲骨卜辭反映，商人認爲病疾通常是由祖先所導致的懲罰，所以要向造成病疾的祖先舉行祭祀。

**⑥「勿御王囗于妣癸？」**

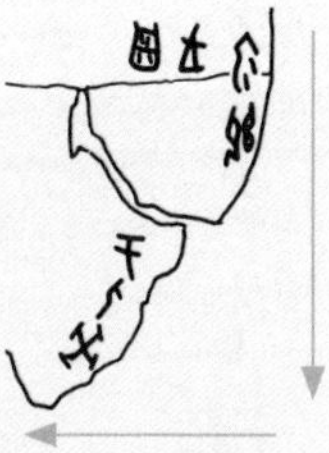

白話譯文 （提問：）「不要向妣癸對王骨頭痠痛的病疾舉行攘除儀式，是嗎？」

閱讀方式 由外往內。

與上一卜正反**對貞**。

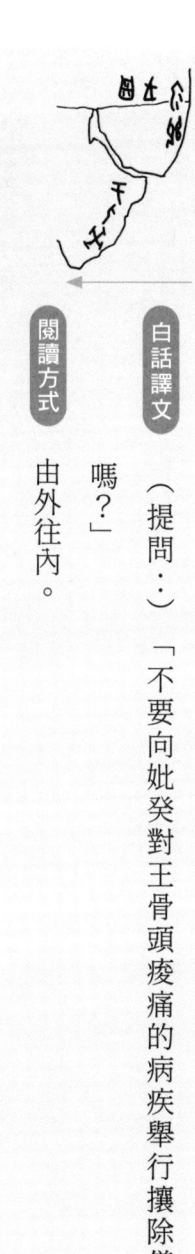

⑦（背面）王占曰：「吉，魯。」

**白話譯文** 王檢驗兆紋顯現的預示後說：「吉祥，年收佳美會有剩餘的。」

**閱讀方式** 左行。

**占辭部分：吉，魯。**針對第一卜的占辭。

⑧（背面）王占曰：「吉，保。」

**白話譯文** 王檢驗兆紋顯現的預示後說：「吉祥，（大乙）會保佑的。」

**閱讀方式** 由上而下。

**占辭部分：吉，保。**針對第三或第四卜的占辭。

⑨（背面）甲寅卜，㞢。

白話譯文　甲寅日占卜，貞人㞢。

閱讀方式　由上而下。

**前辭部分：甲寅卜，㞢。**這段是對應第三卜的「貞：乙保黍年」。

⑩（背面）帚好入五十。

白話譯文　婦好入貢甲骨五十片。

閱讀方式　由上而下。

這是出現在甲橋背面的**記事刻辭**。「乎婦好」、「婦好入」等用詞，可證明婦好並非是在商王身邊的配偶，而是外戚身分的諸侯。

# 156 問五事

## ——王交付任務給兒女、田獵、祭品、穀物年收、向祖辛祈禱

拓本原寸長 20 公分、寬 12.7 公分，圖為原寸 75%。

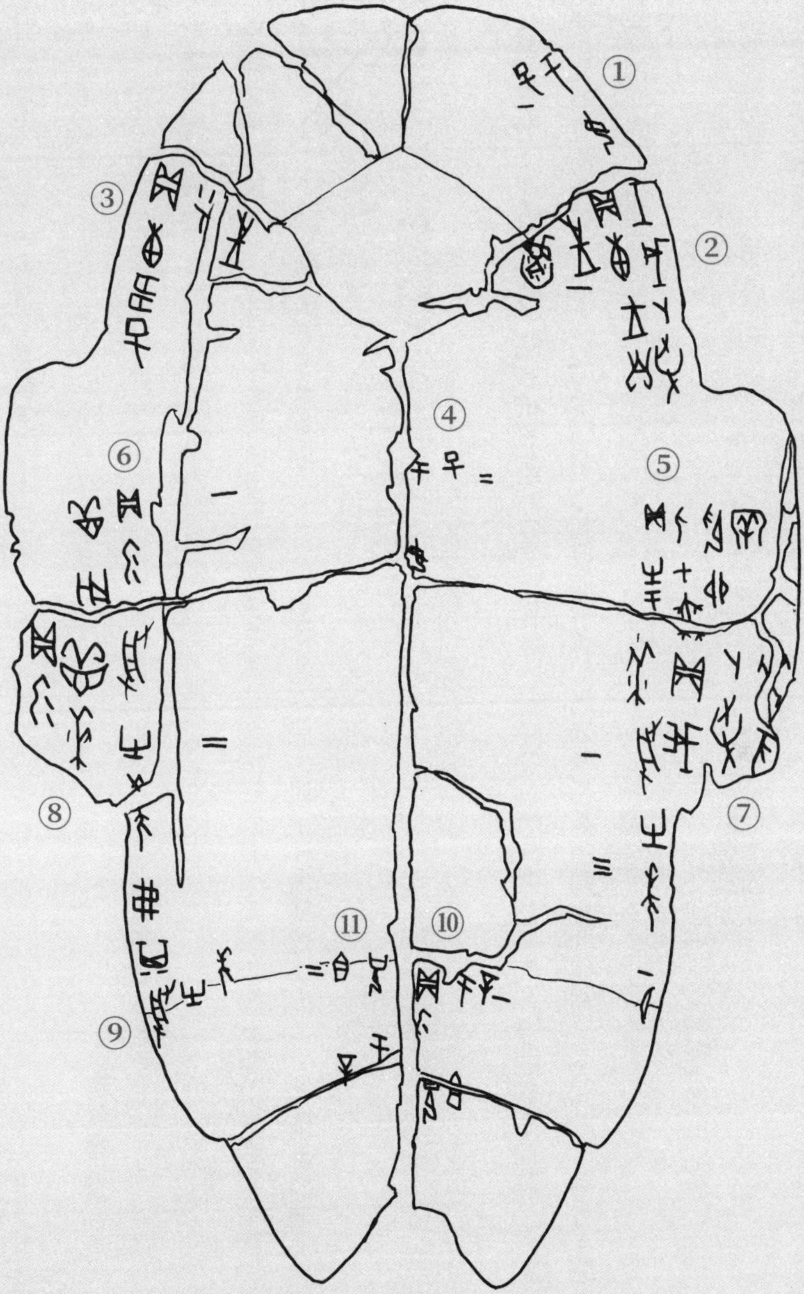
①
②
③
④
⑤
⑥
⑦
⑧
⑨
⑩
⑪

• 出處：《合》787，龜腹甲。

• 斷代標準：貞人、書體、事類。

① 「于女、子？」一（序數）

**白話譯文** （提問：）「要對王的女兒、兒子（下某種命令），是適合的嗎？」

第一次占卜。

**閱讀方式** 由外往內。

**貞辭部分：于女、子？**這裡的刻辭是女和子兩字，而不是好字，具體詢問什麼問題不清楚。內容大致表示要對王的女兒、兒子們給予指令，交付命令讓他們去執行某項同樣的任務，卜問適不適合。第四卜應是相同的卜問。

② **壬戌卜，爭貞：「叀王自往阱？」一（序數）**

**白話譯文** 壬戌日占卜，貞人爭提問：「王自己前往設阱、田獵，是適合的嗎？」

第一次占卜。

**閱讀方式** 由外往內。

**貞辭部分：叀王自往阱？**「阱」是進行田獵的方式之一，應該不是商王純粹設立陷阱，而是查看陷阱、捕捉獵物的意思。

### ③貞：「叀多子乎往？」

**白話譯文** 提問：「呼叫眾多子輩前往（設阱、田獵），是適合的嗎？」

**閱讀方式** 由外往內。

**貞辭部分：叀多子乎往？**此卜內容應與上一卜有關，「往」應是上一卜「往阱」的簡省，詢問要不要讓眾多子輩前往進行田獵。

④「于女、子？」二（序數）

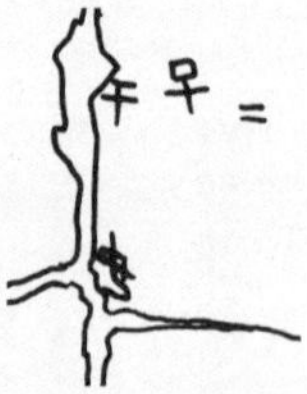

白話譯文

（提問：）「要對王的女兒、兒子（下某種命令），是適合的嗎？」

第二次占卜。

閱讀方式

由內往外。

⑤貞：「㞢于妣甲，垂（）𠬝、卯宰？」

白話譯文

提問：「對妣甲舉行㞢祭，以用垂的殺牲法處理過的服和用卯的殺牲法處理過的宰，來當作祭品，是適合的嗎？」

閱讀方式

由內往外。

**貞辭部分：㞢于妣甲，垂（）𠬝、卯宰？**「」象樹葉、果子下垂的樣子，隸定爲「垂」。甲骨除了「垂𠬝」，還有「三垂」、「垂侯」、「于垂」等詞，垂侯、于垂的垂表示國名或地名，垂𠬝的「垂」在此是作爲用牲法。「𠬝」字（ ）表現以手制服他人的樣子，是爲奴隸，後來寫成服，

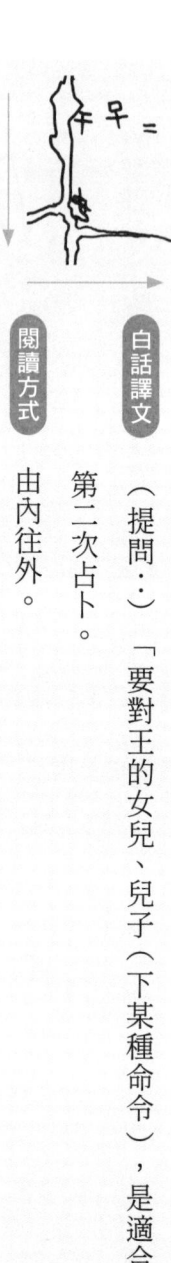

與西北的「羌」有別，但都是用於祭祀的人牲，或爲其他國家的戰犯或俘虜。以羌爲牲品，都是使用「伐」的用牲法；以服爲牲品，則是使用「垂」的處理方式。有學者提出「伐」是用戈砍下首級，「垂」或用錘加以敲擊致死；「三垂」就是三名用垂處理過的人牲。

**⑥貞：「勿祥（□），用？」一**（序數）

**白話譯文** 提問：「絕對的，就用這條占卜，是嗎？」第一次占卜。

**閱讀方式** 由內往外。

**貞辭部分：勿祥（□），用？**「□」暫時隸定爲「祥」，從上下文句判斷，「勿□」表達必然、絕對是，有不用猶豫、不用懷疑的肯定語氣。

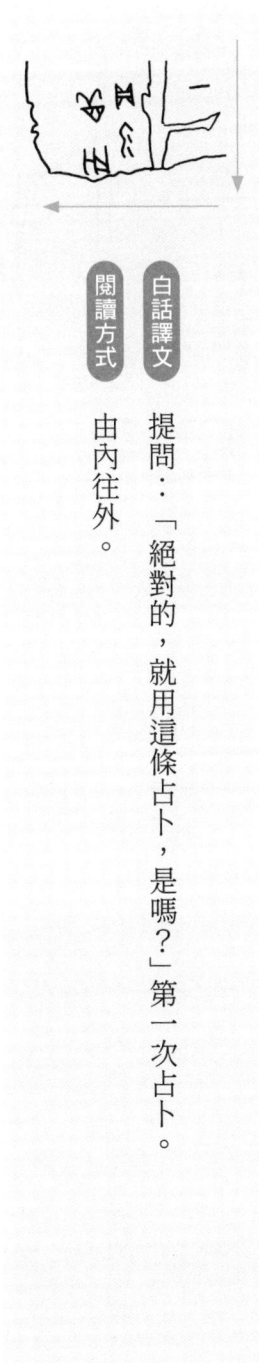

⑦癸亥卜，爭貞：「我黍受㞢年？」一月。一二三（序數）

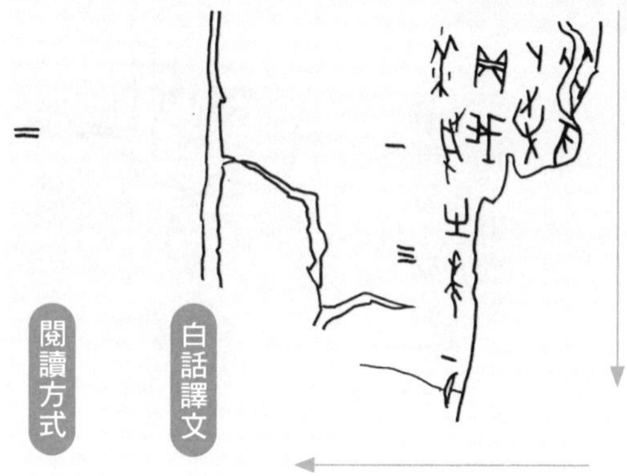

**白話譯文**

癸亥日占卜，貞人爭提問：「我商國的黍（小米）會接受到好的年收的，是嗎？」占卜日期是一月。第一、二、三次占卜。

**閱讀方式**

由外往內。

**貞辭部分：我黍受㞢年？**「黍受㞢年」、「受黍年」都是詢問小米是否會接受到上天給予豐收的結果。

⑧貞：「勿祥，黍受㞢年？」

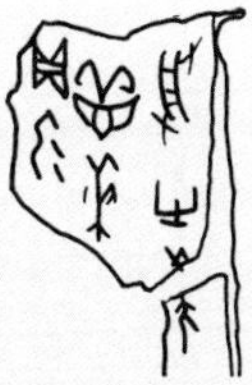

白話譯文　提問：「絕對的，黍（小米）會接受到好的年收的，是嗎？」

閱讀方式　由外往內。

⑨「弗其受㞢年？」

白話譯文　（提問：）「將不會接受到好的年收的，是嗎？」

閱讀方式　由外往內。

⑩貞：「勿兄于祖辛？」一（序數）

白話譯文　提問：「不要向祖辛祝禱，是適合的嗎？」第一次占卜。

閱讀方式　由內往外。

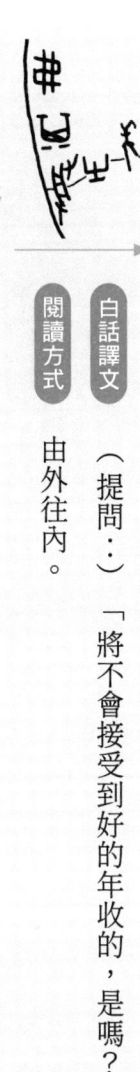

**貞辭部分：勿兄于祖辛。**「兄」即是「祝」，作跪坐的人張口祝禱，表示祝禱的意思；兄弟的「兄」，作站立的人「」。前幾卜已經確定會有好的年收，所以接著進一步詢問要不要向祖辛祝禱。

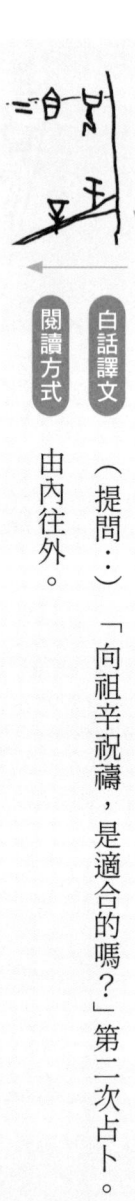

⑪「兄于祖辛？」二（序數）

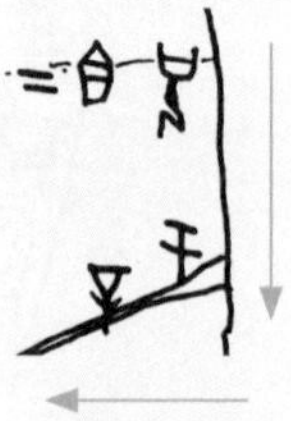

白話譯文 （提問：）「向祖辛祝禱，是適合的嗎？」第二次占卜。

閱讀方式 由內往外。

摹寫練習

# 157 問六事——征戰、收成、任命、開會、祭祀、葬儀

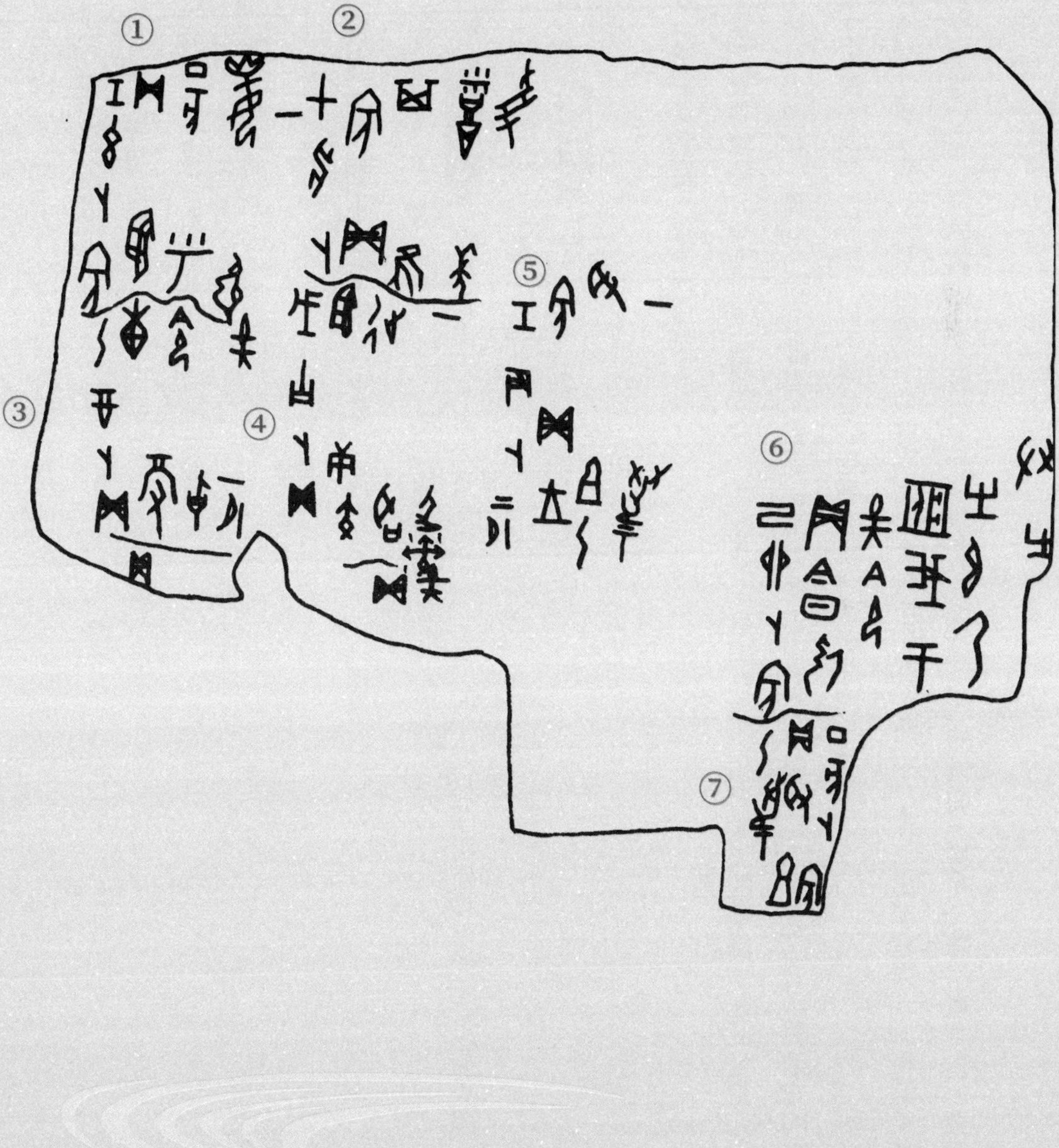
①
②
③
④
⑤
⑥
⑦

- 出處：《合》10048，龜腹甲。
- 斷代標準：貞人、書體。
- 說明：此版的書體是第一期常見字小的那一類型。

①壬午卜，賓貞：「羽丁亥乎妿（□）彈⿱山儿？」一（序數）

**白話譯文**

壬午日占卜，貞人賓提問：「未來的丁亥日呼叫妿攻擊⿱山儿，是適合的嗎？」第一次占卜。

**閱讀方式**

右行。

**貞辭部分：羽丁亥乎妿（□）彈⿱山儿？**

史語所小學堂資料庫將「□」隸定爲「妿」。「□」象婦女頭上頂著燭火的裝飾，在此是當作人名。「彈」則是弓上裝有一彈丸，在這裡表示發動對敵方產生傷害的攻擊行爲。甲骨文表示對敵方的攻打，有正（征）、敦、伐、災等字，但不清楚這些字之間的差別。

「□」暫時隸定爲「⿱山儿」，是方國名。或許爲了避免刻字犯兆，所以「□」出現在第一卜和第三卜中間。大多數學者將「⿱山儿」歸於第三卜，但筆者認爲應該放在第一卜的後面，接在「彈」字之後，表示即將攻打的國家。

② 甲申卜，賓貞：「其隹稻年受？」

白話譯文

甲申日占卜，貞人賓提問：「稻子將會接受到好的年收的，是嗎？」

閱讀方式

右行。

③ 乙酉卜，貞：「甴守，令[illegible]？」十一月。

白話譯文

乙酉日占卜，提問：「要守備，命令畢，是適合的嗎？」占卜日期是十一月。

閱讀方式

右行。

**貞辭部分：由守，令**。「」原隸定爲「盥」，實爲「守」字。此字象傾倒的水盆，以手摀住口沿讓水流出，不讓清洗的食材流出，所以有守的意思，後來倒盆訛變成宀。以血字來看（），盛裝血的器皿有圜底和平底的，金文的守字（），上半的偏旁是倒盆省去圈足的樣子，所以圜底和平底的偏旁並存。「」是「畢」，是第一期到第五期都出現的人物，第四期亞畢征召方。

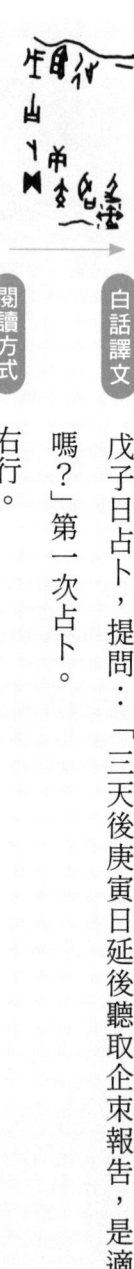

**④戊子卜，貞：「羽庚寅祉聽企朿？」一**（序數）

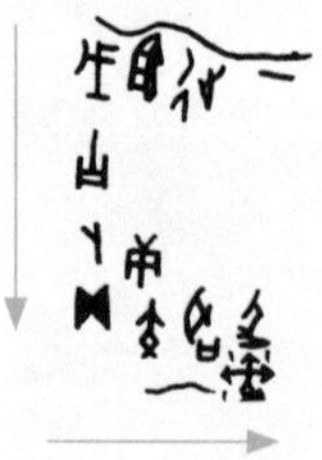

白話譯文

戊子日占卜，提問：「三天後庚寅日延後聽取企朿報告，是適合的嗎？」第一次占卜。

閱讀方式

右行。

**貞辭部分：羽庚寅祉聽企朿？**「祉聽企朿」句式少見，「企朿」或爲人名、國名，聽或指聽取報告。

**⑤壬辰卜，賓貞：「王取祖乙，****？」十二月。一**（序數）

白話譯文

壬辰日占卜，貞人賓提問：「王對祖乙舉行取祭，採用□祭儀，是適合的嗎？」占卜日期是十二月。第一次占卜。

閱讀方式

右行。

**貞辭部分：王取祖乙，□。**「取」是一種祭祀名稱，而「□」是一種特殊的祭祀儀式或牲品。在這裡並沒有交代此次祭祀的目的。

**⑥己卯卜，賓貞：「今日弫𡵂令葬我于㞢𠂤，乃廾㞢⧄」**

白話譯文

己卯日占卜，貞人賓提問：「今日命令弫（幫助？）𡵂將我商的士兵葬於㞢𠂤，乃廾㞢⧄」

閱讀方式

右行。

**貞辭部分：今日弫𡵂令葬我于㞢𠂤，乃廾㞢⧄。**甲骨另有「弫其有疾」、「其弫舊家」、「其弫賓于上甲」等句，第一句當中的「弫」應是人名，第二、三句的「弫」應是作爲動詞，但真正的意義不

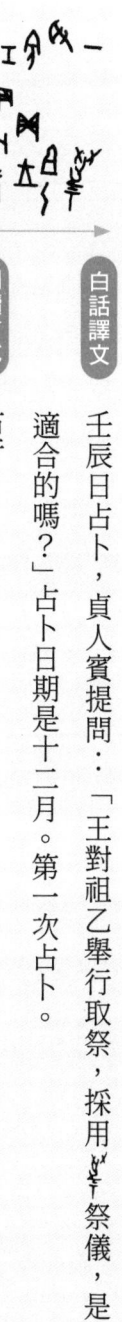

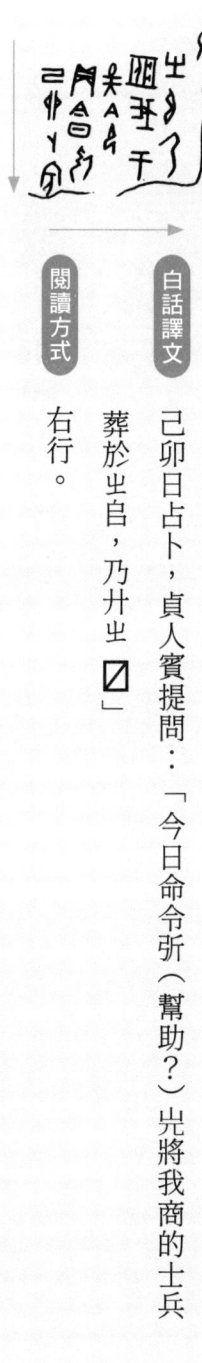

明。「㞢𠂤」則是地名，如「乎𠂤往見㞢𠂤」。「乃廾㞢」後因斷裂，缺乏接續的內容，暫時無法通釋。

## ⑦丁亥卜，賓貞：「取祖乙，□？」

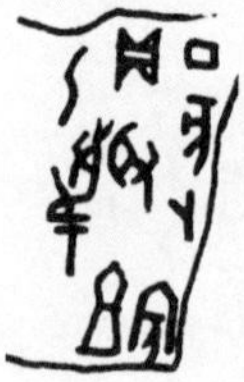

**白話譯文**

丁亥日占卜，貞人賓提問：「對祖乙舉行取祭，採用□祭儀，是適合的嗎？」

**閱讀方式**

左行。

**貞辭部分：取祖乙，□？**此卜的□與第五卜□，字形稍有不同，省略成單手。

摹寫練習

## 158 問二事——降雨、王飲酒有害

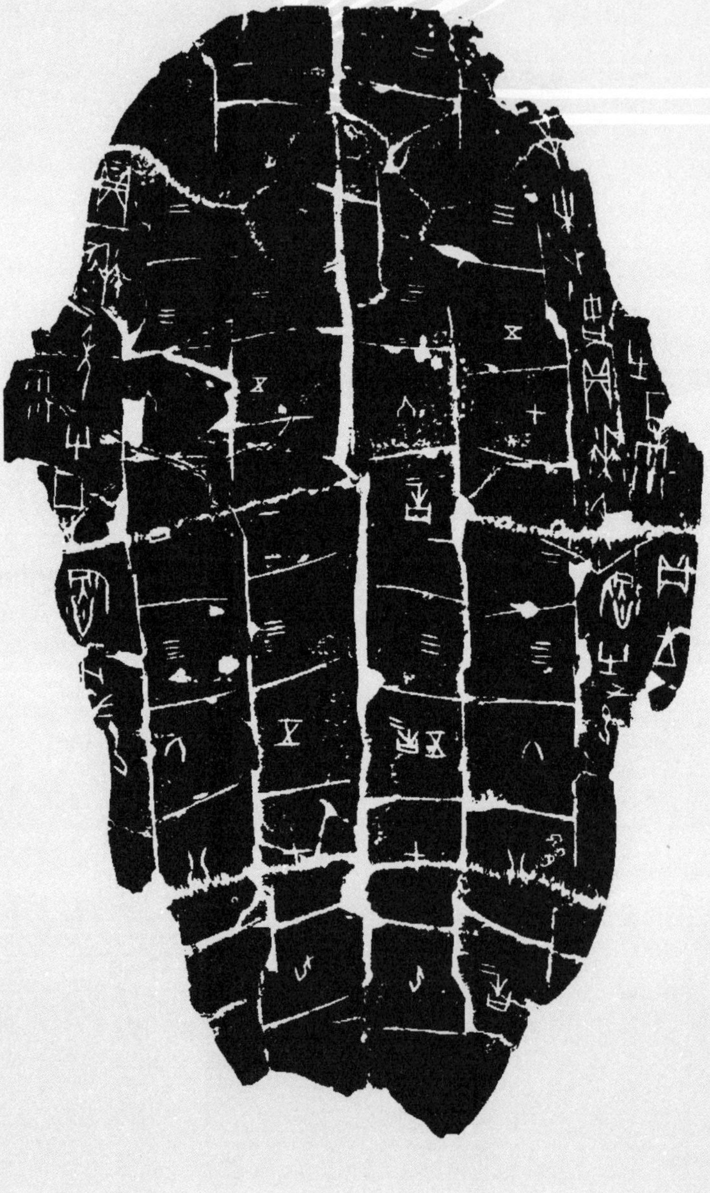

拓本原寸長 20.5 公分、寬 12.1 公分，圖為原寸 75%。

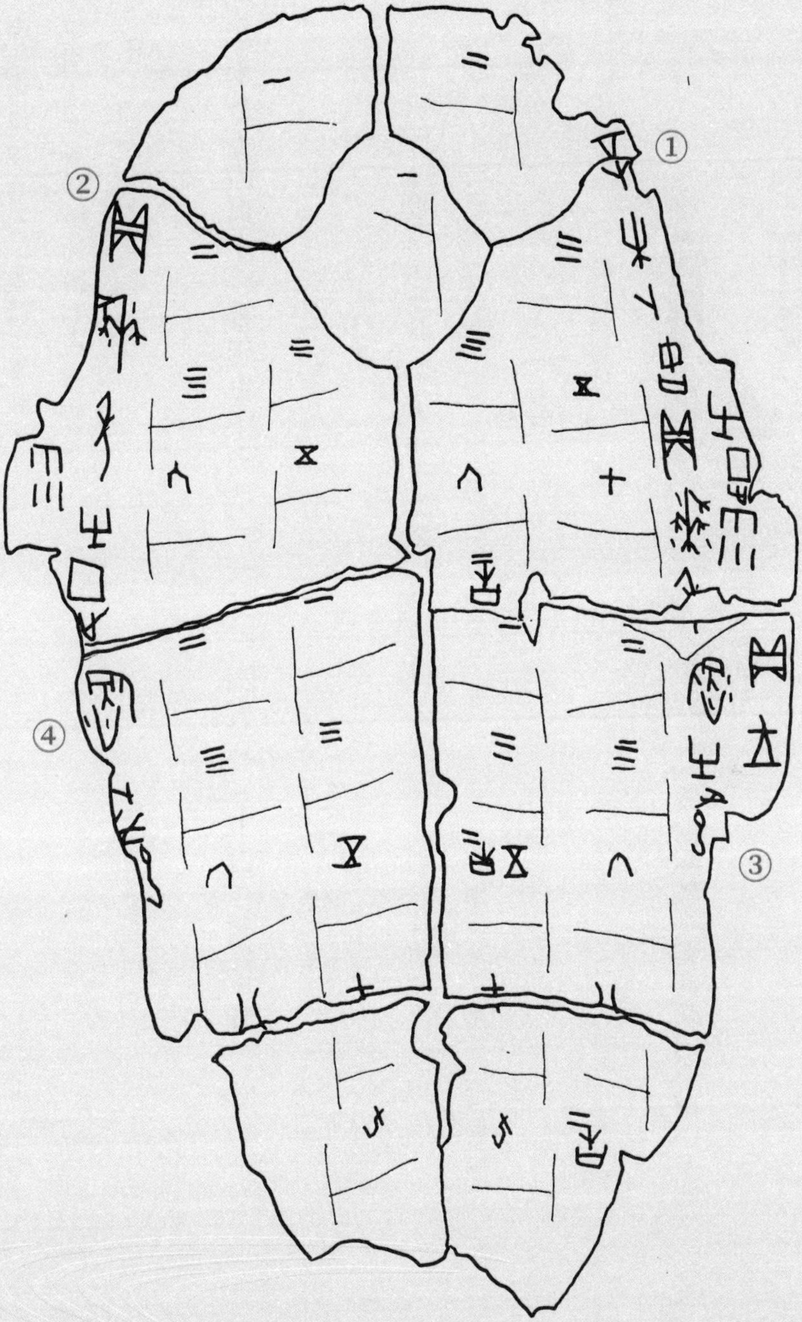
①
②
③
④

• 出處：《合》10137，龜腹甲。
• 斷代標準：貞人、書體、事類、兆辭。
• 說明：此版序數的排列由內而外。

①辛未卜，古貞：「黍年㞢正雨？」一二三四五六（上吉）七（序數）

**白話譯文**

辛未日占卜，貞人古提問：「黍的年收會有適當的下雨，是嗎？」第一、二、三、四、五、六（上吉）、七次占卜。

**閱讀方式**

由內往外。

**貞辭部分：黍年㞢正雨？**「正雨」有學者隸定爲「足雨」。第一，由字形來看的確是正字，第二，農作物需要適當的下雨時機和雨量，在採收時反而不能有過多的降雨，所以這裡的「正」有正確、恰當的意思。其他占卜事類問「有正」，也是正確的意思，比較適當。

**②貞：「黍年㞢正雨？」一二三四五六**（序數）

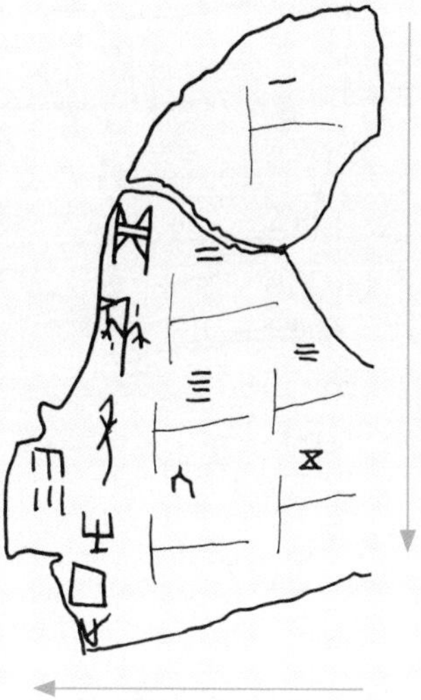

**白話譯文**

提問：「黍的年收會有適當的下雨，是嗎？」第一、二、三、四、五、六次占卜。

**閱讀方式**

由內往外。

第三、四卜正反**對貞**，可是此卜和第一卜卻沒有正反**對貞**，而是問了同樣的問題。

**③貞：「王飲㞢它？」一二三四五（上吉）六七八九**（序數）**（上吉）。**

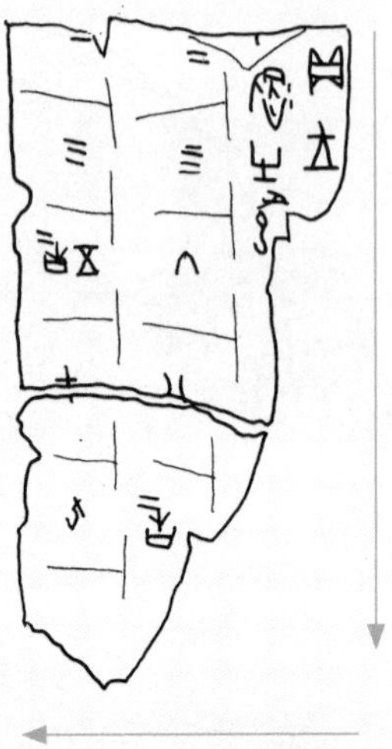

**白話譯文** 提問：「王的飲酒會造成傷害的，是嗎？」第一、二、三、四、五（上吉）、六、七、八、九次占卜（上吉）。

**閱讀方式** 由外往內。

**貞辭部分：王飲㞢它？**王生病了，所以詢問這次疾病是因爲飲酒造成的嗎？甲骨文反映出引起病災有可能是因爲夢、有蠱、神靈作祟或風雨影響。「它」字作腳趾被蛇咬傷，有傷害的意思，在這裡詢問是否是飲酒傷害、影響健康。

④「飲亡它？」一二三四五六七八九（序數）

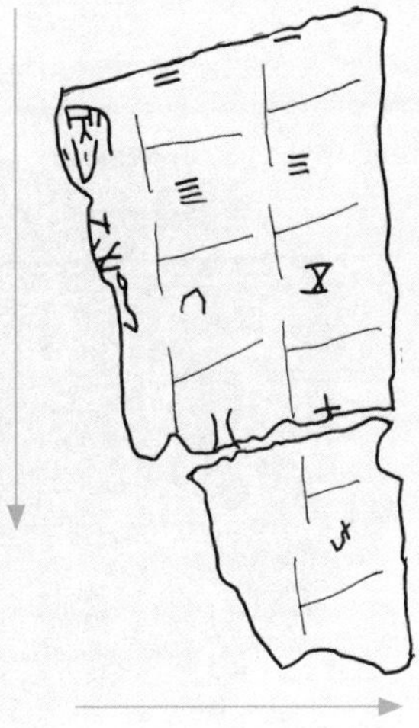

白話譯文

（提問：）「（王的）飲酒不會造成傷害的，是嗎？」第一、二、三、四、五、六、七、八、九次占卜。

閱讀方式

由上而下。

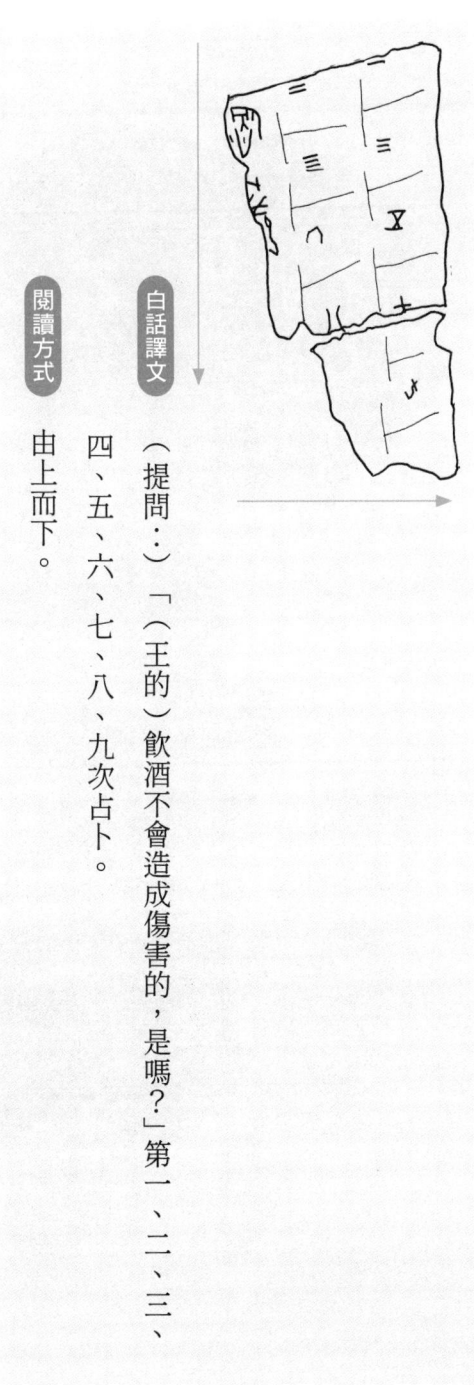

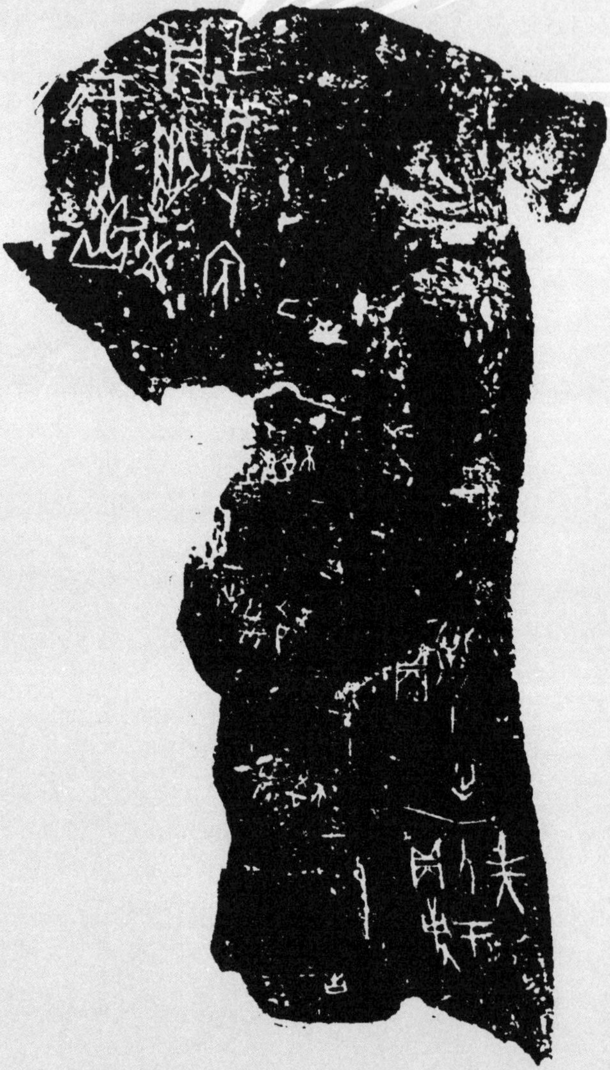

159

# 問二事——祭祀儀式、遣使

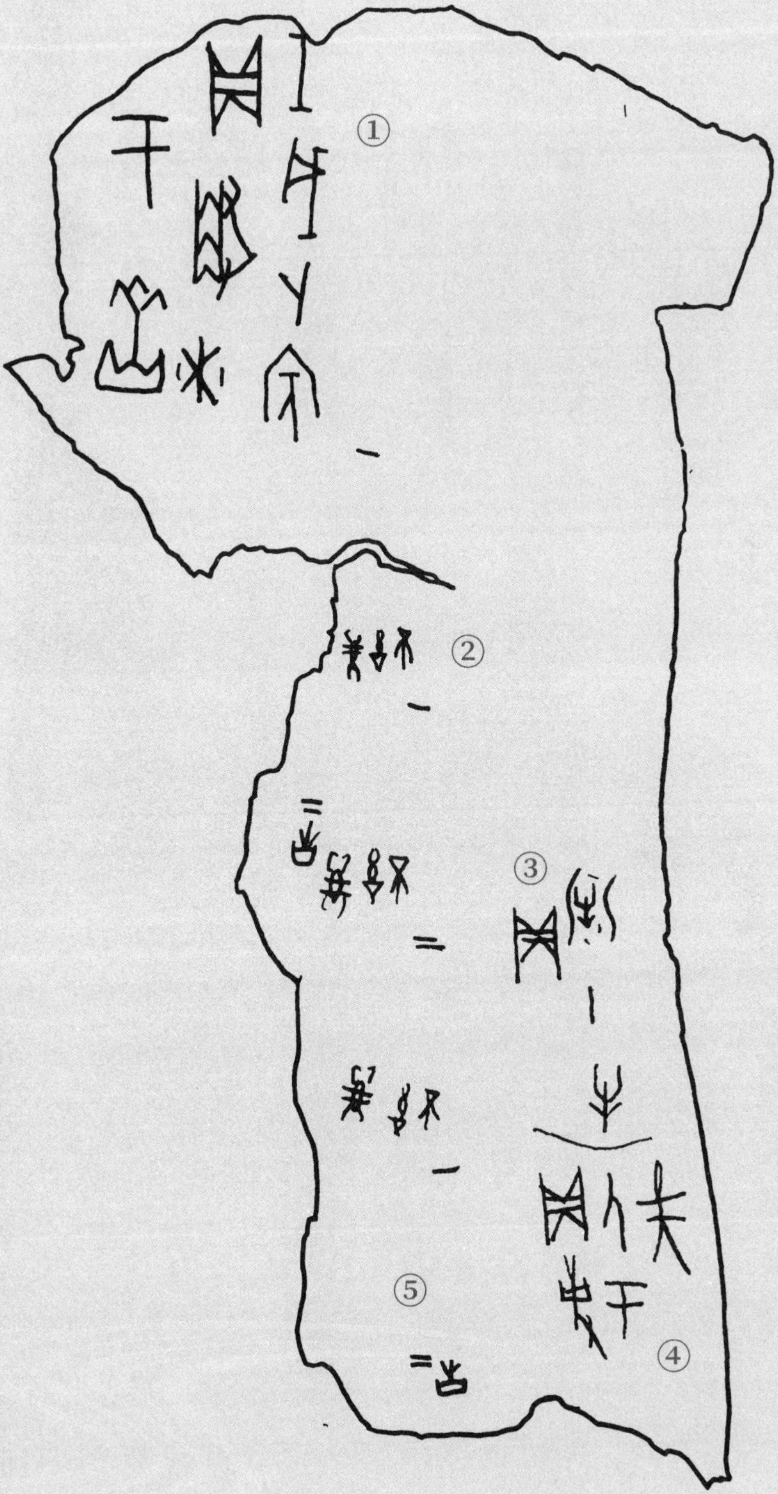
①
②
③
④
⑤

• 出處：《合》14474，骨。

• 斷代標準：貞人、兆語、書體。

①壬戌卜，賓貞：「尋燎于岳？」一（序數）

**白話譯文** 壬戌日占卜，貞人賓提問：「重新向岳（霍山神靈）舉行燎祭，是合適的嗎？」第一次占卜。

**閱讀方式** 左行。

**貞辭部分：尋燎于岳？**「尋」象張開手臂以丈量草蓆的長度，在此有重新、再次的意思。

②一（序數）。不牾蛛。

白話譯文 第一次占卜。不牾蛛。

閱讀方式 左行。

在三級制的情況下，第一期出現的不牾蛛、上吉、不牾蛛上吉這三個詞語都是屬於同一等級——吉祥程度最高的**兆側刻辭**。但如果刻辭是同一個人書寫，爲何要用不同的詞語？目前不得而知。

③貞：「沉十牛？」二（序數）。不牾蛛上吉。

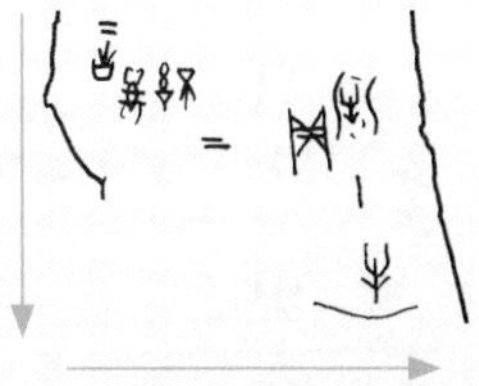

白話譯文 提問：「（向黃河神靈祭拜）沉十頭牛，是合適的嗎？」第二次占卜。不牾蛛上吉。

閱讀方式 右行。

**貞辭部分：沉十牛？**延續第一卜，省略了**前辭形式**。祭拜岳，用燎祭；祭拜河，則用沉的方式。

④**貞：「史人于𡵂？」一**(序數)。**不梧蛛**。

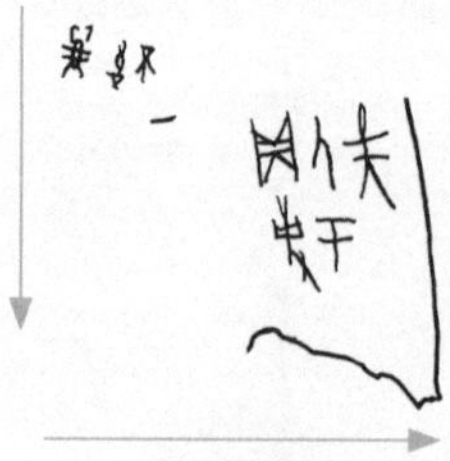

白話譯文　提問：「派遣使者到𡵂國，是合適的嗎？」第一次占卜。不梧蛛

閱讀方式　右行。

**貞辭部分：史人于𡵂**。「史人」即「使人」，意指派遣使者，以進行外交任務。「𡵂」為方國名，有時是友邦，有時為敵國。

⑤上吉。

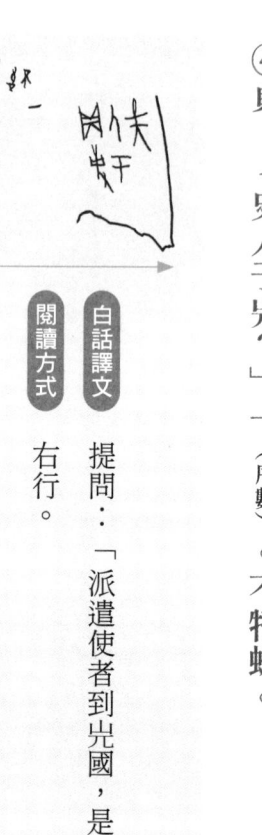

白話譯文　上吉。

摹寫練習

## 160 問二事——望乘國平安、降雨

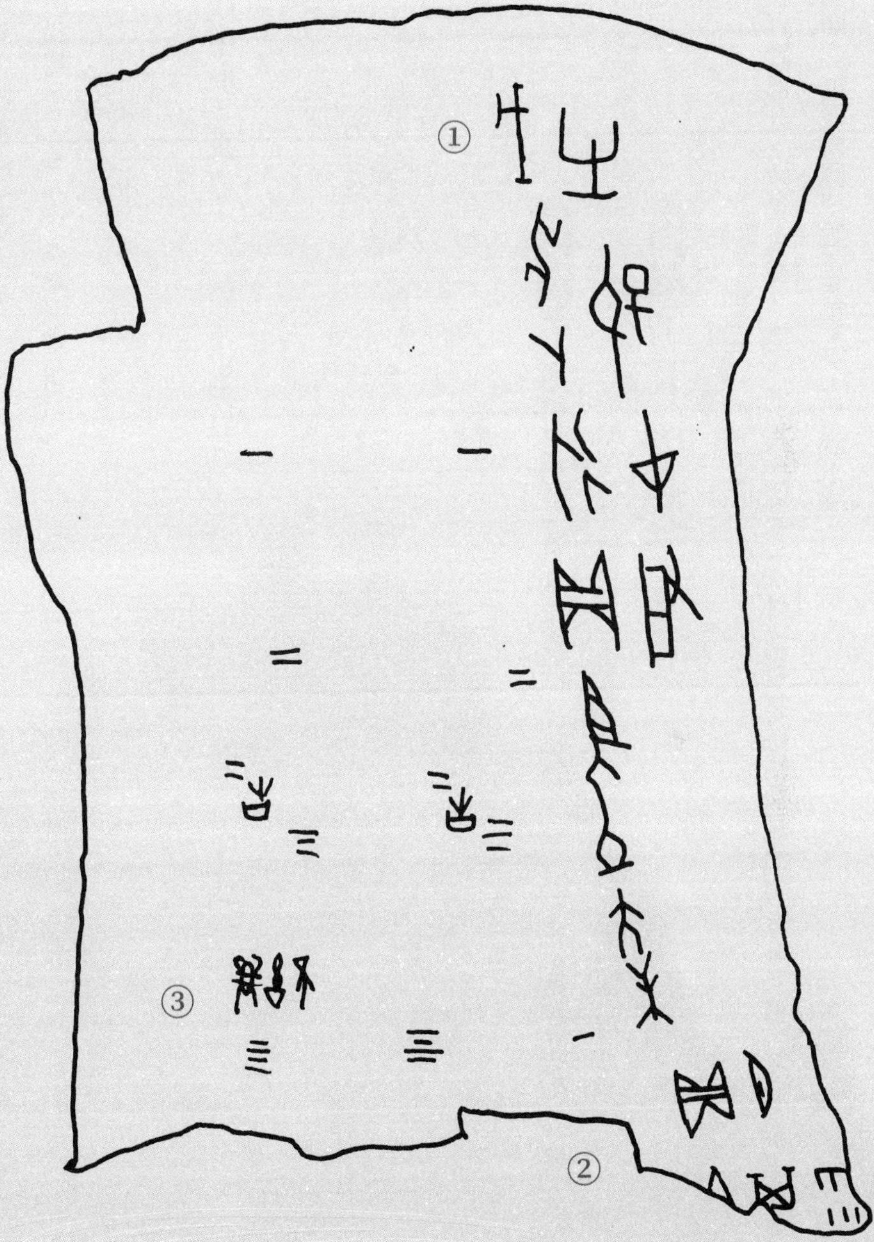
①
②
③

- 出處：《英》1555，骨。
- 斷代標準：貞人、兆辭、書體。

① 戊申卜，永貞：「望乘㞢保？」才啓。一二三（序數）。上吉。四（序數）

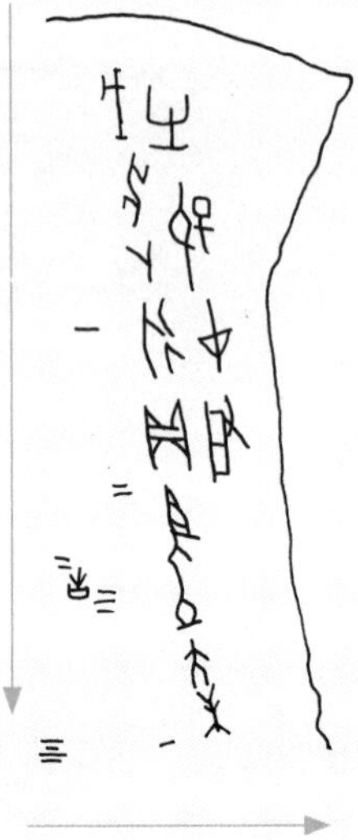

**白話譯文**

戊申日占卜，貞人永提問：「望乘會受到上天的保佑的，是嗎？」占卜地點在啓。第一、二、三次占卜。上吉。第四次占卜。

**閱讀方式**

右行。

**貞辭部分：望乘㞢保？**第一期有「望乘」，望乘是諸侯國兼統治者之名。這一卜表示王在外地占卜，關心重要盟國望乘是否平安、受到上天的福佑。

②貞：「今夕其雨？」

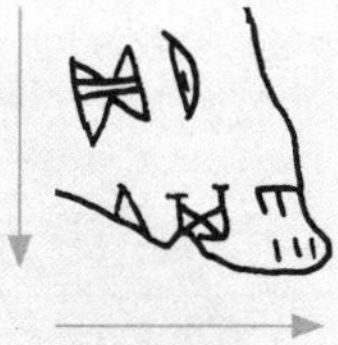

白話譯文 提問：「今晚將會下雨的，是嗎？」

閱讀方式 右行。

③一二三（序數）。上吉。四（序數）。不牾蛛。

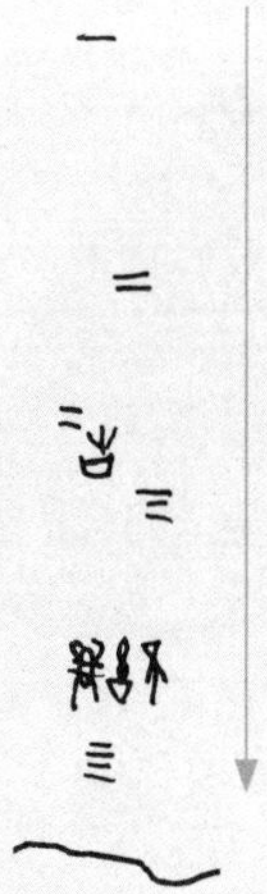

閱讀方式 由上而下。

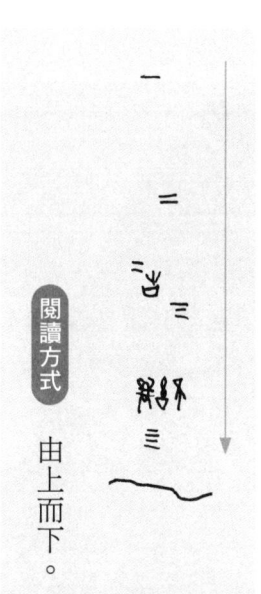

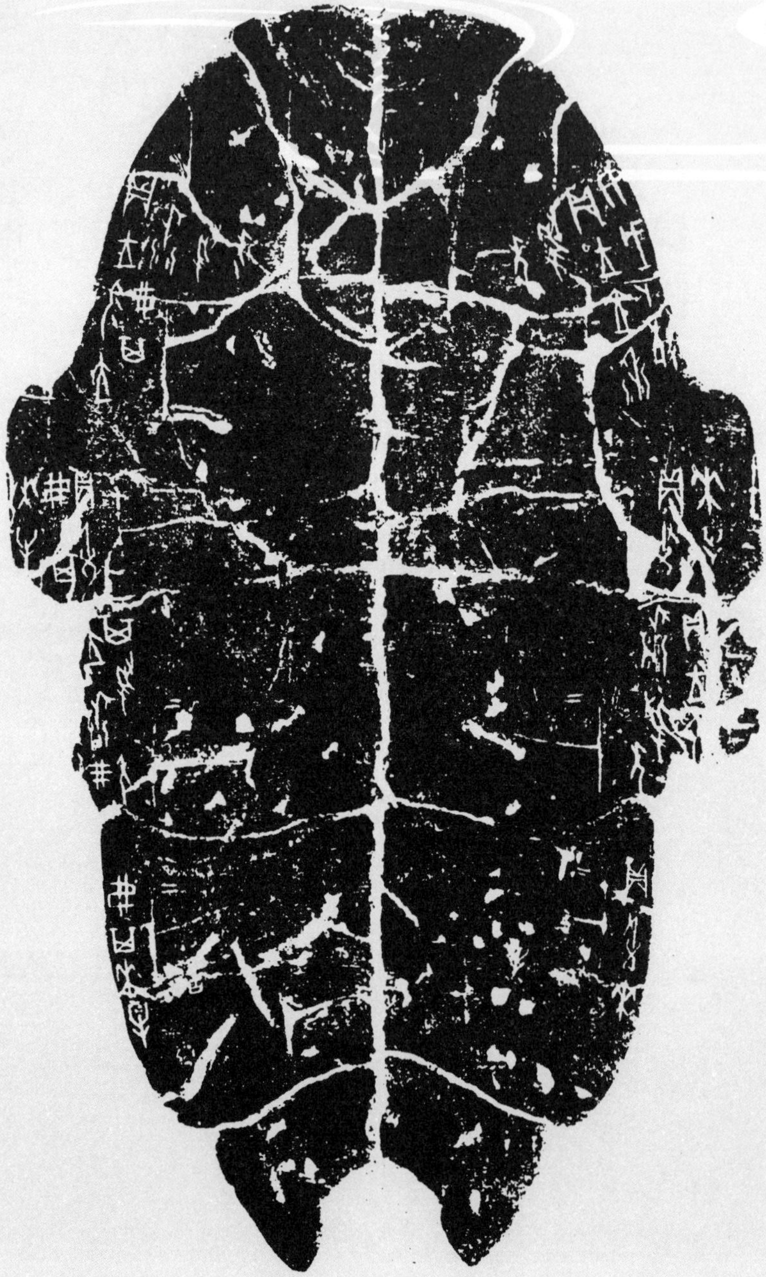

拓本原寸長 13.4 公分、寬 21 公分，圖為原寸 80%。

# 161 問二事——種黍、貢牛

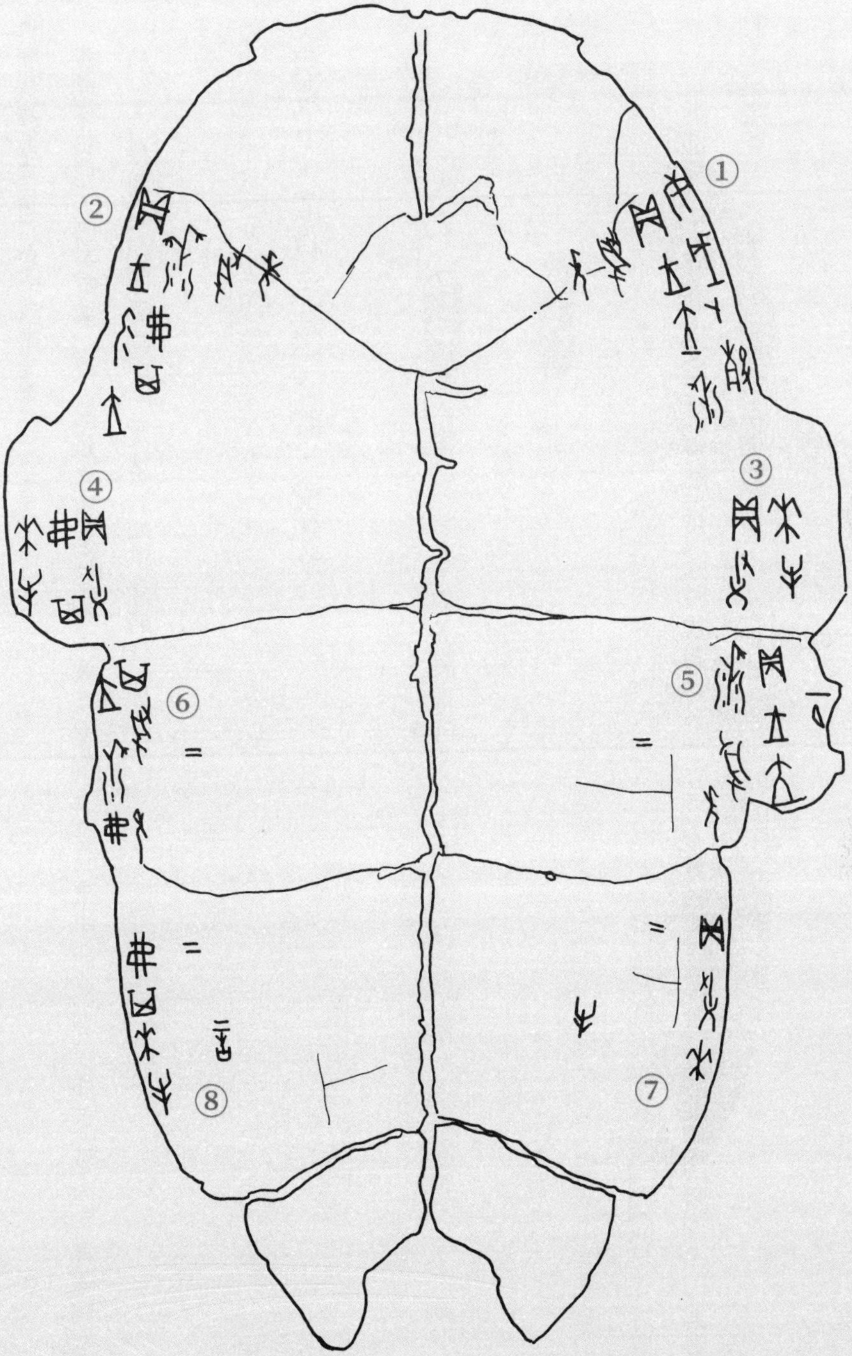
①
②
③
④
⑤
⑥
⑦
⑧

• 出處：《合》9525，龜腹甲。

• 斷代標準：貞人、兆辭、書體、事類。

• 說明：這一版只有第一卜記錄了占卜日期，詢問有關立黍、來牛的問題，或許都是和農業相關的。兩種問題相間隔詢問，是第一期甲骨的特色。

## ①庚戌卜，㱿貞：「王立黍，受年？」

**白話譯文**

庚戌日占卜，貞人㱿提問：「王將確定播種黍苗，會接受到上天所給予好的年收的，是嗎？」

**閱讀方式**

由外往內。

**貞辭部分：王立黍，受年？**貞辭採用兩段式問句。「立黍」意謂決定下令種植黍苗的時間，因為穀物播種要配合天象，以選取適當的時間。

②貞：「王勿立黍，弗其受年？」

**白話譯文** 提問：「王不要確定播種黍苗，將不會接受到上天所給予好的年收的，是嗎？」

**閱讀方式** 由外往內。

與上一卜正反**對貞**。

③貞：「畫來牛？」

**白話譯文** 提問：「畫會來（商）進貢牛隻的，是嗎？」

**閱讀方式** 由內往外。

**貞辭部分：畫來牛？**

「畫」在此是方國名，「來牛」是指來商入貢牛的意思。甲骨記錄方國進貢商王朝的品物除了牛，還有馬、芻（糧草）等。此版詢問立黍和來牛，在內容上應該相關，因爲商代已有使用牛拉犁的農耕方式。

**④貞：「畫弗其來牛？」**

白話譯文　提問：「畫將不會來（商）進貢牛隻的，是嗎？」

閱讀方式　由內往外。

與上一卜正反**對貞**。

**⑤貞：「王立黍，受年？」一月。二**（序數）

**白話譯文**

提問：「王將確定播種黍苗，會接受到上天所給予好的年收的，是嗎？」占卜日期在一月。第二次占卜。

**閱讀方式**

由外往內。

**貞辭部分：王立黍，受年？**和第一卜占卜相同的事類。「受年」一詞到了第四期是用「受禾」。

## ⑥ ☐ 「[王勿]立黍，弗其受年？」二（序數）

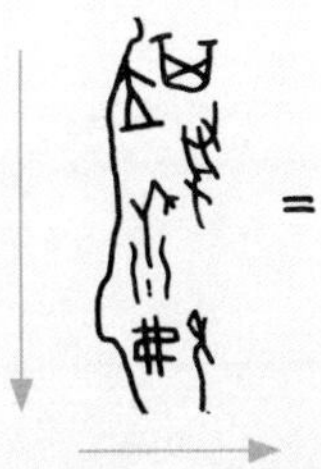

**白話譯文**

（提問：）「[王不要]確定播種黍苗，將不會接受到上天所給予好的年收的，是嗎？」第二次占卜。

**閱讀方式**

由外往內。

⑦貞：「畫來牛？」二（序數）

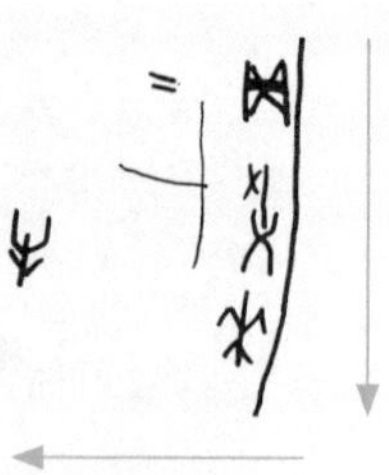

**白話譯文** 提問：「畫會來（商）進貢牛隻的，是嗎？」第二次占卜。

**閱讀方式** 由外往內。

⑧「弗其來牛？」二（序數）。上吉。

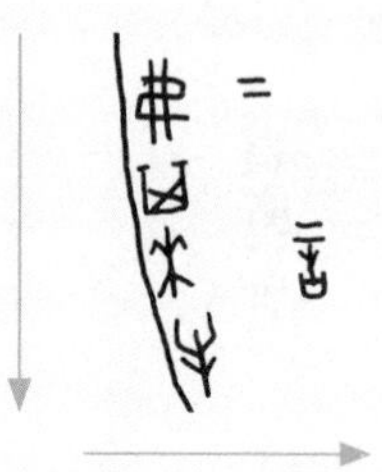

**白話譯文** （提問：）「（畫）將不會來（商）進貢牛隻的，是嗎？」第二次占卜。上吉。

**閱讀方式** 由外往內。

摹寫練習

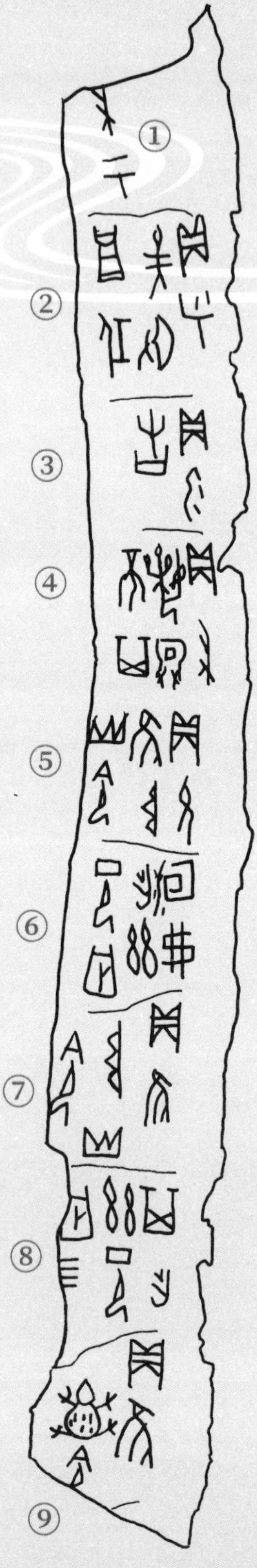


# 162 問六事

## ——征戰、隱匿、生子、對山下令、大雨釀災、對黽下令

- 出處：《合》7859，骨。
- 斷代標準：書體、字形、事類。
- 說明：這一版從第五卜到第九卜，交互問卜要對阜山或黽下命令，以及洹水是否造成災害這兩個問題。

## ①☐婦示☐

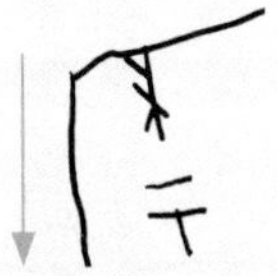

閱讀方式　由上而下。

「示」常用於表示修整甲骨，殘辭，難以確定句意。

②貞：「乎光取骨任？」

**白話譯文** 提問：「呼叫光攻取骨任，是合適的嗎？」

**閱讀方式** 左行。

**貞辭部分：乎光取骨任？**「骨任」是方國名。「取」在這裡使用其本義——割取敵兵的耳朵，表示軍事上攻取敵方的意思。

③貞：「勿告？」

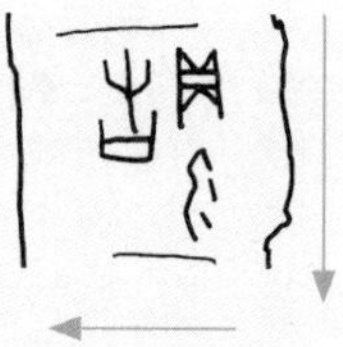

**白話譯文** 提問：「不要向（鬼神、祖先）報告，是嗎？」

**閱讀方式** 左行。

④貞：「婦嫀冥，不其｛嘉｝？」

白話譯文　提問：「婦嫀分娩，將不會誕下男孩的，是嗎？」

閱讀方式　左行。

**貞辭部分：婦嫀冥，不其｛嘉｝？**「冥」象雙手掰開子宮以利生產，即「娩」。「嘉」在卜辭中是指能生下在田中幫助耕種的兒子，「嘉」字不知是否刻寫到骨頭背面。

⑤貞：「允隹阜山令？」

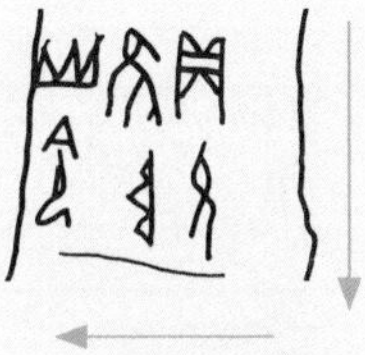

白話譯文　提問：「確實能對阜山下命令嗎？」

閱讀方式　左行。

**貞辭部分：允隹阜山令？**「阜」字形「」，意指山丘，是山（）側立的寫法。辭作「阜

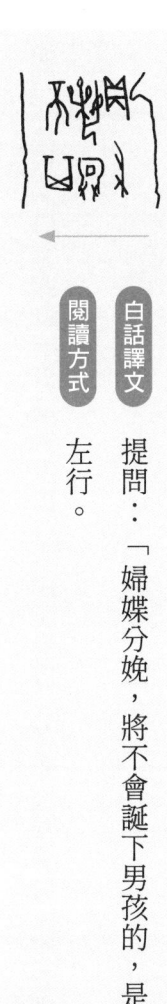

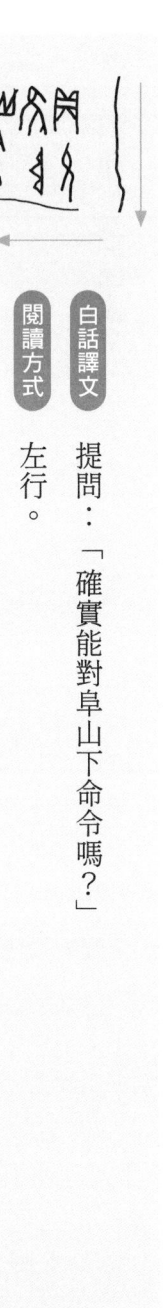

山」，甲骨文中阜和山或是有區別的。「允」字大多數是出現在驗辭，這段卜辭或表示確實發生預示的情況。

## ⑥「洹弗乍茲邑禍？」

白話譯文 提問：「洹水不會對這個城邑造成災禍，是嗎？」

閱讀方式 左行。

**貞辭部分：洹弗乍茲邑禍？**與第八卜正反**對貞**，詢問洹水會不會對安陽王城造成災害。雖然安陽都邑地勢高，但短期降雨量過多，也可能形成水災。又商代城牆的修建不是爲了防備敵軍，而是作爲防水之用的。

⑦貞：「隹阜山令？」

白話譯文　提問：「對阜山下命令，是合適的嗎？」

閱讀方式　左行。

⑧「其乍茲邑禍？」四[月]。

白話譯文　（提問：）「（洹水）將會對這個城邑造成災禍，是嗎？」占卜日期在四月。

閱讀方式　左行。

## ⑨貞：「隹黽令？」

**白話譯文** 提問：「對黽下命令，是合適的嗎？」

**閱讀方式** 左行。

**貞辭部分：隹黽令？** 黽和龜不同，或爲鱉、蛙之類的動物。在這裡是當作人名。

摹寫練習

# 163 問五事

## ──遣使畢、不要召喚某、降雨、事情妥當、祭祀日期

拓本原寸長 12.1 公分、寬 20.5 公分，圖為原寸 75%。

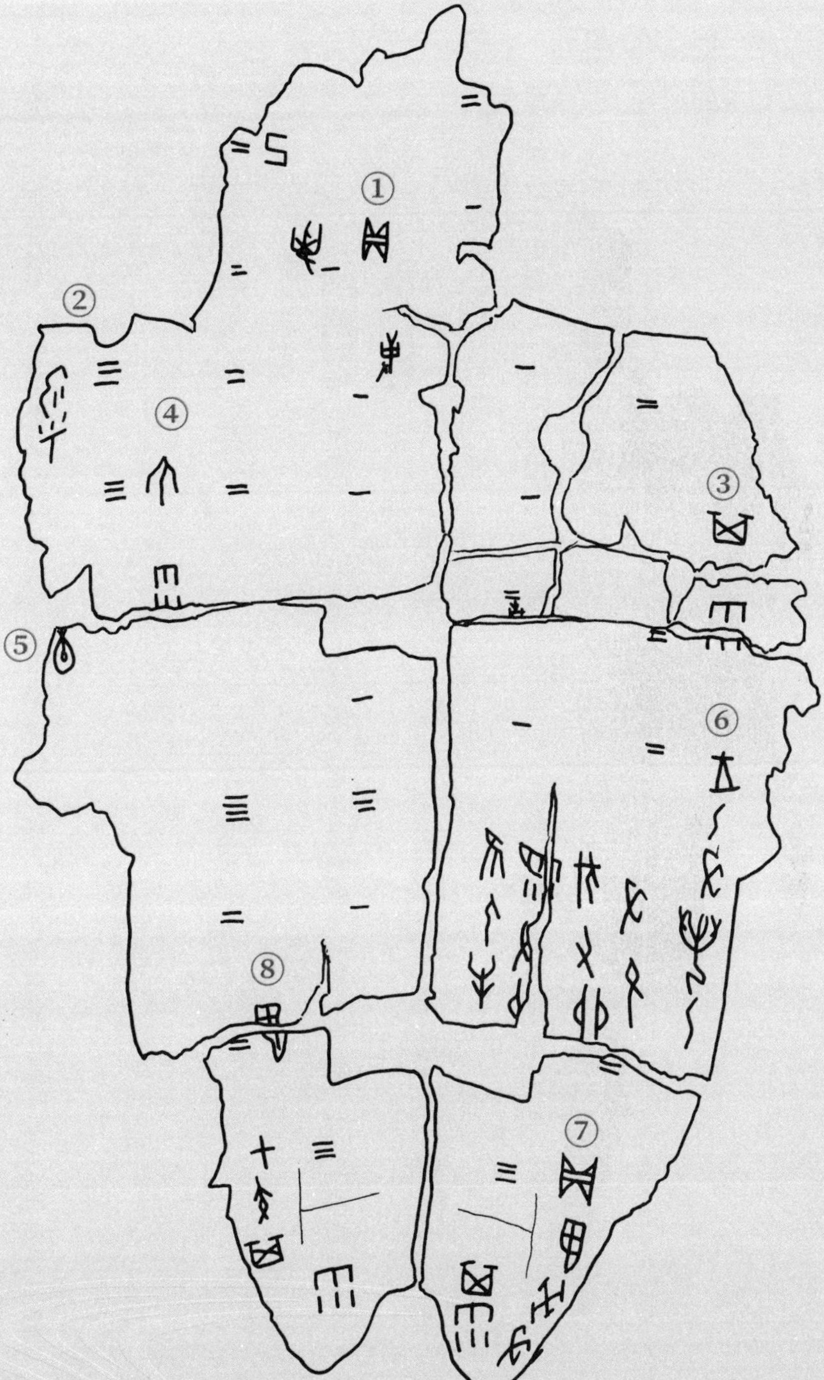
①
②
③
④
⑤
⑥
⑦
⑧

• 出處：《合》16131，龜腹甲。

• 斷代標準：兆辭、書體、字形。

• 說明：此版書體小，容易跟第四期文武丁的卜辭混淆。但出現兆側刻辭上吉，所以定在第一期。

①**貞：「史畢？」一二[三]**（序數）

**白話譯文** 提問：「派遣使者到畢，是合適的嗎？」第一、二、[三]次占卜。

**閱讀方式** 由內往外。

**貞辭部分：史畢？**「史」是出使、派遣使者的意思。「畢」是甲骨五期都出現的人物，但擔任的官職並非一成不變，第一期是重要將領，第四期爲征伐召方的「亞」，第五期擔任「右牧」。而甲骨中會用人名代表國名，因爲動詞用「史」，可見「畢」並非商王的直屬侯國，所以才要派遣使者，維持友好同盟的關係。

②「勿乎⧄？」一二三（序數）

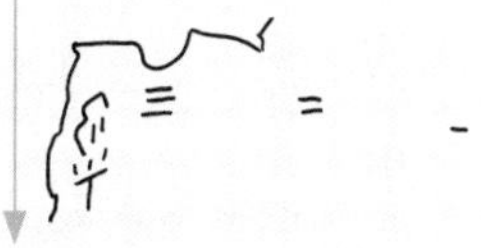

**白話譯文** （提問：）「不要呼叫⧄？」第一、二、三次占卜。

**閱讀方式** 由上而下內往外。

③「其雨？」【二】（上吉）二（序數）

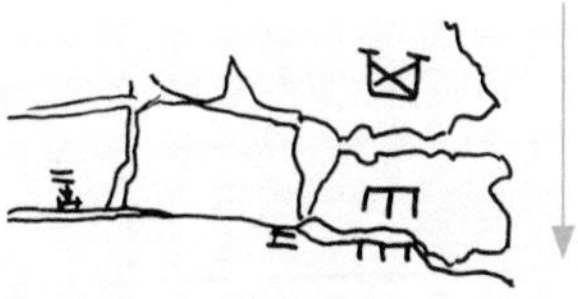

**白話譯文** （提問：）「將會下雨的，是嗎？」第一（上吉）、二次占卜。

**閱讀方式** 由上而下。

④「不雨？」一二三（序數）

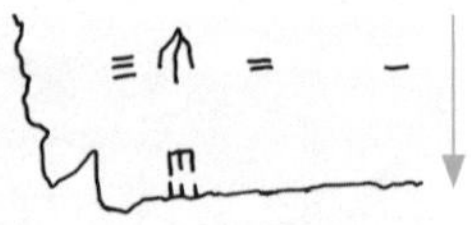

**白話譯文**（提問：）「不會下雨的，是嗎？」第一、二、三次占卜。

**閱讀方式** 由上而下。

⑤「⧄橐？」

**白話譯文**（提問：）「（某件事）是妥當的，是嗎？」

**閱讀方式** 單一字。

**貞辭部分：⧄橐？**「橐」象一端束緊的囊袋。卜辭有「王伐不橐」、「省牛不橐」，表達妥當、妥善的意思。

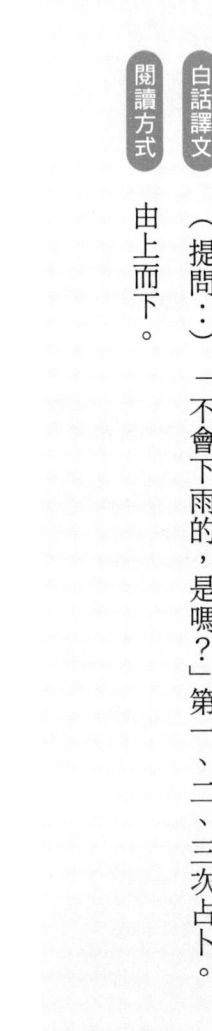

⑥「王乙丑若？」乙丑允伐，右卯眔左卯，隹匕牛。一二（序數）

**白話譯文** （提問：）「王乙丑這天（舉行祭祀）會順利的，是嗎？」乙丑這天確實舉行伐祭，並以剖成右半和左半的牲體爲祭品，是選用雌牛。第一、二次占卜。

**閱讀方式** 由外往內。

**驗辭部分：乙丑允伐，右卯眔左卯，隹匕牛。**「伐」是祭祀名稱，絕大多數用於人牲，以此卜來看，也能用於牛隻。「眔」當連接詞，「卯」是將牲體分剖成兩半的用牲法。

⑦**貞：「羽癸丑其雨？」**［一］二三（序數）

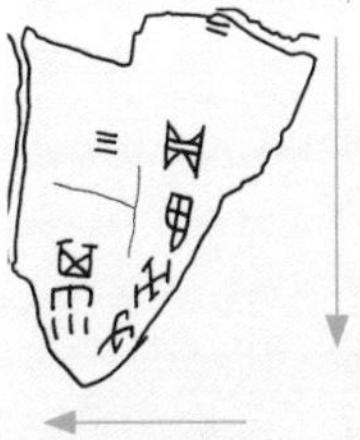

**白話譯文** 提問：「未來的癸丑日將會下雨的，是嗎？」第［一］、二、三次占卜。

**閱讀方式** 由外往內。

**貞辭部分：羽癸丑其雨？**「羽」指鄰近的日子，大都表示同一旬的期間內。與下一卜詢問哪一天將會下雨。

⑧「羽甲寅其雨？」[一]二三（序數）

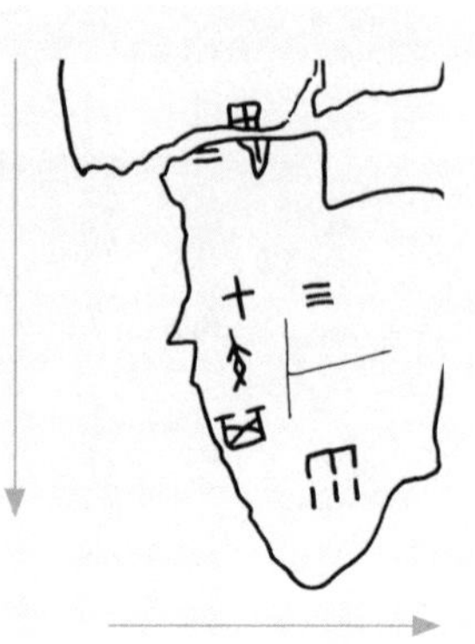

**白話譯文** 提問：「未來的甲寅日將會下雨的，是嗎？」第[一、]二、三次占卜。

**閱讀方式** 由外往內。

摹寫練習

164

# 問二事——夢多鬼、今夜運勢

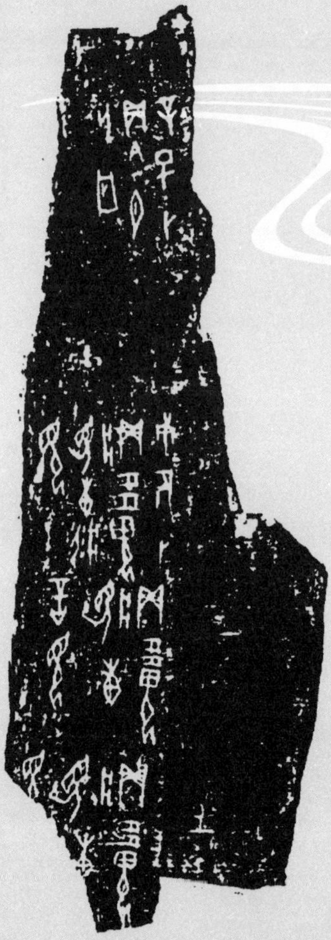

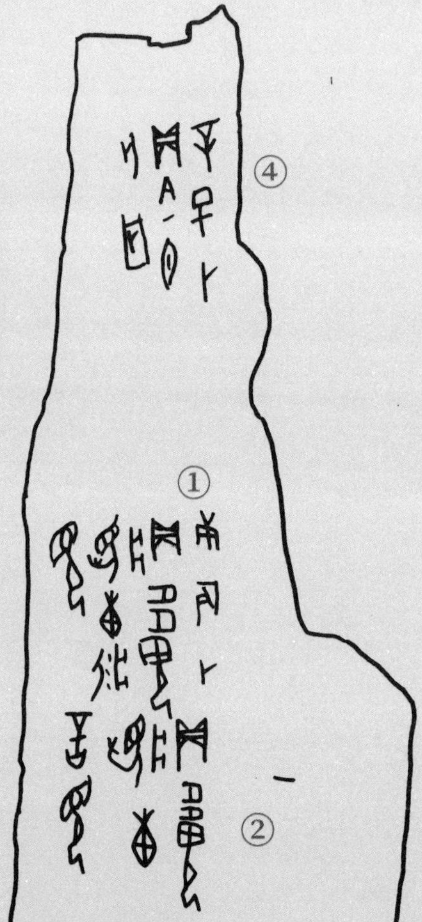

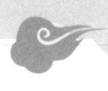

• 出處：《合》17450，骨。
• 斷代標準：書體、字形。

## ①庚辰卜，貞：「多鬼夢，叀疾見？」

**白話譯文** 庚辰日占卜，提問：「夢到多鬼，疾會前來朝見，是嗎？」（夢到多鬼，會出現疾病的，是嗎？）

**閱讀方式** 左行。

### 貞辭部分：多鬼夢，叀疾見？

「鬼」有兩個字形，下半呈跪坐姿勢的「」是鬼神，「」是鬼方，爲方國名。魅（）是腐爛許久的屍體發出磷光的樣子。

「叀疾見」的「見」在甲骨文有當作出現、朝見等意思。結合以下兩卜，多鬼夢是已發生的事實，這三卜由「叀疾見」、「叀言見」、「叀□見」做選擇，似乎把「見」理解成朝見、覲見之意更適當，那麼疾、言、□或爲人名。但夢到多鬼，爲何與諸侯朝見有聯繫？「疾」若爲疾病之意，通常會指出

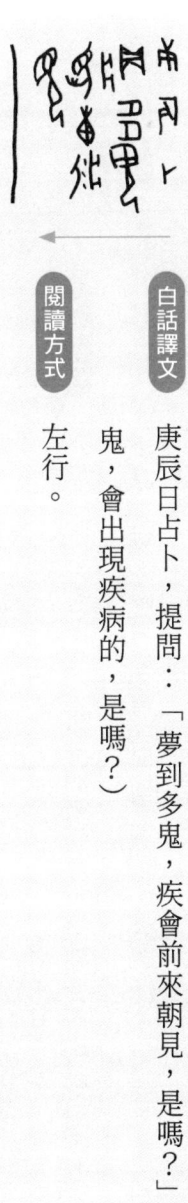

部位，如疾言、疾首，而此版僅有「疾」一字，言或指說話功能受損。「疾見」是說出現疾病，「言見」意謂顯現出說話方面的疾病。若第三卜殘缺的刻辭是有關身體的部位，那麼前兩卜的意義，將能更加明確。

**②貞：「多鬼夢，甶言見？」一**（序數）

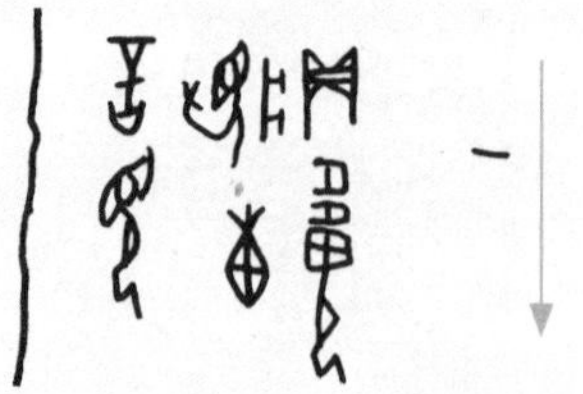

**白話譯文** 提問：「夢到多鬼，言會前來朝見，是嗎？」（夢到多鬼，會出現說話方面的疾病的，是嗎？）第一次占卜。

**閱讀方式** 左行。

③貞：「多鬼夢，叀□見？」一（序數）

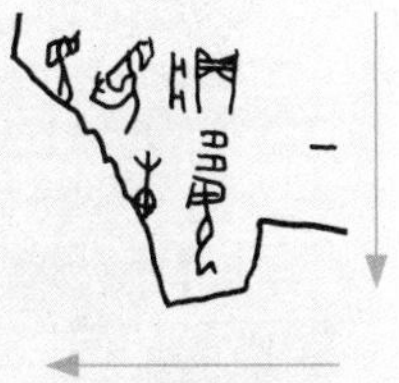

閱讀方式 左行。

④辛巳卜，貞：「今夕亡禍？」

白話譯文 辛巳日占卜，提問：「今晚會有災禍發生的，是嗎？」

閱讀方式 左行。

**貞辭部分：今夕亡禍？**特別詢問今晚是否有災禍發生，或爲商王離開安陽人在外地，需要更謹慎的戍衛，所以才占卜得這麼詳細。

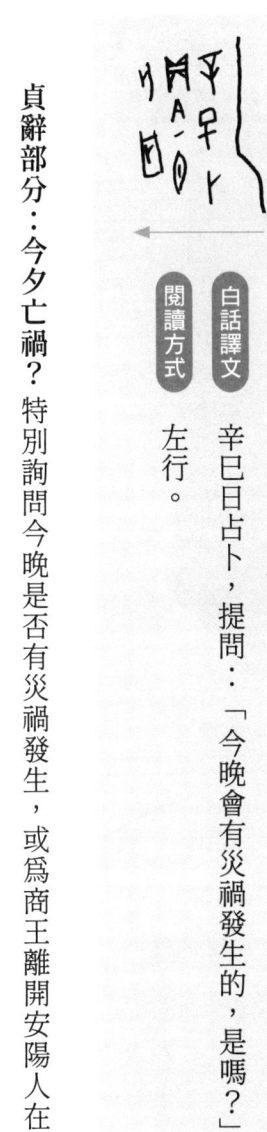

# 問三事——祭祀日期、交流、軍事行動

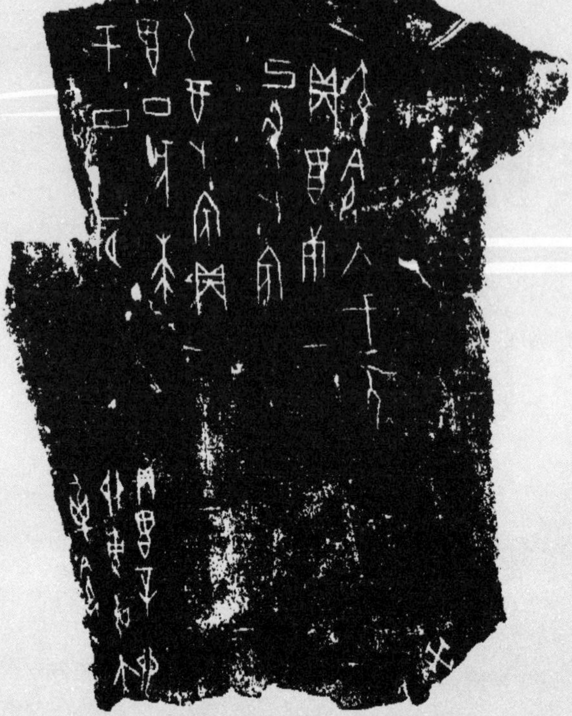

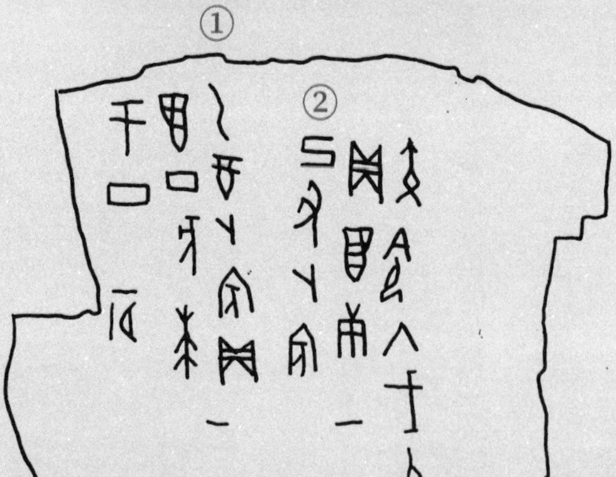

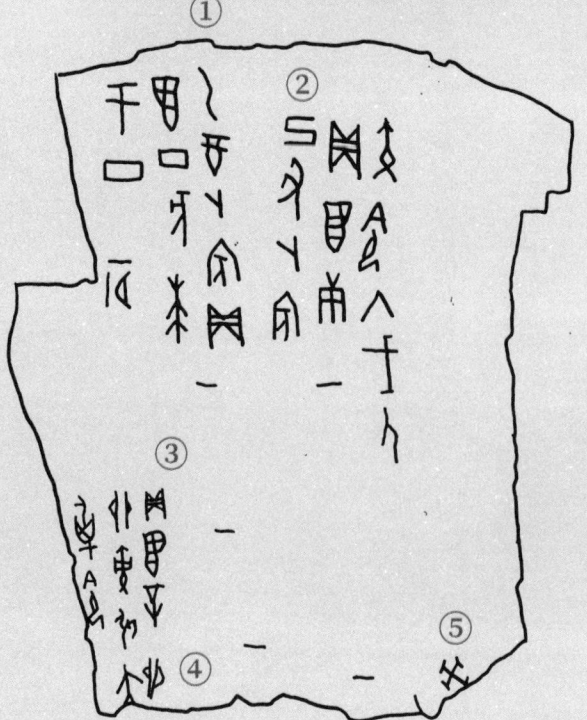

- 出處：《合》8398，骨。
- 斷代標準：貞人、書體。

**① 乙酉卜，賓貞：「羽丁亥求于祊？」十一月。一**（序數）

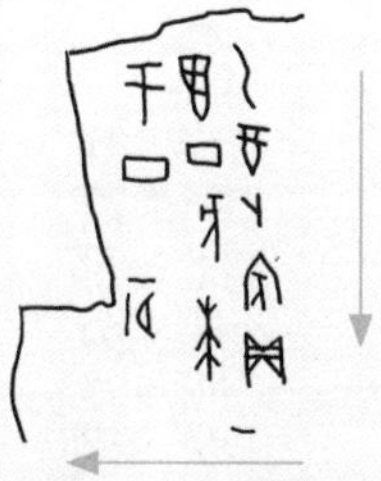

**白話譯文**

乙酉日占卜，貞人賓提問：「三天後丁亥日在祖先宗廟舉行求祭，是適合的嗎？」占卜日期在十一月。第一次占卜。

**閱讀方式**

左行。

**貞辭部分：羽丁亥求于祊？**在甲骨，有求年、求雨、求生（生育）等詞。「祊」有學者釋爲「丁」，以爲是某丁日祖先。在甲骨「祊」的字形長度比「丁」來的寬，意思是祖先的宗廟，有時加上「必」，表示近幾個世代先王的廟堂。

②己丑卜，賓貞：「羽庚寅令入戈人？」一（序數）

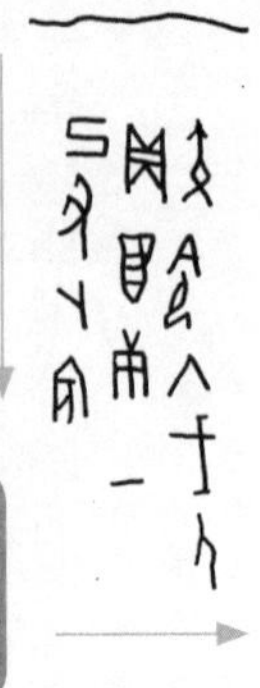

**白話譯文** 己丑日占卜，貞人賓提問：「兩天後庚寅日命令進入戈人（地界），是適合的嗎？」第一次占卜。

**閱讀方式** 右行。

**貞辭部分：羽庚寅令入戈人？**「戈人」或指戈國人民，或指戈國領導者。第一期出現與商進行往來的方國比其他期來的多。

③貞：「羽辛卯□肵畢令？」一（序數）

**白話譯文** 提問：「未來的辛卯日命令□輔助畢的行動，是適合的嗎？」第一次占卜。

**閱讀方式** 左行。

**貞辭部分：羽辛卯[字形]弜畢令？**「[字形]」是國名，「弜」當動詞，但實際意義不明。甲骨顯示「畢」所擔任的官職都是執行軍事任務，「弜」或是輔助，是與軍事行動有關的動詞。

④卯☒□☒一（序數）

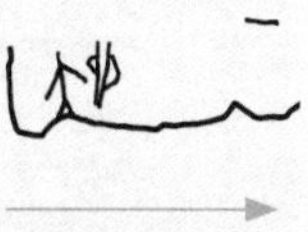

閱讀方式　右行。

⑤癸☒一（序數）

閱讀方式　由右而左。

# 166 問往大邑商

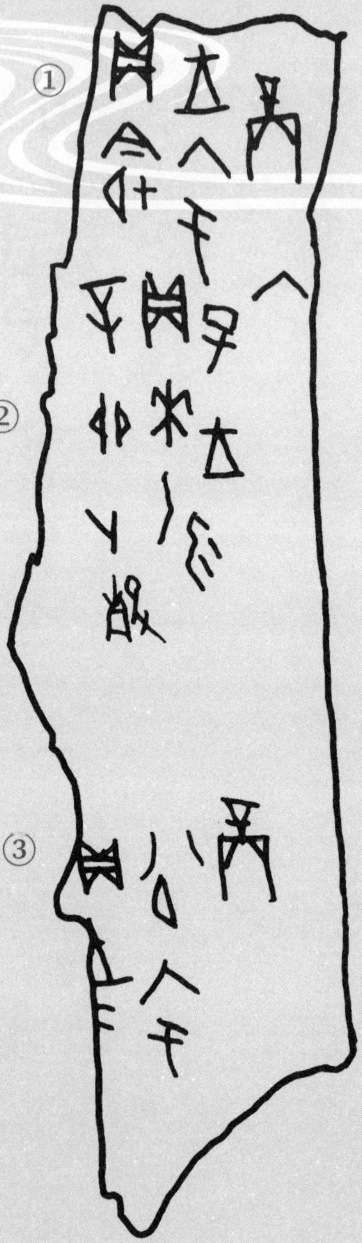

• 出處：《合》7787，骨。

• 斷代標準：貞人、書體。

## ①貞：「今七月王入于商？」

白話譯文　提問：「今年七月王要進入（大邑）商，是合適的嗎？」

閱讀方式　右行。

**貞辭部分：今七月王入于商？**甲骨常提到入商，商有丘商、亳商、大邑商之別，應該都曾經是作爲國都的城邑。大邑商是鄭州二里崗商城，是商王祖先發跡的地方，即使已經遷都，但在大邑商還是經常要舉行例行性的祭典儀式，所以卜辭只是簡短刻寫「入商」或「入于商」，而省略敍述入商的目的或所欲進行的活動。第一期都用「商」，第五期才改稱「大邑商」。

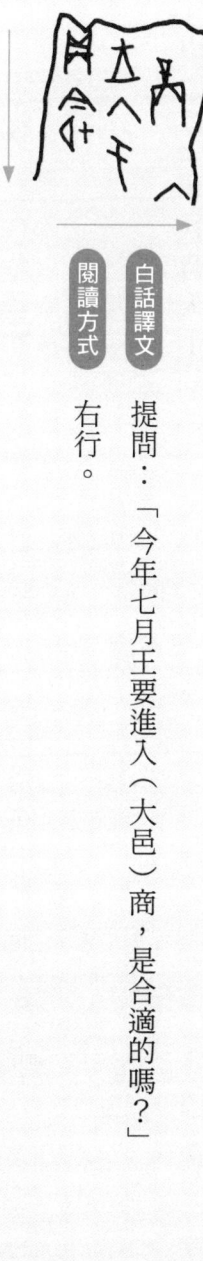

② 辛卯卜，㱿貞：「來乙巳王勿入？」

**白話譯文** 辛卯日占卜，貞人㱿提問：「未來的乙巳日王不要進入（大邑商），是嗎？」

**閱讀方式** 右行。

**貞辭部分：來乙巳王勿入？**「來」相對於「羽」是指較遠的未來日期，常是下一旬或之後的日子。

③ 貞：「王于八月入于商？」

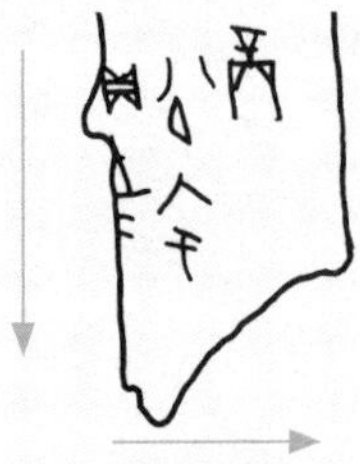

**白話譯文** 提問：「王在八月要進入（大邑商）商，是合適的嗎？」

**閱讀方式** 右行。

摹寫練習

# 167 問更換祭器

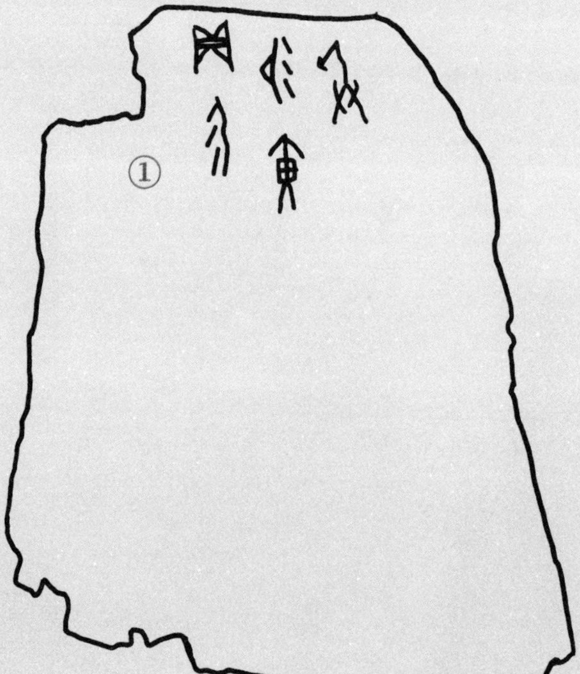

- 出處：《合》9468，骨。
- 斷代標準：書體。

①貞：「勿易黃兵？」

白話譯文　提問：「不要改易黃色的兵戈，是嗎？」

閱讀方式　右行。

**貞辭部分：勿易黃兵？**「黃」是銅器初鑄的顏色，這裡的兵不是殺敵作戰時的武器，而是祭祀敬神時所使用的舞戈。第三期有「叀茲戈用于河」、「叀舊戈〔用于〕河」的刻辭，且戈字作「」，刃部造型不具殺傷力。「易」則爲改易、變易的意思。整句意思是詢問爲了祭典所需，要不要更換黃色的舞戈。

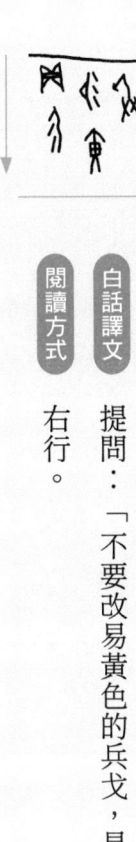

# 168 問婦好病痛是哪位祖先降災

背面

正面

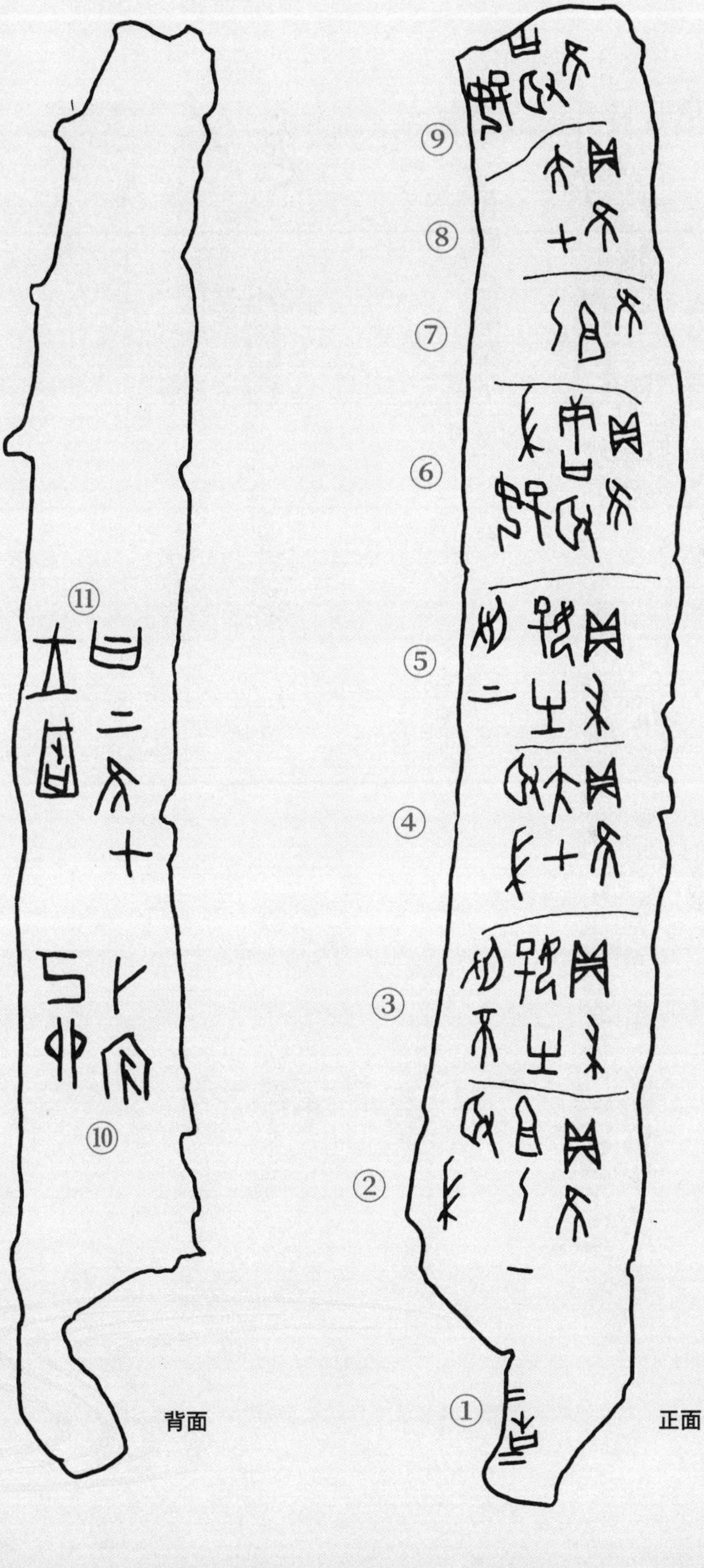


背面　　正面

• 出處：《合》2636正面與背面刻辭，骨。

• 斷代標準：貞人、書體、人物。

①二（序數）。上吉。

閱讀方式

由上而下。

②貞：「隹祖乙取婦？」一（序數）

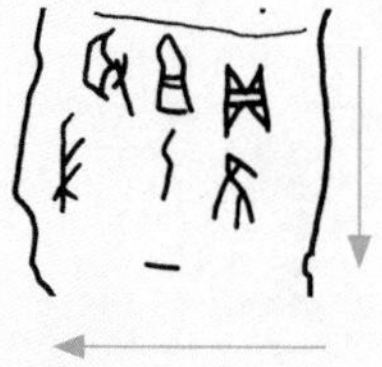

白話譯文

提問：「是祖乙選取婦（婦好）（降下病災的），是嗎？」第一次占卜。

閱讀方式

左行。

**貞辭部分：隹祖乙取婦？**有學者將「取」解釋爲嫁娶之意，但筆者認爲不合情理。綜合第二、第四、第六和第九卜來看，祖乙、大甲、唐（指大乙）是先祖之名，是動詞「取」的施事者，而婦好（或簡稱爲婦）顯然是受事者。由上下文判斷，「取」或爲選取之意，商王詢問上天是祖乙、大甲或唐選取婦好，也就是詢問這三位先祖是誰對婦好降下病災的意思。

**③貞：「婦好㞢取，不？」**

白話譯文　提問：「婦好被選取（降下病災），不是嗎？」

閱讀方式　左行。

**貞辭部分：婦好㞢取，不？**甲骨另有「王有取，不若」、「王有取，若」。

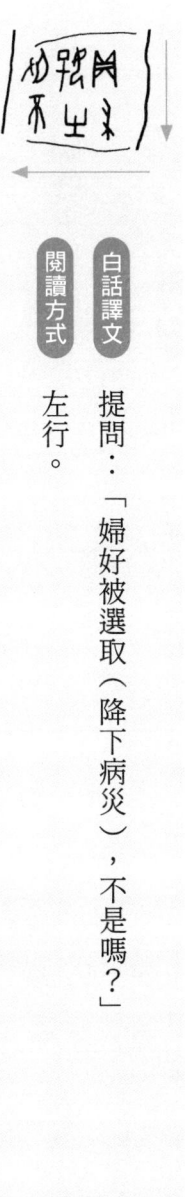

④貞：「隹大甲取婦？」

白話譯文 提問：「是大甲選取婦（婦好）（降下病災的），是嗎？」

閱讀方式 左行。

⑤貞：「婦好㞢取，上？」

白話譯文 提問：「婦好被選取（降下病災）了，在干支日上半（舉行儀式），是合適的嗎？」

閱讀方式 左行。

**貞辭部分：婦好㞢取，上？**結合背面的占辭「上，隹甲」，「上」應是指某干支日的前半。

⑥貞：「隹唐取婦好？」

**白話譯文** 提問：「是唐（大乙）選取婦好（降下病災的），是嗎？」

**閱讀方式** 左行。

⑦「隹祖乙？」

**白話譯文** （提問：）「是祖乙（降下病災的），是嗎？」

**閱讀方式** 由右而左。

⑧貞：「隹大甲？」

**白話譯文** 提問：「是大甲（降下病災的），是嗎？」

**閱讀方式** 左行。

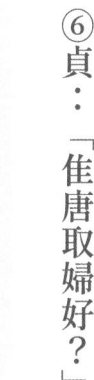

⑨「隹唐取[婦]好？」

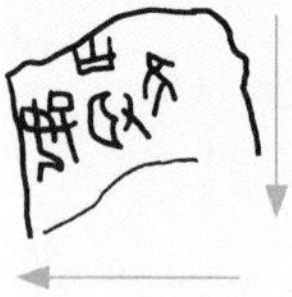

**白話譯文**（提問：）「是唐（大乙）選取[婦]好（降下病災的），是嗎？」

**閱讀方式** 左行。

⑩（背面）己卯卜，賓。

**白話譯文** 己卯日占卜，貞人賓（提問）。

**閱讀方式** 右行。

⑪（背面）王占曰：「上，隹甲。」

**白話譯文** 王檢驗兆紋顯示的意義後說：「在干支日的上半，是甲日。」

**閱讀方式** 右行。

「上」是指該干支日的前半，「上，隹甲」意謂在甲日的前半段。

摹寫練習

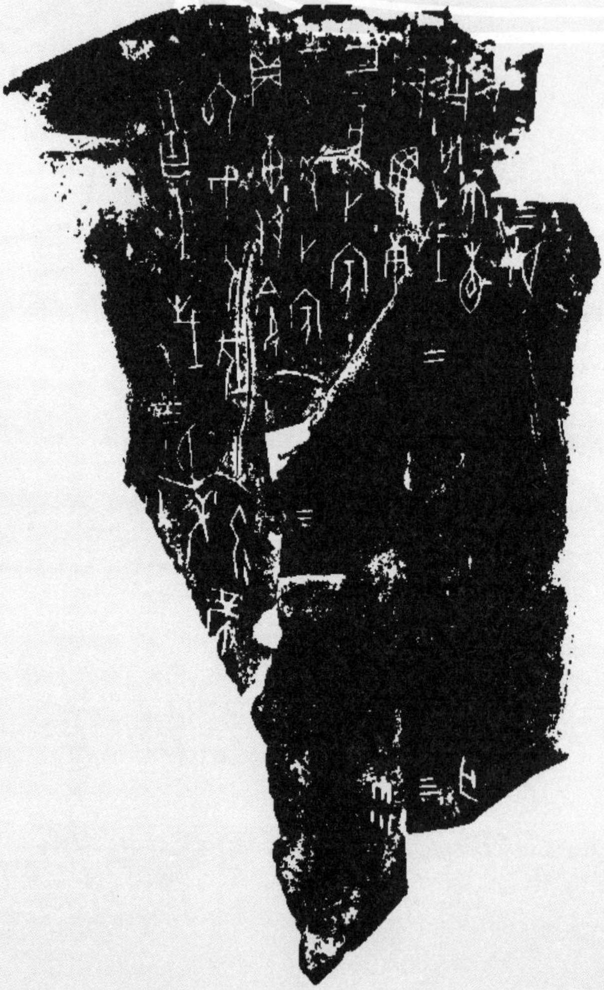

# 169 問三事——走路出行、討伐舌方、收成

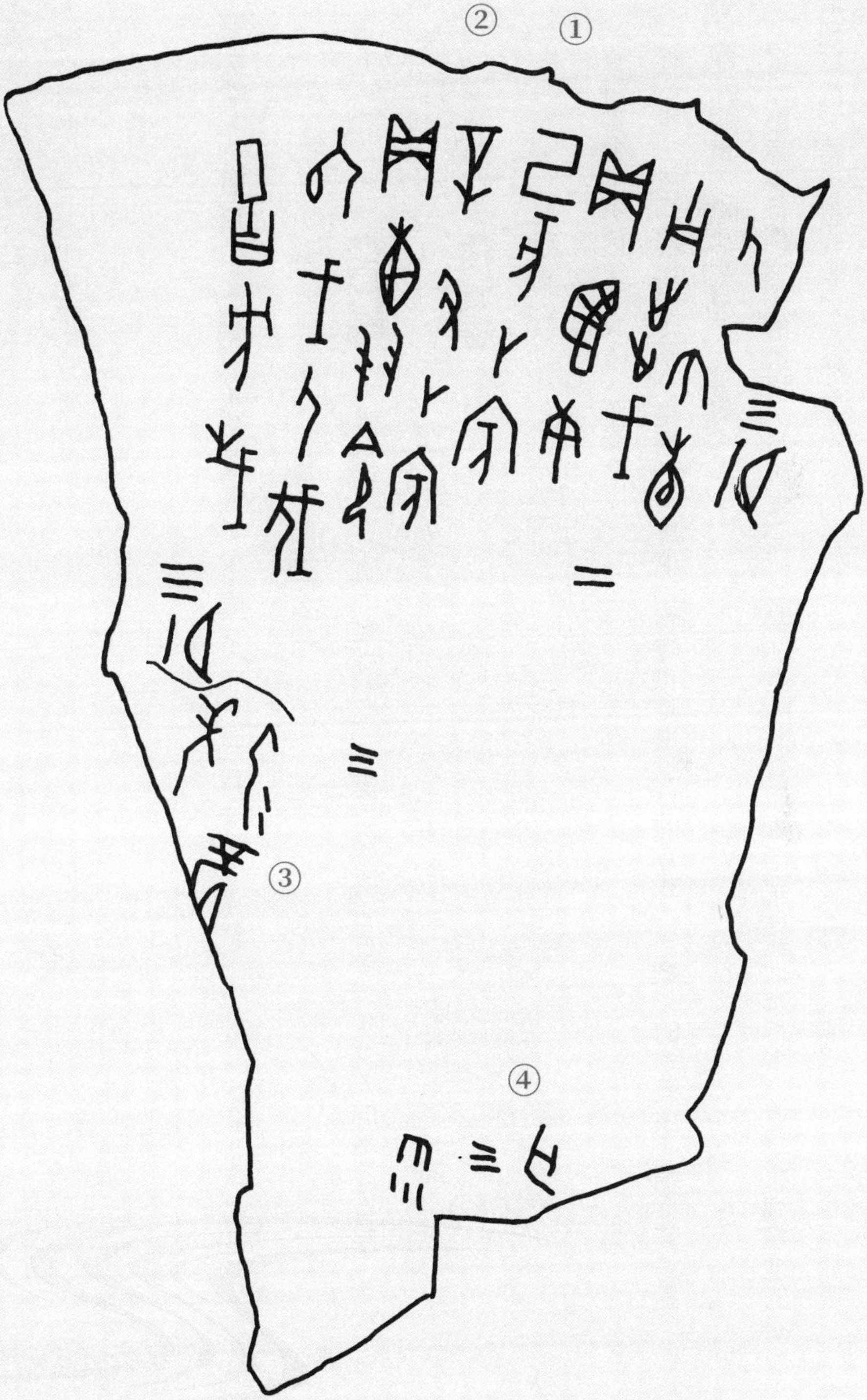
②
①
③
④

- 出處：《英》564，骨。
- 斷代標準：貞人、書體、方國、曆制。

① 己亥卜，賓貞：「羽庚子步戈人，不橐？」十三月。二（序數）

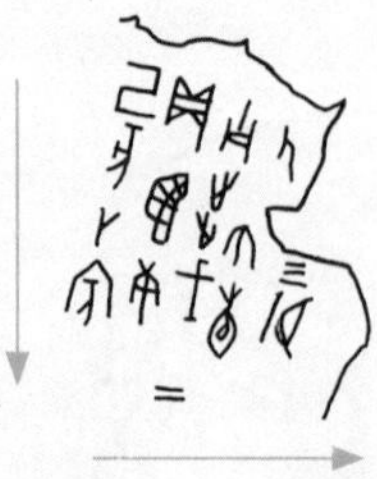

**白話譯文** 己亥日占卜，貞人賓提問：「第二天庚子日步行到戈人的地界，是不妥當的嗎？」占卜日期在十三月。第二次占卜。

**閱讀方式** 右行。

**貞辭部分：羽庚子步戈人，不橐？**

從「步」可知商王出行不一定都搭乘馬車，有時也是用步行的方式。「橐」的本義象一端束緊的囊袋。在此假借，表達妥當、妥善的意思。

這段話指步行到戈人的國境，是否安全、妥當。〈136〉曾記錄商王從餓地步行，一直行軍到尋地的治理單位，結果整晚骨頭痠痛。所以詢問步行是否妥當，除了安全考量外，可能也卜問是否會過於勞累，以致影響身體健康。

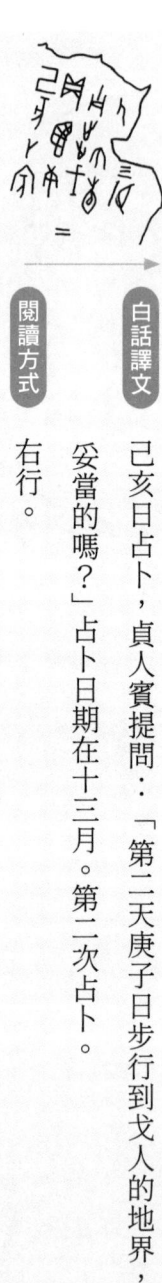

②辛丑卜，賓貞：「甶雪令氐戈人伐𢀛方，𢦏？」十三月。

白話譯文

辛丑日占卜，貞人賓提問：「將命令雪率領戈人討伐𢀛方，是會給予災害的嗎？」占卜日期在十三月。

閱讀方式

左行。

**貞辭部分：甶雪令氐戈人伐𢀛方，𢦏？**「雪」的本義是用兩把清除雪的掃把來代表，有時加上雨的偏旁「」，該字形「」省略了雪的小點，在這裡作爲人名使用。「氐」則有帶領、率領的意思。

在〈136〉已提到卜辭表示災害的「災」字有兩種字形，「」和从戈才聲的「」，但兩字用法不同，前者專指兵禍戰爭產生的災害，後者則是一般日常的災害。

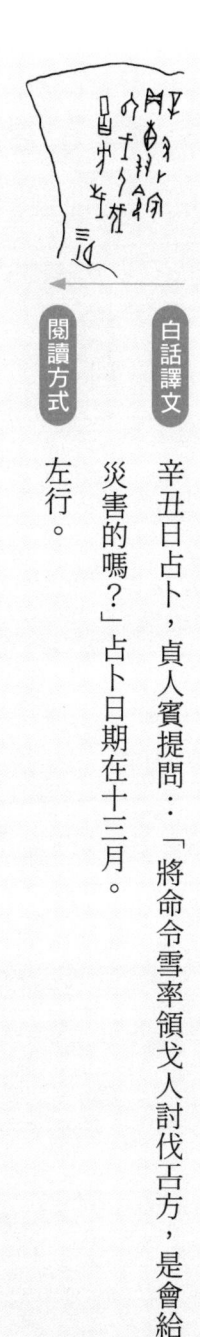

③「勿孽☐年☐？」三（序數）

**白話譯文** （提問：）「不會是農作物歉收的年收☐，是嗎？」第三次占卜。

**閱讀方式** 左行。

**貞辭部分：勿孽☐年☐？**「孽」爲災孽的意思，「孽年」意指農作物歉收、是有災荒的年。

第一、二卜內容爲軍事攻伐，但第三、四卜卻是有關農業收成的問題。

④亡☐雨☐三（序數）

**閱讀方式** 左行。

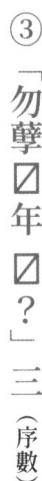

摹寫練習

# 170 問祭祀䖵

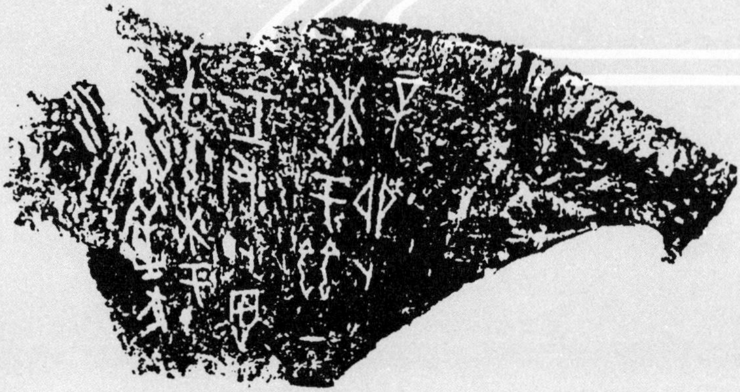

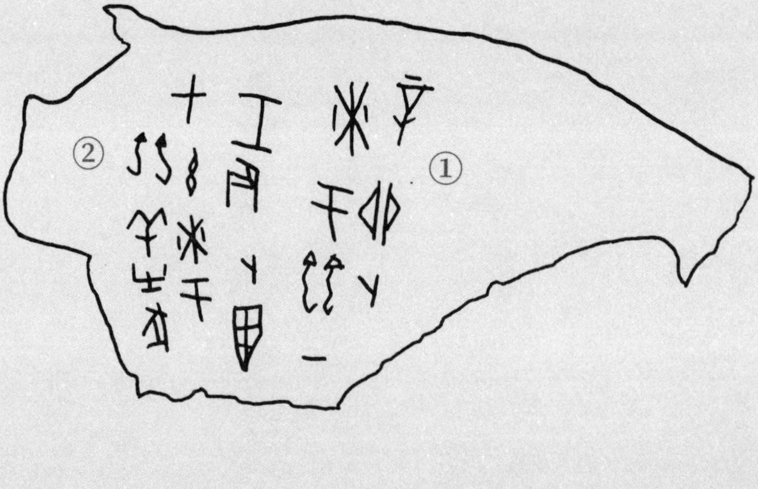

● 出處：《合》14703，骨。

● 斷代標準：書體、字形。

● 說明：此版「干支卜」是第三、四期常見的前辭形式，但「燎」的字形呈顯出第一期的特點，以及「蚰」此一山川神靈只出現在第一期，因此斷定此版時代為第一期。

## ①辛卯卜，「燎于蚰？」一（序數）

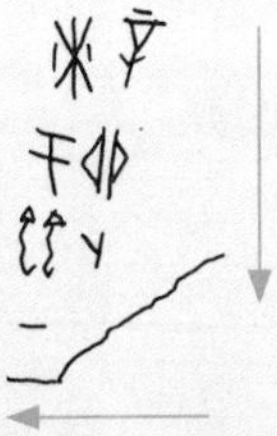

白話譯文 辛卯日占卜（，提問）：「向蚰舉行燎祭，是合適的嗎？」第一次占卜。

閱讀方式 左行。

**貞辭部分：燎于蚰？**「燎」是一種於戶外舉行、以焚燒的方式對山川神靈的祭祀。「燎」字在第一期是以木架加上焚燒的火點「」，到了第三期在原來的字形下方會加上火的偏旁「」，第四期的火點增加「」，出組卜辭還加上「宀」的偏旁「」，可能表示燎祭可移入屋內舉行。「蚰」則是受祭的自然界神靈。

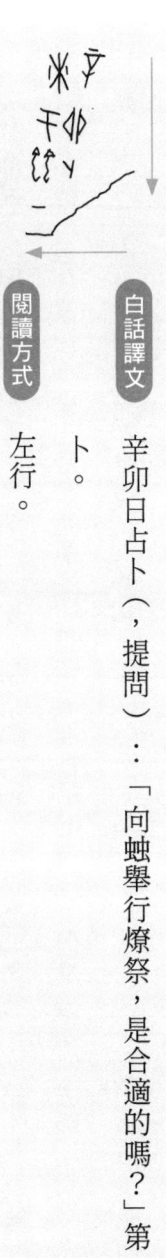

## ②壬辰卜，「羽甲午燎于蚰羊，㞢豖？」

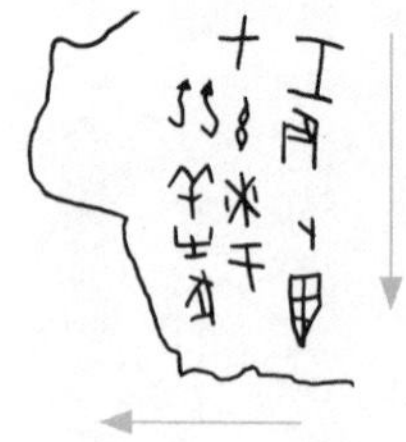

**白話譯文** 壬辰日占卜（，提問）：「第三天甲午日向蚰舉行燎祭，牲品採用燒烤的羊和用㞢的方式處理的豖，是合適的嗎？」

**閱讀方式** 左行。

**貞辭部分：羽甲午燎于蚰羊，㞢豖？**「燎」是祭典名稱，也是祭典儀式。「㞢」和「酒」是商代領銜的祭典名稱，但在這裡「㞢」是祭典儀式，表示處理牲品的方式，但具體如何處理，尚不可知。所以如果是祭名，後頭是不會出現殺牲方式的辭句。

摹寫練習

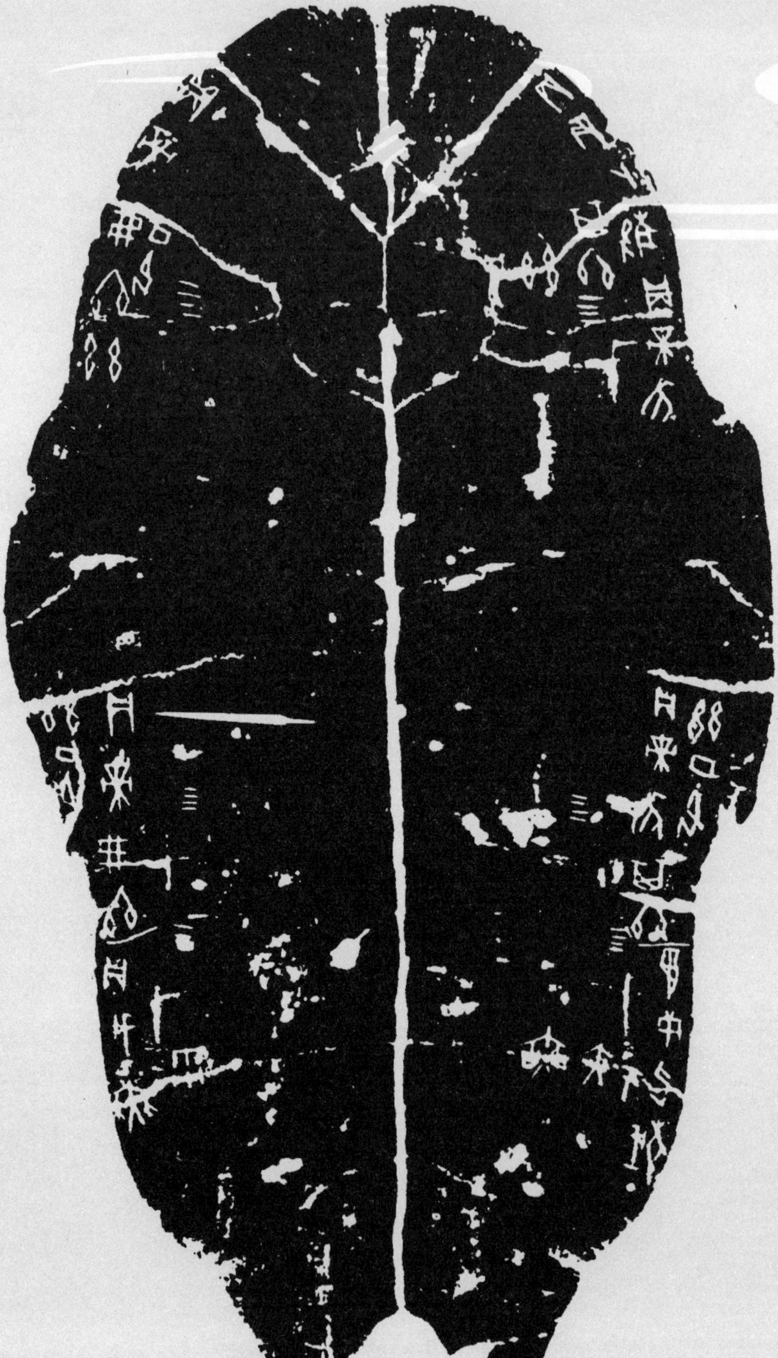

# 171 問二事——天災、祭祖

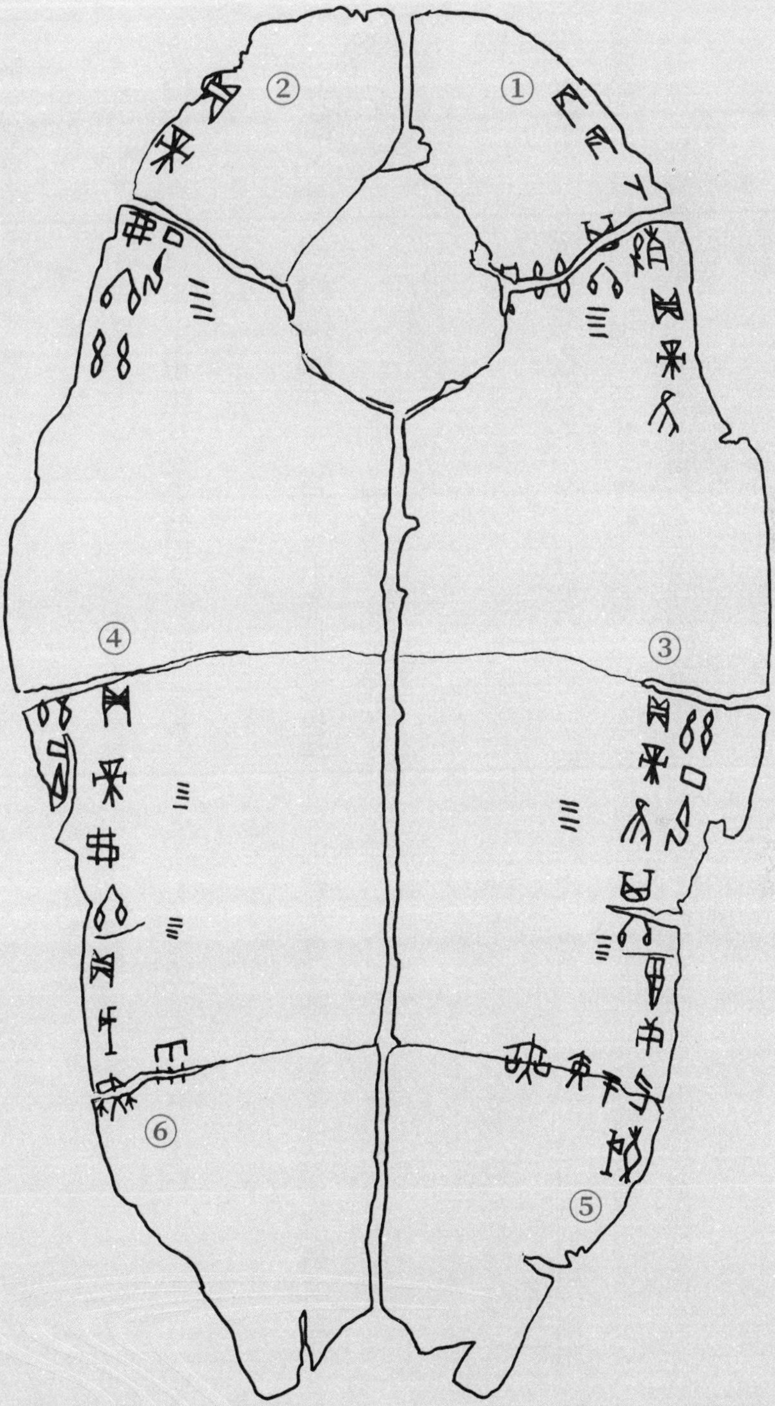
①
②
③
④
⑤
⑥

- 出處：《合》14210，龜腹甲。
- 斷代標準：貞人、書體、字形。

## ①丙辰卜，㱿貞：「帝隹其夂茲邑？」四（序數）

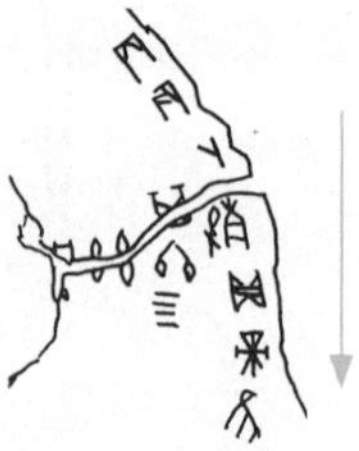

**白話譯文**

丙辰日占卜，貞人㱿提問：「上帝將會（降下災難）終止這個城邑的，是嗎？」第四次占卜。

**閱讀方式**

由外往內。

**貞辭部分：帝隹其夂茲邑？**「夂」假借爲「終」，終止、結束的意思。「茲邑」是這個城邑，應指安陽都邑。這段話是詢問上帝會不會降下災禍，終止這個城邑，上天能產生自然災害，如風災、水災、地震等，來毀壞都邑。〈162〉「洹弗乍茲邑禍」就是詢問洹水會不會氾濫而對安陽城邑造成災害。

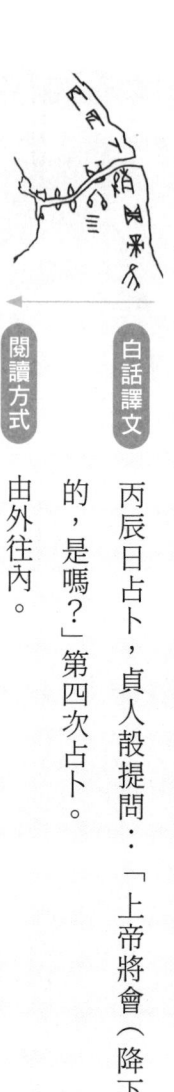

②貞：「帝弗冬茲邑？」四（序數）

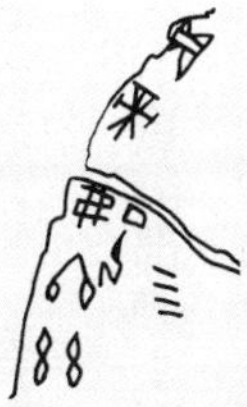

白話譯文 提問：「上帝不會（降下災難）終止這個城邑的，是嗎？」第四次占卜。

閱讀方式 由外往內。

與第一卜正反**對貞**。

③貞：「帝隹其冬茲邑？」四（序數）

白話譯文 提問：「上帝將會（降下災難）終止這個城邑的，是嗎？」第四次占卜。

閱讀方式 由內往外。

## ④貞：「帝弗夂茲邑？」四（序數）

**白話譯文**　提問：「上帝不會（降下災難）終止這個城邑的，是嗎？」第四次占卜。

**閱讀方式**　由內往外。

## ⑤「羽庚申𢦏于黃□？」四（序數）

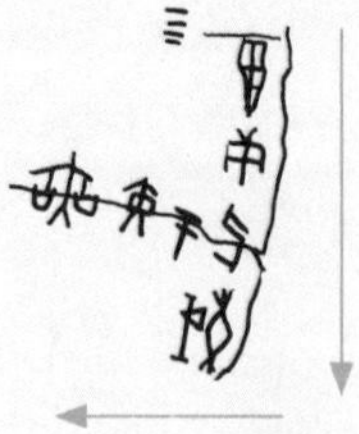

**白話譯文**　提問：「未來的庚申日向黃國的祖先□舉行𢦏祭，是適合的嗎？」第四次占卜。

**閱讀方式**　由外往內。

**貞辭部分：羽庚申𢦏于黃□？**「𢦏」是祭祀名稱，但較少見。〈115〉「乎黃多子出牛㞢于黃尹」，詢問向黃尹神靈舉行㞢祭，要黃國眾多男性貴族提供牛隻是否適當的卜辭，可見「黃」是諸侯國名，「□」應是其重要的祖先之名。

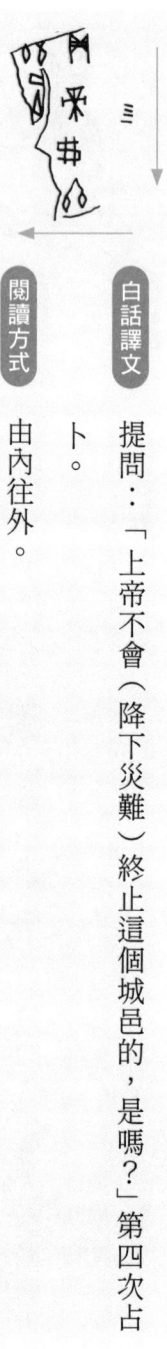

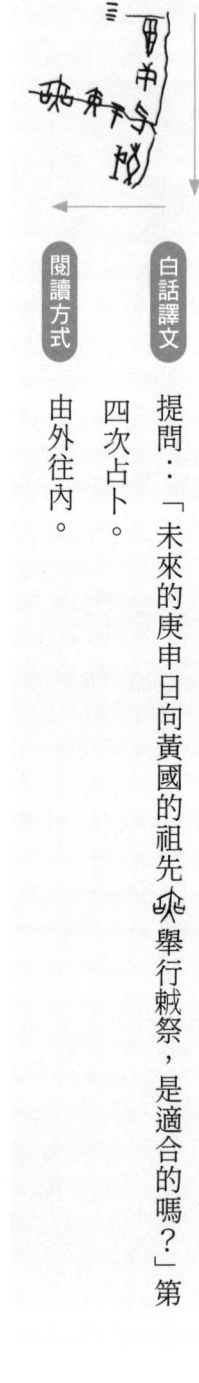

## ⑥貞：「戌舞，雨？」四（序數）

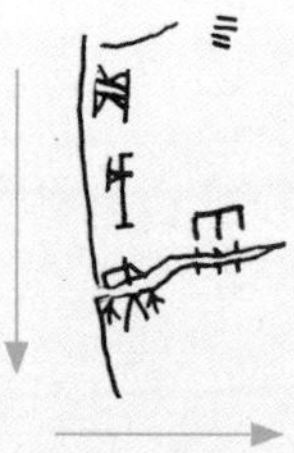

**白話譯文** 提問：「用戌（舞具）來跳舞，會下雨的，是嗎？」第四次占卜。

**閱讀方式** 由外往內。

**貞辭部分：戌舞，雨？**甲骨有單獨用天干來表示日期的用法，但沒有使用地支的例子，所以此卜的「戌」並非是日期的紀錄。西周有〈大武〉樂章，此卜「戌舞」和第三期的「叀茲戈用于河」都是以兵器跳舞的紀錄，但獻舞的兵器應該都不具有殺傷力。「戌」是用以獻舞祈雨的儀杖，形制應相當於戉或戚；「茲戈」則是向河神獻舞之工具。

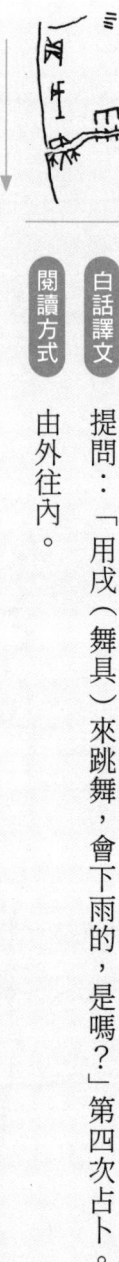

# 172 問祭祖儀式與牲品

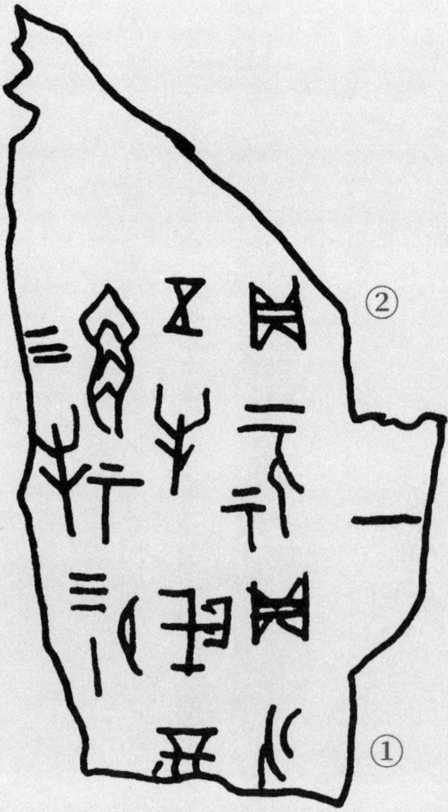

②
①

• 出處：《懷》898，骨。

• 斷代標準：書體、前辭。

① 貞：「升⧄歲酒⧄」十三月。一（序數）

白話譯文

提問：「連續舉行升⧄歲、酒祭祀⧄」占卜日期在十三月。第一次占卜。

閱讀方式

左行。

**貞辭部分：**升⧄歲酒⧄卜辭常見「㞢升歲」，此卜的「升⧄歲酒」少見，但都是接續好幾個祭祀的連祭的例子。

**占卜日期：**十三月。「十三月」呈現出殷商早期置閏的情形。

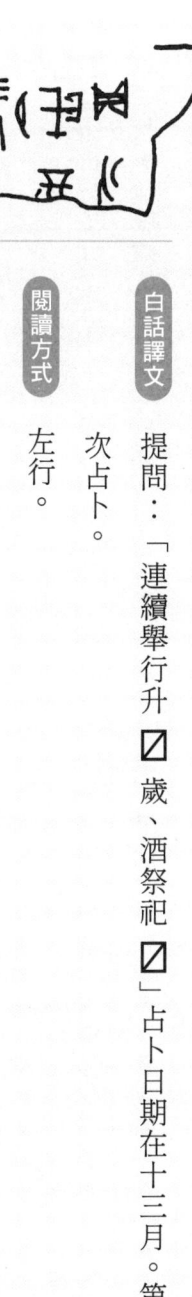

## ②貞：「元示五牛，它示三牛？」

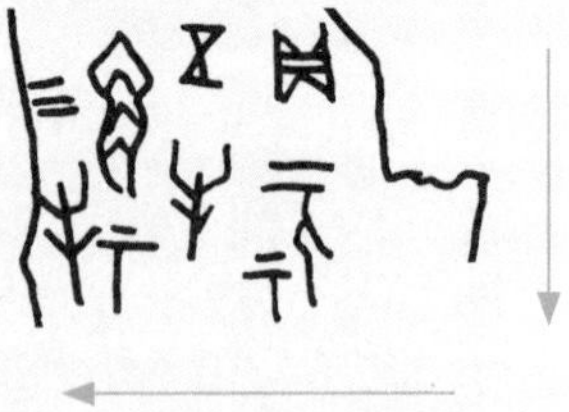

**白話譯文** 提問：「用五牛祭祀直系祖先，用三牛祭祀旁系祖先，是合適的嗎？」

**閱讀方式** 左行。

**貞辭部分：元示五牛，它示三牛？**此卜「元」字刮除後又重新補刻。甲骨修改錯字的方法有兩種，一是刮除後在原處刻上，另一是補刻在旁邊。所謂「元示」是指直系先祖，卜辭或用「大示」。原先只要有子繼位就是「大示」，但第五期的周祭顯示，到了第五期每一世代只能由一位先王爲大示的代表。

另外在此卜的「它」字早期學者誤以爲是「蠶」，並理解成對蠶神的祭拜。我們認爲所謂「它示」相對於「元示」，是指旁系先祖，卜辭或用「小示」。

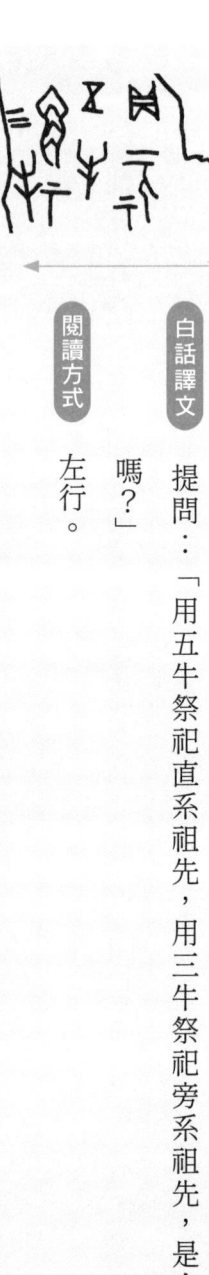

摹寫練習

# 173 問下一旬運勢——結果天氣好，適宜行軍

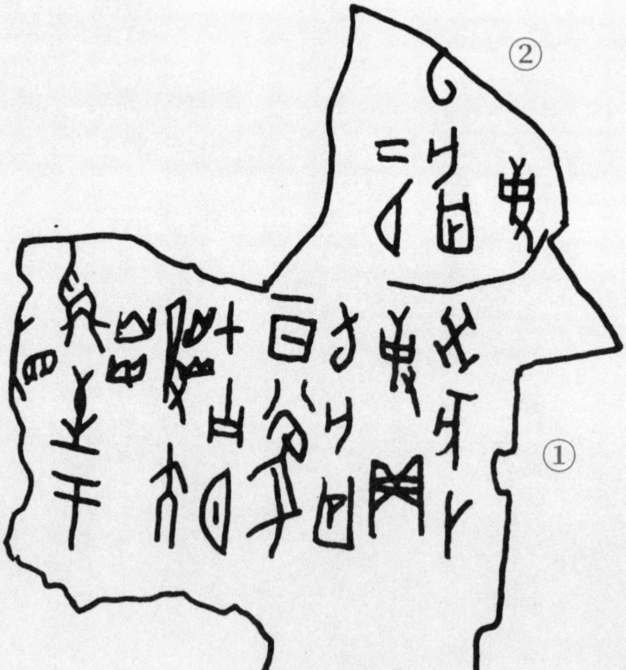

• 出處：《合》18793，龜腹甲。

• 斷代標準：貞人、書體。

① 癸亥卜，史貞：「旬亡禍？」一日彖甲子夕燮，大稱至于相⧄

**白話譯文**

癸亥日占卜，貞人史提問：「下旬不會有災禍的，是嗎？」經過一天到了甲子日的晚上天氣好，大規模行軍到了相⧄。

**閱讀方式**

左行。

**驗辭部分：一日彖甲子夕燮，大稱至于相⧄**

癸亥的翌日是甲子，卜辭應是「羽（翌）甲子」，可是這裡彖出現在「一日」之後，所以推測「一日彖」意謂經過一天的意思，〈139〉卜辭「乙卯[glyph]丙辰」，「[glyph]」是出現在兩個相鄰干支日之間的時間用語，自前一個干支的晚上橫跨到後一個干支的凌晨。「彖」和「[glyph]」都是連繫兩個干支的時間用語。夕燮的「燮」是好天氣，大致指月光明亮且無雨的氣象狀態，有利於下文的「大稱」。

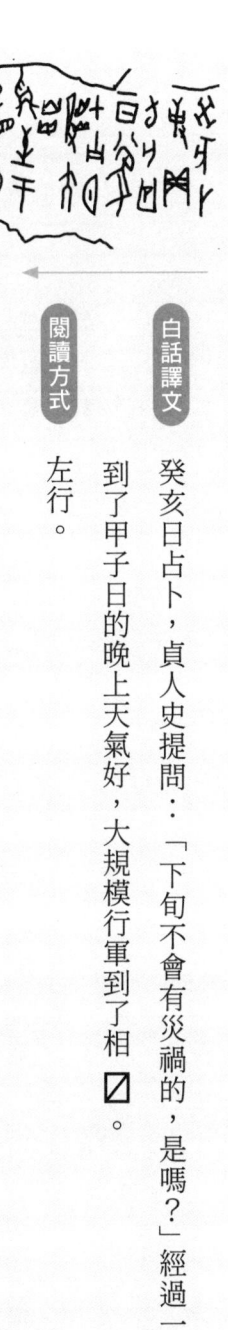

「大稱」應是指大規模行軍。第五期另有「振（）旅」一詞，與「大稱」意義相似，都有表現出軍隊威容聲勢的含意。「相☐」則作爲地名。

② ☐史[貞]：「旬亡禍？」二月。

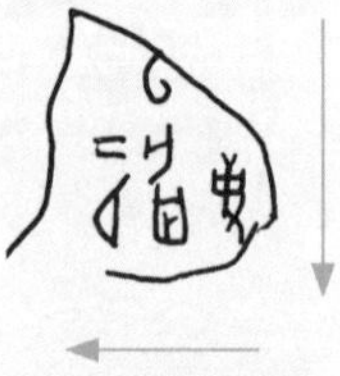

**白話譯文** 貞人史（提問）：「下旬不會有災禍的，是嗎？」占卜日期在二月。

**閱讀方式** 左行。

摹寫練習

# 174 問鬼方抓羌人

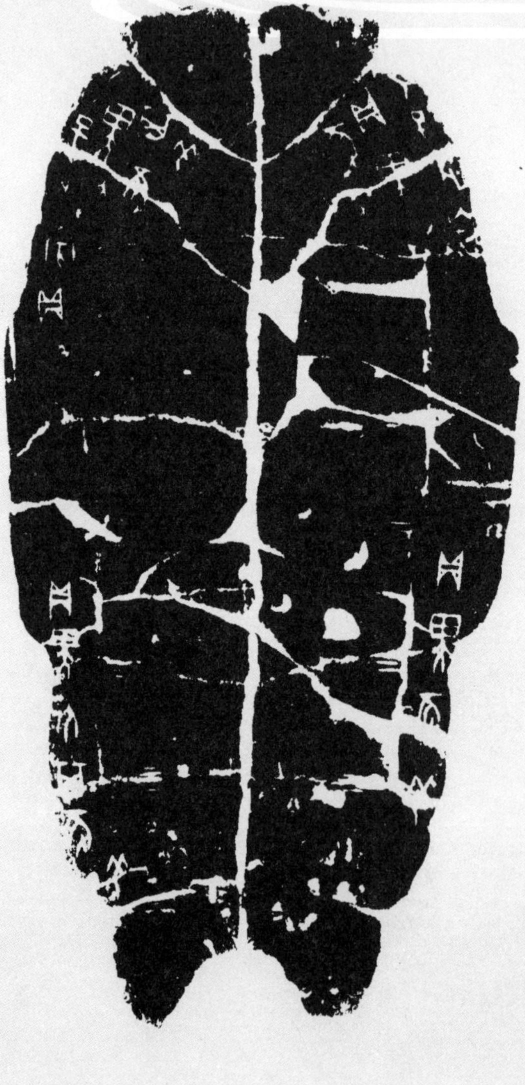

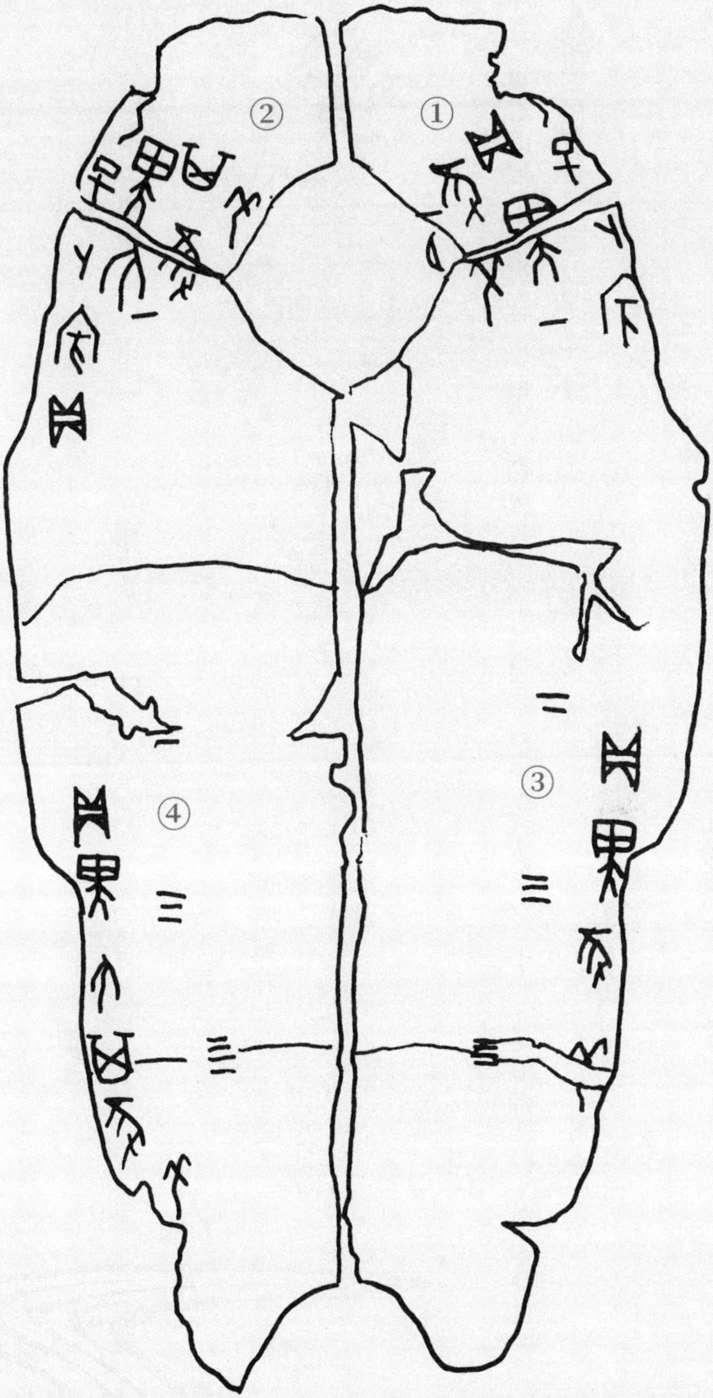
①
②
③
④

• 出處：《合》203，龜腹甲。

• 斷代標準：貞人、書體、字形。

①乙巳卜，賓貞：「鬼（）獲羌？」一月。一（序數）

**白話譯文** 乙巳日占卜，貞人賓提問：「鬼方會抓到羌人的，是嗎？」占卜日期在一月。第一次占卜。

**閱讀方式** 由外往內。

**貞辭部分：鬼獲羌？**「」是鬼方，爲方國名，呈跪坐姿勢的「」是鬼神的鬼。在甲骨文中兩字的用法是有區別的。

②乙巳卜，賓貞：「鬼不其獲羌？」一（序數）

**白話譯文** 乙巳日占卜，貞人賓提問：「鬼方將不會抓到羌人的，是嗎？」第一次占卜。

**閱讀方式** 由外往內。

③貞：「鬼獲羌？」二三四（序數）

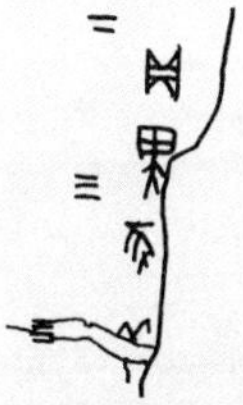

**白話譯文** 提問：「鬼方會抓到羌人的，是嗎？」第二、三、四次占卜。

**閱讀方式** 由上而下。

第三、四卜與第一、二卜是同版正反的**成套刻辭**，對同一件事反覆占問。

④貞：「鬼不其獲羌？」二三四（序數）

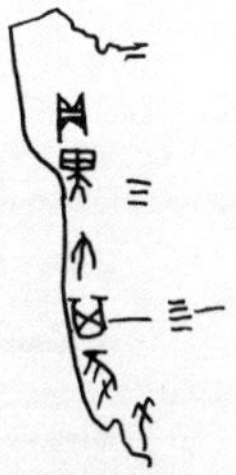

**白話譯文** 提問：「鬼方將不會抓到羌人的，是嗎？」第二、三、四次占卜。

**閱讀方式** 由上而下。

## 175 問二事——出行、舉行儀式之地

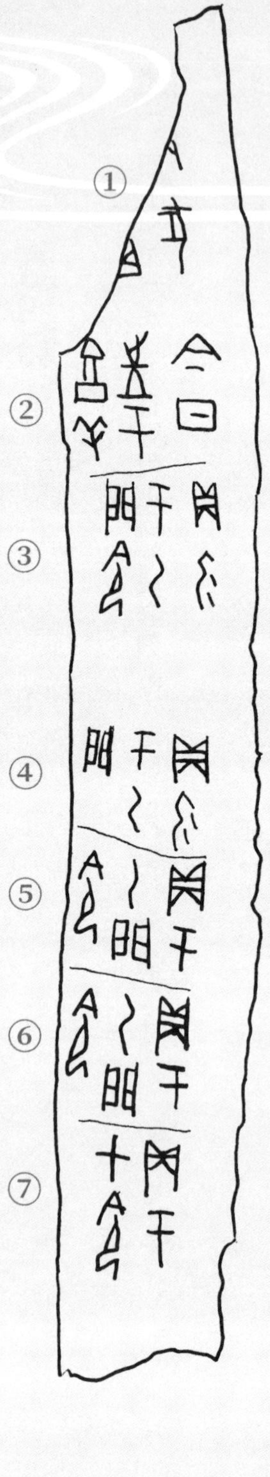

• 出處：《合》13598，骨。

• 斷代標準：書體、前辭。

①⧄□犬⧄其⧄

閱讀方式　左行。

②「今日往于敦？」

白話譯文　（提問：）「今日前往到敦地，是合適的嗎？」

閱讀方式　左行。

③貞：「勿于乙門令？」

**白話譯文** 提問：「不要在乙門舉行任命儀式，是嗎？」

**閱讀方式** 左行。

**貞辭部分：勿于乙門令？**綜合第七卜來看，甲即甲門，甲門或相當於建築物的正門，而乙門爲偏門。就考古遺址來看，早商在建築物的入口使用雙扇門，家屋內只有單扇的戶。甲乙門的存在讓我們知道商代建築物的入口應不只一個，而有多門的設計。

④貞：「勿于乙門？」

**白話譯文** 提問：「不要在乙門（舉行任命儀式），是嗎？」

**閱讀方式** 左行。

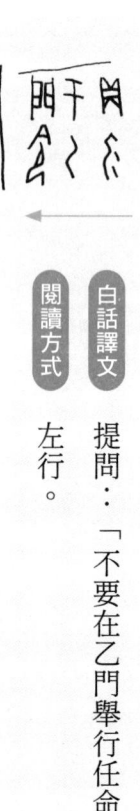

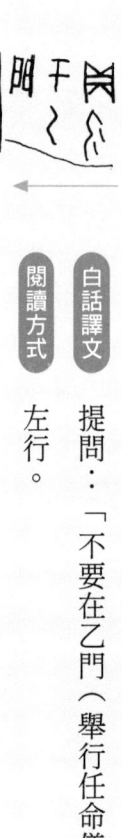

⑤貞：「于乙門令？」

**白話譯文** 提問：「在乙門舉行任命儀式，是嗎？」

**閱讀方式** 左行。

⑥貞：「于乙門令？」

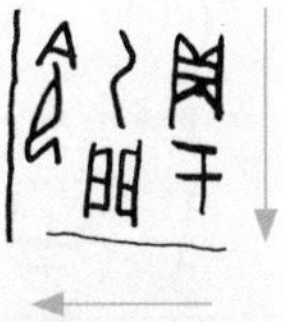

**白話譯文** 提問：「在乙門舉行任命儀式，是嗎？」

**閱讀方式** 左行。

⑦貞：「于甲令？」

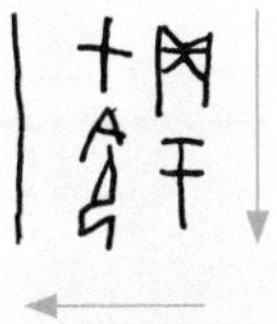

**白話譯文** 提問：「在甲（門）舉行任命儀式，是嗎？」

**閱讀方式** 左行。

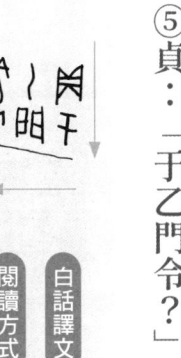

# 176 問三事——某人達成任務、敵軍動向、跳舞祈雨

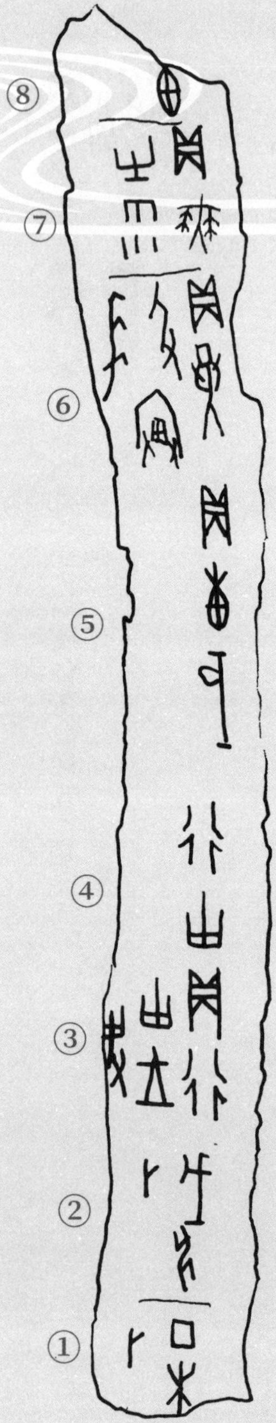

• 出處：《合》5455，骨。

• 斷代標準：書體、字形。

• 說明：此版由干支日判斷，由下往上識讀，所以時代應為第一期後期。

①丁未卜。

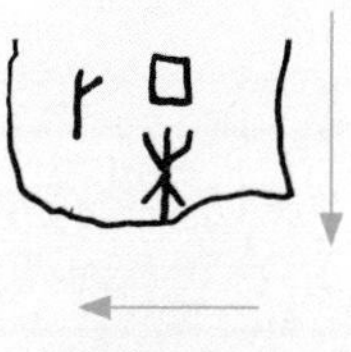

白話譯文　丁未日占卜。

閱讀方式　左行。

②戊申卜。

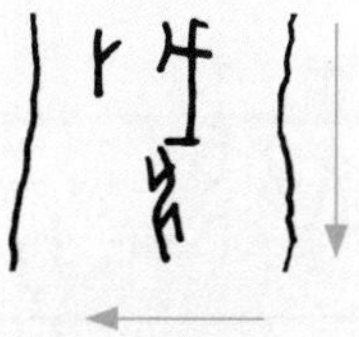

白話譯文　戊申日占卜。

閱讀方式　左行。

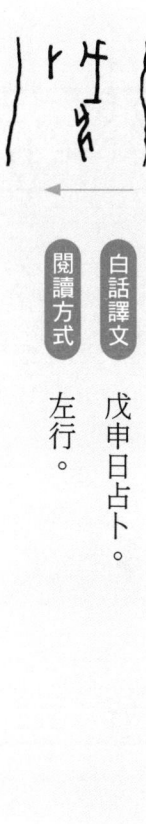

③貞：「行古王史？」

**白話譯文** 提問：「行會堅定完成王交付的事項的，是嗎？」

**閱讀方式** 左行。

**貞辭部分：行古王史？**「行」作爲人名，「古」爲「固」的假借，有堅固、牢固之意。「王史」即王事，指王託付的事項、任務。「古王事」是詢問是否能堅定完成王交付的事項。

④「行古？」

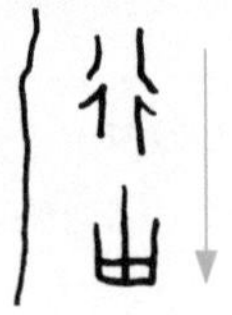

**白話譯文** （提問：）「行會堅定完成（王交付的事項的），是嗎？」

**閱讀方式** 由上而下。

「行古」是上一卜「行古王史」的簡省。

⑤貞：「甶戉？」

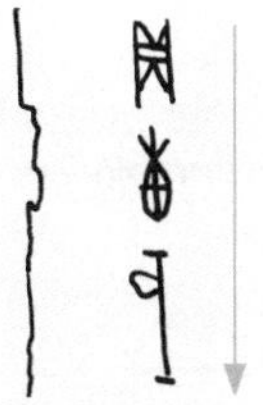

白話譯文　提問：「戉（會堅定完成王交付的事項的），是嗎？」

閱讀方式　由上而下。

**貞辭部分：甶戉？**綜合上一卜來看，「甶戉」是簡省後的文句，完整的刻辭應是「甶戉古王史」。

⑥貞：「□及□？」

白話譯文　提問：「□會追及□，是嗎？」

閱讀方式　左行。

**貞辭：□及□？**「□」的字形接近「異」或「冀」（□□□），在此當作人名。「及」指追及，應是追上敵軍之意。「□」為敵對的方國名。

⑦貞：「舞㞢雨？」

白話譯文 提問：「跳舞，會下雨的，是嗎？」

閱讀方式 左行。

貞辭部分：舞㞢雨？「舞」是指在舉行祭祀時獻舞，跳舞的目的是為了祈雨。

⑧☑由☑

閱讀方式 單一字。

摹寫練習

## 177 問下一旬運勢——未記錄結果

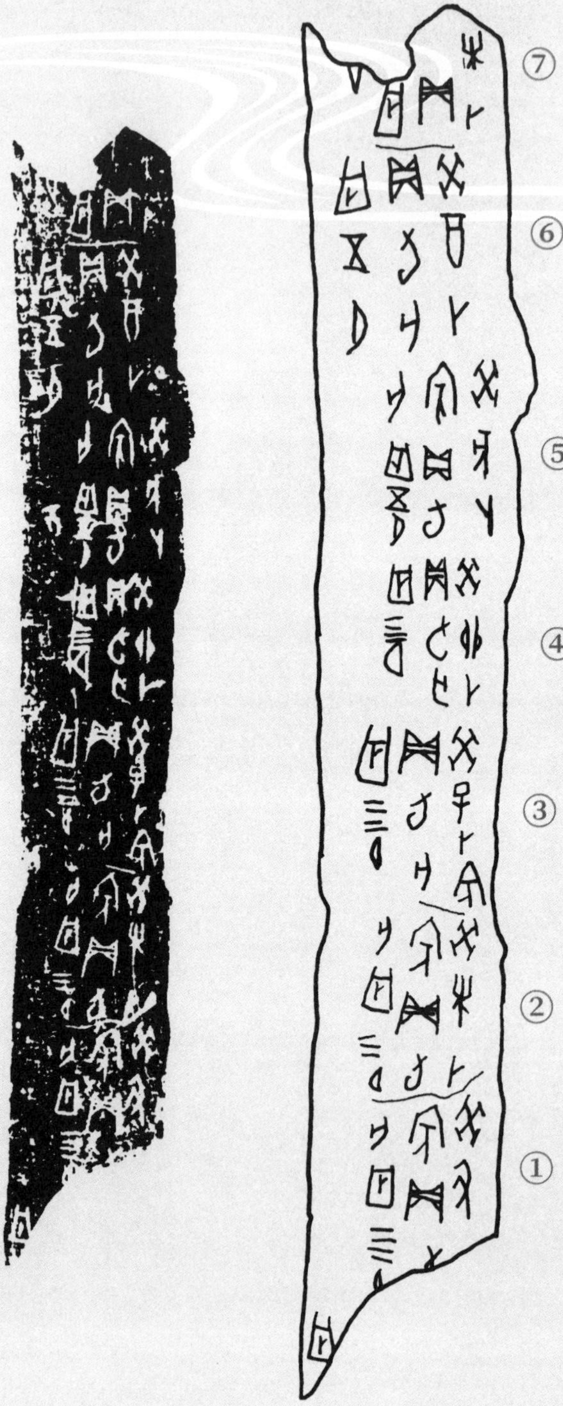

• 出處：《合》16665，骨。

• 斷代標準：貞人、書體。

• 說明：此版大致由下往上識讀，但順序沒有完全符合規律。第二卜癸未（六十甲子中的第二十）三月，第三卜癸巳（第三十）四月，第四卜癸卯（第四十）四月，接續第一卜癸丑（第五十）四月，第五卜癸亥（第六十）五月，第六卜癸酉（第十）五月，第七卜癸未（第二十）也應是五月。

①癸丑卜，賓貞：「旬亡禍？」四月。

白話譯文 癸丑日占卜，貞人賓提問：「下旬不會有災禍的，是嗎？」占卜日期在四月。

閱讀方式 左行。

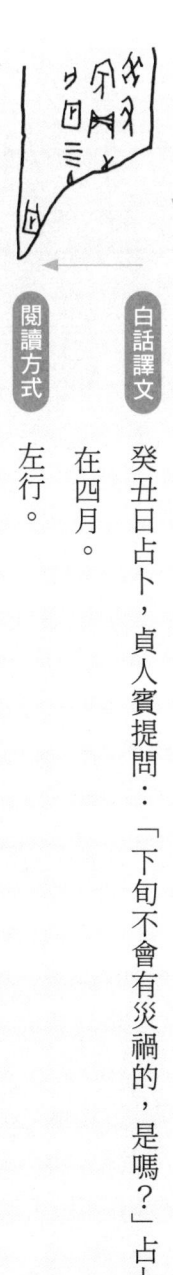

② 癸未卜，賓貞：「旬亡禍？」三月。

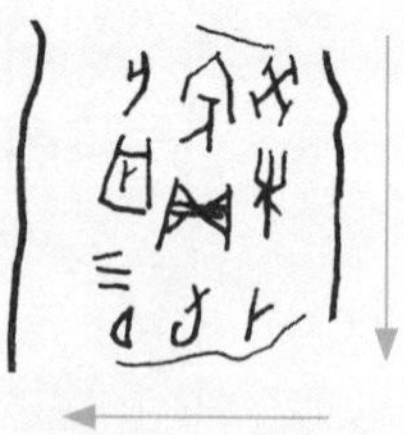

**白話譯文** 癸未日占卜，貞人賓提問：「下旬不會有災禍的，是嗎？」占卜日期在三月。

**閱讀方式** 左行。

③ 癸巳卜，賓貞：「旬亡禍？」四月。

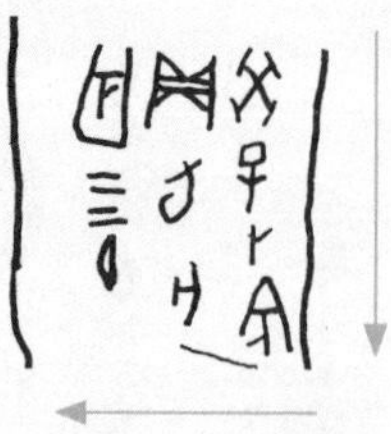

**白話譯文** 癸巳日占卜，貞人賓提問：「下旬不會有災禍的，是嗎？」占卜日期在四月。

**閱讀方式** 左行。

④癸卯卜，貞：「旬亡禍？」四月。

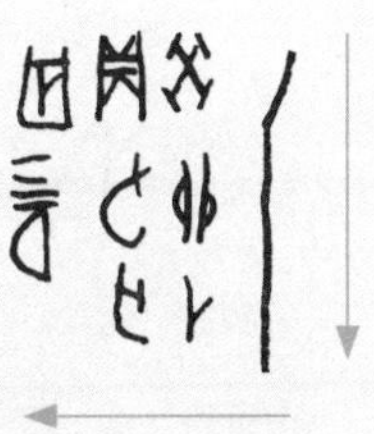

**白話譯文** 癸卯日占卜，貞人賓提問：「下旬不會有災禍的，是嗎？」占卜日期在四月。

**閱讀方式** 左行。

⑤癸亥卜，賓貞：「旬亡禍？」五月。

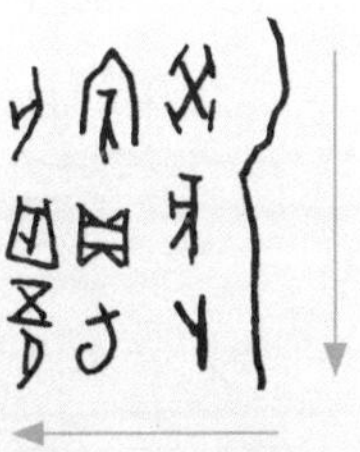

**白話譯文** 癸亥日占卜，貞人賓提問：「下旬不會有災禍的，是嗎？」占卜日期在五月。

**閱讀方式** 左行。

⑥癸酉卜，貞：「旬亡禍？」五月。

**白話譯文** 癸酉日占卜，提問：「下旬不會有災禍的，是嗎？」占卜日期在五月。

**閱讀方式** 左行。

⑦[癸]未卜，□貞：「[旬亡]禍？」[五]月。

**白話譯文** [癸]未日占卜，□提問：「下旬不會有災禍的，是嗎？」占卜日期在[五]月。

**閱讀方式** 左行。

摹寫練習

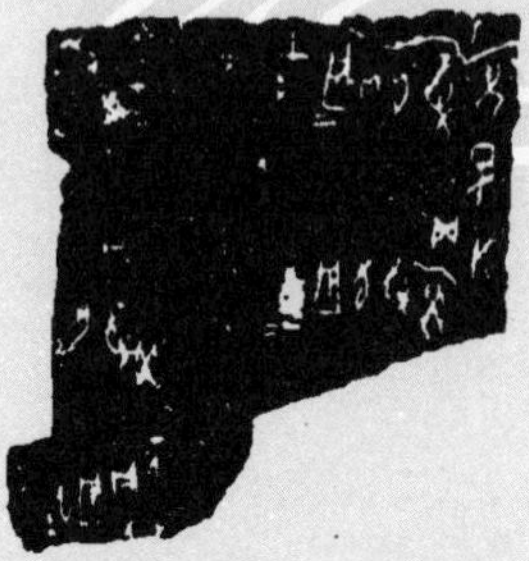

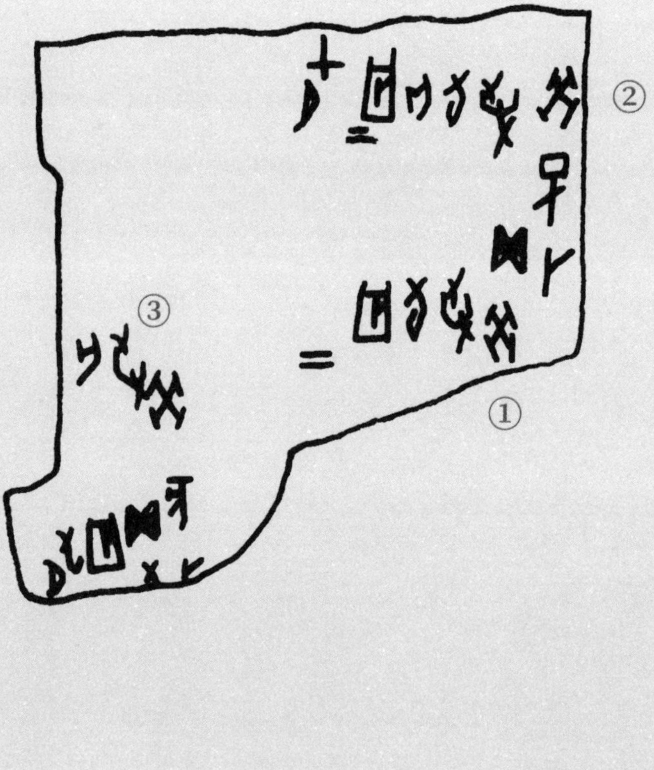
②
③
①

・出處：《合》16706，龜腹甲。

・斷代標準：貞人、書體。

・說明：第一期早期於年終第十三月置閏，後期有年中置閏的情形，可透過卜旬辭進行觀察；第四期是在年中置閏，第五期亦同，但有時會忘記，帝乙第二到第十祀都沒有置閏，所以有連大月的現象。到了西周才又採用第十三月置閏的方式。

①癸☐爭☐旬[亡]禍☐二（序數）

閱讀方式

左行。

## ②癸巳卜，爭貞：「旬亡禍？」七月。二（序數）

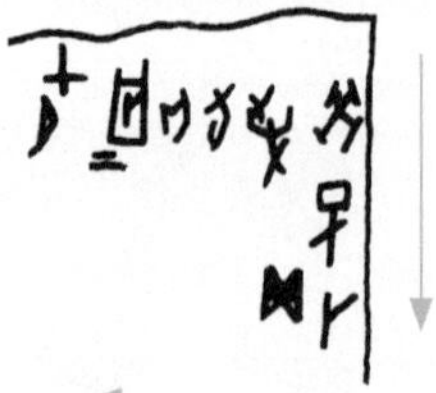

**白話譯文** 癸巳日占卜，貞人爭提問：「下旬不會有災禍的，是嗎？」占卜日期在七月。第二次占卜。

**閱讀方式** 左行。

綜合第二、三卜的卜旬辭，癸巳（第三十）七月到癸亥（第六十）九月，當中應有癸卯（第四十）—癸丑（第五十）—癸亥（第六十）—癸酉（第十）—癸未（第二十）—癸巳（第三十）—癸卯（第四十）—癸丑（第五十），假設癸巳（第三十）七月是七月第一旬，癸亥（第六十）九月是九月第三旬，以正常一個月三旬來看，從癸巳（第三十）七月到癸亥（第六十）九月，當中應該間隔七個旬，可是此版卻間隔八個旬，多出的一旬就是置閏的證據。

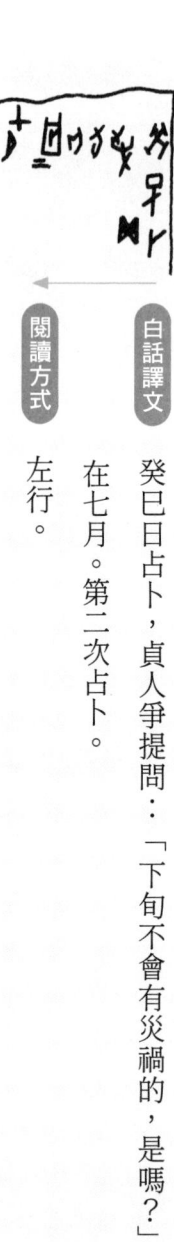

③癸亥卜，爭貞：「旬亡禍？」九月。

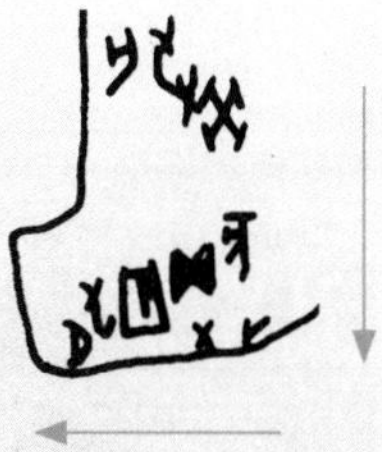

**白話譯文**

癸亥日占卜，貞人爭提問：「下旬不會有災禍的，是嗎？」占卜日期在九月。

**閱讀方式**

左行。

# 問疾病

• 出處：《合》13890，龜腹甲
• 斷代標準：貞人、書體、字形。

①丁酉卜，㱿貞：「杞侯埶（）弗其禍凡㞢疾？」一（序數）

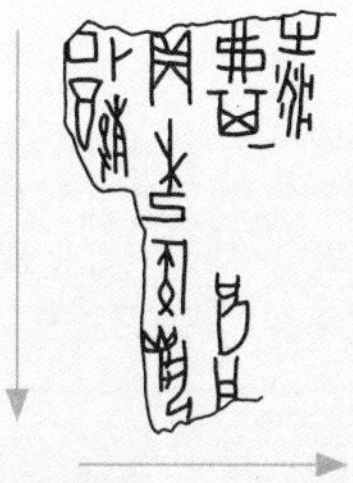

白話譯文
丁酉日占卜，貞人㱿提問：「杞侯埶將不會因爲風的災禍而有疾病的，是嗎？」第一次占卜。

閱讀方式
右行。

**貞辭部分：杞侯埶弗其禍凡㞢疾？**

「埶」（）象手持樹苗加以栽種的樣子，此版的「」與「」象手執火炬進行照明的樣子，隸定作「埶」，在這裡是「杞侯」的私名。

「凡」是「風」的假借。甲骨也是以加上「凡」的聲符來區別「鳳」和「風」字，「禍」字也可當作「骨」字，有學者識讀爲「骨風㞢疾」，理解成骨痛的疾病。但若是指骨頭的疾病，卜辭的辭例應是「疾骨」，如「疾齒」、「疾首」等，而此卜卻是「（風）㞢疾」，因此推測不是骨字。「禍風」是指因爲風的天象變化而產生的災禍。而由此卜可知，商人認爲引發疾病的原因，在鬼神、作夢、食物不潔外，還有因爲氣候的因素。

②貞：「子㝃不𢓊㞢疾？」

白話譯文　提問：「子㝃的疾病不會延長的，是嗎？」

閱讀方式　左行。

**貞辭部分：子㝃不𢓊㞢疾？**「子㝃」的「㝃」是私名。

摹寫練習

# 180 問今晚運勢

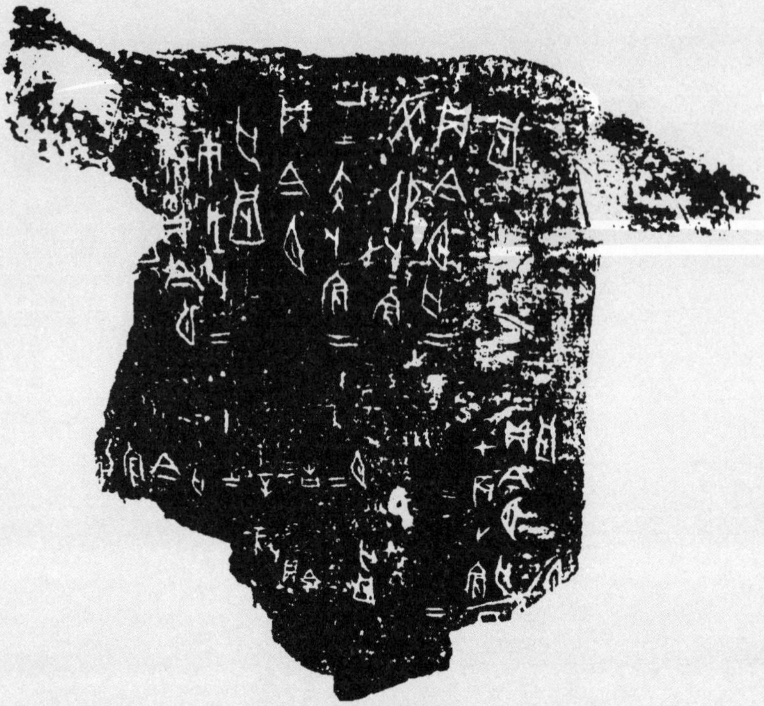

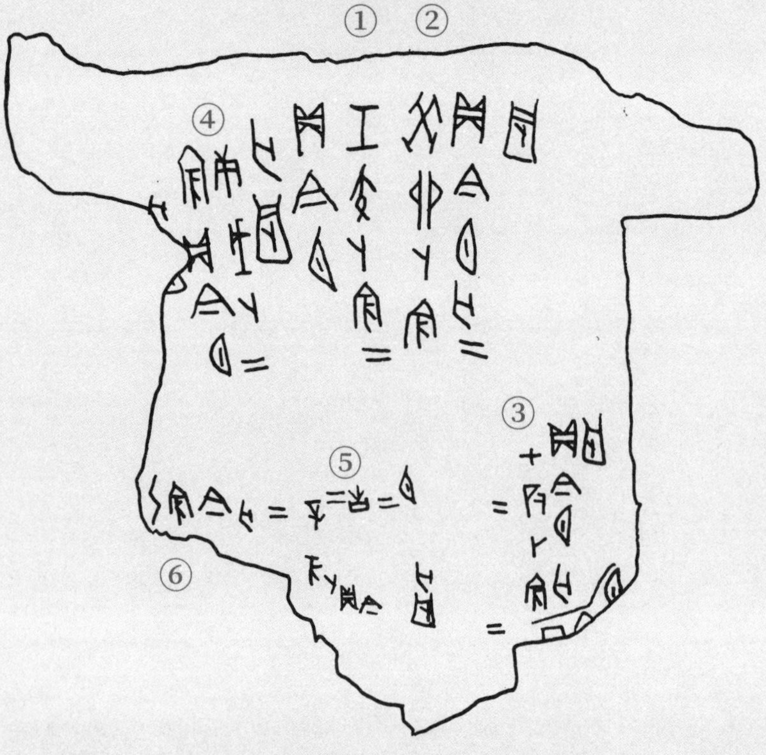

- 出處：《合》16562，骨。
- 斷代標準：貞人、兆辭、書體。

①壬寅卜，賓貞：「今夕亡禍？」二（序數）

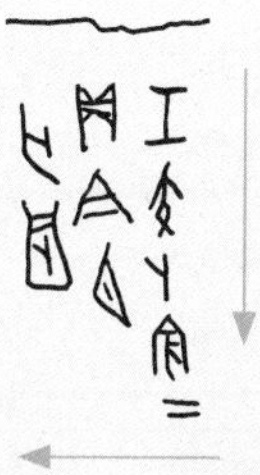

**白話譯文** 壬寅日占卜，貞人賓提問：「今天晚上不會有災禍的，是嗎？」第二次占卜。

**閱讀方式** 左行。

**貞辭部分：今夕亡禍？**甲骨多卜旬辭，卜問「夕是否有災禍」的刻辭數量少。學者認爲占卜夕的刻辭應是商王離開安陽至外地，因爲注重於外地夜晚宿衛的相關事宜，所以才有這一類卜夕的刻辭。

②癸卯卜，賓貞：「今夕亡禍？」二（序數）

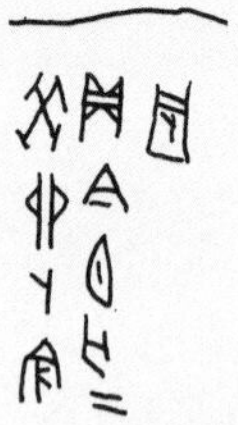

白話譯文

癸卯日占卜，貞人賓提問：「今天晚上不會有災禍的，是嗎？」第二次占卜。

閱讀方式

右行。

③甲辰卜，賓貞：「今夕亡禍？」二（序數）

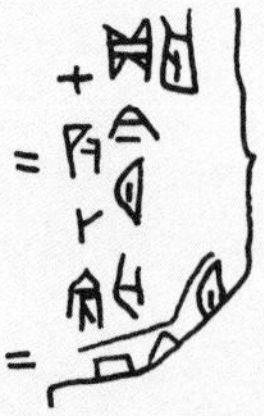

白話譯文

甲辰日占卜，貞人賓提問：「今天晚上不會有災禍的，是嗎？」第二次占卜。

閱讀方式

右行。

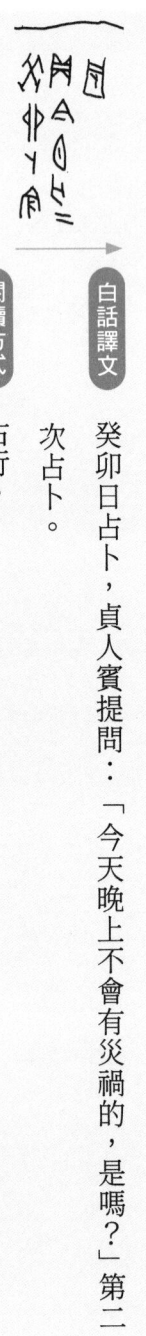

④庚戌卜，賓貞：「今夕亡禍？」二（序數）

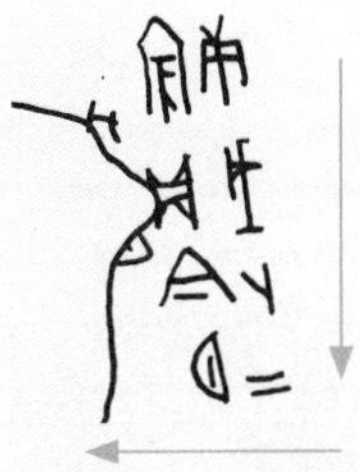

**白話譯文**

庚戌日占卜，貞人賓提問：「今天晚上不會有災禍的，是嗎？」第二次占卜。

**閱讀方式**

左行。

⑤辛亥卜，貞：「今夕亡禍？」二（序數）。上吉。

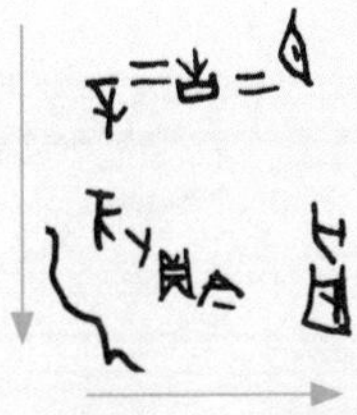

**白話譯文**

辛亥日占卜，提問：「今天晚上不會有災禍的，是嗎？」第二次占卜。上吉。

**閱讀方式**

右行。

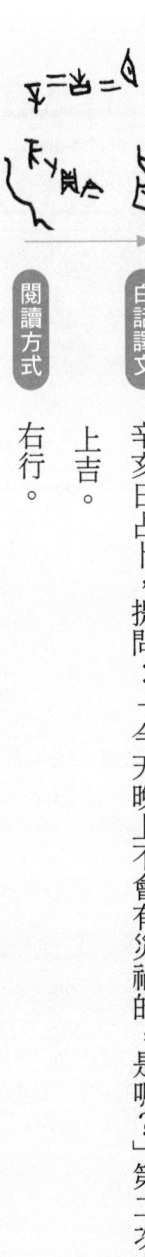

⑥乙⍁，賓[貞]：「今[夕]亡[禍]？」二（序數）

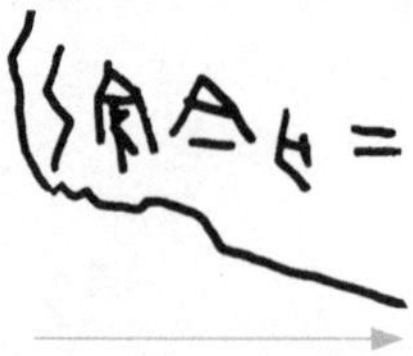

**白話譯文**

乙⍁（日占卜），貞人賓（提問）：「今天（晚上）不會（有災禍的），是嗎？」第二次占卜。

**閱讀方式**

右行。

摹寫練習

# 181 問四事——牲品、降災對象、祭祀儀式、降雨

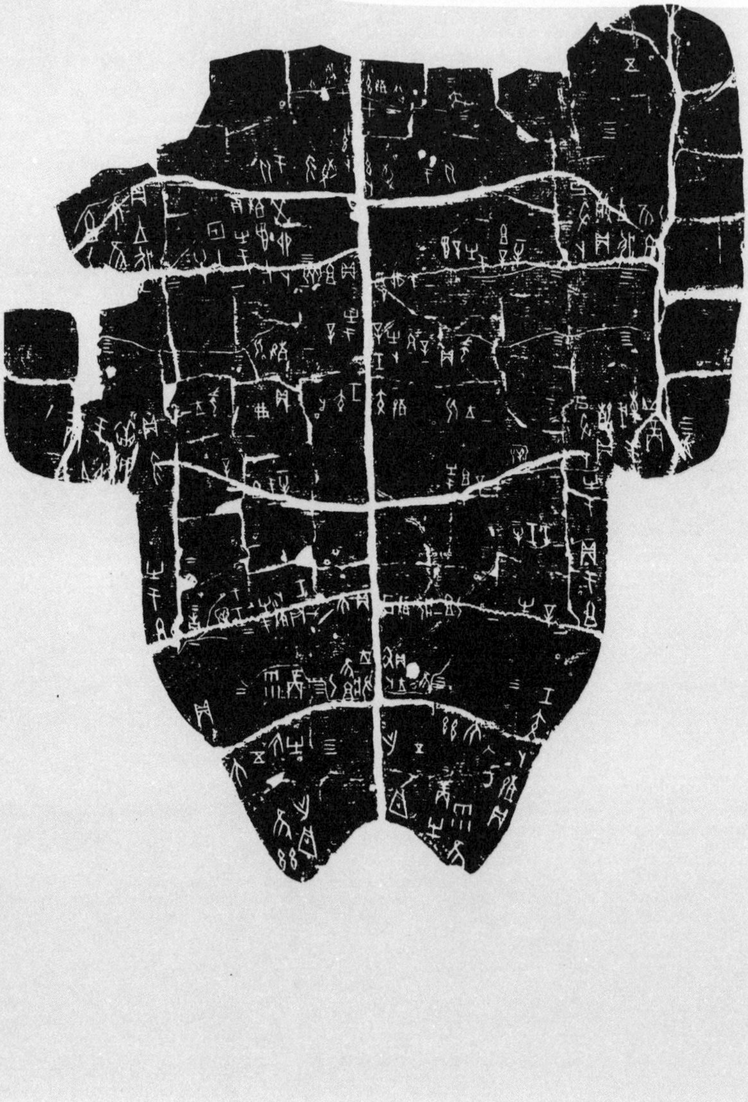

拓本原寸長 22 公分、寬 19 公分，圖為原寸 53%。

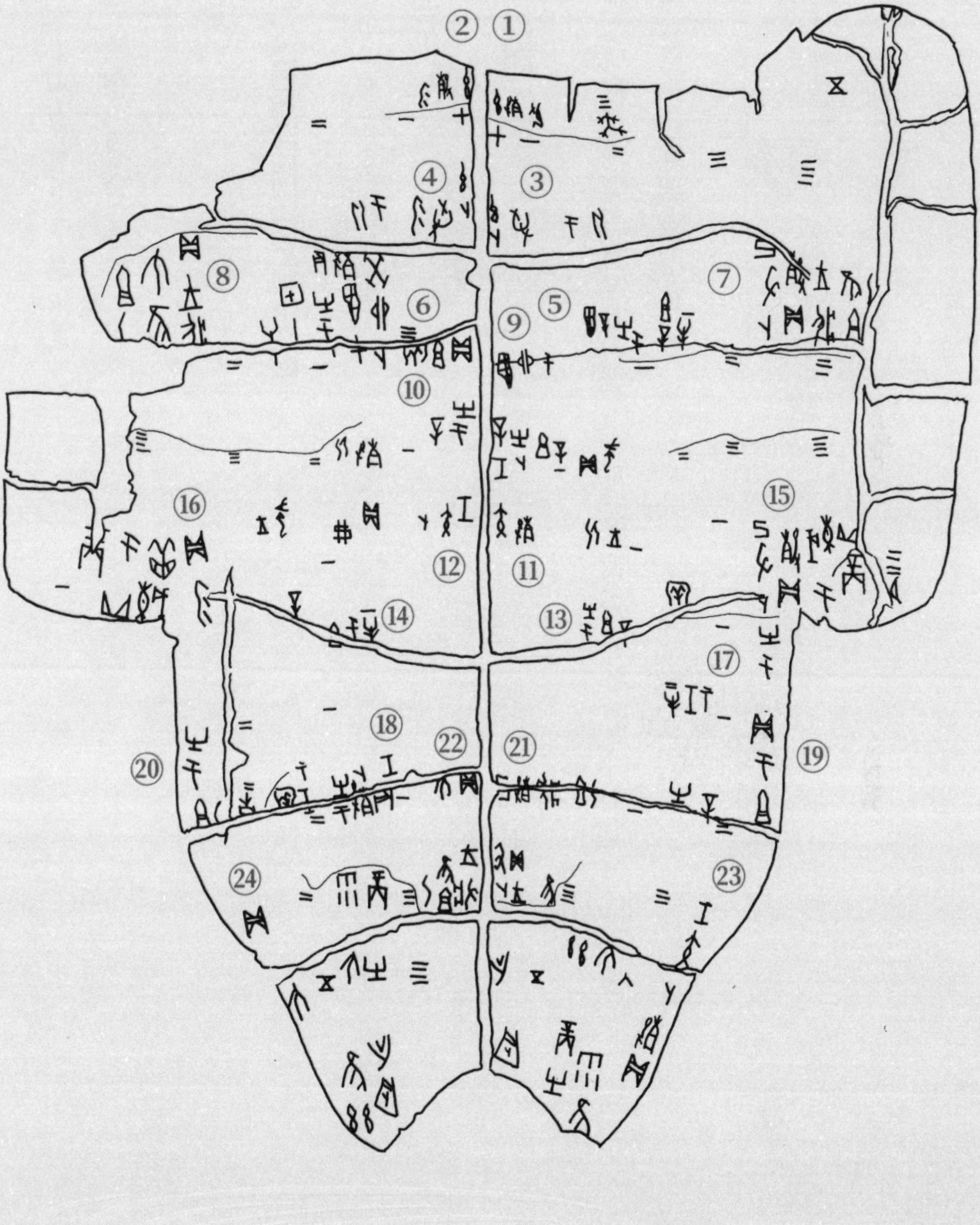

②
①
④
③
⑧
⑥
⑦
⑤
⑨
⑩
⑯
⑮
⑫
⑪
⑭
⑬
⑰
⑱
㉒
㉑
⑳
⑲
㉔
㉓

• 出處：《合》776，龜腹甲。

• 斷代標準：貞人、書體、字形。

① ☐午☐㱿☐㞋☐三[glyph]☐

**閱讀方式** 由左而右。

〈156〉提到「[glyph]」隸定為「垂」，而「垂㞋」的「垂」是用牲法，「㞋」指奴隸。「三[glyph]」是三個用垂之殺牲法處理過的人牲。

②⧄午⧄殻⧄勿⧄

閱讀方式

由右而左。

③甲午卜，爭：「于河？」一二三四（序數）

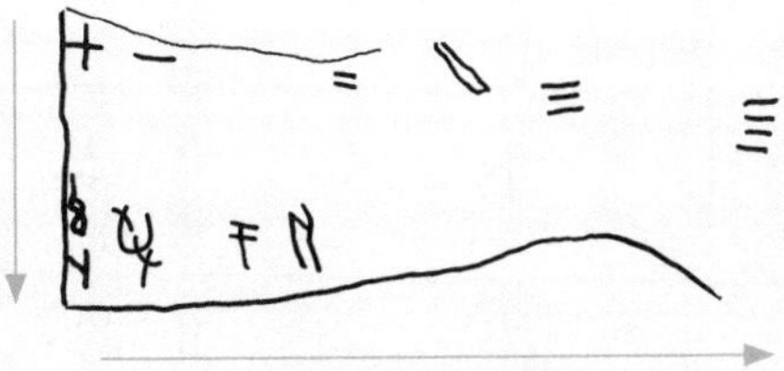

白話譯文

甲午日占卜，貞人爭（提問）：「對河（舉行祭祀），是嗎？」第一、二、三、四次占卜。

閱讀方式

由內往外。

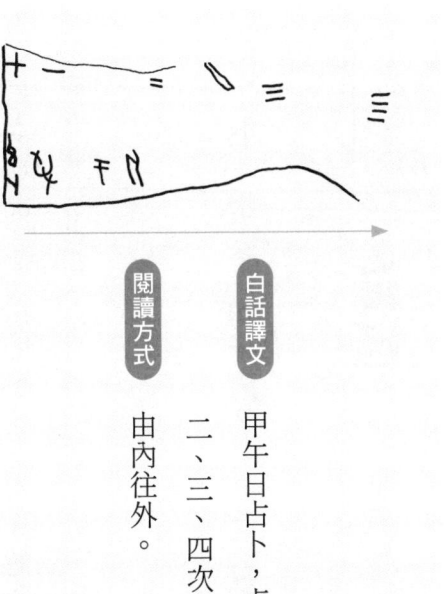

此版**前辭形式**省略貞字，這樣的特點在第一期很少見，而第四期的𠂤組卜辭有許多前辭形式都出現省略貞字的情況，這樣的特點又不見於其他期，所以中國的學者將𠂤組卜辭歸爲第一期。但我們主要透過鑽鑿形態認爲𠂤組卜辭是第四期的產物。而後村中村南的地層發掘，也能夠證明我們的想法。

④甲午卜，爭：「勿于河？」一二[三四]（序數）

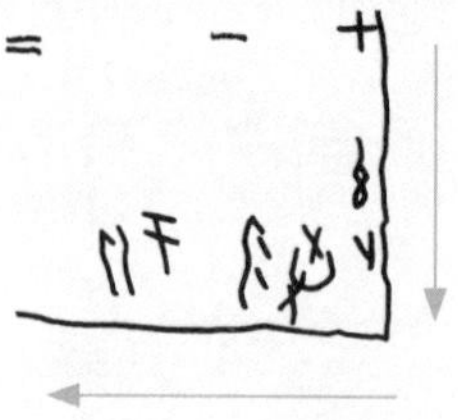

白話譯文　甲午日占卜，貞人爭（提問）：「不要對河（舉行祭祀），是嗎？」第一、二[、三、四]次占卜。

閱讀方式　由內往外。

⑤「羽辛㞢于祖辛一牛？」

**白話譯文** （提問：）「未來的辛日對祖辛舉行㞢祭，牲品使用一牛，是合適的嗎？」

**閱讀方式** 由內往外。

⑥癸卯卜，㱿：「羽甲辰㞢于上甲十牛？」

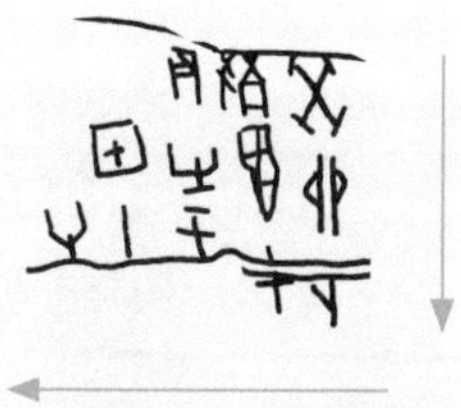

**白話譯文** 癸卯日占卜，貞人㱿（提問）：「第二天甲辰日對上甲舉行㞢祭，牲品使用十牛，是合適的嗎？」

**閱讀方式** 由內往外。

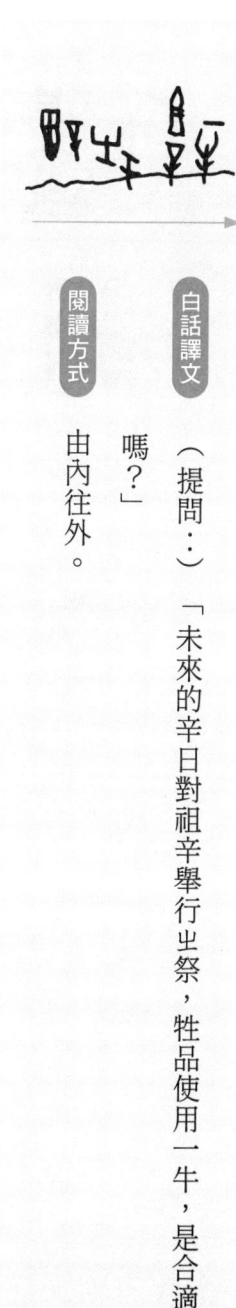

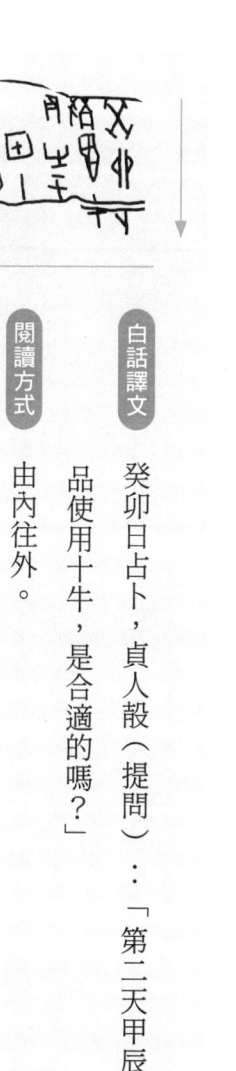

## ⑦己丑卜，㱿貞：「王夢隹祖乙？」

**白話譯文** 己丑日占卜，貞人㱿提問：「是祖乙讓王作夢的，是嗎？」

**閱讀方式** 由內往外。

商人以爲夢是祖先對後代子孫的一種預示，不一定都會帶來不良的病災或影響。

## ⑧貞：「王夢不隹祖乙？」

**白話譯文** 提問：「不是祖乙讓王作夢的，是嗎？」

**閱讀方式** 由內往外。

與上一卜正反**對貞**。

## ⑨「羽辛卯㞢于祖辛？」一 二 三（序數）

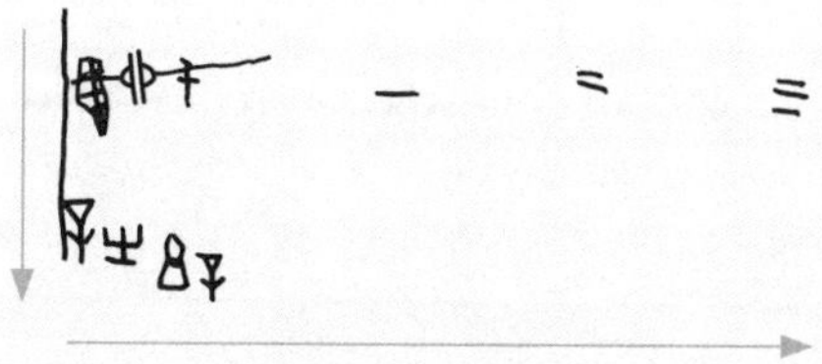

**白話譯文**（提問：）「未來的辛卯日對祖辛舉行㞢祭，是嗎？」第一、二、三次占卜。

**閱讀方式** 由內往外。

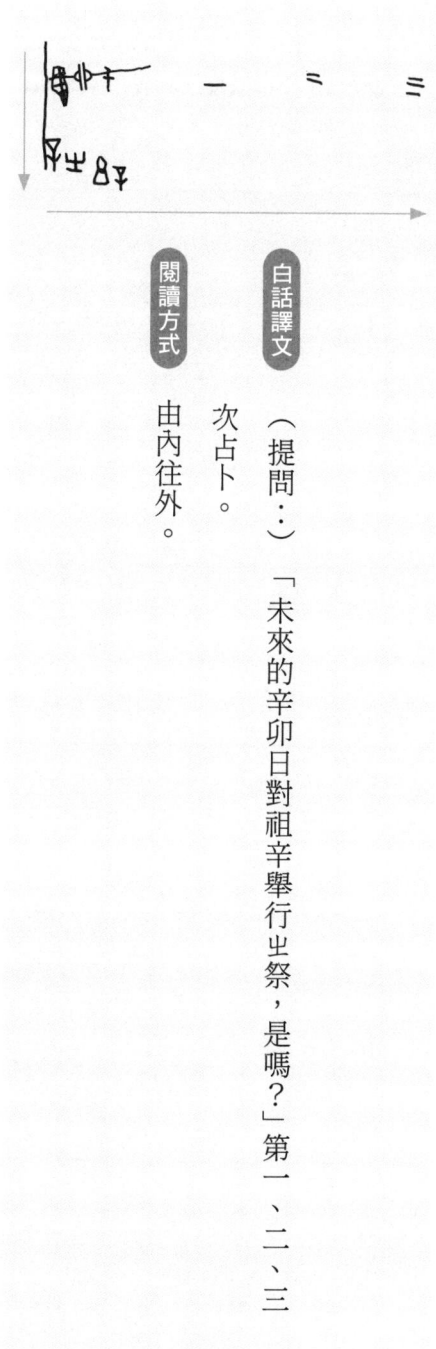

⑩貞：「㞢于祖辛三宰？」一二（序數）

**白話譯文** 提問：「對祖辛舉行㞢祭，牲品使用三宰，是合適的嗎？」第一、二次占卜。

**閱讀方式** 由內往外。

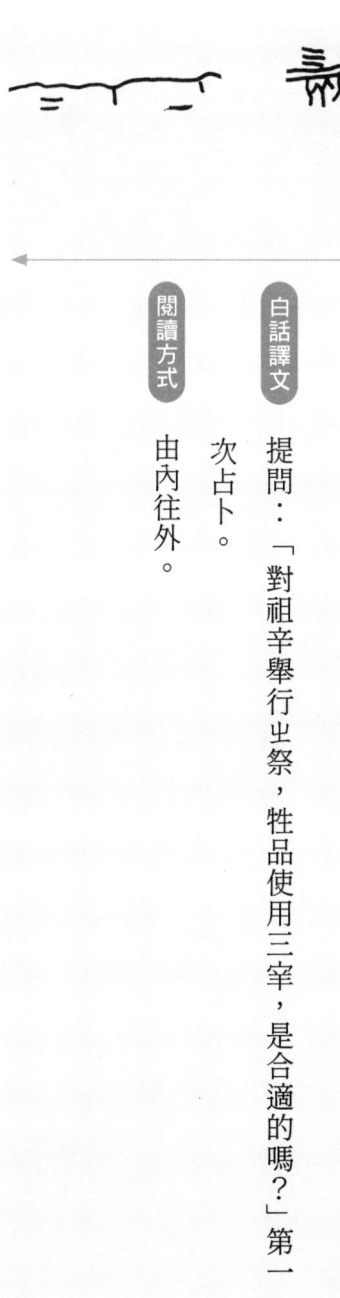

⑪壬寅卜，㱿貞：「河它王？」一二三四（序數）

**白話譯文** 壬寅日占卜，貞人㱿提問：「河神會對王降下災難的，是嗎？」第一、二、三、四次占卜。

**閱讀方式** 由內往外。

**貞辭部分：河它王？**「它」在這裡是表示災難的意思。

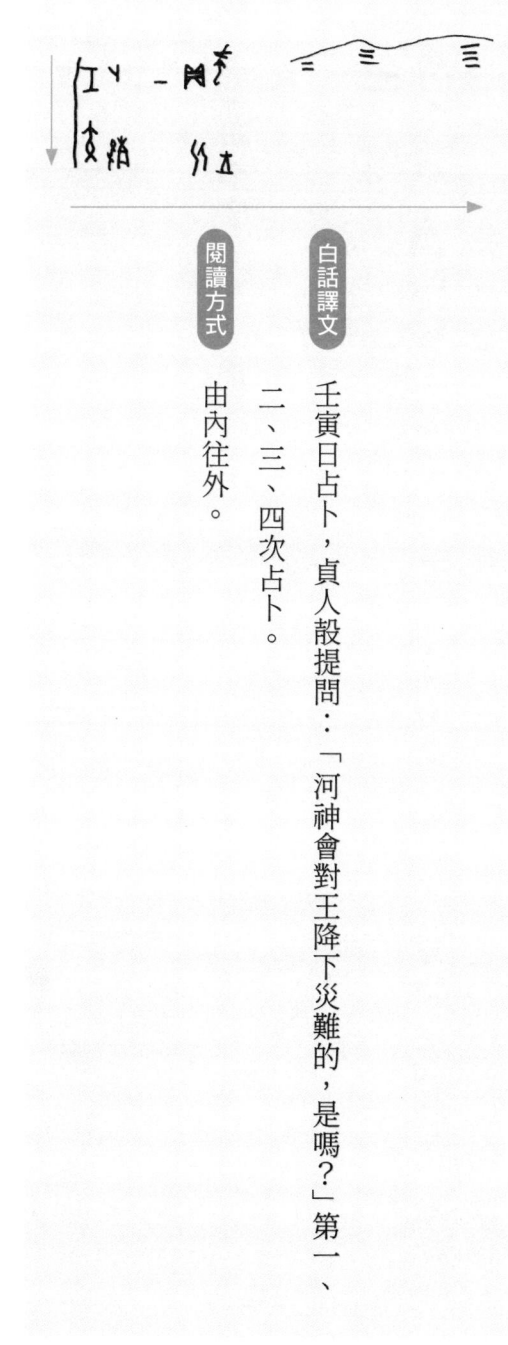

## ⑫壬寅卜，㱿貞：「河弗它王？」一二三四（序數）

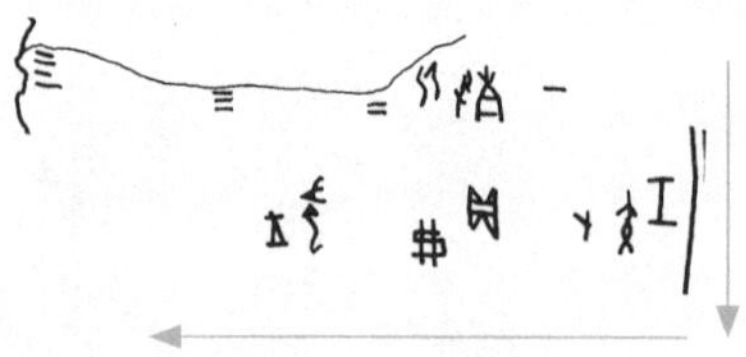

**白話譯文** 壬寅日占卜，貞人㱿提問：「河神不會對王降下災難的，是嗎？」第一、二、三、四次占卜。

**閱讀方式** 由內往外。

## ⑬「㞢于祖辛宰？」一（序數）

**白話譯文** （提問：）「對祖辛舉行㞢祭，牲品使用宰，是合適的嗎？」第一次占卜。

**閱讀方式** 由內往外。

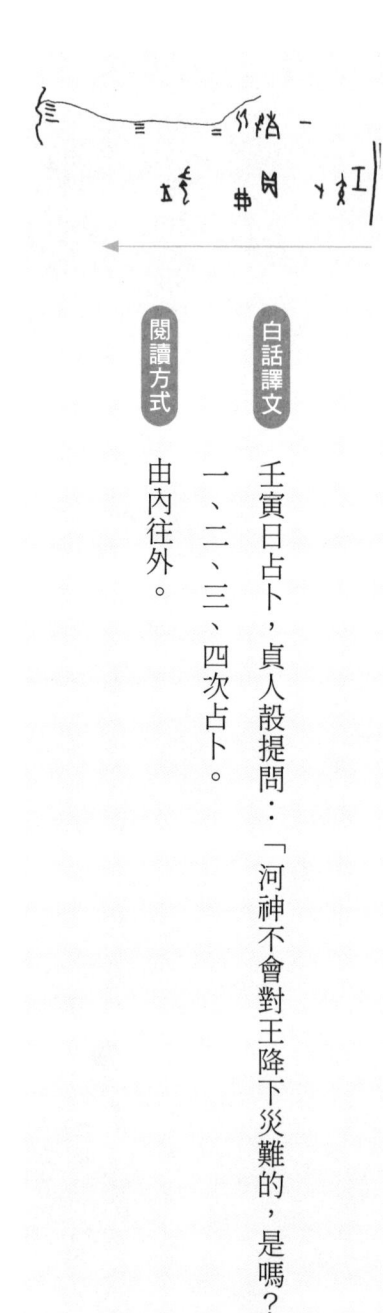

⑭「一牛于祖辛？」一（序數）

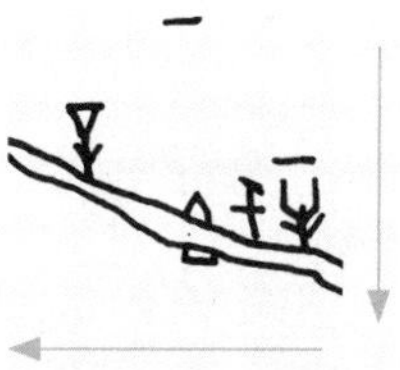

白話譯文

（提問：）「牲品使用一牛，對祖辛（舉行祭祀），是合適的嗎？」

第一次占卜。

閱讀方式

由內往外。

⑮己丑卜，㱿貞：「𢦔于丘商？」四月。一（序數）

白話譯文

己丑日占卜，貞人㱿提問：「在丘商舉行𢦔祭，是合適的嗎？」占卜日期在四月。第一次占卜。

閱讀方式

由內往外。

**貞辭部分：𢦔于丘商？**「𢦔」是祭祀名稱，但較少見。「丘商」在盤庚遷殷前，是曾作爲國都的城邑。

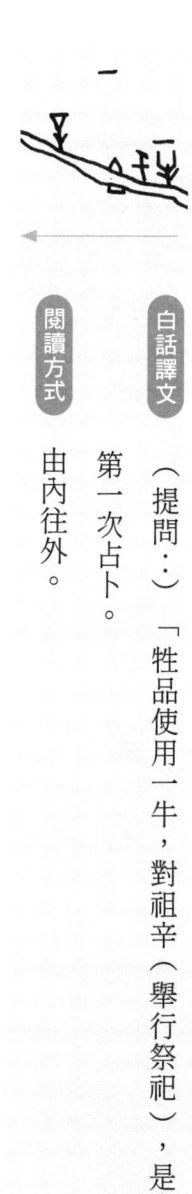

⑯貞：「勿祥（）𢦔于丘商？」一（序數）

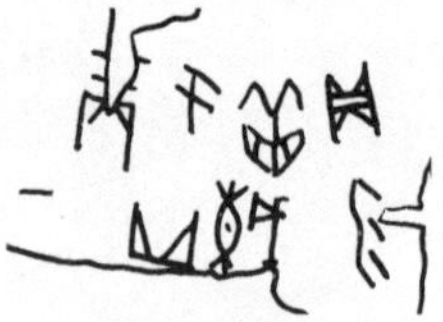

白話譯文　提問：「絕對要在丘商舉行𢦔祭，是嗎？」第一次占卜。

閱讀方式　由內往外。

**貞辭部分：勿祥𢦔于丘商？**「」暫時隸定為「祥」，在卜辭中常搭配否定副詞「勿」，表示絕對是、一定要、不得不的意思。

⑰「㞢于示壬二牛？」一（序數）

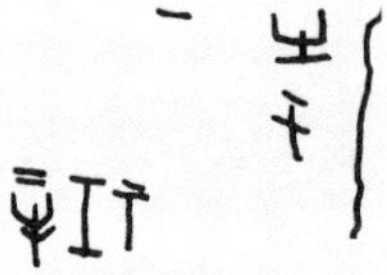

白話譯文　（提問：）「對示壬舉行㞢祭，牲品使用二牛，是合適的嗎？」第一次占卜。

閱讀方式　由外往內。

⑱壬辰卜，㱿{貞}：「㞢于示壬二宰？」一（序數）

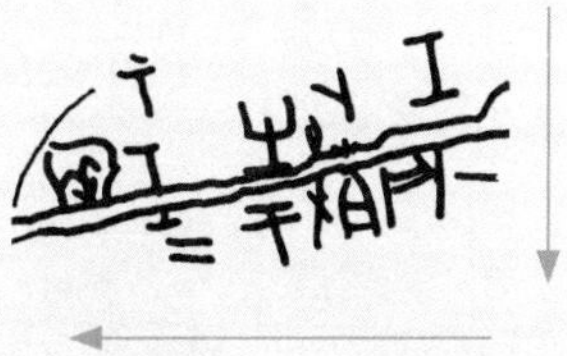

白話譯文　壬辰日占卜，貞人㱿〔提問〕：「對示壬舉行㞢祭，牲品使用二宰，是合適的嗎？」第一次占卜。

閱讀方式　由內往外。

⑲貞：「于祖辛㞢？」一（序數）

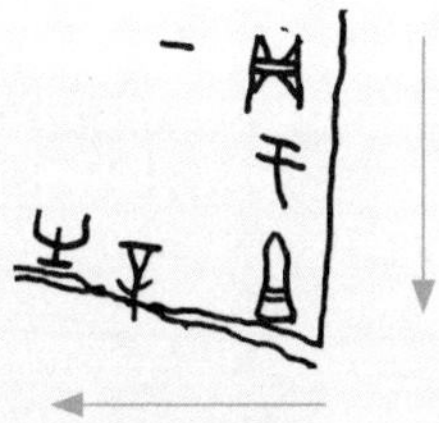

白話譯文　提問：「對祖辛舉行㞢祭，是嗎？」第一次占卜。

閱讀方式　由外往內。

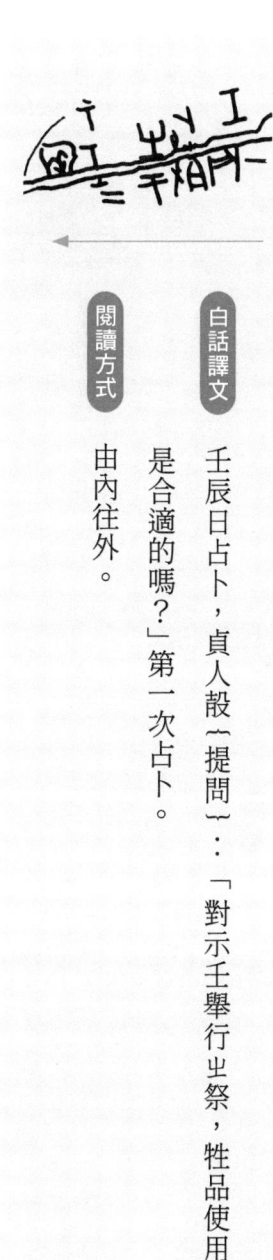

⑳「㞢于祖乙？」二（序數）。上吉。

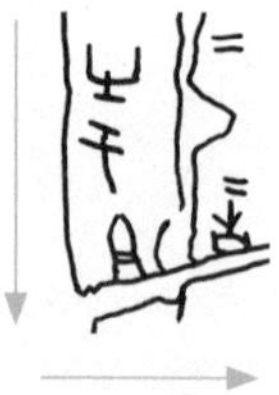

**白話譯文** （提問：）「對祖乙舉行㞢祭，是嗎？」第二次占卜。上吉。

**閱讀方式** 由外往內。

㉑己丑卜，㱿貞：「王夢，隹祖乙？」一（序數）

**白話譯文** 己丑日占卜，貞人㱿提問：「王作夢，是祖乙造成的，是嗎？」第一次占卜。

**閱讀方式** 由內往外。

卜辭的紀錄讓我們知道商人認爲作夢和疾病都是祖先造成的，於是對引發病災的祖先舉行祭祀，以祈求平安健康。

## ㉒貞：「王夢，不隹祖乙？」一（序數）

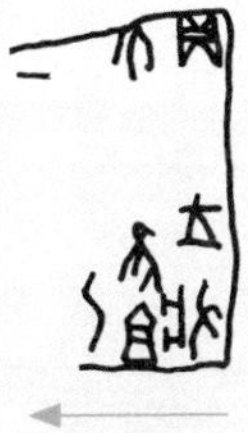

**白話譯文**

提問：「王作夢，不是祖乙造成的，是嗎？」第一次占卜。

**閱讀方式**

由內往外。

## ㉓壬寅卜，㱿貞：「不雨，隹茲商㞢乍禍？」一二三四五六（序數）

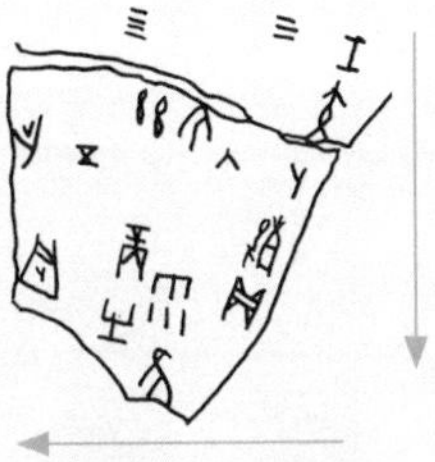

**白話譯文**

壬寅日占卜，貞人㱿提問：「沒有下雨，會對這個商城造成災禍的，是嗎？」第一、二、三、四、五、六次占卜。

**閱讀方式**

由外往內。

**貞辭部分：不雨，隹茲商㞢乍禍？**此卜的貞辭「不雨」陳述既定的事實，「隹茲商㞢乍禍」詢問這樣的實況是否對安陽都邑形成災禍。

㉔貞：「不雨，不隹茲商㞢乍禍？」〔一〕二三四五（序數）

**白話譯文** 提問：「沒有下雨，不會對這個商城造成災禍的，是嗎？」第〔一、〕二、三、四、五次占卜。

**閱讀方式** 由外往內。

人文

# 揭祕甲骨文
## ——從斷運勢到問戰爭，文字學家解讀王的疑惑

第一冊　武丁時代
第二冊　祖庚、祖甲時代／康丁時代
第三冊　武乙、文武丁時代
第四冊　帝乙、帝辛時代／花園莊東地甲骨／周原甲骨

作　　者 — 許進雄
編寫整理 — 李珮瑜
骨版摹寫 — 陳冠勳、李珮瑜
發 行 人 — 王春申
選書顧問 — 陳建守
總 編 輯 — 張曉蕊
責任編輯 — 何宣儀
封面設計 — 萬勝安
內頁設計 — 林曉涵
版　　權 — 翁靜如
業　　務 — 王建棠
資訊行銷 — 劉艾琳、謝宜華
出版發行 — 臺灣商務印書館股份有限公司
23141 新北市新店區民權路 108-3 號 5 樓（同門市地址）
電話：(02)8667-3712　傳真：(02)8667-3709
讀者服務專線：0800056193
郵撥：0000165-1
E-mail：ecptw@cptw.com.tw　網路書店網址：www.cptw.com.tw
Facebook：facebook.com.tw/ecptw

局版北市業字第 993 號
初　　版：2023 年 12 月
印 刷 廠：鴻霖印刷傳媒股份有限公司
定　　價：新台幣 4500 元

國家圖書館出版品預行編目（CIP）資料

揭祕甲骨文：從斷運勢到問戰爭,文字學家解讀王的疑惑 / 許進雄著；李珮瑜編寫整理. -- 初版. -- 新北市：臺灣商務印書館股份有限公司, 2023.12
4冊；17×23公分. -- (人文)
ISBN 978-957-05-3539-6(全套：平裝)

1.CST: 甲骨學 2.CST: 甲骨文 3.CST: 占卜

792　　112017471

法律顧問 — 何一芃律師事務所